应用技能型院校"十四五"规划教材 · 会计精品系列
校企合作项目化教材 · 课程思政系列教材 · 配套智慧职教慕课课程

企业纳税实务（第四版）

QIYE NASHUI SHIWU

主　审　银样军
主　编　许宗保
副主编　彭湘华　吴甜敏

立信会计出版社
LIXIN ACCOUNTING PUBLISHING HOUSE

图书在版编目(CIP)数据

企业纳税实务 / 许宗保主编. —4版. —上海：
立信会计出版社，2024.1
"十四五"规划教材会计精品系列 校企合作项目化
教材 课程思政系列教材
ISBN 978-7-5429-7261-3

Ⅰ. ①企… Ⅱ. ①许… Ⅲ. ①企业管理-税收管理-
中国-高等学校-教材 Ⅳ. ①F279.235.4

中国国家版本馆 CIP 数据核字(2024)第 011730 号

责任编辑　　孙　勇
美术编辑　　北京任燕飞工作室

企业纳税实务(第四版)
QIYE NASHUI SHIWU

出版发行	立信会计出版社
地　　址	上海市中山西路 2230 号　　邮政编码　200235
电　　话	(021)64411389　　传　真　(021)64411325
网　　址	www.lixinaph.com　　电子邮箱　lixinaph2019@126.com
网上书店	http://lixin.jd.com　　http://lxkjcbs.tmall.com
经　　销	各地新华书店
印　　刷	常熟市人民印刷有限公司
开　　本	787 毫米×1092 毫米　　1/16
印　　张	21.5
字　　数	550 千字
版　　次	2024 年 1 月第 4 版
印　　次	2024 年 1 月第 1 次
书　　号	ISBN 978-7-5429-7261-3/F
定　　价	49.00 元

如有印订差错，请与本社联系调换

前　言

经济越发展，税收越重要。2019年，我国增值税税率调整，个人所得税六项扣除规定以及其他各种税收优惠政策和普惠性减税降费政策相继落地；2020年，我国开始实施"六税两费"减半征收优惠政策；新冠疫情期间，为减少疫情对经济的影响，国家对增值税及企业所得税均实行了一系列减免税政策；自2023年1月1日起，我国提高3岁以下婴幼儿照护、子女教育、赡养老人三项个人所得税附加扣除标准。依据最新税收政策，帮助每一个即将走上税务会计岗位的会计学生实现"零距离"就业，是我们编写本教材的初衷。

本教材以真实的案例为依据，从实务的角度介绍了增值税、消费税、关税、企业所得税、个人所得税、房产税、城镇土地使用税、土地增值税、车船税、印花税、城市维护建设税、教育费附加、地方教育附加、环境保护税的计算与申报。

本教材由许宗保担任主编，彭湘华、吴甜敏担任副主编，由银样军主审。各项目分工如下：项目一（许宗保），项目二（彭湘华），项目三（周艳），项目四（欧阳璐璐），项目五（马健），项目六（吴甜敏），项目七（朱剑霞、田冰、吴甜敏）。

本教材是长沙民政职业技术学院会计系与国家税务总局长沙市雨花区税务局、湖南致通振业税务师事务所有限公司校企联合开发的项目化教材，适合高职高专、本科院校会计、财务管理、税务专业学生使用，也可以作为培训或纳税人的自学参考教材。

本次改版依据最新税收法律（专项附加扣除、"六税两费"减免优惠政策等）对第三版进行了修订，新增了与本教材配套的智慧职教MOOC课程作为教学辅助资料，丰富了课程思政栏目的内容。

在本教材的编写过程中，我们得到了长沙民政职业技术学院校长李斌，长沙民政职业技术学院财经管理学院院长佘浩、副院长张苏辉，国家税务总局长沙市雨花区税务局局长周兵、副局长张婧、副局长冯斌、周歌、罗专村、傅小华、汪小飞、高猛、刘莹，湖南致通振业税务师事务所有限公司高级合伙人田冰和朱剑霞，以及立信会计出版社编辑孙勇等领导和专家的支持和帮助。我们还参考了同行专家的一些教材，在参考文献中注明了，在此一并致谢。

由于作者水平有限，税收法律法规变化很快，疏漏之处在所难免，恳请专家学者批

企业纳税实务

评指正。

关于最新的纳税申报表及填报资料,可通过邮箱 pastwaterll@163.com 联系索取。

编　者

2024 年 1 月

扫码听课

在使用本书时,推荐读者阅读如下法律法规。
1. 《增值税暂行条例》(2017年11月19日修订)
2. 《增值税暂行条例实施细则》(2008年12月发布)
3. 《消费税暂行条例》(2008年11月5日发布)
4. 《消费税暂行条例实施细则》(2008年12月15日发布)
5. 《企业所得税法》(2007年3月16日发布)
6. 《企业所得税法实施条例》(2007年11月28日发布)
7. 《个人所得税法》(2018年8月31日修订)
8. 《个人所得税法实施条例》(2018年12月18日修订)
9. 《城市维护建设税暂行条例》(1985年2月8日发布)
10. 《城市维护建设税暂行条例实施细则》(1985年3月25日发布)
11. 《烟叶税法》(2017年12月27日发布)
12. 《烟叶税暂行条例》(2006年4月28日发布)
13. 《征收教育费附加的暂行规定》(1986年4月28日发布)
14. 《海关法》(2007年7月修正颁布)
15. 《进出口关税条例》(2003年11月发布)
16. 《船舶吨税法》(2007年12月27日发布)
17. 《资源税暂行条例》(2011年9月30日发布)
18. 《资源税暂行条例实施细则》(2011年10月28日发布)
19. 《煤炭资源征收管理办法(试行)》(2015年7月1日发布)
20. 《环境保护税法》(2016年12月25日发布)
21. 《环境保护税法实施条例》(2017年12月30日发布)
22. 《城镇土地使用税暂行条例》(2006年12月31日发布)
23. 《耕地占用税》(2018年12月29日发布)
24. 《房产税暂行条例》(1986年9月15日发布)
25. 《房产税暂行条例实施细则》(1986年10月30日发布)
26. 《契税暂行条例》(1997年7月7日发布)
27. 《契税暂行条例实施细则》(1997年10月28日发布)
28. 《土地增值税暂行条例》(1993年12月13日发布)
29. 《土地增值税暂行条例实施细则》(1995年1月27日发布)
30. 《车辆购置税法》(2018年12月29日发布)
31. 《车船税法》(2011年2月25日发布)
32. 《车船税法实施条例》(2011年11月23日发布)
33. 《印花税暂行条例》(1988年8月6日发布)
34. 《印花税暂行条例实施细则》(1988年9月29日发布)
35. 《税收征收管理法》(1992年9月4日发布)
36. 《发票管理办法实施细则》(2011年2月14日发布)
37. 《行政处罚法》(1996年10月1日实施)
38. 《刑法》第201至212条"危害税收征管罪"

在使用本书的同时,推荐广大读者关注如下税收类微信公众号。
1. 税屋。
2. 政策法规库—税务。
3. 国家税务总局。
4. 湖南省税务局。
5. 长沙市税务局。
6. 深圳税务。
7. 北京税务。
8. 尤尼泰(北京)税务师事务所有限公司。
9. 税海涛声。
10. 中国注册税务师协会。

目　录

项目一　企业纳税实务工作认知 …………………………………………………… 1
　模块一　税收法律关系的主体 …………………………………………………… 2
　模块二　税收实体法 ……………………………………………………………… 9
　模块三　税收程序法 ……………………………………………………………… 19
　模块四　纳税申报 ………………………………………………………………… 26

项目二　增值税的计算与申报 ………………………………………………………… 32
　模块一　增值税的认知 …………………………………………………………… 33
　模块二　增值税一般纳税人应纳税额的计算与会计处理 ……………………… 51
　模块三　增值税小规模纳税人应纳税额的计算与会计处理 …………………… 80
　模块四　增值税纳税申报与税款缴纳 …………………………………………… 82
　习题 ………………………………………………………………………………… 89

项目三　消费税的计算与申报 ………………………………………………………… 96
　模块一　消费税的认知 …………………………………………………………… 98
　模块二　消费税应纳税额的计算与会计处理 …………………………………… 106
　模块三　消费税纳税申报与税款缴纳 …………………………………………… 119
　模块四　消费税出口退税处理 …………………………………………………… 123
　习题 ………………………………………………………………………………… 126

项目四　关税的计算与申报 …………………………………………………………… 135
　模块一　关税的认知 ……………………………………………………………… 136
　模块二　关税应纳税额的计算与会计处理 ……………………………………… 143
　模块三　关税纳税申报与税款缴纳 ……………………………………………… 152
　习题 ………………………………………………………………………………… 155

项目五　企业所得税的计算与申报 …………………………………………………… 164
　模块一　企业所得税的认知 ……………………………………………………… 165

模块二　企业所得税应纳税额的计算与会计处理 …………………………… 171
模块三　企业所得税纳税申报与税款缴纳 …………………………………… 197
习题 ……………………………………………………………………………… 205

项目六　个人所得税的计算与申报 …………………………………………… 211
模块一　个人所得税的认知 ……………………………………………………… 213
模块二　个人所得税应纳税所得额的计算与会计处理 ………………………… 223
模块三　个人所得税应纳税额的计算与会计处理 ……………………………… 232
模块四　个人所得税纳税申报 …………………………………………………… 248
习题 ……………………………………………………………………………… 263

项目七　其他税费的计算与申报 ……………………………………………… 269
模块一　房产税的计算与申报 …………………………………………………… 270
模块二　城镇土地使用税的计算与申报 ………………………………………… 276
模块三　土地增值税的计算与申报 ……………………………………………… 281
模块四　车船税的计算与申报 …………………………………………………… 289
模块五　印花税的计算与申报 …………………………………………………… 295
模块六　城市维护建设税、教育费附加、地方教育附加的计算与申报 ……… 305
模块七　环境保护税的计算与申报 ……………………………………………… 310
习题 ……………………………………………………………………………… 328

参考文献 ……………………………………………………………………………… 334

项目一
企业纳税实务工作认知

【引言】

虽然每个企业的应纳税种不同,纳税额也有很大的差异,但是凡是产生纳税行为的企业都需要纳税。生活中,我们随时随地都可能产生纳税行为。可以说,税收与我们的生活息息相关;在缴税的同时,我们也享受着税收带来的便利,如公共设施、教育、医疗服务等。

【课程思政】

税收法律,由于其体现平等、公正的价值观,满足了实质法治的要求,体现了法治这一社会主义核心价值观。

2021年,我国财政收入202 539亿元,税收收入172 731亿元,税收收入占财政收入的85.28%。其中,增值税63 519亿元,税收收入的比重达到了36.8%,增长率为11.8%;企业所得税42 041亿元,占比为24.3%,增长率为15.4%;个人所得税13 993亿元,占比为8.1%,增长率为21%;消费税13 881亿元,占比为8%,增长率为15.4%;契税7 428亿元,占比为4.3%,增长率为5.2%;土地增值税6 896亿元,占比为4%,增长率为6.6%;城市维护建设税5 217亿元,占比为3%,增长率为13.2%。

2021年,我国财政支出246 322亿元,主要支出科目有:教育支出37 621亿元,科学技术支出9 677亿元,文化旅游体育与传媒支出3 986亿元,社会保障和就业支出33 867亿元,卫生健康支出19 205亿元,节能环保支出5 536亿元,城乡社区支出19 450亿元,农林水支出22 146亿元,交通运输支出11 445亿元,债务付息支出10 456亿元。

从以上数据可以看出,增值税和企业所得税占了税收收入的近6成,个人所得税和消费税加起来占了近2成,这四个大税种都是万亿级别的,是我国税收收入不可或缺的一部分。这从侧面反映出我国市场经济越来越繁荣了,且税收取之于民,用之于民。

模块一　税收法律关系的主体

一、税收法律关系的主体

税收法律关系的主体是指税收法律关系中依法享有权利和承担义务的双方当事人,一方为税务机关,另一方为纳税人,分别为征税主体和纳税主体。

(一) 征税主体

税务机关是指参加税收法律关系,享有国家税收征管权力和履行国家税收征管职能,依法对纳税主体进行税收征收管理的当事人。从严格意义上讲,只有国家才能享有税收的所有权。因此,国家是真正的征税主体。但是,国家总是通过法律授权的方式赋予具体的国家职能机关来代其行使征税权力,因此,税务机关通过获得授权成为法律意义上的征税主体。

判断一个行政机关是否具备行政主体资格,关键要看其是否经过法律授权。税务机关之所以成为征税主体,是因为有国家的法律授权。我国现行法律明确规定了税务机关是履行征税职能的行政机关,除此之外,没有法律明文授权,任何机关都不能成为征税主体。

税务机关的权力与义务体现为职权与职责。税务机关行使的征税权是国家法律授予的,是国家行政权力的组成部分,具有强制力,并非仅仅是一种权力资格。这种权力不能由行使机关自由放弃或转让,并且极具程序性。征税主体享有国家权力的同时必须依法行使职权,与职责相对等,体现了职、权、责的统一性。

根据现行的《中华人民共和国税收征收管理法》(以下简称《税收征收管理法》),可以将税务机关的职权与职责归纳如下。

1. 税务机关的职权

(1) 税务管理权。这包括办理税务登记、审核纳税申报、管理有关发票事宜等。

(2) 税收征收权。这是税务机关最基本的权力,包括依法征收税款和在法定权限范围内依法自行确定税收征管方式或时间、地点等。

(3) 税收检查权。这包括对纳税人的财务会计核算、发票使用和其他纳税情况,纳税人的应税商品、货物或其他财产进行查验登记等。

(4) 税务违法处理权。这包括对违反税法的纳税人采取行政强制措施,以及对情节严重、触犯刑律的,移送有权机关依法追究其刑事责任。

(5) 税收行政立法权。被授权的税务机关有权在授权范围内依照一定程序制定税收部门规章及其他规范性文件,作出行政解释等。

(6) 代位权和撤销权。为了保证税务机关及时、足额追回由债务关系造成的、过去难以征收的税款,《税收征收管理法》赋予了税务机关可以在特定情况下依法行使代位权和撤销权。

2. 税务机关的职责

(1) 税务机关不得违反法律、行政法规的规定开征、停征、多征或少征税款,或擅自决定税收优惠。

(2) 税务机关应当将征收的税款、罚款和滞纳金按时足额并依照预算级次入库,不得截留和挪用。

(3) 税务机关应当依照法定程序征税,依法确定有关税收征收管理的事项。

(4) 税务机关应当依法办理减税、免税等税收优惠,对纳税人的咨询、请求和申诉作出答复处理或报请上级机关处理。

(5) 税务机关对纳税人的经营状况负有保密义务。

(6) 税务机关应当按照规定付给扣缴义务人代扣、代收税款的手续费,且不得强行要求非扣缴义务人代扣、代收税款。

(7) 税务机关应当严格按照法定程序实施和解除税收保全措施。如因税务机关的原因,纳税人的合法权益遭受损失,税务机关应当依法承担赔偿责任。

(8) 税务机关要广泛宣传税收法律行政法规,普及纳税知识,无偿提供纳税咨询服务。

(9) 税务机关的工作人员在征收税款和查处税收违法案件时,与纳税人、扣缴义务人或者税收违法案件有利害关系的,应当回避。

在现行的《税收征收管理法》中,税务机关及税务人员的法律责任被大大地强化了,《税收征收管理法》不仅明确了几乎所有税务机关行使权力的后果,而且在责任的落实上更加具体,这也符合依法治国、依法治税的要求。

(二) 纳税主体

纳税主体,就是通常所称的纳税人,即法律、行政法规规定负有纳税义务的单位和个人。

对于纳税主体,有许多不同的划分方法。纳税主体按照在民法中身份的不同,可以分为自然人、法人、非法人单位;根据征税权行使范围的不同,可以分为居民纳税人和非居民纳税人等。不同种类的纳税主体,在税收法律关系中享受的权利和承担的义务也不尽相同。

根据《税收征收管理法》及相关法律、法规的规定,纳税人或扣缴义务人的权利与义务可以归纳如下。

1. 纳税人的权利

(1) 知情权。纳税人有权向税务机关或税务人员了解国家税收法律、行政法规的规定以及与纳税程序有关的情况,包括:现行税收法律、行政法规和税收政策规定;办理税收事项的时间、方式、步骤、顺序以及需要提交的资料;应纳税额核定的法律依据、事实依据和计算方法;与税务机关或税务人员在纳税处罚和采取强制执行措施时发生争议或纠纷时纳税人或扣缴义务人可以采取的法律救济途径及需要满足的条件。

(2) 保密权。纳税人或扣缴义务人有权要求税务机关或税务人员为纳税人或扣缴义务人的情况保密。税务机关将依法为纳税人或扣缴义务人的商业秘密和个人隐私保密,主要包括纳税人或扣缴义务人的技术信息、经营信息和纳税人或扣缴义务人、主要投资人以及经营者不愿公开的个人事项。上述事项,如无法律、行政法规明确规定或者纳税人或扣缴义务人的许可,税务机关或税务人员将不会对外部门、社会公众和其他个人提供。但根据法律规定,税收违法行为信息不属于保密范围。

(3) 税收监督权。纳税人或扣缴义务人对税务机关或税务人员违反税收法律行政法规的行为,如税务人员索贿受贿徇私舞弊、玩忽职守,不征或者少征应征税款,滥用职权多征税款或者故意刁难等,可以进行检举和控告。同时,纳税人或扣缴义务人对其他纳税人的税收违法行为也有权进行检举。

(4) 纳税申报方式选择权。纳税人或扣缴义务人可以直接到税务机关的办税服务厅办理纳税申报或者报送代扣代缴、代收代缴税款报告表,也可以按照规定采取邮寄、数据电文或者其他方式办理上述申报、报送事项。但采取邮寄或数据电文方式办理上述申报、报送事项的,需经纳税人或扣缴义务人的主管税务机关批准。

纳税人或扣缴义务人如采取邮寄方式办理纳税申报,应当使用统一的纳税申报专用信封,并以邮政部门收据作为申报凭据。邮寄申报以寄出的邮戳日期为实际申报申期。

数据电文方式是指税务机关确定的电话语音、电子数据交换和网络传输等电子方式。纳税人或扣缴义务人如采用电子方式办理纳税申报,应当按照税务机关规定的期限和要求保存有关资料,并定期书面报送给税务机关。

(5) 申请延期申报权。纳税人或扣缴义务人如不能按期办理纳税申报或者报送代扣代缴、代收代缴税款报告表,应当在规定的期限内向税务机关或税务人员提出书面延期申请,经核准,可在核准的期限内办理。纳税人或扣缴义务人经核准延期办理前述规定的申报、报送事项的,应当在税法规定的纳税期内按照上期实际缴纳的税额或者税务机关核定的税额预缴税款,并在核准的延期内办理税款结算。

(6) 申请延期缴纳税款权。如纳税人或扣缴义务人有特殊困难,不能按期缴纳税款,经省、自治区直辖市税务局批准,可以延期缴纳税款,但是最长不得超过 3 个月。计划单列市税务局可以参照省级税务机关的批准权限,审批纳税人或扣缴义务人的延期缴纳税款申请。纳税人或扣缴义务人满足以下任何一个条件,均可以申请延期缴纳税款:一是不可抗力导致纳税人或扣缴义务人发生较大损失,正常生产经营活动受到较大影响;二是当期货币资金在扣除应付职工工资、社会保险费后,不足以缴纳税款。

(7) 申请退还多缴税款权。对纳税人或扣缴义务人缴纳的超过应纳税额的税款,税务机关发现后,将自发现之日起 10 日内办理退还手续;如纳税人或扣缴义务人自结算缴纳税款之起 3 年内发现的,可以向税务机关要求退还多缴的税款并加算银行同期存款利息。税务机关将自接到纳税人或扣缴义务人退还申请之日起 30 日内查实并办理退还手续,涉及从国库中退库的,依照法律、行政法规有关国库管理的规定退还。

(8) 依法享受税收优惠权。纳税人或扣缴义务人可以依照法律、行政法规的规定书面申请减税、免税。减税、免税的申请须经法律、行政法规规定的减税、免税审查批准机关审批。减税、免税期满后,应当自期满次日起恢复纳税。减税、免税条件发生变化的,应当自发生变化之日起 15 日内向税务机关报告;不再符合减税、免税条件的,应当依法履行纳税义务。

纳税人或扣缴义务人享受的税收优惠需要备案的,应当按照税收法律、行政法规和有关政策规定,及时办理事前备案或事后备案。

(9) 委托税务代理权。纳税人或扣缴义务人有权就以下事项委托税务代理人代为办理:办理、变更或者注销税务登记、除增值税专用发票外的发票领购手续,纳税申报或扣缴税款报告,税款缴纳和申请退税,制作涉税文书,审查纳税情况,建账建制,办理财务、税务咨询,申请税务行政复议,提请税务行政诉讼等。

(10) 陈述权与申辩权。纳税人或扣缴义务人对税务机关作出的决定,享有陈述权、申辩权。如果纳税人或扣缴义务人有充分的证据证明自己的行为合法,税务机关就不得对纳税人或扣缴义务人实施行政处罚;即使纳税人或扣缴义务人的陈述或申辩不充分、不合理,税务机关也会向纳税人或扣缴义务人解释实施行政处罚的原因。税务机关不会因纳税人或扣缴义务人的申辩而加重处罚。

(11) 对未出示税务检查证和税务检查通知书的税务检查人员的拒绝检查权。税务机关派出的人员进行税务检查时,应当向纳税人或扣缴义务人出示税务检查证和税务检查通知书;未出示税务检查证和税务检查通知书的,纳税人或扣缴义务人有权拒绝检查。

(12) 税收法律救济权。纳税人或扣缴义务人对税务机关作出的决定,依法享有申请行政复议、提起行政诉讼、请求国家赔偿等权利。纳税人或扣缴义务人、纳税担保人同税务机关或税务人员在纳税上发生争议时,必须先依照纳税决定缴纳或者解缴税款及滞纳金或者提供相应的担保,然后可以依法申请行政复议;对行政复议决定不服的,可以依法向人民法院起诉。纳税人或扣缴义务人对税务机关的处罚决定、强制执行措施或者税收保全措施不服的,可以依法申请行政复议,也可以依法向人民法院起诉。当税务机关或税务人员的职务违法行为给纳税人或扣缴义务人和其他税务当事人的合法权益造成伤害时,纳税人或扣缴义务人和其他税务当事人可以要求税务行政赔偿。主要包括:一是纳税人或扣缴义务人在限期内已缴纳税款,税务机关或税务人员未立即解除税收保全措施,使纳税人或扣缴义务人的合法权益遭受损失的;二是税务机关或税务人员滥用职权违法采取税收保全措施、强制执行措施,或者采取税收保全措施、强制执行措施不当,使纳税人或扣缴义务人或者纳税人担保人的合法权益遭受损失的。

(13) 依法要求听证的权利。在对纳税人或扣缴义务人作出一定金额以上罚款的行政处罚之前,税务机关会向纳税人或扣缴义务人送达《税务行政处罚事项告知书》,告知纳税人或扣缴义务人已经查明的违法事实、证据、行政处罚的法律依据和拟将给予的行政处罚。对此纳税人或扣缴义务人有权要求举行听证。税务机关将应纳税人或扣缴义务人的要求组织听证。如纳税人或扣缴义务人认为税务机关指定的听证主持人与本案有直接利害关系,纳税人或扣缴义务人有权申请主持人回避。

对应当进行听证的案件,税务机关或税务人员不组织听证,行政处罚决定不能成立。但纳税人或扣缴义务人放弃听证权利或者被正当取消听证权利的除外。

(14) 索取有关税收凭证的权利。税务机关征收税款时,必须给纳税人或扣缴义务人开具完税凭证。扣缴义务人代扣代收税款时,纳税人要求扣缴义务人开具代扣、代收税款凭证时,扣缴义务人应当开具。税务机关扣押商品,货物或者其他财产时,必须开付收据;查封商品、货物或者其他财产时,必须开付清单。

2. 纳税人的义务

(1) 依法进行税务登记的义务。纳税人或扣缴义务人应当自领取营业执照之日起30日内,持有关证件,向税务机关申报办理税务登记。税务登记主要包括领取营业执照后的设立登记、税务登记内容发生变化后的变更登记、依法申请停业、复业登记、依法终止纳税义务的注销登记等。在各类税务登记管理中,纳税人或扣缴义务人应该根据税务机关的规定分别提交相关资料,及时办理。同时,纳税人或扣缴义务人应当按照税务机关的规定使用税务登记证件。税务登记证件不得转借、涂改、损毁买卖或者伪造。

(2) 依法设置、保管账簿和有关资料以及依法开具、使用、取得和保管发票的义务。纳税人或扣缴义务人应当按照有关法律、行政法规和国务院财政、税务主管部门的规定设置账簿,根据合法有效凭证记账,进行核算;从事生产、经营的,必须按照国务院财政、税务主管部门规定的保管期限保管账簿、记账凭证、完税凭证及其他有关资料;账簿、记账凭证、完税凭证及其他有关资料不得伪造、变造或者擅自损毁。纳税人或扣缴义务人在购销商品、提供或者接受经营服务以及从事其他经营活动中,应当依法开具、使用、取得和保管发票。

(3) 财务会计制度和会计核算软件的备案义务。纳税人或扣缴义务人的财务、会计制度或者财务、会计处理办法和会计核算软件应当报送税务机关备案。纳税人或扣缴义务人的财务、会计制度或者财务、会计处理办法与国务院或者国务院财政、税务主管部门有关税收的规定抵触的,应依照国务院或者国务院财政、税务主管部门有关税收的规定计算应纳税款、代扣代缴和代收代缴税款。

(4) 按照规定安装、使用税控装置的义务。国家根据税收征收管理的需要,积极推广使用税控装置。纳税人或扣缴义务人应当按照规定安装、使用税控装置,不得损毁或者擅自改动税控装置。如纳税人或扣缴义务人未按规定安装、使用税控装置,损毁或者擅自改动税控装置,税务机关应责令限期改正,并可根据情节轻重处以规定数额内的罚款。

(5) 按时、如实申报的义务。纳税人必须依照法律、行政法规规定或者税务机关依照法律、行政法规的规定确定的申报期限、申报内容如实办理纳税申报,报送纳税申报表、财务会计报表以及税务机关根据实际需要要求纳税人或扣缴义务人报送的其他纳税资料。

扣缴义务人必须依照法律、行政法规规定或者税务机关依照法律、行政法规规定确定的申报期限、申报内容如实报送代扣代缴、代收代缴税款报告表,以及税务机关根据实际需要要求报送的其他有关资料。

纳税人或扣缴义务人即使在纳税期限内没有应纳税款,也应当按照规定办理纳税申报。享受减税、免税待遇的,在减税、免税期间应当按照规定办理纳税申报。

(6) 按时缴纳税款的义务。纳税人或扣缴义务人应当按照法律、行政法规规定或者税务机关依照法律、行政法规的规定确定的期限,缴纳或者解缴税款。

未按照规定期限缴纳税款或者未按照规定期限解缴税款的,税务机关除责令限期缴纳外,从滞纳税款之日起,按日加收滞纳税款万分之五的滞纳金。

(7) 代扣、代收税款的义务。如纳税人或扣缴义务人按照法律、行政法规规定负有代扣代缴、代收代缴税款义务,必须依照法律行政法规的规定履行代扣、代收税款的义务。纳税人或扣缴义务人依法履行代扣、代收税款义务时,纳税人不得拒绝。纳税人拒绝的,应当及时报告税务机关处理。

(8) 接受依法检查的义务。纳税人有接受税务机关依法进行税务检查的义务,应主动配合税务机关按法定程序进行的税务检查。如实地向税务机关反映自己的生产经营情况和执行财务制度情况,并按有关规定提供报表和资料,不得隐瞒和弄虚作假,不能阻挠、刁难税务机关的检查和监督。

(9) 及时提供信息的义务。纳税人除通过税务登记和纳税申报向税务机关提供与纳税有关的信息外,还应及时提供其他信息,有歇业、经营情况变化、遭受各种灾害等特殊情况的,应及时向税务机关说明,以便税务机关依法妥善处理。

(10) 报告其他涉税信息的义务。为了保障国家税收能够及时、足额征收入库,税法还规定了纳税人有向税务机关报告以下涉税信息的义务。

① 企业合并、分立的报告义务。纳税人有合并分立情形的,应当向税务机关报告,并依法缴清税款。合并时未缴清税款的,应当由合并后的纳税人继续履行未履行的纳税义务;分立时未缴清税款的分立后的纳税人对未履行的纳税义务应当承担连带责任。

② 报告全部账号的义务。如纳税人从事生产、经营,应当按照国家有关规定,持营业执照,在银行或者其他金融机构开立基本存款账户和其他存款账户,并自开立基本存款账户或者其他存款账户之日起15日内,向税务机关的主管机关书面报告全部账号;发生变化的,应当自变化之日起15日内,向税务机关的主管机关书面报告。

③ 处分大额财产报告的义务。如纳税人的欠缴税款数额在5万元以上,在处分不动产或者大额资产之前应当向税务机关报告。

二、税收法律关系的产生、变更、消灭

与其他社会关系一样,税收法律关系也是处于不断发展变化之中的,这一发展变化过程我们可以概括为税收法律关系的产生、变更、消灭。

(一) 产生

税收法律关系的产生是指在税收法律关系主体之间形成权利义务关系。由于税法属于义务性法规,税收法律关系的产生应以引起纳税义务成立的法律事实为基础和标志。而纳税义务产生的标志应当是纳税主体进行的应当课税的行为,如销售货物取得应税收入等,不应当是征税主体或其他主体的行为。国家颁布新税法、出现新的纳税主体都可能引发新的纳税行为出现,但其本身并不直接产生纳税义务,税收法律关系的产生只能以纳税主体应税行为的出现为标志。

(二) 变更

税收法律关系的变更是指由于某一法律事实的发生,税收法律关系的主体、内容和客体发生变化。引起税收法律关系变更的原因是多方面的,归纳起来,主要有以下几点。

(1) 纳税人自身的组织状况发生变化。例如,纳税人发生改组、分设、合并、联营、迁移等情况,需要向税务机关申报办理变更登记或重新登记,从而引起税收法律关系的变更。

(2) 纳税人的经营或财产情况发生变化。

(3) 税务机关组织结构或管理方式的变化。例如,国家税务局、地方税务局合并后,某些纳税人需要变更税务登记,也会带来税收法律关系的某些变更。

(4) 税法的修订或调整。例如,我国1994年实行新税制以后,原有的许多减免税规定取消,纳税人由享受一定的减免税照顾变为依法纳税,类似的税法修订或调整,都使税收法律关系发生量或质的变更。

(5) 因不可抗拒力造成的破坏。例如,由于自然灾害等不可抗拒的原因,纳税人遭受重大财产损失,被迫停产减产。纳税人向主管税务机关申请减税得到批准的,税收法律关系

发生变更。

(三) 消灭

税收法律关系的消灭是指这一法律关系的终止,即其主体间权利义务关系的终止。税收法律关系消灭的原因主要有以下几个方面。

(1) 纳税人履行纳税义务。这是最常见的税收法律关系消灭原因,它包括纳税人依法如期履行纳税义务和税务机关采取必要的法律手段使纳税义务强制地履行这两类情况。

(2) 纳税义务因超过期限而消灭。我国税法规定,未征少征税款的一般追缴期限为3年。如果超过3年,除法定的特殊情况外,即使纳税人没有履行纳税义务,税务机关也不能再追缴税款,税收法律关系因而消灭。

(3) 纳税义务的免除。纳税人符合免税条件,并经税务机关审核确认后,纳税义务免除,税收法律关系消灭。

(4) 某些税法的废止。例如,2016年5月1日,对征营业税的单位改征增值税,营业税退出历史舞台。

(5) 纳税主体的消失。没有纳税主体,纳税无法进行,税收法律关系因此而消灭。

模块二　税收实体法

一、税收实体法概述

税收实体法是规定税收法律关系主体的实体权利、义务的法律规范的总称。其主要内容包括纳税主体、征税客体、计税依据、税目、税率、减税、免税等,是国家向纳税人行使征税权和纳税人负担纳税义务的要件,只有具备这些要件时,纳税人才负有纳税义务,国家才能向纳税人征税。税收实体法直接影响到国家与纳税人之间权利义务的分配,是税法的核心部分,没有税收实体法,税法体系就不能成立。

税收实体法的结构具有规范性和统一性的特点,主要表现在:一是税种与税收实体法的一一对应性,一税一法。由于各税种的开征目的不同,国家一般按单个税种立法,使征税有明确的、可操作的标准和法律依据。二是税收要素的固定性。虽然各单行税种法的具体内容有区别,但就每一部单行税种法而言,税收的基本要素(如纳税人、课税对象、税率、计税依据等)是必须予以规定的。我国税收实体法主要包括几种:流转税法,是调整以流转额为课税对象的税收关系的法律规范的总称,具体指增值税、消费税、关税等;所得税法是调整所得额之税收关系的法律规范的总称,即以纳税人的所得额或收益额为课税对象的一类税,具体指个人所得税、企业所得税等;财产税法是调整财产税关系的法律规范的总称,财产税是以法律规定的纳税人的某些特定财产的数量或价值额为课税对象的税,具体指房产税、契税等;行为税法,是以某种特定行为的发生为条件对行为人加以课税的一类税,具体指印花税、车船税等。本部分主要介绍税收实体法的构成要素。

二、纳税义务人

纳税义务人简称纳税人,是税法规定的直接负有纳税义务的单位和个人,也称纳税主体。无论征收什么税,其税负总要由有关的纳税人来承担。每一种税都有关于纳税义务人的规定,通过规定纳税义务人落实税收任务和法律责任。纳税义务人一般分为自然人和法人两种。

自然人,是指依法享有民事权利,并承担民事义务的公民个人。例如,在我国从事工商业活动的个人,以及工资和劳务报酬的获得者等,都是以个人身份来承担法律规定的民事责任及纳税义务。

法人,是指依法成立,能够独立地支配财产,并能以自己的名义享受民事权利和承担民事义务的社会组织。例如,我国的国有企业、集体企业、合资企业等,都是以其社会组织的名义承担民事责任的,称为法人。法人同自然人一样,负有依法向国家纳税的义务。

实际纳税过程中与纳税义务人相关的概念如下。

负税人。纳税人与负税人是两个既有联系又有区别的概念。纳税人是直接向税务机关缴纳税款的单位和个人,负税人是实际负担税款的单位和个人。纳税人如果能够通过一定途径把税款转嫁或转移出去,纳税人就不再是负税人。否则,纳税人同时也是负税人。纳税人与负税人不一致主要是由于价格和价值背离,引起税负转移或转嫁造成的。我国的价格与价值背离有两种情况:一种情况是国家为了调节生产、调节消费,有计划地使一些商品的价格与价值背离,把一部分税收负担转移到消费者身上。例如,对烟、酒、化妆品等采取的高价高税政策即属于这种情况。另一种情况是在市场经济条件下商品价格随着市场供求关系的变化而自由波动,当某些商品供不应求时,纳税人可以通过提高价格把税款转嫁给消费者,从而使纳税人与负税人不一致。

代扣代缴义务人。代扣代缴义务人是指有义务从持有的纳税人收入中扣除其应纳税款并代其缴纳税款的单位或个人。对税法规定的扣缴义务人,税务机关应向其颁发代扣代缴证书明确其代扣代缴义务。代扣代缴义务人必须严格履行扣缴义务。对不履行扣缴义务的,税务机关应视情节轻重予以适当处置,并责令其补缴税款,如《个人所得税法》规定:个人所得税以所得人为纳税义务人,以支付所得的单位或个人为扣缴义务人。

代收代缴义务人。代收代缴义务人是指有义务借助与纳税人的经济交往向纳税人收取应纳税款并代为缴纳的单位,如消费税法规定:委托加工的应税消费品,除受托方为个人外,由受托方在向委托方交货时代收代缴税款。

代收代缴义务人不同于代扣代缴义务人。代扣代缴义务人直接持有纳税人的收入,可以从中扣除纳税人的应纳税款;代收代缴义务人不直接持有纳税人的收入,只能在与纳税人的经济往来中收取纳税人的应纳税款并代为缴纳。

代征代缴义务人。代征代缴义务人是指因税法规定,受税务机关委托而代征税款的单位和个人。通过代征代缴义务人代征税款,不仅便利了纳税人税款的缴纳,有效地保证了税款征收的实现,而且对于强化税收征管,有效地杜绝和防止税款流失,有明显作用。如进口环节增值税、消费税由海关代征。

纳税单位。纳税单位是指申报缴纳税款的单位,是纳税人的有效集合。所谓有效,就是为了征管和缴纳税款的方便,可以允许在法律上负有纳税义务的同类型纳税人作为一个纳税单位,填写一份申报表纳税。例如,个人所得税可以单个人为纳税单位,也可以夫妇俩为一个纳税单位,还可以一个家庭为一个纳税单位;企业所得税可以每个分公司为一个纳税单位,也可以总公司为一个纳税单位。纳税单位的大小通常要根据管理上的需要和国家政策来确定。

三、课税对象

课税对象又称征税对象,是税法规定的征税的目的物,是国家据以征税的依据。税法通过规定课税对象,解决对什么征税这一问题。

每一种税都有自己的课税对象,否则,这一税种就失去了存在的意义。被列为课税对象的就属于该税种的征收范围;未被列为课税对象的就不属于该税种的征收范围。例如,我国增值税的课税对象是货物、应税劳务和应税服务在生产、流通过程中的增值额;所得税的课税对象是企业利润和个人工资、薪金等各项所得;房产税的课税对象是房屋等。总之,每一种税都要选择确定它的课税对象,因为它体现着不同税种征税的基本界限,决定着不同税种名称的由来以及各个税种在性质上的差别,并对税源税收负担问题产生直接影响。

课税对象随着社会生产力的发展变化而变化。在自然经济中,土地和人丁是主要的课税对象。在商品经济中,商品的流转额、企业利润和个人所得成为主要的课税对象。在可以作为课税对象的客体比较广泛的情况下,选择课税对象一般应遵循有利于保证财政收入、有利于调节经济和适当简化的原则。要保证财政收入就必须选择经常而普遍存在的经济活动及其成果作为课税对象。要调节国民经济中生产、流通、分配和消费,课税对象就不能是单一的,而应该多样化。但为了节省税收成本和避免税收负担的重复,又必须注意适当的简化。

课税对象是构成税收实体法诸要素中的基础性要素。这是因为:第一,课税对象是一种税区别于另一种税的最主要标志。也就是说,税种的不同最主要是起因于课税对象的不同。正是由于这一原因,各种税的名称通常都是根据课税对象确定的。例如,增值税、所得税、房产税、车船税等。第二,课税对象体现着各种税的征税范围。第三,其他要素的内容一般都是以课税对象为基础确定的。例如,国家开征一种税,之所以要选择这些单位和个人作为纳税人,而不选择其他单位和个人作为纳税人,其原因是这些单位和个人拥有税法或税收条例中规定的课税对象,或者是发生了规定的课税行为。可见,纳税人同课税对象相比,课税对象是第一性的。凡拥有课税对象或发生了课税行为的单位和个人,才有可能成为纳税人。又如,税率这一要素,也是以课税对象为基础确定的。税率本身表示对课税对象征税的比率或征税数额,没有课税对象,也就无从确定税率。此外,纳税环节、减税免税等,也都是以课税对象为基础确定的。

1. 计税依据

计税依据又称税基,是指税法规定的据以计算各种应征税款的依据或标准。正确掌握计税依据,是税务机关贯彻执行税收政策、法令,保证国家财政收入的重要工作,也是纳税人正确履行纳税义务,合理负担税收的重要标志。

不同税种的计税依据是不同的。我国增值税的计税依据是货物、应税劳务和应税服务的增值额;所得税的计税依据是企业和个人的利润、工资或薪金所得额;消费税的计税依据是应税产品的销售额等。需要注意的是,计税依据在表现形态上一般有两种:一种是价值形态,即征税对象的价值是计税依据,在这种情况下,课税对象和计税依据一般是一致的,如所得税的课税对象是所得额,计税依据也是所得额。另一种是实物形态,就是课税对象的数量、重量、容积、面积等是计税依据,在这种情况下,课税对象和计税依据一般是不一致的,如我国的车船税,它的课税对象是各种车辆船舶,而计税依据则是车船的吨位。

课税对象与计税依据的关系是:课税对象是指征税的目的物,计税依据则是在目的物已经确定的前提下,对目的物据以计算税款的依据或标准;课税对象是从质的方面对征税所作的规定,而计税依据则是从量的方面对征税所作的规定,是课税对象量的表现。

2. 税源

税源是指税款的最终来源,或者说税收负担的最终归宿。税源的大小体现着纳税人的负担能力。纳税人缴纳税款的直接来源是一定的货币收入,而一切货币收入都是由社会产品价值派生出来的。在社会产品价值中,能够成为税源的只能是国民收入分配中形成的各种收入,如工资、奖金、利润、利息等。当某些税种以国民收入分配中形成的各种收入为课税对象时,税源和课税对象就是一致的,如对各种所得的课税。但是,很多税种的课税对象并不是或不完全是国民收入分配中形成的各种收入,如消费税、房产税等。可见,只有在少数的情况下,课税对象同税源是一致的。对于大多数税种来说两者并不一致,税源并不等于课税对象。课税对象是征税的依据,税源则表明纳税人的负担能力。

3. 税目

税目是课税对象的具体化,反映具体的征税范围,代表征税的广度。不是所有的税种都规定税目,有些税种的征税对象简单明确,没有另行规定税目的必要,如房产税、土地增值税和屠宰税等。但是,从大多数税种来看,一般课税对象都比较复杂,且税种内部不同课税对象之间又需要采取不同的税率档次进行调节。这样就需要对课税对象作进一步的划分,作出具体的界限规定,这个规定的界限范围,就是税目。一般来说,在只有通过划分税目才能够明确本税种内部哪些项目征税、哪些项目不征税,并且只有通过划分税目才能对课税对象进行归类并按不同类别和项目设计高低不同的税率、平衡纳税人负担的情况下,才有必要划分税目。

划分税目的主要作用:一是进一步明确征税范围。凡列入税目的都征税,未列入的不征税,如消费税。二是解决课税对象的归类问题,并根据归类确定税率。每一个税目都是课税对象的一个具体类别或项目,通过这种归类可以为确定差别税率打下基础。实际工作中,税法确定税目同确定税率是同步考虑的,并以"税目税率表"的形式将税目和税率统一表示出来。例如,消费税税目税率表、资源税税目税额表等。

税目一般可分为列举税目和概括税目。

列举税目。列举税目就是对每一种商品或经营项目采用一一列举的方法,分别规定税目,必要时还可以在税目之下划分若干个细目。制定列举税目的优点是界限明确,便于征管人员掌握;缺点是税目过多,不便于查找,不利于征管。

在我国现行税法中,列举税目的方法也可分为两类:一类是细列举,即在税法中按每一产品或项目设计税目,每个税目的征税范围仅限于列举的产品或项目,属于本税目列举的产品或项目,则按照本税目适用的税率征税。否则,就不能按照本税目适用的税率征税,如消费税中的"粮食白酒"等税目。另一类是粗列举,即在税种中按两种以上产品设计税目,本税目的征税范围不体现为单一产品,列举的两种以上产品都需按本税目适用的税率征税,如消费税中的"鞭炮、焰火"税目。

概括税目。概括税目就是按照商品大类或行业采用概括方法设计税目。概括税目的优点是税目较少,查找方便;缺点是税目过粗,不便于贯彻合理负担政策。

在我国现行税法中,概括税目又可分为两类:一类是小概括,即在本税目下属的各个细目中,凡不属于规定细目的征税范围,但同本税目征税范围的产品在材质上、用途上或生产工艺方法上相近的,则另增列一个细目,把其划归为本细目的征收范围,如消费税"酒"税目中的"其他酒"等;另一类是大概括,即在本税目下属的各个细目中,凡不属于规定税目的征税范围,但又确属本税种征税范围的产品,则另增列一个税目,将其全部划归为本税目的征税范围,如资源税中的"其他非金属矿原矿"税目。在税法中适当采用概括性税目,可以大大简化税种的复杂性,但过于概括又不利于充分发挥税收的经济杠杆作用。所以,具体运用时,应注意把概括税目同列举税目有机地结合起来。

四、税率

税率是应纳税额与课税对象之间的比例,是计算税额的尺度,代表课税的深度,关系着国家税收收入的多少和纳税人的负担程度。

各税种的职能作用主要是通过税率来体现的,因此,税率是税收制度的核心和灵魂。合理地设计税率,正确地执行有关税率的规定,是依法治税的重要内容。我国税率的设计,主要是根据国家的经济政策和财政需要、产品的盈利水平和我国生产力发展不平衡的现状,以促进国民经济协调发展为目标,兼顾国家、部门、企业的利益关系,实现合理负担,取之适度。不同税种之间,税率的设计原则并不完全一致,但总的设计原则是一致的,即税率的设计要体现国家政治、经济政策,如消费税税率设计原则之一是体现国家消费政策,限制某些商品的消费;税率的设计要公平、简化。

税率是一个总的概念,在实际应用中可分为两种形式:一种是按绝对量形式规定的固定征收额度,即定额税率,它适用从量计征的税种;另一种是按相对量形式规定的征收比例,这种形式又可分为比例税率和累进税率,它适用于从价计征的税种。

1. 比例税率

比例税率是指对同一征税对象或同一税目,不论数额大小只规定一个比例,都按同一比例征税,税额与课税对象呈正比例关系。

在具体运用上,比例税率又可分为以下几种。

(1) 产品比例税率。即一种(或一类)产品采用一个税率。我国现行的消费税、增值税等都采用这种税率形式。分类、分级、分档比例税率是产品比例税率的特殊形式,是按课税对象的性质用途、质量、设备、生产能力等规定不同的税率。例如,在消费税中,酒按类设计税率,小汽车依照排气量分档设计税率等。

(2) 行业比例税率。即对不同行业采用不同的税率。

(3) 地区差别比例税率。即对同一课税对象按照不同地区的生产水平和收益水平,采用不同的税率,如城市维护建设税。

(4) 有幅度的比例税率。即对同一课税对象,税法只规定最低税率和最高税率。在这个幅度内,各地区可以根据自己的实际情况确定适当的税率。

比例税率的基本特点是税率不随课税对象数额的变动而变动。这就便于按不同的产品设计不同的税率,有利于调整产业(产品)结构,实现资源的合理配置。同时,课税对象数额越大纳税人相对直接负担越轻,从而在一定程度上有助于推动经济的发展。但是,从另一个角度来看,上述情况有悖于税收公平的原则。这表明比例税率调节纳税人收入的能力不及累进税率,这是它的不足。比例税率的一个优点是计算简便,其道理是显而易见的。

2. 累进税率

累进税率,是指对同一课税对象,随数量的增大,征收比例也随之增高的税率,表现为将课税对象按数额大小分为若干等级,不同等级适用由低到高的不同税率,包括最低税率、最高税率和若干等级的中间税率。累进税率一般在收益课税中使用。它可以更有效地调节纳税人的收入,正确处理税收负担的纵向公平问题。按照税率累进依据的性质,在我国现行税制中,累进税率分为额累和率累两种。额累是按课税对象数量的绝对额分级累进,如所得税一般按所得额大小分级累进。率累是按与课税对象有关的某一比率分级累进,如我国目前征收的土地增值税就是按照增值额与扣除项目金额的比率实行四级超率累进税率。额累和率累按累进依据的构成又可分为全累和超累。如额累分为全额累进和超额累进,率累分为全率累进和超率累进。全累是指对课税对象的全部数额都按照相应等级的累进税率征税。超累是指对课税对象数额超过前级数额的部分,分别按照各自对应的累进税率计征税款。两种方式相比,全累的计算方法比较简单,但在累进分界点上税负呈跳跃式递增,不够合理。超累的计算方法复杂一些,但累进程度比较缓和,因而比较合理。

全额累进税率是指以课税对象的全部数额为基础计征税款的累进税率。它有两个特点:一是对具体纳税人来说,在应税所得额确定以后,相当于按照比例税率计征,计算方法简单;二是税收负担不合理,特别是在各级征税对象数额的分界处负担相差悬殊,甚至会出现增加的税额超过增加的课税对象数额的现象,不利于鼓励纳税人增加收入。

超额累进税率是指分别以课税对象数额超过前级的部分为基础计算应纳税的累进税率。采用超额累进税率征税的特点是:①计算方法比较复杂,征税对象数量越大,包括等级越多,计算步骤也越多;②累进幅度比较缓和,税收负担较为合理。特别在征税对象级次分界点上下,只就超过部分按高一级税率计算,一般不会发生增加的税额超过增加的征税对象数额的不合理现象,有利于鼓励纳税人增产增收;③边际税率和平均税率不一致,税收负担的透明度较差。

目前,我国仅将个人所得项目的工资薪金所得、个体工商户的生产经营所得、劳务报酬所得和稿酬所得作为综合所得实行超额累进税率。为解决超额累进税率计算税款比较复杂的问题,在实际工作中,我国引进了"速算扣除数"这个概念,通过预先计算出的速算扣除数,即可直接计算应纳税额,不必再分级分段计算。采用速算扣除数计算应纳税额的公式是:

$$应纳税额 = 应税所得额 \times 适用税率 - 速算扣除数$$

速算扣除数是为简化计税程序而按全额累进税率计算超额累进税额时所使用的扣除数额,反映的具体内容是按全额累进税率和超额累进税率计算的应纳税额的差额。采用速算扣除数方法计算的应纳税额同分级分段计算的应纳税额完全一样,但方法简便得多。速算扣除数通常附在税率表中,并与税率表一同颁布。

超率累进税率是指以课税对象数额的相对率为累进依据,按超累方式计算应纳税额的税率。采用超率累进税率,首先需要确定课税对象数额的相对率,如在对利润征税时以销售利润率为相对率,对工资征税时以工资增长率为相对率,然后再把课税对象的相对率从低到高划分为若干级次,分别规定不同的税率。计税时,先按各级相对率计算出应税的课税对象数额,再按对应的税率分别计算各级税款,最后汇总求出全部应纳税额。现行税制中的土地增值税即采用超率累进税率计税。

超倍累进税率是指以课税对象数额相当于计税基数的倍数为累进依据,按超累方式计算应纳税额的税率。采用超倍累进税率首先必须确定计税基数,然后把课税对象数按相当于计税基数的倍数划分为若干级次,分别规定不同的税率,再分别计算应纳税额。计税基数可以是绝对数,也可以是相对数。当是绝对数时,超倍累进税率实际上是超额累进税率,因为可以把递增倍数换算成递增额;当是相对数时,超倍累进税率实际上是超率累进税率,因为可以把递增倍数换算成递增率。

3. 定额税率

定额税率又称固定税额,即根据课税对象计量单位直接规定固定的征税数额。课税对象的计量单位可以是重量、数量、面积、体积等自然单位,也可以是专门规定的复合单位。例如,现行税制中的土地使用税、耕地占用税分别以"平方米"和"亩"这些自然单位为计量单位;消费税中的汽油、柴油分别以"升"为计量单位。按定额税率征税,税额的多少只同课税对象的数量有关,同价格无关。当价格普遍上涨或下跌时,仍按固定税额计税。定额税率适用于从量计征的税种。

定额税率在表现形式上可分为单一定额税率和差别定额税率两种。在同税种中只采用一种定额税率的,为单一定额税率;同时采用几个定额税率的,为差别定额税率。差别定额税率又有以下几种形式。

(1) 地区差别定额税率,即对同一课税对象按照不同地区分别规定不同的征税数额。该税率具有调节地区之间级差收入的作用。现行税制中的资源税城镇土地使用税、车船税、耕地占用税等都采用这种税率。其中,城镇土地使用税和耕地占用税又是有幅度的地区差别税率。

(2) 差别定额税率,又称分类分项定额税率,即首先按某种标志把课税对象分为几类,每一类再按一定标志分为若干项,然后对每一项分别规定不同的征税数额。

定额税率的基本特点是:税率与课税对象的价值量脱离了联系,不受课税对象价值量变化的影响。这使它适用于对价格稳定、质量等级和品种规格单一的大宗产品征税的税种。同时,对某些产品采用定额税率,有助于提高产品质量或改进包装。但是,如果对价格变动频繁的产品采用定额税率,由于产品价格变动的总趋势是上升的,产品的税负会呈现累退性。从宏观上看,将无法保证国家财政收入随国民收入的增加而持续稳定地增长。

4. 其他形式的税率

(1) 名义税率与实际税率。名义税率与实际税率是分析纳税人负担时常用的概念。名义税率是指税法规定的税率。实际税率是指实际负担率,即纳税人在一定时期内实际缴纳税额占其课税对象实际数额的比例。由于某些税种中计税依据与征税对象不一致、税率存在差异、减免税手段的使用以及偷逃税和错征等因素的实际存在,实际税率常常低于名义税率。这时,区分名义税率和实际税率,确定纳税人的实际负担水平和税负结构,为设计合理可行的税制提供依据是十分必要的。

(2) 边际税率与平均税率。边际税率是指再增加一些收入时,增加的这部分收入所纳税额同增加的收入之间的比例。在这里,平均税率是相对于边际税率而言的,它是指全部税额与全部收入之比。

在比例税率条件下,边际税率等于平均税率。在累进税率条件下,边际税率往往要大于平均税率。边际税率的提高还会带动平均税率的上升。边际税率上升的幅度越大,平均税率提高就越多,调节收入的能力也就越强,但对纳税人的反激励作用也越大。因此,通过两者的比较易于发现税率的累进程度和税负的变化情况。

(3) 零税率与负税率。零税率是以零表示的税率,是免税的一种方式,表明课税对象的持有人负有纳税义务,但无须缴纳税款。零税率通常适用于两种情况:一是在所得课税中,对所得中的免税部分规定税率为零,目的是保证所得少者的生活和生产需要;二是在商品税中,对出口商品规定税率为零,即退还出口商品的生产和流转环节已缴纳的商品税,使商品以不含税价格进入国际市场,以增强商品在国际市场上的竞争力。

负税率是指政府利用税收形式对所得额低于某一特定标准的家庭或个人予以补贴的比例。负税率主要用于负所得税的计算。负所得税是指现代一些西方国家把所得税和社会福利补助制度结合的一种主张和试验,即对那些实际收入低于维持一定生活水平所需费用的家庭或个人,按一定比例付给所得税。负税率的确定是实施负所得税计划的关键。西方经济学家一般认为:负税率的设计必须依据社会愿意,运用社会福利函数来衡量。百分之百的负税率将会严重削弱人们工作的积极性,成为阻碍工作的因素。因此,确定负税率必须适度,应使其对工作的阻碍作用降到最小。

五、减税、免税

减税、免税是对某些纳税人或课税对象的鼓励或照顾措施。减税是从应征税款中减征部分税款;免税是免征全部税款。减税、免税规定是为了解决按税制规定的税率征税时所不能解决的具体问题而采取的一种措施,是在一定时期内给予纳税人的一种税收优惠,同时也是税收的统一性和灵活性相结合的具体体现。正确制定并严格执行减免税规定,可以更好地贯彻国家的税收政策,发挥税收调节经济的作用。按照《税收征收管理法》的规定,对于减税、免税依照法律的规定执行,法律授权国务院执行的,依照国务院制定的行政法规的规定执行。

1. 减免税的基本形式

(1) 税基式减免,即通过直接缩小计税依据的方式实现的减税、免税,具体包括起征点、免征额项目扣除以及跨期结转等。其中,起征点是征税对象达到一定数额开始征税的起点、免征额是征税对象的全部数额中免予征税的数额。起征点与免征额同为征税与否的界限,对纳税人来说,在其收入没有达到起征点或没有超过免征额的情况下,都不征税,两者是一样的。但是,它们又有明显的区别:其一,当纳税人收入达到或超过起征点时,就其收入全额征税;而当纳税人收入超过免征额时,则只就超过的部分征税。其二,当纳税人的收入恰好达到起征点时,就要按其收入全额征税;而当纳税人收入恰好与免征额相同时,则免予征税。两者相比,享受免征额的纳税人就要比享受同额起征点的纳税人税负轻。此外,起征点只能照顾一部分纳税人,而免征税额则可以照顾适用范围内的所有纳税人。项目扣除是指在课税对象中扣除一定项目的数额,以其余额作为依据计算税额。跨期结转是将以前纳税年度的经营亏损等在本纳税年度经营利润中扣除,也等于直接缩小了税基。

(2) 税率式减免,即通过直接降低税率的方式实行的减税、免税,具体包括重新确定税率、选用其他税率、零税率等形式。

(3) 税额式减免,即通过直接减少应纳税额的方式实行的减税、免税,具体包括全部免征、减半征收、核定减免率、抵免税额以及另定减征税额等。

在上述三种形式的减税、免税中,税基式减免使用范围最广泛,从原则上说它适用于所有生产经营情况;税率式减免比较适合对某个行业或某种产品这种"线"上的减免,所以在流转税中运用最多;税额式减免适用范围最窄,它一般仅限于解决"点"上的个别问题,往往仅在特殊情况下使用。

2. 减免税的分类

(1) 法定减免，凡是由各种税的基本法规规定的减税、免税都称为法定减免。它体现了该种税减免的基本原则规定，具有长期的适用性。法定减免必须在基本法规中明确列举减免税项目、减免税的范围和时间，如《中华人民共和国增值税暂行条例》明确规定：农业生产者销售的自产农业产品、避孕用品等免税。

(2) 临时减免，又称"困难减免"，是指除法定减免和特定减免以外的其他临时性减税、免税，主要是为了照顾遇到某些特殊的暂时困难的纳税人，是临时批准的一些减税、免税。它通常是定期的减免税或一次性的减免税。

(3) 特定减免，是税法根据社会经济情况发展变化和发挥税收调节作用的需要，而规定的减税、免税。特定减免主要有两种情况：一是在税收的基本法规确定以后，随着国家政治经济情况的发展变化所作的新的减免税补充规定；二是在税收基本法规中，不能或不宜一一列举，而采用补充规定的减免税形式。以上两种特定减免，通常是由国务院或作为国家主管业务部门的财政部、国家税务总局、海关总署作出规定。特定减免可分为无限期的和有限期的两种。大多数的特定减免都是有限期的，减免税到了规定的期限，就应该按规定恢复征税。

国家之所以在税法中要规定减税、免税，是因为各税种的税收负担考虑的是根据经济发展的一般情况下社会平均负担能力，税率基本上是按平均销售利润率来确定的，而在实际经济生活中，不同的纳税人之间或同一纳税人在不同时期，由于受各种主、客观因素的影响，在负担能力上会出现一些差别，在有些情况下这些差别比较悬殊，在统一税法的基础上，国家需要有某种与这些差别相适应的灵活的调节手段，即减税、免税政策来加以补充，以解决一般规定所不能解决的问题，照顾经济生活中的某些特殊情况，从而达到调节经济和促进生产发展的目的。

3. 税收附加与加成

减税、免税是减轻税负的措施。与之相对应，税收附加和税收加成是加重纳税人负担的措施。

税收附加也称为地方附加，是地方政府按照国家规定的比例随同正税一起征收的列入地方预算外收入的一种款项。正税是指国家正式开征并纳入预算内收入的各种税收。税收附加由地方财政单独管理并按规定的范围使用，不得自行变更。例如，教育费附加只能用于发展地方教育事业。税收附加的计算方法是以正税税款为依据，按规定的附加率计算附加额。

税收加成是指国家根据税制规定的税率征税以后，再以应纳税额为依据加征一定成数和税额。加征一成相当于纳税额的10%，加征成数一般规定在一成到十成之间。和加成相适应的还有税收加倍，即在应纳税额的基础上加征一定倍数的税款。所以，加成和加倍没有实质性区别。税收加成或加倍实际上是税率的延伸，但因这种措施只是针对个别情况，所以税法没有采取提高税率的办法，而是以已征税款为基础再加征一定的税款。

无论是税收附加还是税收加成，都增加了纳税人的负担。但这两种加税措施的目的是不同的。实行地方附加是为了给地方政府筹措一定的机动财力，用于发展地方建设事业；实行税收加成则是为了调节和限制某些纳税人获取的过多收入或者是对纳税人违章行为进行处罚。

六、纳税环节

纳税环节是指税法规定的课税对象从生产到消费的流转过程中应当缴纳税款的环节。纳税环节有广义和狭义之分。广义的纳税环节指全部课税对象在再生产中的分布情况。例如,资源税分布在生产环节,商品税分布在流通环节,所得税分布在分配环节等。狭义的纳税环节是指应税商品在流转过程中应纳税的环节,具体指每一种税的纳税环节,是商品课税中的特殊概念。在商品经济条件下,商品从生产到消费要经过许多环节。如工业品一般要经过产制、批发和零售环节;农产品一般要经过产制、收购、批发和零售环节。这些环节都存在商品流转额,都可以成为纳税环节。但是,为了更好地发挥税收促进经济发展、保证财政收入的作用,以及便于征收管理,国家对不同的商品课税往往确定不同的纳税环节。按照纳税环节的多少,可将税收课征制度划分为两类:一次课征制和多次课征制。

一次课征制是指同一税种在商品流转的全过程中只选择某一环节课征的制度,是纳税环节的一种具体形式,如车辆购置税。在一次课征制下,纳税环节多选择在商品流转的必经环节和税源比较集中的环节,以便既避免重复课征,又避免税款流失。多次课征制是指对同一税种在商品流转全过程中选择两个或两个以上环节课征的制度,如消费税中的卷烟。

七、纳税期限

纳税期限是纳税人向国家缴纳税款的法定期限。国家开征的每一种税都有纳税期限的规定。合理确定和严格执行纳税期限,对于保证财政收入的稳定性和及时性有重要作用。不同性质的税种以及不同情况的纳税人,其纳税期限也不相同。这主要是由以下因素决定的。①税种的性质。不同性质的税种,其纳税期限也不同。如流转税,征的依据是经常发生的销售收入或营业收入,故纳税期限比较短;所得税,征税的依据是企业利润和个人的工资、奖金等各项所得,企业利润通过年终决算才能确定,个人所得一般是按月或按次计算。因此,企业所得税是按年征收,个人所得税是按月或按次征收。②应纳税额的大小。同一种税,纳税人生产经营规模大、应纳税额多的,纳税期限短;反之,则纳税期限长。

我国现行税制的纳税期限有三种形式:①按期纳税。即根据纳税义务的发生时间,通过确定纳税间隔期,实行按日纳税,如增值税法规定,按期纳税的纳税间隔期分为 1 日、3 日、5 日、10 日、15 日、1 个月或 1 个季度。②按次纳税。即根据纳税行为的发生次数确定纳税期限。如车辆购置税、耕地占用税以及临时经营者、个人所得税中的劳务报酬所得等均采取按次纳税的办法。③按年计征,分期预缴或缴纳。如企业所得税要求企业按规定的期限预缴税款,年度结束后汇算清缴,多退少补。房产税、城镇土地使用税实行按年计算、分期缴纳。这是为了按年度计算税款的税种及时、均衡地取得财政收入而采取的一种纳税期限。分期预缴一般是按月或按季预缴。

采取哪种形式的纳税期限缴纳税款同课税对象的性质有着密切关系。一般来说,商品课税大多采取"按期纳税"形式;所得课税采取"按年计征,分期预缴"形式。无论采取哪种形式,如纳税期限的最后一天是法定节假日,或期限内有连续 3 日以上法定节假,都可以顺延。

项目一　企业纳税实务工作认知

模块三　税收程序法

一、税收程序法概述

所谓程序，就是人的行为从起始到终结的长短不等的过程。构成程序的不外乎是行为的步骤和行为的方式，以及实现这些步骤和方式的时限和顺序。步骤和方式构成程序的空间表现形式，时限和顺序构成程序的时间表现形式。行政程序，就是由行政机关作出行政行为的步骤、方式和实现步骤和方式的时限、顺序构成的行为过程。税收程序法，也称税收行政程序法，是指规范税务机关和税务行政相对人在行政程序中权利义务的法律规范的总称，即只要是与税收程序有关的法律规范，不论其存在于哪个法律文件中，都属于税收程序法的范畴。如有关行政处罚、行政许可、行政强制的法律规定，同样适用于税收行政行为，并对其产生约束力。

税收程序法的作用主要表现在以下方面。

1. 保障实体法的实施，弥补实体法的不足

税收实体法规定了税收行政法律关系主体的权利义务，但这些权利义务不会自动实现，必须通过一定的程序才能成为现实，表现为：一是税收程序法通过规定税务机关履行职责的具体步骤、方式、顺序、时限等将税收实体法内容具体化为可操作的程序，使税收实体法的实施有章可循；二是税收程序法规定了征纳双方的程序权力（利）和义务，从而为权力（利）的实现提供了可靠的保障；三是税收程序法规定了一系列的证据规则，有助于税务机关正确认定事项，准确适用法律，从而保证税收实体法的正确实施。此外，税收程序法还可以弥补实体法的不足。由于社会现象极其繁杂，税收实体法的内容又具有相对稳定性，实体内容相对滞后的问题较为突出，如某些地方税种几十年未做过修订；由于事物发展较快，原有实体性内容无法覆盖新事物，易于出现课税范围的不完全现象，如电子商务带来的税收问题，实体法规定就是一个"真空"，这样可以通过必要的税收程序法加以弥补。

2. 规范和控制行政权的行使

只有对权力进行制约，才能保护权力作用对象的权利。孟德斯鸠说："一切有权力的人都容易滥用权力，这是一条万古不易的经验。"这一作用表现在：一是可以规范行政权力的行使。税收程序法规定了税务机关履行职权的步骤、形式、时限和顺序等，也就意味着制约税务机关的一切活动并将税务机关的行政行为始终置于公开、公正的标准上，税法通过对税务机关的职权附加程序义务，有助于实现依法治权，从而在制度建设层面克服了税务机关的任意、行政武断、行政专横以及行政职权的混乱。二是以权力和权利制约权力。行政程序法以行政权力为规范对象。税务机关行使税收执法权受到权力的制约。一方面，受到来自上级税务机关和专门行政机关的监督和制约；另一方面，司法机关对税务机关的具体

执法行为是否符合法定程序要进行审查,制约税务机关的权力行使。此外,立法机关通过法的创设,制约税收执法权的行使。税务机关行使税收执法权受到权利制约,税收程序法的基本制度规定,如听证、说明理由等,以相对人的程序权利制约税收执法权,确保税收执法权公正行使。三是可以控制自由裁量权的行使。法律赋予执法者一定的自由裁量权,这不仅是提高行政效率的需要,也是法律调整各种社会关系的需要。

3. 保障纳税人合法权益

就其实质而言,税收程序法是从程序角度限制税收执法行为的法律规范,其目的在于保护纳税人的合法权利。一方面,税收程序法肯定了纳税人在行政活动中的主体地位,明确了纳税人的基本权利,并通过一系列程序制度的规定,对税收执法权予以制约,在规范和控制税收执法权的同时,保护了纳税人的合法权益;另一方面,税收程序法对纳税人权利保障的救济制度向事前、事中扩展,体现在行政活动的参与上。

4. 提高执法效率

税收程序法通过统一明确各执法主体执法的规则制度、时限要求,防止拖拉推诿,有助于提高行政效率,并通过简易程序等的设计,使纳税人的权利、义务早日确定,从而全面提高执法效率。

二、税收程序法的主要制度

1. 表明身份制度

表明身份制度是指税务机关及其工作人员在进行税务行政行为之始需向税务行政相对人出示履行职权证明的制度。这一制度不仅是为了防止假冒、诈骗,也是为了防止税务机关及其工作人员超越职权、滥用职权。《税收征收管理法》第五十九条规定,税务机关派出的人员进行税务检查时,应当出示税务检查证和税务检查通知书,并有责任为被检查人保守秘密;未出示税务检查证和税务检查通知书的,被检查人有权拒绝检查。

2. 回避制度

回避制度是指税务人员同所处理的税务事务有利害关系时税务机关另行指定其他税务人员处理该事务的制度。这是实现公正原则的一项重要制度。《税收征收管理法》第十二条规定,税务人员征收税款和查处税收违法案件,与纳税人、扣缴义务人或者税收违法案件有利害关系的,应当回避。

3. 职能分离制度

职能分离制度直接调整的不是税务机关与纳税人的关系,而是税务机关内部的机构和人员的关系。该制度要求将税务机关内部的某些相互联系的职能加以分离,使之分属于不同的机关或不同的工作人员掌管和行使。该制度的法律意义在于保障税务行政的公平、公正,加强对税务行政权的制约和监督,保护纳税人的合法权益。《税收征收管理法》第十一条规定,税务机关负责征收、管理、稽查、行政复议的人员的职责应当明确,并相互分离、相互制约。

4. 听证制度

税务机关在作出影响纳税人合法权益的决定之前,向纳税人告知决定理由和听证权利,纳税人随之向税务机关表达意见、提供证据,之后税务机关听取其意见、采纳其证据,这种程序即听证制度。听证制度被公认为现代行政程序法基本制度的核心,对于行政程序的公开、公正和公平起到重要的保障作用。《中华人民共和国行政处罚法》(以下简称《行政处罚法》)首次确立听证制度,其第四十二条规定,行政机关作出责令停产、停业、吊销许可证或者执照、较大数额罚款等行政处罚决定之前,应当告知当事人有要求举行听证的权利;当事人要求听证的,行政机关应当组织听证。税务机关对纳税人作出较大数额罚款的税务行政处罚时,也应当遵循听证制度的基本要求。

5. 时限制度

时限制度是指税务行政行为的全过程或其中某些阶段受到时间限制的制度。《税收征收管理法》第十五条规定,企业在外地设立的分支机构和从事生产经营的场所、个体工商户和从事生产经营的事业单位自领取营业执照之日起三十日内,持有关证件向税务机关申报办理税务登记。税务机关应当于收到申报的当日办理登记并发给税务登记证件。(注:实务工作中已经取消了税务登记证,统一以"营业执照"为准。)

三、税收确定程序

1. 税务登记

税务登记是整个征收管理的首要环节,是税务机关对纳税人的开业、变更、歇业以及生产经营范围实行法定登记的一项管理制度,其内容包括开业登记、变更登记、注销登记、报验登记、停复业处理税务登记证验审和更换非正常户处理等。办理税务登记是纳税人的法定义务。

2. 账簿、凭证管理

账簿是指纳税人、扣缴义务人以会计凭证为依据,全面、连续、系统地记录各种经济业务的账册或簿籍,包括总账、明细账、日记账及其他各种辅助账簿。凭证是指纳税人、扣缴义务人用来记录经济业务,明确经济责任,并据以登记账簿的书面证明。凭证分为原始凭证和记账凭证。原始凭证是经济业务发生时所取得或填制的凭证,如发票等;记账凭证是由会计人员根据审核无误的原始凭证,按其内容,根据会计科目和复式记账方式,加以归类整理并据以确定会计分录和登记账簿的凭证。凭证的填制和审核不仅可以保证账簿记录的真实、可靠,而且可以检查各项经济业务是否合理、合法,准确反映经营管理水平和经济效益,正确计算应纳税额。

3. 纳税申报

纳税申报是指纳税人依照法律、行政法规的规定或者税务机关依法确定的申报期限、申报内容,如实向税务机关报送纳税申报表、财务会计报表以及税务机关根据实际需要要求纳税人报送的其他纳税资料的活动;扣缴义务人依照法律、行政法规或者税务机关依法确定的申报期限申报内容,如实向税务机关报送代扣代缴、代收代缴税款报告表以及税务机关根据实际需要要求扣缴义务人报送的其他有关资料的活动。可见,纳税申报是纳税人、扣缴义务人按照税法规定的期限和内容向税务机关提交有关纳税事项的书面报告的法律行为,是纳税人、扣缴义务人履行纳税义务、扣缴税款义务的程序,是税务机关确定纳税人、扣缴义务人法律责任的依据,是税务机关依法进行税收征收管理的一个重要环节,是税收管理信息的主要来源和重要的税务管理制度。

四、税收征收程序

1. 税款征收

税款征收是指税务机关依据法律、行政法规规定的标准和范围,将纳税人依法应该向国家缴纳的税款,及时足额地征收入库的一系列活动的总和。税款征收的内容包括征收方式的确定、核定应纳税额、税款入库、减免税管理、欠税的追缴等。税款征收是税收征管的目的,在整个税收征管中处于核心环节和关键地位,是税收征管的出发点和归宿。

税款征收中的相关制度主要包括应纳税额核定制度、纳税调整制度、代扣代缴税款制度、欠税管理制度、滞纳金征收制度、延期纳税制度、报验征收制度、税款的退还和追征制度、减免税管理制度、税收凭证管理制度。本节介绍应纳税额核定制度、欠税管理制度、税款的退还和追征制度。

(1) 应纳税额核定制度。核定税额是针对纳税人导致税务机关难以查账征收税款这一情况而采取的一种措施。但是核定税额不是简单地随意确定,而应有合法、合理的依据。

(2) 欠税管理制度。欠税是指纳税人未按照规定期限缴纳税款,扣缴义务人未按照规定的期限解缴税款的行为。欠税时间从规定的纳税期限届满的次日至纳税人、扣缴义务人缴纳或者解缴税款的当日。欠税金额是指纳税人、扣缴义务人缴纳或者应解缴税款与纳税人扣缴义务人实际缴纳或者解缴纳税款的差额。自2001年5月1日起,对欠税的纳税人、扣缴义务人按日征收欠缴税款万分之五的滞纳金。

(3) 税款的退还和追征制度。①税款的退还制度。税款的退还制度是指退回纳税人超过应纳税额多缴的税款的制度。退还多缴的税款主要包括两种情况:一是因为技术上的原因或计算上的错误,纳税人多缴或税务机关多征的税款;二是在正常的税收征管的情况下形成的多缴税款。在退还税款的过程中,如果纳税人有欠税,税务机关可以先用应退还的税款和利息抵顶纳税人欠缴的税款和滞纳金,如果纳税人没有欠税,税务机关可以按照纳税人的要求,将应退的税款和利息留抵下期应纳税款。②税款的追征制度。税款的追征是指对纳税人、扣缴义务人未缴少缴税款的征收。造成纳税人、扣缴义务人未缴少缴税款的原因有很多,税务机关按照不同的情况进行追征。对于税务机关造成的未缴或者少缴税款,税务机关可以在3年内要求纳税人、扣缴义务人补缴税款,但是不得加收滞纳金。对于因纳税人、扣缴义务人计算错误等失误造成的未缴或者少缴税款,一般情况下,税务机关的追征期是3年;特殊情况下,追征期是5年。对于这种原因造成未缴或者少缴税款的,税务机关在追征税款的同时,还要追征滞纳金。对偷税、抗税、骗税的,税务机关可以无期限地追征偷税、抗税的税款、滞纳金和纳税人、扣缴义务人所骗取的税款。

2. 税收保全措施和强制执行措施

(1) 采取税收保全措施的条件如下。

① 行为条件。行为条件是纳税人有逃避纳税义务的行为。没有逃避纳税义务行为的,不能采取税收保全措施。逃避纳税义务行为主要包括转移、隐匿商品、货物或者其他财产等。

② 时间条件。时间条件是纳税人在规定的纳税期届满之前和责令缴纳税款的期限之内。纳税人超过了时限的规定而没有缴纳税款的,税务机关可以采取税收强制执行措施,

而不是税收保全措施。

③ 担保条件。在上述两个条件具备的情况下,税务机关可以责成纳税人提供纳税担保,纳税人不提供纳税担保的,税务机关可以依照法定权限和程序,采取税收保全措施。

(2) 税收保全措施的内容。书面通知纳税人的开户银行或者其他金融机构冻结纳税人的相当于应纳税款的存款。扣押、查封纳税人的价值相当于应纳税款的商品、货物或者其他财产。

(3) 强制执行措施的条件如下。

① 超过纳税期限。未按照规定的期限纳税或者解缴税款。

② 告诫在先。税务机关必须责令纳税人限期缴纳税款。

③ 超过告诫期。经税务机关责令纳税人限期缴纳,纳税人逾期仍未缴纳的。

(4) 强制执行措施的内容。书面通知纳税人的开户银行或者其他金融机构从其存款中扣缴税款。依法拍卖或者变卖其相当于应纳税款的商品、货物或者其他财产。税务机关采取强制执行措施时对纳税人、扣缴义务人、纳税担保人未缴纳的滞纳金同时强制执行。税务机关对纳税人等采取保全措施或强制执行措施应经县以上税务局(分局)局长批准。

五、税务稽查程序

稽查局查处税收违法案件时,实行选案、检查、审理、执行分工制约原则。

1. 选案

稽查局应当通过多种渠道获取案源信息,通过对案源信息采取计算机分析、人工分析、人机结合分析等方法进行筛选,发现有税收违法嫌疑的,应当确定为待查对象。案源信息主要包括如下几种。

(1) 财务指标、税收征管资料、稽查资料、情报交换和协查线索。

(2) 上级税务机关交办的税收违法案件。

(3) 上级税务机关安排的税收专项检查。

(4) 税务局相关部门移交的税收违法信息。

(5) 他人检举的涉税违法信息。

(6) 其他部门和单位转来的涉税违法信息。

(7) 社会公共信息。

(8) 其他相关信息。

待查对象确定后,经稽查局局长批准后立案检查。选案部门制作《税务稽查任务通知书》,连同有关资料一并移交检查部门。

2. 检查

检查部门接到《税务稽查任务通知书》后,应及时组织实施检查。

(1) 实施检查前的准备工作。检查前,应当告知被查对象检查时间、需要准备的资料等,但预先通知有碍检查的除外。

税务人员实施检查前应当查阅被查对象纳税档案,了解被查对象的生产经营情况、所属行业特点、财务会计制度、财务会计处理办法和会计核算软件,熟悉相关税收政策,确定相应的检查方法。

(2) 实施检查。检查应当由两名以上检查人员共同实施,并向被查对象出示税务检查证和《税务检查通知书》。

检查人员实施检查时,依照法定权限和程序,可以采取实地检查、调取账簿资料,询问、查询存款账户或储蓄存款、异地协查等方法。

检查的具体实施过程主要是调查取证的过程。检查人员应当制作《税务稽查工作底稿》,记录案件事实,归集相关证据材料。应当依照法定权限和程序,收集能够证明案件事实的证据材料。收集的证据材料应当真实,并与所证明的事项相关联。调查取证不得违反法定程序收集证据材料,不得以偷拍、偷录、窃听等手段获取侵害他人合法权益的证据材料,不得以利诱欺诈、胁迫、暴力等不正当手段获取证据材料。检查结束时,应当根据《税务稽查工作底稿》及有关资料,制作《税务稽查报告》,在5个工作日内移交审理部门审理。

检查应当自实施检查之日起60日内完成;确需延长检查时间的,应当经稽查局局长批准。

3. 审理

审理部门接到检查部门移交的《税务稽查报告》及有关资料后,应当及时安排人员进行审理。审理人员应依据法律、行政法规、规章及其他规范性文件,对检查部门移交的《税务稽查报告》及相关材料进行逐项审核,提出书面审理意见。

(1) 审理的重点内容:被查对象是否准确;税收违法事实是否清楚、证据是否充分、数据是否准确、资料是否齐全;适用法律、行政法规、规章及其他规范性文件是否适当,定性是否正确;是否符合法定程序;是否超越或者滥用职权;税务处理、处罚建议是否适当;其他应当审核确认的事项或者问题。

(2) 审理的终结。审理部门应区分下列情形分别作出处理:①认为有税收违法行为的,应当进行税务处理的,拟制《税务处理决定书》;②认为有税收违法行为,应当进行税务行政处罚的,拟制《税务行政处罚决定书》;③认为税收违法行为轻微,依法可以不予税务行政处罚的,拟制《不予税务行政处罚决定书》;④认为没有税收违法行为的,拟制《税务稽查结论》。对税收违法行为涉嫌犯罪的,填制《涉嫌犯罪案件移送书》,经所属税务局局长批准后,依法移送公安机关。

《税务处理决定书》《税务行政处罚决定书》《不予税务行政处罚决定书》《税务稽查结论》经稽查局局长或者所属税务局领导批准后由执行部门送达执行。

4. 执行

税务稽查执行是税务稽查程序中的最后一个阶段,它是将审理环节作出的各种决定书、告知书等文书送达被执行人,并督促或强制其依法履行的活动。税务稽查机构指定专人负责税务处理决定的执行。

(1) 文书送达及案件查处情况的通报。执行部门应将《税务处理决定书》《税务行政处罚决定书》《不予税务行政处罚决定书》《税务稽查结论》等税务文书依法及时送达被执行人。另外,通过税收征管信息系统及时将税收违法案件查处情况通报税源管理部门。

(2) 处理决定的强制执行。被执行人未按照《税务处理决定书》确定的期限缴纳或者解缴税款的,经所属税务局局长批准,执行部门可以依法采取强制执行措施,或者依法申请人民法院强制执行。对《税务行政处罚决定书》中确定的行政处罚事项,被执行人逾期不申请行政复议也不向人民法院起诉又不履行的,经所属税务局局长批准,执行部门可以依法采取强制执行措施,或者依法申请人民法院强制执行。

（3）执行结果。被执行人在限期内缴清税款、滞纳金、罚款或者稽查局依法采取强制执行措施追缴税款、滞纳金、罚款后,执行部门应当制作《税务稽查执行报告》,记明执行过程、结果、采取的执行措施以及使用的税务文书等内容。

模块四　纳税申报

一、实地报税

实地报税是指税务会计在规定的申报期内前往税务大厅取号申报纳税。

二、网上报税

网上报税是指税务会计登录电子税务局进行在线申报纳税,具体流程(以湖南省为例)如下。

(一)电子税务局平台

登录国家税务总局湖南省电子税务局(图1-1),网址为 https://etax.hunan.chinatax.gov.cn/wsbs/toLogin.do。

图1-1　国家税务总局湖南省电子税务局登录页面

输入账号、密码、验证码。

(二)在线申报

纳税人应依照法律、行政法规规定在税务机关依法确定的申报期限内完成申报。

通过国家税务总局湖南省电子税务局【在线申报】模块,可以实现纳税人的增值税、消费税、附加税(费)、文化事业建设费、居民企业所得税、房产税、城镇土地使用税、印花税、资源税、工会经费、废弃电器电子产品处理基金等各类税(费)申报以及月(季)度财务报表的报送。

纳税人登录湖南省电子税务局后,首页点击【我要办税】—【在线申报】,进入在线申报功能界面(图1-2)。

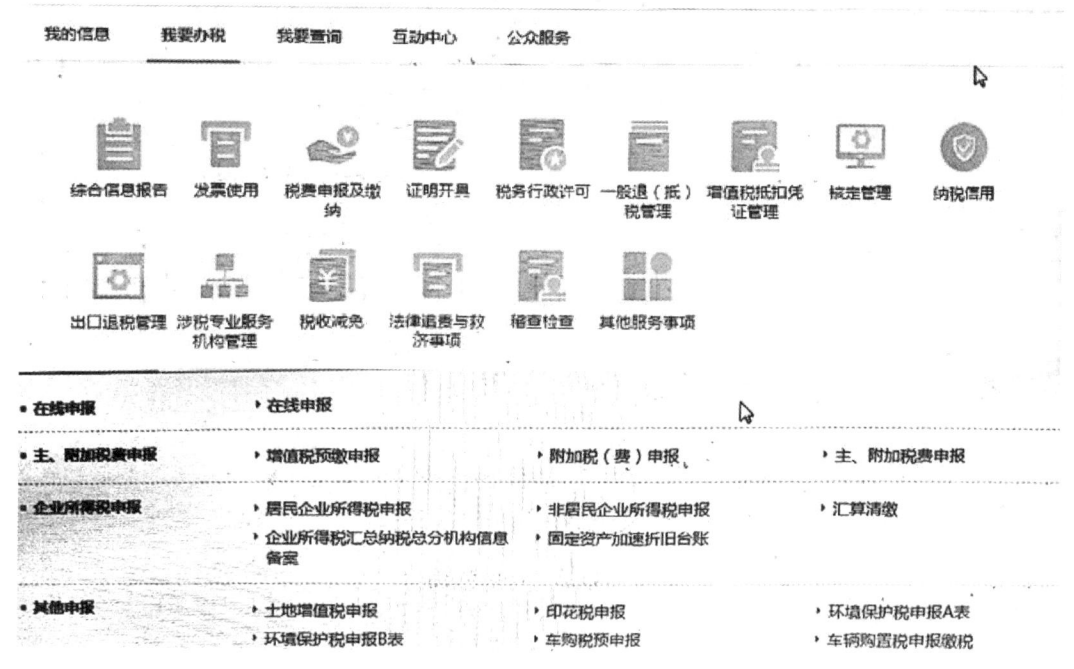

图1-2 申报功能界面

1. 查看企业信息

点击左边导航栏中的【企业信息】(图1-3),系统自动显示纳税人的基本信息及应申报信息。

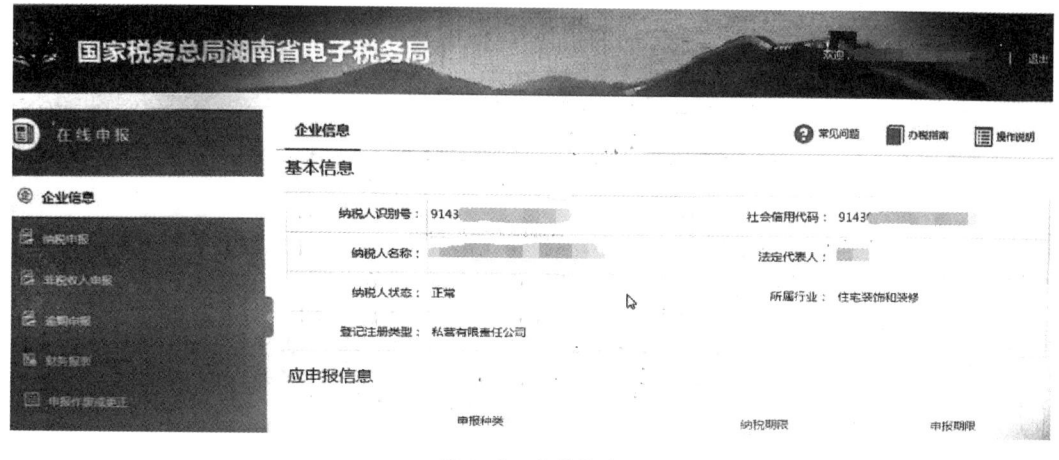

图1-3 企业信息

2. 纳税申报

点击左侧【纳税申报】后,系统将根据企业信息中核定的申报种类,创建对应的纳税申报表,申报前点击【获取应申报信息】下载或更新企业最新应申报信息,点击【获取申报结果】,可以更新企业最新申报状态,如图1-4所示。

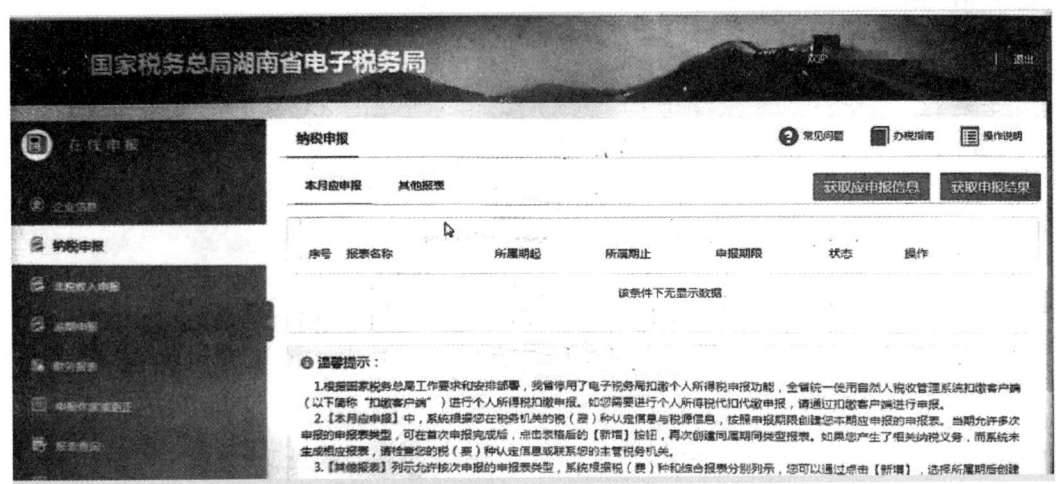

图1-4 更新申报状况界面

申报期内点击报表名称右侧的【填写】按钮,可以进入对应申报表的报表填写界面,据实填写申报表后,点击【申报】即可完成申报,在纳税申报界面可以查看申报状态,点击【获取申报结果】可以更新企业最新申报状态,如图1-5所示。

序号	报表名称	所属期起	所属期止	申报期限	状态	操作
1	增值税申报表(适用于一般纳税人)	2018/10/01	2018/10/31	2018/11/10	申报成功	查看
2	其他消费税纳税申报表	2018/10/01	2018/10/31	2018/11/30		填写
3	城建税、教育费附加、地方教育附加税(费)申报表(增值税)	2018/10/01	2018/10/31	2018/11/15	申报成功	查看
4	城建税、教育费附加、地方教育附加税(费)申报表(消费税)	2018/10/01	2018/10/31	2018/11/15		填写

图1-5 申报状态界面

3. 逾期申报

纳税人未按规定期限进行申报后,可进行逾期申报(图1-6),系统会自动获取纳税人逾期未申报的申报表单,点击填写时系统自动检测纳税人是否符合逾期申报条件,当纳税人符合税务机关规定的逾期天数、次数及处理完违法违章时,纳税人可进入报表填写界面进行申报。

项目一 企业纳税实务工作认知

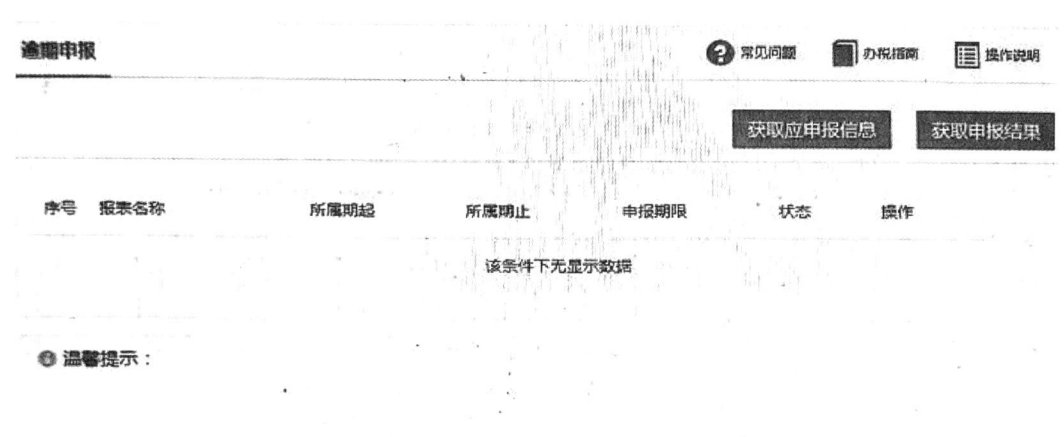

图1-6 逾期申报

4. 财务报表

点击财务报表可进入财务报表报送界面(图1-7),纳税人可通过手工填写或者模板导入的方式完成财务报表的报送。

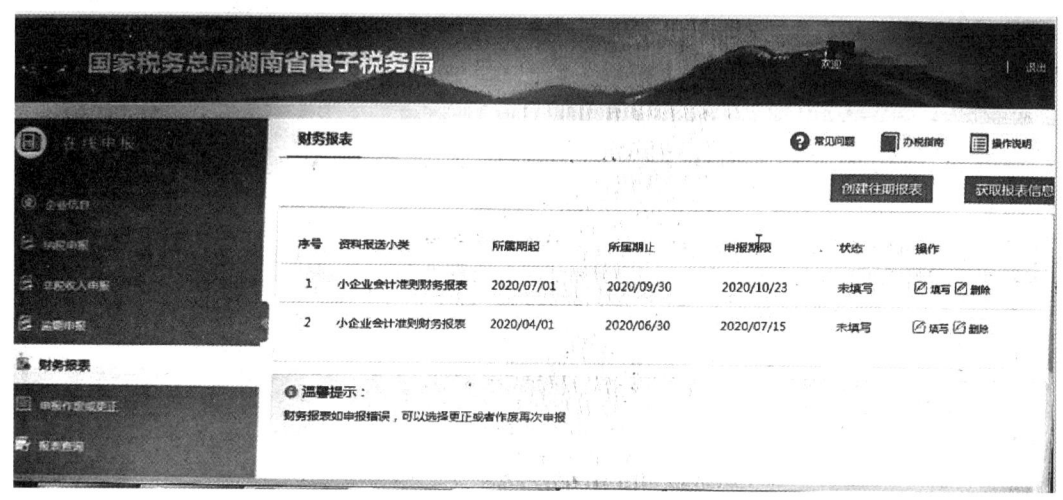

图1-7 财务报表报送界面

5. 申报作废或更正

纳税人完成申报后,发现申报信息存在错误,在申报期内如果已申报未缴款,可以对申报表进行作废,申报作废后可进入【纳税申报】继续进行申报;在申报期月内如果已申报已缴款,可以对申报表进行全量更正,不允许差额更正或补充申报,申报错误更正后,涉及补缴税款,纳税人、扣缴义务人应按规定加收滞纳金,如图1-8所示。

6. 报表查询

申报征期内纳税人在电子税务局完成纳税申报后,通过此报表查询模块(图1-9)查询申报表信息。

此模块的申报查询,增值税、消费税申报、企业所得税(部分)申报以及与主税联合

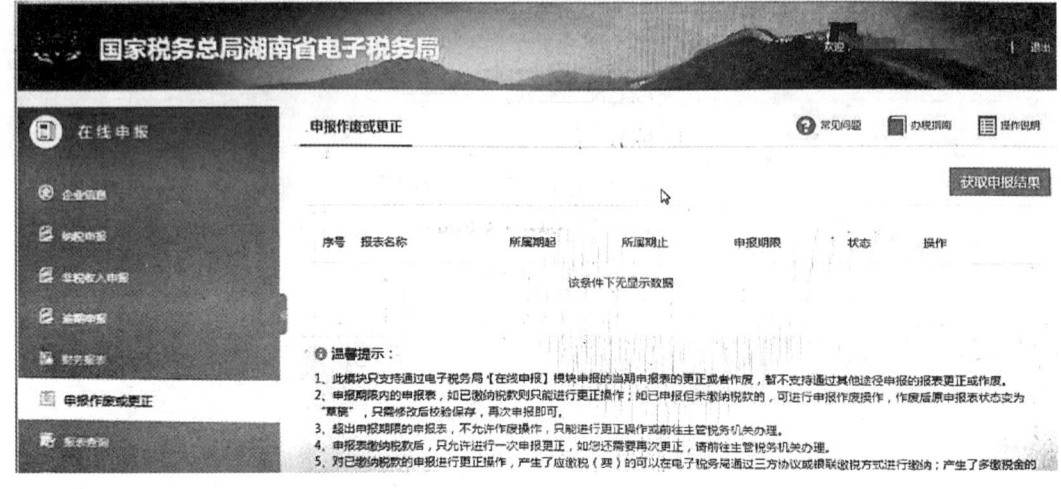

图 1-8　申报作废或更正界面

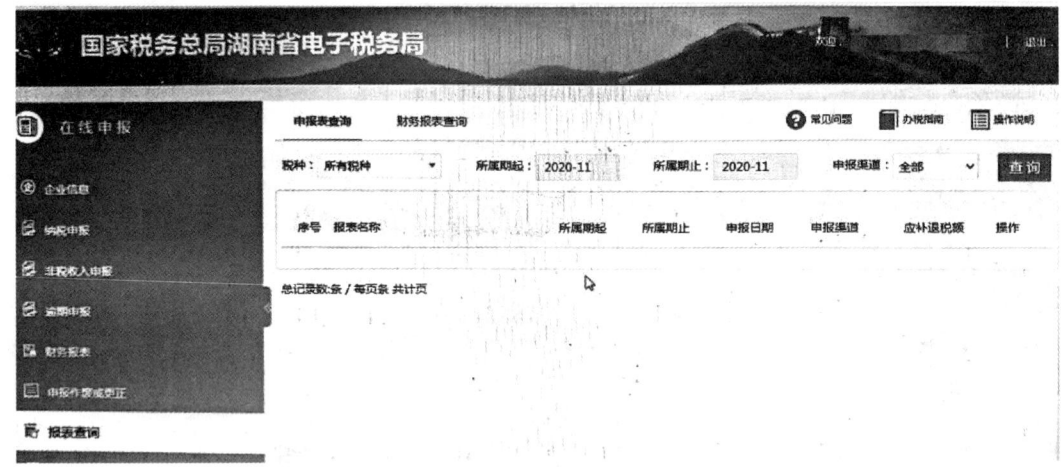

图 1-9　报表查询模块

申报的附加税费只支持通过电子税务局完成申报的报表进行查询,其他税费种的申报均支持查看。纳税人可以通过【我要查询】—【申报信息查询】模块查询各税费种的已申报信息。

7. 三方协议缴税

与税务机关、银行签订了三方协议的纳税人,可以在申报成功后,通过三方协议缴税模块(图 1-10)在网上缴纳税款,根据纳税人所选择的税款属期,可查询出应缴纳的税费信息,点击【缴款】完成缴税。

8. 银联在线缴税

纳税人申报成功后,可以通过银联在线缴税方式(图 1-11)缴纳税款,纳税人需要缴纳增值税、消费税、文化事业建设费及企业所得税的,点击操作栏中的【缴款】,需要缴纳其他税(费)的点击【其他税种缴税】,进行缴纳。

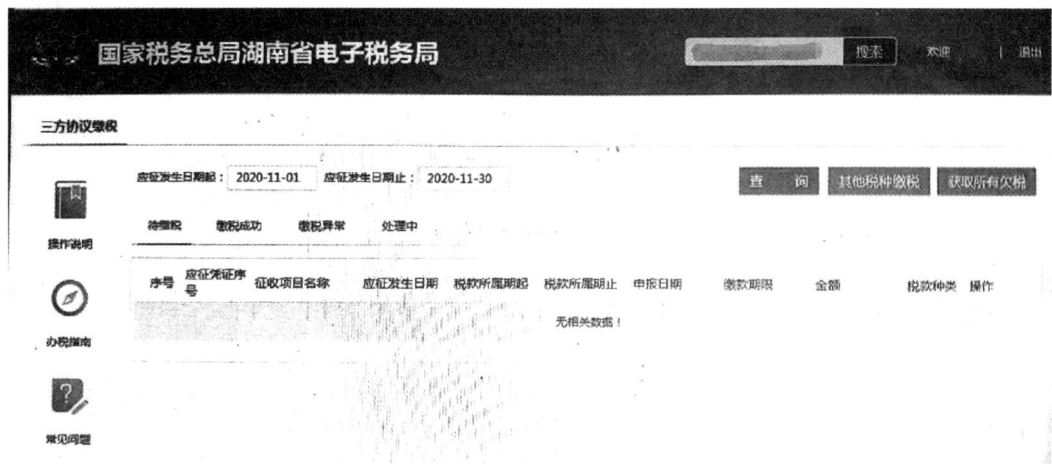

图 1-10　三方协议缴税模块

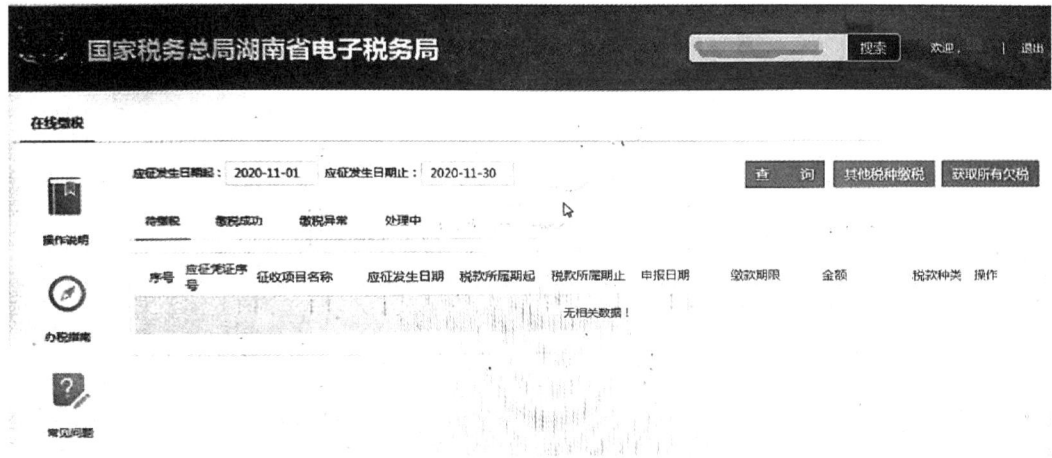

图 1-11　在线缴税

各税(费)种详细申报操作请参考各税(费)专项操作手册。

项目二 增值税的计算与申报

【引言】

1979年,我国开始在部分城市试行生产型增值税;2008年,国务院决定全面实施增值税改革,即将生产型增值税转为消费型增值税;2016年5月1日,征收营业税的行业全部改为征收增值税。从2018年5月1日起,我国将制造业等行业增值税税率从17%降至16%,将交通运输、建筑、基础电信服务等行业及农产品等货物的增值税税率从11%降至10%。自2019年4月1日起,制造业等行业增值税率降至13%,交通运输、建筑、基础电信服务等行业增值税率降至9%。

【课程思政】

我国增值税税率持续下降,切实减轻企业负担,体现了政府让利于企、让利于民的初衷。

新冠疫情期间,国家加大了减税降负力度(表2-1),体现了党全心全意为人民服务的宗旨。

表2-1 新冠疫情期间增值税税收优惠政策

序号	政策
1	2020年及2021年增值税小规模纳税人征收率由3%降至1%,2022年免征。
2	小规模纳税人增值税起征点从月销售额10万元提高到15万元(2021.4.1—2022.12.31)
3	疫情防控重点保障物资生产企业可以按月向主管税务机关申请全额退还增值税增量留抵税额

【重点难点内容】

本项目的重点难点内容为增值税应纳税额的计算,如表2-2所示。

表2-2 增值税应纳税额的计算

	①	②=①×税率	③	④=②−③−上期留抵税额
一般纳税人	销售额	销项税额	进项税额	增值税应纳税额
	组成计税价格			
小规模纳税人	增值税应纳税额=销售额×征收率			
进口货物	增值税应纳税额=组成计税价格×税率			
	注:组成计税价格=关税完税价格+关税+消费税 =关税完税价格×(1+关税税率)÷(1−消费税税率)			

模块一　增值税的认知

一、增值税的概念与类型

(一) 增值税的概念

增值税是对在我国境内销售货物,提供加工修理修配劳务,销售服务、无形资产及不动产的增值额,以及货物的进口金额为计税依据,并实行税款抵扣制的一种流转税。从计税原理而言,增值税是以商品和劳务在流转过程中产生的增值额作为征税对象而征收的一种流转税,所以称为"增值税"。

(二) 增值税的类型

增值税一般分为三类:生产型增值税、收入型增值税和消费型增值税。

1. 生产型增值税

生产型增值税是指对于购入的固定资产所含的税款,不能作任何扣除。因其计算应纳税额的基数相当于国民生产总值,所以称为生产型增值税。

2. 收入型增值税

收入型增值税是指对于购进固定资产所含的税款,只允许扣除当期应计入产品成本的折旧部分。因其计算应纳税额的基数相当于国民收入,所以称为收入型增值税。

3. 消费型增值税

消费型增值税是指对于购进固定资产所含的税款,允许从当期增值额中全部一次扣除。这等于只对消费品价值征税,相当于国民经济整体中的消费资料,故称为消费型增值税,我国现在实行的是消费型增值税。

二、增值税的征税范围

凡是在中华人民共和国境内销售货物、服务、无形资产、不动产,以及进口货物的单位和个人,都是增值税的纳税人。

(一) 增值税征税范围的一般规定

现行增值税征税范围的一般规定包括销售或者进口货物、提供应税劳务和发生应税行为。

1. 销售或者进口的货物

货物指有形动产,包括电力、热力、气体在内。

2. 提供应税劳务

应税劳务是指提供的加工、修理修配劳务。加工是指受托加工货物,即委托方提供原料及主要材料,受托方按照委托方的要求加工货物并收取加工费的业务;修理修配是指受托对损伤或丧失功能的货物进行修复,使其恢复原状和功能的业务。

3. 发生应税行为

应税行为分为三大类:销售应税服务、销售无形资产和销售不动产。其中,应税服务包括交通运输服务、邮政服务、电信服务、建筑服务、金融服务、现代服务、生活服务。

(1) 交通运输服务。交通运输服务是指利用运输工具将货物或者旅客送达目的地,使其空间位置得到转移的业务活动,包括陆路运输服务、水路运输服务、航空运输服务和管道运输服务。

① 陆路运输服务是指通过陆路(地上或地下)运送货物或者旅客的运输业务活动,包括铁路运输服务和其他陆路运输服务。其他运输服务包括公路运输、缆车运输、索道运输、地铁运输、城市轻轨运输等。

> **注意:**
> 出租车公司向使用本公司自有出租车的出租车司机收取的管理费用,按照陆路运输服务缴纳增值税。

② 水路运输服务是指通过江、河、湖、川等天然、人工水道或者海洋航道运送货物或者旅客的运输业务活动,包括水路运输的程租、期租业务。

程租业务是指运输企业为租船人完成某一特定航次的运输任务并收取租赁费的业务。

期租业务是指运输企业将配备有操作人员的船舶承租给他人使用一定期限,船舶和操作人员在承租期内听候承租方调遣,不论是否经营,均按天向承租方收取租赁费,发生的固定费用均由船东负担的业务。

③ 航空运输服务是指通过空中航线运送货物或者旅客的运输业务活动。航空运输的湿租业务,属于航空运输服务。航天运输服务,按照航空运输服务缴纳增值税。

湿租业务是指航空运输企业将配备有机组人员的飞机承租给他人使用一定期限,飞机和机组人员在承租期内听候承租方调遣,不论是否经营,均按一定标准向承租方收取租赁费,发生的固定费用均由承租方承担的业务。

④ 管道运输服务是指通过管道设施输送气体、液体、固体物质的运输业务活动。无运输工具承运业务,按照交通运输服务缴纳增值税。

无运输工具承运业务是指经营者以承运人身份与托运人签订运输服务合同,收取运费并承担承运人责任,然后委托实际承运人完成运输服务的经营活动。

(2) 邮政服务。邮政服务是指中国邮政集团公司及其所属邮政企业提供邮件寄递、邮政汇兑、机要通信和邮政代理等邮政基本服务的业务活动,包括邮政普遍服务、邮政特殊服务和其他邮政服务。

① 邮政普遍服务是指函件、包裹等邮件寄递,以及邮票发行、报刊发行和邮政汇兑等业务活动。

② 邮政特殊服务是指义务兵平常信函、机要通信、盲人读物和革命烈士遗物的寄递等

业务活动。

③ 其他邮政服务是指邮册等邮品销售、邮政代理等业务活动。

(3) 电信服务。电信服务是指利用有线、无线的电磁系统或者光电系统等各种通信网络资源,提供语音通话服务,传送、发射、接收或者应用图像、短信等电子数据和信息的业务活动,包括基础电信服务和增值电信服务。

① 基础电信服务是指利用固网、移动网、卫星、互联网,提供语音通话服务的业务活动,以及出租或者出售带宽、波长等网络元素的业务活动。

② 增值电信服务是指利用固网、移动网、卫星、互联网、有线电视网络,提供短信和彩信服务、电子数据和信息的传输及应用服务、互联网接入服务等业务活动。卫星电视信号落地转接服务,按照增值电信服务计算缴纳增值税。

(4) 建筑服务。建筑服务是指各类建筑物、构筑物及其附属设施的建造、修缮、装饰,线路、管道、设备、设施等的安装以及其他工程作业业务活动,包括工程服务、安装服务、修缮服务、装饰服务和其他建筑服务。

① 工程服务是指新建、改建各种建筑物、构筑物的工程作业,包括与建筑物相连的各种设备或者支柱、操作平台的安装或者装设工程作业,以及各种窑炉和金属结构工程作业。

② 安装服务是指生产设备、动力设备、起重设备、运输设备、医疗实验设备以及其他各种设备、设施的装配、安置工程作业,包括与被安装设备相连的工作台、梯子、栏杆的装设工程作业,以及被安装设备的绝缘、防腐、保温、油漆等工程作业。

注意:
固定电话、有线电视、宽带、水、电、燃气、暖气等经营者向用户收取的安装费、初装费、开户费、扩容费以及类似收费,按照安装服务缴纳增值税。

③ 修缮服务是指对建筑物、构筑物进行修补、加固、养护、改善,使之恢复原来的使用价值或者延长其使用期限的工程作业。

④ 装饰服务是指对建筑物、构筑物进行修饰装修,使之美观或者具有特定用途的工程作业。

⑤ 其他建筑服务是指上列工程作业之外的各种工程作业服务,如钻井(打井)、拆除建筑物或者构筑物、平整土地、园林绿化、疏浚(不包括航道疏浚)、建筑物平移、搭脚手架、爆破、矿山穿孔、表面附着物(包括岩层、土层、沙层等)剥离和清理等工程作业。

(5) 金融服务。金融服务是指经营金融保险的业务活动,包括贷款服务、直接收费金融服务、保险服务和金融商品转让。

① 贷款服务是指将资金贷与他人使用而取得利息收入的业务活动。以货币资金投资收取的固定利润或者保底利润,按照贷款服务缴纳增值税。

注意:
各种占用、拆借资金取得的收入,包括金融商品持有期间(含到期)利息(保本收益、报酬、资金占用费、补偿金等)收入、信用卡透支利息收入、买入返售金融商品利息收入、

> 融资融券收取的利息收入,以及融资性售后回租、押汇、罚息、票据贴现、转贷等业务取得的利息性质的收入,按照贷款服务缴纳增值税。

② 直接收费金融服务是指为货币资金融通及其他金融业务提供相关服务并且收取费用的业务活动,包括提供货币兑换、账户管理、电子银行、信用卡、信用证、财务担保、资产管理、信托管理、基金管理、金融交易场所(平台)管理、资金结算、资金结算、金融支付等服务。

③ 保险服务是指投保人根据合同约定,向保险人支付保险费,保险人对于合同约定的可能发生的事故因其发生所造成的财产损失承担保险金赔偿责任,或者当被保险人死亡、伤残、疾病作者达到合同约定的年龄、期限等条件时承担给付保险金责任的商业保险行为,包括人身保险服务和财产保险服务。

④ 金融商品转让是指转让外汇、有价证券、非货物期货和其他金融商品所有权的业务活动。其他金融商品转让包括基金、信托、理财产品等各类资产管理产品和各种金融衍生品的转让。

(6) 现代服务。现代服务是指围绕制造业、文化产业、现代物流产业等提供技术性、知识性服务的业务活动。包括研发和技术服务、信息技术服务、物流辅助服务、租赁服务、鉴证咨询服务、广播影视服务、商务辅助服务和其他现代服务。

① 研发和技术服务,包括研发服务、合同能源管理服务、工程勘察勘探服务和专业技术服务,如表2-3所示。

表2-3 研发技术服务内容

序号	项目	内容
1	研发服务	也称技术开放服务,是指对新技术、新产品、新工艺或者新材料以其系统进行研究与试验开发的业务活动
2	合同能源管理服务	是指对节能服务公司与用能单位以契约形式约定节能目标,节能服务公司提供必要的服务,用能单位以节能效果支付节能服务公司投入及其合理报酬的业务活动
3	工程勘察勘探服务	是指在采矿、工程施工前后,对地形、地质构造、地下资源蕴藏情况进行实地调查的业务活动
4	专业技术服务	是指气象服务、地震服务、海洋服务、测绘服务、城市规划、环境与生态监测服务等专项技术服务

② 信息技术服务是指利用计算机、通信网络等技术对信息进行生产、收集、处理、加工、存储、运输、检索和利用并提供信息服务的业务活动。包括软件服务、电路设计及测试服务、信息系统服务、业务流程管理服务和信息系统增值服务,如表2-4所示。

表2-4 信息技术服务内容

序号	项目	内容
1	软件服务	是指提供软件开发服务、软件维护服务、软件测试服务的业务活动
2	电路设计及测试服务	是指提供集成电路和电子电路产品设计、测试及相关技术支持服务的业务活动

(续表)

序号	项 目	内 容
3	信息系统服务	是指提供信息系统集成、网络管理、网站内容维护、桌面管理与维护、数据中心、托管中心、信息安全服务、在线杀毒、虚拟主机等业务活动,包括网站对非自有的网络游戏提供的网络运营服务
4	业务流程管理服务	是指依托信息技术提供的人力资源管理、财务经济管理、审计管理、税务管理、物流信息管理、经营信息管理和呼叫中心等服务的活动
5	信息系统增值服务	是指利用信息系统资源为用户附加的信息技术服务。包括数据处理、分析和整合、数据库管理、数据备份、数据存储、容灾服务、电子商务平台等

③ 文化创意服务,包括设计服务、知识产权服务、广告服务和会议展览服务,如表2-5所示。

表2-5 文化创意服务内容

序号	项 目	内 容
1	设计服务	是指把计划、规划、设想通过文字、语言、图画、声音、视觉的形式传递出来的业务活动,包括工业设计、内部管理设计、业务运作设计、供应链设计、造型设计、服装设计、环境设计、平面设计、包装设计、动漫设计、网游设计、展示设计、网站设计、机械设计、工程设计、广告设计、创意策划、文印晒图等
2	知识产权服务	是指处理知识产权事务的业务活动,包括对专利、商标、著作权软件、集成电路布图设计的登记、鉴定、评估、认证、检索服务
3	广告服务	是指利用图书、报纸、杂志、广告、电视、电影、幻灯、路牌、招贴、橱窗、霓虹灯、灯箱、互联网等各种形式为客户的商品、经营服务项目、文体节目或者通告、声明等委托事项进行宣传和提供相关服务的业务活动,包括广告代理和广告的发布、播映、宣传、展示等
4	会议展览服务	是指为商品流通、促销、展示、经贸洽谈、民间交流、企业沟通、国际往来等举办的各类展览和会议的业务活动

④ 物流辅助服务,包括航空服务、港口码头服务、货运客运场站服务、打捞救助服务、货物运输代理服务、代理报关服务、仓储服务、装卸搬运服务、收派服务,如表2-6所示。

表2-6 物流辅助服务内容

序号	项 目	内 容
1	航空服务	包括航空地面服务和通用航空服务。航空地面服务,是指航空公司、飞机场、民航管理局、航站等向我国境内航空或者在我国境内机场停留的境外飞机或者是其他飞行器提供的导航等劳务性地面服务的业务活动。包括旅客安全检查服务、停机坪管理服务、机场候机厅管理服务、飞机清洁消毒服务、空中飞行管理服务、飞机起降服务、飞行通信服务、地面型号服务、飞机安全服务、飞机跑道管理服务、空中交通管理服务等;通用航空服务,指为专业工作提供飞行服务的业务活动,包括航空摄影、航空培训、航空降雨等

(续表)

序号	项目	内　容
2	港口码头服务	是指港务船舶调度服务、船舶通信服务、航道管理服务、航道疏浚服务、灯塔管理服务、航标管理服务、船舶引航服务、理货服务、系解缆服务、停泊和移泊服务、海上船舶溢油清除服务、水上交通管理服务、船只专业清洗消毒检测服务和防止船只漏油服务等为船只提供服务的业务活动
3	货运客运站服务	是指货运客运站场(不包括铁路运输)提供的货物配载服务、运输组织服务、中转换乘服务、车辆调度服务、票务服务和车辆停放服务等业务活动
4	打捞救助服务	是指提供船舶人员救助、船舶财产救助、水上救助和沉船沉物打捞的业务活动
5	货物用书代理服务	是指接受货物收货人、发货人的委托,以委托人的名义或者是以自己的名义,在不直接提供货物用书劳务情况下,为委托人办理货物运输及相关业务手续的业务活动
6	代理报关服务	是指接受进出口货物的收、发货人委托,代为办理报关手续的业务活动
7	仓储服务	是指利用仓库、货场或者是其他场所代客贮放、保管货物的业务活动
8	装卸搬运服务	是指使用装卸搬运工具或人力、畜力将货物在运输工具之间、装卸现场之间或者运输工具与装卸现场之间进行装卸和搬运的业务活动
9	收派服务	是指接受寄件人委托,在承诺的时限内完成函件和包裹的收件、分拣、派送服务的业务活动。收件服务,是指从寄件人收取函件和包裹,并运送到服务提供方提供同城的集散中心的业务活动;分拣服务,是指服务提供方在其集散中心对函件和包装进行分类、分发的业务活动;派送服务,是指服务提供方从其集散中心将函件和包裹送达同城的收件人的活动

⑤ 租赁服务,包括有融资租赁服务和经营租赁服务,如表2-7所示。

表2-7　有形动产租赁内容

序号	项目	内　容
1	融资租赁	是指具有融资性质和所有权转移特点的有形动产租赁业务活动。即出租人根据承租人所要求的规格、型号、性能等条件购入有形动产租赁给承租人,合同期内设备所有权属于出租人,承租人只拥有使用权,合同期满付清租金后,承租人有权按照残值购入有形资产,以拥有其所有权。不论承租人是否将拥有有形动产残值销售给承租人,均属于融资租赁
2	经营租赁	是指在约定时间内将物品、设备等有形动产转让他人使用且租赁物所有权不变更的业务活动,包括光租和干租。光租指运输企业将船舶在约定的时间内出租给他人使用,不配备操作人员,不承担运输过程中发生的各项费用,只收取固定租赁费的业务活动;干租指航空运输企业将飞机在约定时间内出租给他人使用,不配备机组人员,不承担运输过程中发生的各项费用,只收取固定租赁费的业务活动

⑥ 鉴证咨询服务,包括认证服务,鉴定服务,咨询服务,如表2-8所示。

表 2-8 鉴证咨询服务内容

序号	项目	内容
1	认证服务	是指具有专业资质的单位利用检测、检验、计量等技术,证明产品、服务、管理体系符合相关技术规范,相关技术规范的强制性要求或者标准的业务活动
2	鉴证服务	是指具有专业资质的单位,为委托方的经济活动及有关资料进行鉴证,发表具有证明力的意见的业务活动,包括会计、税务、资产评估、律师、房地产土地评估、工程造价的鉴证
3	咨询服务	是指提供和策划财务、税收、法律、内部管理、业务运作和流程管理等信息或者建议的业务活动

⑦ 广播影视服务,包括广播影视节目(作品)制作服务、广播影视节目(作品)发行服务、广播影视节目(作品)播映服务,如表 2-9 所示。

表 2-9 广播影视服务内容

序号	项目	内容
1	广播影视节目(作品)制作服务	是指进行专题(特别节目)、专栏、综艺、体育、动画片、广播剧、电视剧、电影等广播影视节目和作品制作的服务。具体包括与广播影视节目和作品相关的策划、采编、拍摄、录音、音视频文字图片素材制作,场景布置,后期的剪辑,翻译(编译)、字幕制作,片头、片尾、片花制作,特效制作,影片修复,编目和确权等业务活动
2	广播影视节目(作品)发行服务	是指以分账、买断、委托、代理等方式,向影院、电台、电视台、网站等单位和个人发行广播影视节目(作品)以及转让体育赛事等活动的报道及播映权的业务活动
3	广播影视节目(作品)播映服务	是指在影院、剧院、录像厅及其他场所播映广播影视节目(作品),以及通过电台、电视台、卫星通信、互联网、有线电视等无线或有线装置播映广播影视节目(作品)的业务活动

⑧ 商务辅助服务,包括企业管理服务、经纪代理服务、人力资源服务和安全保护服务,如表 2-10 所示。

表 2-10 商务辅助服务内容

序号	项目	内容
1	企业管理服务	是指提供总部管理、中介、投资与资产管理、市场管理、物业管理、日常综合管理等服务的业务活动
2	经纪代理服务	是指各类经纪、中介、代理服务,包括金融代理、知识产权代理、货物运输代理、代理报关、法律代理、房地产中介、职业中介、婚姻中介、代理记账、拍卖等

(续表)

序号	项　目	内　　容
3	人力资源服务	是指提供公共就业、劳务派遣、人才委托招聘、劳动力外包等服务的业务活动
4	安全保护服务	是指提供保护人身安全和财产安全，维护社会治安等的业务活动。包括场所住宅保安、特种保安、安全系统监控以及其他安保服务

⑨ 其他现代服务是指除研发和技术服务、信息技术服务、文化创意服务、物流辅助服务、租赁服务，鉴证咨询服务、广播影视服务和商务辅助服务以外的现代服务。

（7）生活服务。生活服务是指为满足城乡居民日常生活需求提供的各类服务活动，包括文化体育服务、教育医疗服务、旅游娱乐服务、餐饮住宿服务、居民日常服务和其他生活服务。

① 文化体育服务，包括文化服务和体育服务。文化服务是指满足社会公众文化生活需求提供的各种服务，包括文艺创作、文艺表演、文化比赛，图书馆的图书和资料借阅，档案馆的档案管理，文物及非物质遗产保护，组织举办宗教活动、科技活动、文化活动，提供游览场所；体育服务是指组织举办体育比赛、体育表演、体育活动以及提供体育训练、体育指导、体育管理的业务活动。

② 教育医疗服务，包括教育服务和医疗服务。教育服务是指提供学历教育服务、非学历教育服务、教育辅助服务的业务活动；医疗服务是指提供医学检查、诊断、治疗、康复、预防、保健、接生、计划生育、防疫服务等方面的服务，以及与这些服务有关的提供药品、医用材料器具、救护车、病房住宿和伙食的业务。

③ 旅游娱乐服务，包括旅游服务和娱乐服务，旅游服务是指根据旅游者的要求，组织安排交通。游览、住宿、餐饮、购物、文娱、商务等服务的业务活动；娱乐服务是指为娱乐安排同时提供场所和服务的业务，包括歌厅、舞厅、夜总会、酒吧、台球、高尔夫球、保龄球、游艺（包括射击、狩猎、跑马、游戏机、蹦极、卡丁车、热气球、动力伞、射箭、飞镖）。

④ 餐饮住宿服务，包括餐饮服务和住宿活动。餐饮服务是指通过同时提供饮食和饮食场所的方式为消费者提供餐饮消费服务的业务活动；住宿服务是指提供住宿场所及配套服务等的活动，包括宾馆、旅馆、旅社、度假村和其他经营性住宿场所提供的住宿服务。

⑤ 居民日常服务是指主要为满足居民个人及其家庭日常生活需求提供的服务，包括市容市政管理、家政、婚庆、养老、殡葬、照料和护理、救助救济、美容美发、按摩、桑拿、氧吧、足疗、沐浴、洗染、摄影扩印等服务。

⑥ 其他生活服务是指除文化体育服务、教育医疗服务、旅游娱乐服务、餐饮住宿服务、和居民日常服务之外的生活服务。

（8）销售无形资产。销售无形资产是指转让无形资产所有权或者使用权的业务活动。无形资产包括技术、商标、著作权、商誉、自然资源使用权和其他权益性无形资产。

技术包括专利技术和非专利技术。

自然资源使用权包括土地使用权、海域使用权、探矿权、采矿权、取水权和其他自然资源使用权。

其他权益性无形资产包括基础设施资产经营权、公共事业特许权、配额、经营权（包括特许经营权、连锁经营权、其他经营权）、经销权、代理权、会员权、席位权、网络游戏虚拟道具、域名、名称权、肖像权、冠名权、转会费等。

（9）销售不动产。销售不动产是指转让不动产所有权的业务活动。不动产包括建筑物、构建物等。建筑物包括住宅、商业性用房、办公室等可供居住、工作或者进行其他活动的建筑物。构筑物包括道路、桥梁、隧道、水坝等建筑物。

转让建筑物有限产权或者永久使用权的，转让在建的建筑物或者构筑物时一并转让其所占土地的使用权的，按照销售不动产缴纳增值税。

（二）增值税征税范围的特殊规定

1. 视同销售货物行为

单位或者个体工商户的下列行为，视同销售货物。

（1）将货物交付其他单位或者个人代销。

（2）销售代销货物。

（3）设有两个以上机构并实行统一核算的纳税人，将货物从一个机构移送至其他机构用于销售，但相关机构设在同一县（市）的除外。

（4）将自产、委托加工的货物用于集体福利或者个人消费。

（5）将自产、委托加工或者购进的货物作为投资，提供给其他单位或者个体工商户。

（6）将自产、委托加工或者购进的货物分配给股东或者投资者。

（7）将自产、委托加工或者购进的货物无偿赠送其他单位或者个人。

（8）单位或者个体工商户向其他单位或者个人无偿提供服务，但用于公益事业或者以社会公众为对象的除外。

（9）单位或者个人向其他单位或者个人无偿转让无形资产或者不动产，但用于公益事业或者以社会公众为对象的除外。

（10）财政部和国家税务总局规定的其他情形。

2. 混合销售行为

一项销售行为如果既涉及货物又涉及服务，为混合销售行为。涉及的应税货物和非应税劳务是直接为销售一批货物而做出的，两者之间是紧密相连的从属关系，就是说混合销售行为是不可能分别核算的。如某公司卖了一台机器同时提供安装服务，就是混合销售，而分别提供销售机器和提供安装服务就不是混合销售。

从事货物的生产、批发或者零售的单位和个体工商户的混合销售，按照销售货物缴纳增值税；其他单位和个体工商户的混合销售，按照销售服务缴纳增值税。

混合销售行为成立的行为标准有两点：一是其销售行为必须是一项；二是该项行为必须既涉及货物销售，又涉及应税行为。

某建筑材料公司，在主营建筑材料批发和零售的同时，还对外承接该建筑材料的安装工程作业。假定该公司某年度混合销售行为较多，当年销售建筑材料不含税收入为 2 000 000 元，取得施工不含税收入 1 800 000 元，则建筑材料销售收入及施工收入均按 13% 的增值税率计算增值税销项税额：(2 000 000＋1 800 000)×13%＝494 000(元)。

装饰公司以包工包料方式为用户进行房屋装修，其中提供装饰公司劳务收入为 28 000 000 元(不含税)，同时提供的墙纸(布)、地板等装饰材料的销售收入为 6 000 000 元(不含税)，则装饰劳务收入及装饰材料的销售收入均按 9% 的增值税率计算增值税销项税额:(28 000 000+6 000 000)×9%=3 060 000(元)。

3. 非增值税应税行为

以下项目属于非增值税应税行为。

(1) 根据国家指令无偿提供的铁路运输服务、航空运输服务、属于符合规定的用于公益事业的服务。

(2) 存款利息。

(3) 被保险人获得的保险赔付。

(4) 房地产主管部门或者其指定机构、公积金管理中心、开发企业一级物业管理单位代收的住宅专用的维修资金。

(5) 在资金重组过程中,通过合并、分立、出售、置换等方式将全部或者部分实物资产以及与其相关联的债权、负债和劳动力一并转让给其他单位和个人,其中涉及的不动产土地使用权转让行为。

(6) 行政单位收取的同时满足以下条件的政府性基金或者行政事业性收费:由国务院或者省级人民政府及其财政部门,主管部门批准设立的行政事业性收费;收取时开具省级以上(含省级)财政部门监(印)制的财政票据;所收款项全额上缴财政。

(7) 单位或者个体工商户聘用的员工为本单位或者雇主提供取得工资的服务。

(8) 单位或者个体工商户为聘用的员工提供服务。

(三) 增值税的税收优惠

1. 《增值税暂行条例》规定的免税项目

(1) 农业生产者销售的自产农产品。农业是指种植业、养殖业、林业、牧业、水产业。农业生产者包括从事农业生产的单位和个人。农产品是指初级农产品,具体范围由财政部、国家税务总局确定。

(2) 避孕药品和用具。

(3) 古旧图书。古旧图书是指向社会收购的古书和旧书。

(4) 直接用于科学研究、科学试验和教学的进口仪器、设备。

(5) 外国政府、国际组织无偿援助的进口物资和设备。

(6) 由残疾人组织直接进口供残疾人专用的物品。

(7) 销售自己使用过的物品。自己使用过的物品是指其他个人自己使用过的物品。

2. 财政部、国家税务总局规定的其他征免税项目

(1) 对资源综合利用、再生资源、鼓励节能减排等方面给予了免税或先征后退政策。

(2) 自2008年6月1日起,纳税人生产销售和批发、零售有机肥产品免征增值税。

(3) 对农民专业合作社销售本社成员生产的农业产品免税,农民专业合作社向本社成员销售农膜、种子、种苗、化肥、农药、农机免税。

(4) 免税店销售免税品符合规定条件的免税,否则征收增值税。

(5) 除经中国人民银行和商务部批准经营融资租赁业务的单位所从事的融资租赁业务外,其他单位从事的融资租赁业务,租赁的货物的所有权转让给承租方征收增值税,租赁的货物的所有权未转让给承租方,不征收增值税。

(6) 转让企业全部产权涉及的应税货物的转让,不属于增值税的征税范围,不征收增值税。

（7）对从事热力、电力、燃气、自来水等公用事业的增值税纳税人收取的一次性费用，凡与货物的销售数量有直接关系的，征收增值税；凡与货物的销售数量无直接关系的，不征收增值税。

（8）纳税人代有关行政管理部门收取的费用，凡同时符合以下条件的。不属于价外费用，不征收增值税。

① 经国务院、国务院有关部门或省级政府批准。
② 开具经财政部门批准使用的行政事业收费专用票据。
③ 所收款项全额上缴财政或虽不上缴财政但由政府部门监管，专款专用。

（9）纳税人销售货物的同时代办保险而向购买方收取的保险费，以及从事汽车销售的纳税人向购买方收取的代购买方缴纳的车辆购置税、牌照费，不作为价外费用征收增值税。

（10）纳税人销售软件产品并随同销售一并收取的软件安装费、维护费、培训费等收入，应按照增值税混合销售的有关规定征收增值税。并可享受软件产品增值税即征即退政策。

对软件产品交付使用后，按期或按次收取的维护费、技术服务费、培训费等不征收增值税。

纳税人受托开发软件产品，著作权属于受托方的征收增值税，著作权属于委托方或属于双方共同拥有的不征收增值税。

（11）印刷企业接受出版单位委托自行购买纸张，印刷有统一刊号（CN）以及采用国际标准书号编序的图书、报纸和杂志，按货物销售征收增值税。

（12）对增值税纳税人收取的会员费收入不征收增值税。

（13）按债转股企业与金融资产管理公司签订的债转股协议，债转股原企业将货物资产作为投资提供给债转股新公司的，免征增值税。

（14）各燃油电厂从政府财政专户取得的发电补贴不属于增值税规定的价外费用，不计入应税销售额，不征收增值税。

3. 增值税起征点的规定

增值税起征点的适用范围限于个人。具体如下：增值税起征点的幅度规定为：销售货物的，起征点为月销售额5 000～20 000元；销售应税劳务的，起征点为月销售额5 000～20 000元；按次纳税的，起征点为每次（日）销售额300～500元。

（1）销售货物的，起征点为月销售额5 000～20 000元。
（2）销售应税劳务的，起征点为月销售额5 000～20 000元。
（3）按次纳税的，起征点为每次（日）销售额300～500元。

4. 小规模纳税人增值税减免政策（执行至2027年12月31日）

（1）对月销售额10万元以下（含本数）的增值税小规模纳税人，免征增值税。
（2）增值税小规模纳税人适用3%征收率的应税销售收入，减按1%征收率征收增值税；适用3%预征率的预缴增值税项目，减按1%预征率预缴增值税。

三、增值税纳税人

一切从事销售或者进口货物、提供应税劳务及服务的单位和个人都是增值税纳税义务人。

四、一般纳税人和小规模纳税人的认定及管理

由于增值税实行凭增值税专用发票抵扣税款的制度,要求增值税纳税人会计核算健全,并能够准确核算销项税额、进项税额和应纳税额。为了配合增值税专用发票的管理,按照经营规模大小和会计核算是否健全,将增值税纳税人划分为一般纳税人和小规模纳税人。

(一) 小规模纳税人的认定及管理

小规模纳税人是指年销售额在规定标准以下,并且会计核算不健全,不能按规定报送有关税务资料的增值税纳税人。所谓会计核算不健全是指不能正确核算增值税的销项税额、进项税额和应纳税额。

小规模纳税人的认定标准如下。

(1) 工业企业、商业企业及发生应税行为的纳税人年销售额标准为500万元,年销售额未超过500万元的纳税人为小规模纳税人。

(2) 非企业性单位可选择小规模纳税人纳税。

(二) 一般纳税人的认定及管理

一般纳税人是指年应征增值税销售额超过小规模纳税人标准的企业和企业性单位。下列纳税人不属于一般纳税人。

(1) 按照小规模纳税人纳税的非企业性单位。

(2) 个体工商户以外的其他个人。

(3) 按照小规模纳税人纳税的不经常发生增值税应税行为的企业。

年应税销售额未超过小规模纳税人标准以及新开业的纳税人,能够按照国家统一的会计制度规定设置账簿,根据合法、有效凭证核算,能够提供准确的税务资料,可以向主管税务机关申请一般纳税人的认定。

五、增值税税目、征收范围、税率

(一) 基本税率

自2019年4月1日起,增值税一般纳税人销售货物、进口货物、提供加工修理修配劳务和提供有形动产租赁服务,除适用低税率和零税率之外,均适用13%税率。

(二) 低税率

自2019年4月1日起,增值税一般纳税人销售或者进口下列货物,适用9%税率。

(1) 粮食、食用植物油。

(2) 自来水、暖气冷气、热水、煤气石油液化气、天然气、沼气、居民用煤炭制品。

(3) 图书、报纸、杂志。

(4) 饲料、化肥、农药、农机、农膜。

(5) 国务院规定的其他货物,包括初级农产品、音像制品、电子出版物、二甲醚、食用盐等。

(三) 零税率

纳税人出口货物,境内单位和个人发生符合规定的跨境应税行为,税率为零,但国务院另有规定的除外。

(四) 销售服务、无形资产或者不动产的税率

自 2019 年 4 月 1 日起,提供交通运输、邮政、基础电信、建筑、不动产租赁服务,销售不动产,转让土地使用权,税率为 9%。

自 2019 年 4 月 1 日起,提供有形动产租赁服务,税率为 13%。

除了以上两种情形外,纳税人发生的其他销售服务、无形资产应税行为,税率为 6%。

一般纳税人的增值税税目、征收范围及税率如表 2-11 所示。

表 2-11 增值税 64 种税目税率表

序号	税 目	税率
1	陆路运输服务	9%
2	水路运输服务	9%
3	航空运输服务	9%
4	管道运输服务	9%
5	邮政普遍服务	9%
6	邮政特殊服务	9%
7	其他邮政服务	9%
8	基础电信服务	9%
9	增值电信服务	6%
10	工程服务	9%
9	安装服务	9%
12	修缮服务	9%
13	装饰服务	9%
14	其他建筑服务	9%
15	贷款服务	6%
16	直接收费金融服务	6%
17	保险服务	6%
18	金融商品转让	6%

（续表）

序号	税 目	税率
19	研发和技术服务	6%
20	信息技术服务	6%
21	文化创意服务	6%
22	物流辅助服务	6%
23	有形动产租赁服务	13%
24	不动产租赁服务	9%
25	鉴证咨询服务	6%
26	广播影视服务	6%
27	商务辅助服务	6%
28	其他现代服务	6%
29	文化体育服务	6%
30	教育医疗服务	6%
31	旅游娱乐服务	6%
32	餐饮住宿服务	6%
33	居民日常服务	6%
34	其他生活服务	6%
35	销售无形资产	6%
36	转让土地使用权	9%
37	销售不动产	9%
38	在境内载运旅客或者货物出境	0
39	在境外载运旅客或者货物入境	0
40	在境外载运旅客或者货物	0
41	航天运输服务	0
42	向境外单位提供的完全在境外消费的研发服务	0
43	向境外单位提供的完全在境外消费的合同能源管理服务	0
44	向境外单位提供的完全在境外消费的设计服务	0
45	向境外单位提供的完全在境外消费的广播影视节目（作品）的制作和发行服务	0
46	向境外单位提供的完全在境外消费的软件服务	0
47	向境外单位提供的完全在境外消费的电路设计及测试服务	0
48	向境外单位提供的完全在境外消费的信息系统服务	0

(续表)

序号	税目	税率
49	向境外单位提供的完全在境外消费的业务流程管理服务	0
50	向境外单位提供的完全在境外消费的离岸服务外包业务	0
51	向境外单位提供的完全在境外消费的转让技术	0
52	财政部和国家税务总局规定的其他服务	0
53	销售或者进口货物	13%
54	粮食、食用植物油	9%
55	自来水、暖气、冷气、热水、煤气、石油液化气、天然气、沼气、居民用煤炭制品	9%
56	图书、报纸、杂志	9%
57	饲料、化肥、农药、农机、农膜	9%
58	农产品	9%
59	音像制品	9%
60	电子出版物	9%
61	二甲醚	9%
62	国务院规定的其他货物	9%
63	加工、修理修配劳务	13%
64	出口货物	0

征收率为5%的情形如表2-12所示。

表2-12 征收率为5%的情形

序号	税目	税率
1	不动产租赁服务	5%
2	销售不动产	5%
3	小规模纳税人转让其取得的不动产	5%
4	个人转让其购买的住房	5%
5	房地产开发企业中的一般纳税人,销售自行开发的房地产老项目,选择适用简易计税方法的	5%
6	房地产开发企业中的小规模纳税人,销售自行开发的房地产项目	5%
7	一般纳税人出租其2016年4月30日前取得的不动产,选择适用简易计税方法的	5%
8	单位和个体工商户出租不动产(个体工商户出租住房减按1.5%计算应纳税额)	5%
9	其他个人出租不动产(出租住房减按1.5%计算应纳税额)	5%

(续表)

序号	税　　目	税率
10	一般纳税人转让其 2016 年 4 月 30 日前取得的不动产,选择适用简易计税方法计税的	5%
11	一般纳税人和小规模纳税人提供劳务派遣服务选择差额纳税的	5%
12	一般纳税人 2016 年 4 月 30 日前签订的不动产融资租赁合同,或以 2016 年 4 月 30 日前取得的不动产提供的融资租赁服务,选择适用简易计税方法的	5%
13	一般纳税人收取试点前开工的一级公路、二级公路、桥、闸通行费,选择适用简易计税方法的	5%
14	一般纳税人提供人力资源外包服务,选择适用简易计税方法的	5%

(五) 征收率

1. 小规模纳税人

(1) 销售货物、加工修理修配劳务、服务、无形资产的征收率为 3%。

(2) 销售自己使用过的固定资产,减按 2% 征收率征收增值税。

(3) 销售旧货,按 3% 征收率减按 2% 征收增值税。

(4) 销售不动产,按照 5% 征收率征收增值税。

(5) 房地产开发企业中的小规模纳税人,销售自行开发的房地产项目,按 5% 征收率征收增值税。

(6) 出租不动产(不含个人出租住房),按 5% 征收率征收增值税。

2. 一般纳税人

(1) 一般纳税人销售使用过的固定资产(以下简称已使用过的固定资产),应区分不同情形征收增值税。

① 销售自己使用过的 2009 年 1 月 1 日以后购进或者自制的固定资产,按照适用税率征收增值税。

② 2008 年 12 月 31 日以前未纳入扩大增值税抵扣范围试点的纳税人,销售自己使用过的 2008 年 12 月 31 日以前购进或者自制的固定资产,按照 3% 征收率减按 2% 征收增值税。

③ 2008 年 12 月 31 日以前已纳入扩大增值税抵扣范围试点的纳税人,销售自己使用过的在本地区扩大增值税抵扣范围试点以前购进或者自制的固定资产,按照 3% 征收率减按 2% 征收增值税;销售自己使用过的在本地区扩大增值税抵扣范围试点以后购进或者自制的固定资产,按照适用税率征收增值税。

a. 一般纳税人销售自己使用过的除固定资产以外的物品,按照适用税率征收增值税。

b. 小规模纳税人(除其他个人外)销售自己使用过的固定资产减按 2% 征收率征收增值税。

c. 小规模纳税人(除其他个人外)销售自己使用过的除固定资产以外的物品,按 3% 的征收率征收增值税。

④ 纳税人销售旧货,按照简易办法依照 3% 征收率减按 2% 征收增值税。旧货,是指进

去二次流通的具有部分使用价值的货物(含旧汽车、旧摩托车和旧游艇),但不包括自己使用过的物品。

⑤ 一般纳税人发生下列销售服务、无形资产行为,可以选择适用简易计税方法以3%的征收率计征增值税。

a. 公共交通运输服务。包括轮客渡、公共客运、地铁、城市轻轨、出租车、长途客运、班车。

b. 经认定的动漫企业为开发动漫产品提供的动漫脚本编撰、形象设计、背景设计、动画设计、分镜、动画制作、摄制、描线、上色、画面合成、配音、配乐、音效合成、剪辑、字幕制作、压缩转码(面向网络动漫、手机动漫格式适配)服务,以及在境内转让动漫版权(包括动漫品牌、形象或者内容的授权及再授权)。

c. 电影放映服务、仓储服务、装卸搬运服务、收派服务和文化体育服务。

d. 以纳入营改增试点之日前取得的有形动产为标的物提供的经营租赁服务。

e. 在纳入营改增试点之日前签订的尚未执行完毕的有形动产租赁合同。

⑥ 建筑服务业中一般纳税人的以下项目可以选择适用简易计税方法以3%的征收率计征增值税。

a. 以清包工方式提供的建筑服务。以清包工方式提供建筑服务,是指施工方不采购建筑工程所需的材料或只采购辅助材料,并收取人工费、管理费或者其他费用的建筑服务。

b. 为甲供工程提供的建筑服务。甲供工程,是指全部或部分设备、材料、动力由工程发包方自行采购的建筑工程。

c. 为建筑工程老项目提供的建筑服务。建筑工程老项目,是指《建筑工程施工许可证》注明的开工日期在2016年4月30日前的建筑工程项目,未取得《建筑工程施工许可证》的,建筑工程承包合同注明的开工日期在2016年4月30日前的建筑工程项目。

一般纳税人跨县(市)提供的建筑服务,选择适用简易计税方法计税的,应以取得的全部价款和价外费用扣除支付的分包款后的余额为销售额,按照3%的征收率计算应纳税额。

(2) 一般纳税人销售自产的下列货物,可选择按简易方法依3%的征收率征收增值税。

① 县级及县级以下小型水力发电单位生产的电力。

② 建筑用和生产建筑材料所用的砂、土、石料或其他矿物连续生产的砖、瓦、石灰;用微生物、微生物代谢产物、动物毒素、人或动物的血液或组织制造的生物制品。

③ 商品混凝土。

④ 自来水。

3. 5%征收率

一般纳税人销售其2016年4月30日前取得(不含自建)的不动产,可以选择适用简易计税方法,以取得的全部价款和价外费用减去连续不动产购置原价或者取得不动产时的作价后的余额为销售额,按照5%的征收率计算应纳税额。

一般纳税人销售其2016年4月30日前自建的不动产,可以选择适用简易计税方法,以取得的全部价款和价外费用为销售额,按照5%的征收率计算应纳税额。

小规模纳税人销售其取得(不含自建)的不动产(不含个体工商户销售购买的住房和其他个人销售不动产),应以取得的全部价款和价外费用减去该项不动产购置原价或者取得不动产时的作价后的余额为销售额,按照5%的征收率计算应纳税额。

小规模纳税人销售其自建的不动产,应以取得的全部价款和价外费用为销售额,按照5%的征收率计算应纳税额。

房地产开发企业中的一般纳税人,销售自行开发的房地产项目,可以选择适用简易计税方法按照5%的征收率计税。

房地产开发企业中的小规模纳税人,销售自行开发的房地产项目,按照5%的征收率计税。

小规模纳税人出租其取得的不动产(不含个人出租住房),应按照5%的征收率计算应纳税额。其他个人出租其取得的不动产(不含住房),应按照5%的征收率计算应纳税额。个人出租住房,应按照5%的征收率减按1.5%计算应纳税额。

项目二　增值税的计算与申报

模块二　增值税一般纳税人应纳税额的计算与会计处理

增值税一般纳税人的计税方法一般采用间接法,即先按当期销售额和适用税率计算出销项税额,然后将当期准予抵扣的进行税额进行抵扣,从而计算出当期增值税应纳税额,计算公式为:

当期应纳税额＝当期销项税额－当期进项税额－上期留抵税额
　　　　　　＝当期销售额×适用税率－当期进项税额－上期留抵税额

当期销项税额小于当期进项税额时,其余额结转下期继续抵扣。一般纳税人当期应纳税额的多少,取决于当期销项税额和当期进项税额这两个因素,而前者的关键在于确定当期销售额。

一、一般纳税人销项税额的计算

销项税额是指纳税人销售货物、提供应税劳务以及发生应税行为时,按照销售额或应税劳务收入、应税行为收入与规定的税率计算并向购买方收取的增值税额。销项税额的计算公式为:

销项税额＝销售额×适用税率

(一) 一般销售方式下销售额的计算

1. 销售额的概念

销售额是指纳税人销售货物、提供应税劳务以及发生应税行为时向购买方收取的全部价款和价外费用,但是不包括收取的销项税额。

价外费用(实属价外收入)是指价外向购买方收取的手续费、补贴、基金、集资费、返还利润、奖励费、违约金(延期付款利息)、包装费、包装物租金、储备费、优质费、运输装卸费、代收款项、代垫款项及其他各种性质的价外收费。但下列项目不包括在内。

(1) 向购买方收取的销项税额。

(2) 受托加工应征消费税的消费品所代收代缴的消费税。

(3) 同时符合下列条件代为收取的政府性基金或者行政事业性收费:

① 由国务院或者财政部批准设立的政府性基金,由国务院或者省级人民政府及其财政、价格主管部门批准设立的行政事业性收费;

② 收取时开具省级以上财政部门印制的财政票据;

③ 所收款项全额上缴财政。

(4) 以委托方名义开具发票,代委托方收取的款项。如销售小汽车时的同时代办保险等而向购买方收取的保险费,以及向购买方收取的代购买方缴纳的车辆购置税、车辆牌照费。

凡随同销售货物或提供应税劳务向购买方收取的价外费用,无论其会计制度如何核算,均应并入销售额计算应纳税额。

由于增值税是价外税,所以计税依据中的销售额必须是不包括收取销项税额的销售额。如是含税销售额,应按照下列公式将含税销售额换算为不含税销售额:

不含税销售额=含税销售额÷(1+增值税税率或征收率)。

注意:价外费用和逾期包装物押金应视为含税收入,在计算销项税额时应换算成不含税收入再并入销售额。

2. 销售额的计算及会计处理
(1) 直接收款方式销售。

【例2-1】 通程百货公司为增值税一般纳税人,2023年8月销售电冰箱200台,每台零售价2 800元,并开具的普通发票,货款已收,试计算该百货公司的不含税销售额及销项税额并做相应的会计处理。

不含税销售额=200×2 800÷(1+13%)=495 575.22(元)
销项税额=495 575.22×13%=64 424.78(元)

借:银行存款　　　　　　　　　　　　　　　　　560 000.00
　　贷:主营业务收入　　　　　　　　　　　　　　495 575.22
　　　　应交税费——应交增值税(销项税额)　　　　64 424.78

销售价款中是否含税的判断可遵照以下原则:
① 普通发票中注明的价款一般是含税价格;
② 增值税发票上注明的价款一般是不含税价格;
③ 增值税纳税人销售货物同时收取的价外费用或逾期包装物押金收入等一般为含税价。

(2) 混合业务销售。

【例2-2】 新辰企业为增值税一般纳税人,适用的增值税税率为13%,2023年8月向金源百货商场销售货物一批,约定运输费由该百货商场承担,开具的增值税专用发票上注明的价款为250 000元,并收取运费20 000元,运费开具的是普通发票;本月同时对外零售货物,开具的普通发票上注明的价款为300 000元,款项均已收讫,计算该企业2023年8月的不含税销售额及销项税额,并做相应的会计处理。

2023年8月的不含税销售额=250 000+20 000÷(1+13%)+300 000÷(1+13%)
=250 000+17 699.12+265 486.73
=533 185.85(元)

2023年8月的销项税额＝533 185.85×13%＝69 314.15(元)

借：银行存款　　　　　　　　　　　　　　　　　　　610 000.00
　　贷：主营业务收入　　　　　　　　　　　　　　　　　　533 185.85
　　　　应交税费——应交增值税(销项税额)　　　　　　　　69 314.15

（3）预收货款方式销售。

【例2-3】 新湘企业为增值税一般纳税人，2023年8月与和旺达公司签订销售合同，货款金额为200 000元，增值税额为26 000元，该公司先预付货款的50%，余款等货到1个月内支付。

新湘企业会计处理如下。

预收货款时：

借：银行存款　　　　　　　　　　　　　　　　　　　100 000
　　贷：预收账款——和旺达公司　　　　　　　　　　　　　100 000

发出货物，开具增值税专用发票时：

借：预收账款——和旺达公司　　　　　　　　　　　　　226 000
　　贷：主营业务收入　　　　　　　　　　　　　　　　　　200 000
　　　　应交税费——应交增值税(销项税额)　　　　　　　　26 000

收到余款时：

借：银行存款　　　　　　　　　　　　　　　　　　　126 000
　　贷：预收账款——和旺达公司　　　　　　　　　　　　　126 000

（4）赊销和分期收款方式销售。

【例2-4】 2023年8月，工薪商场采用分期收款方式向北辰实业公司销售彩电100台，每台不含税售价4 000元，共计价款400 000元。合同约定分4个月等额付款。该型号彩电单位成本3 000元，增值税税率为13%。假定工薪商场为增值税一般纳税人，相关会计处理如下。

发出商品时：

借：发出商品——彩电　　　　　　　　　　　　　　　300 000
　　贷：库存商品——彩电　　　　　　　　　　　　　　　　300 000

按合同规定每期收到应收的货款时：

借：银行存款　　　　　　　　　　　　　　　　　　　113 000
　　贷：主营业务收入　　　　　　　　　　　　　　　　　　100 000
　　　　应交税费——应交增值税(销项税额)　　　　　　　　13 000

企业纳税实务

> 结转销售成本时：
>
> 借：主营业务成本　　　　　　　　　　　　　　　　　75 000
> 　　　贷：发出商品——彩电　　　　　　　　　　　　　　　　75 000

（二）特殊销售方式下的销售额的计算

不同销售方式下，销售者取得的销售额会有所不同。税法对以下几种销售方式分别作了规定。

1. 采取折扣方式销售

折扣销售是指销货方在销售货物或应税劳务时，因购货方购货数量较大等原因而给予购货方的价格优惠（如购买50件，销售价格折扣10%；购买100件，折扣20%等）。由于折扣是在实现销售时同时发生的，因此，税法规定，如果销售额和折扣额是在同一张发票上分别注明的，可按折扣后的余额作为销售额计算增值税；如果将折扣额另开发票，不论其在财务上如何处理，均不得从销售额中减除折扣额。有几点需要注意。

第一，折扣销售不同于销售折扣。销售折扣是指销货方在销售货物或应税劳务后，为了鼓励购货方及早偿还货款而协议许诺给予购货方的一种折扣优待（如：10天内付款，折扣2%；20天内付款，折扣1%；30天内全价付款）。销售折扣发生在销货之后，是一种融资性质的理财费用，因此，销售折扣不得从销售额中减除。企业在确定销售额时应把折扣销售与销售折扣严格区分开。另外，销售折扣又不同于销售折让。销售折让是指货物销售后，由于其品种、质量等原因购货方未予退货，但销货方需给予购货方的一种价格折让。销售折让与销售折扣相比较，虽然都是在货物销售后发生的，但因为销售折让是由于货物的品种和质量引起销售额的减少，因此，对销售折让可以折让后的货款为销售额。

第二，折扣销售仅限于货物价格的折扣，如果销货者将自产、委托加工和购买的货物用于实物折扣的，则该实物款额不能从货物销售额中减除，且该实物应按增值税条例"视同销售货物"中的"赠送他人"计算征收增值税。

第三，对折扣销售之所以规定销售额与折扣额须在同一张发票上注明，是从保证增值税征税、扣税相一致的角度考虑的。如果允许对销售额开一张销货发票，对折扣额再开一张退款红字发票，就可能造成销货方按减除折扣额后的销售额计算销项税额，而购货方却按未减除折扣额的销售额及其进项税额进行抵扣的问题。这种造成增值税计算征收混乱的做法是不允许的。

> 【例2-5】　长沙军兴有限责任公司系增值税一般纳税人，主营汽、柴油销售。2023年8月，为了拓展市场，扩大销售，决定采用商业折扣方式对一次性购柴油1吨者，折扣1%；购5吨，折扣3%，正常不含税销售价格为5 000元/吨。现有岳阳兴长有限公司携银行转账支票前来购柴油5吨。（柴油的增值税税率为13%），试计算该笔业务的不含税销售额及销项税额。

不含税销售额＝5×5 000×97%＝24 250(元)
折扣额＝5×5 000×3%＝750(元)
销项税额＝24 250×13%＝3 152.5(元)

2. 采取以旧换新方式销售

以旧换新是指纳税人在销售自己的货物时,有偿收回旧货物的行为。根据税法规定,采取以旧换新方式销售货物的,应按新货物的同期销售价格确定销售额,不得扣减旧货物的收购价格。考虑到金银首饰以旧换新业务的特殊情况,对金银首饰以旧换新业务,可以按销售方实际收取的不含增值税的全部价款征收增值税。

【例2-6】 好再来商场是增值税一般纳税人,增值税税率为13%,2023年8月对创维彩电采取以旧换新的方式销售,旧货折价每台800元,新彩电售价每台3 480元(含税),当月采用此方法销售彩电200台,试计算当月200台彩电的不含税销售额及销项税额。

不含税销售额＝200×3 480÷(1+13%)＝615 929.20(元)
销项税额＝615 929.20×13%＝80 070.80(元)

【例2-7】 福源金店是增值税的一般纳税人,增值税税率为13%,2023年8月采取以旧换新方式销售纯金项链10条,每条新项链的不含税销售额为4 000元,收购旧项链的不含税金额为每条2 000元,试计算该笔业务的增值税不含税销售额及销项税额。

不含税销售额＝(4 000－2 000)×10＝20 000(元)
销项税额＝20 000×13%＝2 600(元)

3. 采取还本销售方式销售

还本销售是指纳税人在销售货物后,到一定期限由销售方一次或分次退还给购货方全部或部分价款。这种方式实际上是一种筹资,是以货物换取资金的使用价值,到期还本不付息的方法。税法规定,采取还本销售方式销售货物,其销售额就是货物的销售价格,不得从销售额中减除还本支出。

【例2-8】 2023年8月,一般纳税人新辰企业生产销售防盗拉竿箱,每个制造成本1 000元,市场上同类商品不含税售价为1 500元/件。2023年8月采用还本销售方式销售防盗拉竿箱100个,不含税售价为1 800元/个,5年后全额一次还本。

(1)实现销售收入时,依据税法规定按实际售价计算。

借:银行存款　　　　　　　　　　　　　　　　　　　　　203 400
　　贷:主营业务收入　　　　　　　　　　　　　　　　　　180 000
　　　　应交税费——应交增值税(销项税额)　　　　　　　23 400

(2) 结转销售成本。

借：主营业务成本　　　　　　　　　　　　　　　　　　　　　　　100 000
　　贷：产成品——防盗拉杆箱　　　　　　　　　　　　　　　　　　　100 000

(3) 每年预提还本支出。

a. 以促销为目的，可比照广告费用的处理将还本支出分期计入销售费用。

借：销售费用——还本支出　　　　　　　　　　　　　　　　　　　　36 000
　　贷：其他应付款——还本支出　　　　　　　　　　　　　　　　　　36 000

b. 以筹资为目的，可比照借款费用资本化方法将还本支出分别不同情况计入当期费用或计入构建固定资产的成本。

① 如所筹资金用于投资、补充营运资金等，计入当期财务费用。

借：财务费用——还本支出　　　　　　　　　　　　　　　　　　　　36 000
　　贷：其他应付款——还本支出　　　　　　　　　　　　　　　　　　36 000

② 如所筹资金用于购建固定资产，在购建期间预提的还本支出应增加相应资产价值。

借：在建工程　　　　　　　　　　　　　　　　　　　　　　　　　　36 000
　　贷：其他应付款——还本支出　　　　　　　　　　　　　　　　　　36 000

(4) 到期支付还本额。

借：其他应付款——还本支出　　　　　　　　　　　　　　　　　　　180 000
　　贷：银行存款　　　　　　　　　　　　　　　　　　　　　　　　　180 000

在实务中，企业采用还本销售方式销售商品有时可能促销和筹资两种目的兼而有之，此时，应如何将还本支出合理地分摊于不同的承担对象，还需要会计人员的职业判断。

4. 采取以物易物方式销售

以物易物是一种较为特殊的购销活动，是指购销双方不是以货币结算，而是以同等价款的货物相互结算，实现货物购销的一种方式。以物易物双方都应作购销处理。以各自发出的货物核算销售额并计算销项税额，以各自收到的货物按规定核算购货额并计算进项税额。应注意，在以物易物活动中，应分别开具合法的票据，如收到的货物不能取得相应的增值税专用发票或其他合法票据的，不能抵扣进项税额。

【例2-9】 锡友创企业从事木材加工综合业务，是增值税一般纳税人，增值税税率为13%，2023年8月与诚信木业设备公司签订合同，锡友创企业以自己生产的成本是8万元的500平方米实木地板，换入诚信木业设备公司生产的机器设备2台，双方协商价格是12.5万元，实木地板本月在其他销售中上半月售价是每平方米240元，下半月是每平方米255元。双方均按照合同约定的价格开具增值税专用发票（涉及的价格均为不含税),实木地板的消费税税率是5%。

```
借:固定资产                                    125 000
    应交税费——应交增值税(进项税额)              16 250
  贷:主营业务收入                                125 000
    应交税费——应交增值税(销项税额)              16 250

借:主营业务成本                                  80 000
  贷:库存商品                                    80 000

          应交消费税=500×255×5%=6 375(元)

借:税金及附加                                     6 375
  贷:应交税费——应交消费税                          6 375
```

5. 包装物押金是否计入销售额

纳税人销售货物时另收取包装物押金,单独记账核算的,时间在1年以内,又未过期的,不并入销售额征税,但对因逾期未收回包装物不再退还的押金,应按所包装货物的适用税率计算销项税额。这其中,"逾期"是指按合同约定实际逾期或以1年为期限,对收取1年以上的押金,无论是否退还均并入销售额征税。另外,对销售除啤酒、黄酒外的其他酒类产品而收取的包装物押金,无论是否返还以及会计上如何核算均应并入当期销售额征税。对销售啤酒、黄酒所收取的押金,按上述一般押金的规定处理。

【例2-10】 小酒仙公司是增值税一般纳税人,增值税税率为13%,2023年8月销售白酒一批给小规模纳税人旺府食庄,开具普通发票上注明的价款为50 000元,同时收取包装物押金3 000元,约定6个月后返还包装物;销售啤酒一批给某百货公司,开具增值税专用发票注明的价款为20 000元,同时收取包装物押金1 000元,约定3个月后返还包装物。试计算该公司本月的不含税销售额及销项税额。

不含税销售额=(50 000+3 000)÷(1+13%)+20 000=66 902.65(元)
销项税额=66 902.65×13%=8 697.34(元)

销售白酒收取的包装物押金,在收取时视为含税收入并入销售额征税;而销售啤酒收取的包装物押金,收取时不并入销售额征税,待逾期时征税。

6. 委托代销

【例2-11】 环新器械公司为增值税一般纳税人,增值税税率为13%,2023年8月委托高桥实业公司销售跑步机100件,指定不含税销售价格为1 000元/件,跑步机成本为600元/件,增值税税率为13%,假定代销合同规定,高桥实业公司仍按每件1 000元售给顾客,环新器械公司按售价的10%支付高桥实业公司手续费。高桥实业公司在实际销售时,即向买方开具一张增值税专用发票,发票上注明商品售价为100 000元,增值税额为13 000元。

环新器械公司在收到高桥实业公司交来的代销清单时,向高桥实业公司开具一张相同金额的增值税专用发票。

委托方——环新器械公司的账务处理如下。

(1) 将跑步机交付高桥实业公司时。

借:发出商品——跑步机　　　　　　　　　　　　　　　　60 000
　　贷:库存商品——跑步机　　　　　　　　　　　　　　　　60 000

(2) 收到代销清单时。

借:应收账款——高桥实业公司　　　　　　　　　　　　　113 000
　　贷:主营业务收入　　　　　　　　　　　　　　　　　　100 000
　　　　应交税费——应交增值税(销项税额)　　　　　　　　13 000
借:销售费用——代销手续费　　　　　　　　　　　　　　　10 000
　　贷:应收账款——高桥实业公司　　　　　　　　　　　　　10 000
借:主营业务成本　　　　　　　　　　　　　　　　　　　　60 000
　　贷:发出商品——跑步机　　　　　　　　　　　　　　　　60 000

(3) 收到高桥实业公司汇来的货款净额。

借:银行存款　　　　　　　　　　　　　　　　　　　　　103 000
　　贷:应收账款——高桥实业公司　　　　　　　　　　　　103 000

受托方——高桥实业公司的账务处理如下:

收到商品时:

借:受托代销商品——跑步机　　　　　　　　　　　　　　100 000
　　贷:受托代销商品款　　　　　　　　　　　　　　　　　100 000

实际销售时:

借:银行存款　　　　　　　　　　　　　　　　　　　　　113 000
　　贷:受托代销商品——跑步机　　　　　　　　　　　　　100 000
　　　　应交税费——应交增值税(销项税额)　　　　　　　　13 000

交付给环新器械公司代销清单及货款并收到增值税专用发票时:

借:应交税费——应交增值税(进项税额)　　　　　　　　　13 000
　　贷:受托代销商品款　　　　　　　　　　　　　　　　　13 000
借:受托代销商品款　　　　　　　　　　　　　　　　　　113 000
　　贷:银行存款　　　　　　　　　　　　　　　　　　　103 000
　　　　其他业务收入　　　　　　　　　　　　　　　　　9 433.96
　　　　应交税费——应交增值税(销项税额)　　　　　　　 566.04

7. 将自产或委托加工货物用于集体福利

【例2-12】 东方集团为增值税一般纳税人,增值税税率为13%,2023年8月将自产产品迷你防护衣作为公司职工集体福利使用,该批产品实际成本100 000元,税务机关认定的计税价格为120 000元,未开具发票。

  借:应付职工薪酬——福利   135 600
    贷:主营业务收入   120 000
      应交税费——应交增值税(销项税额)   15 600
  借:主营业务成本   100 000
    贷:库存商品——迷你防护衣   100 000
  借:管理费用——福利费   135 600
    贷:应付职工薪酬——福利   135 600

8. 用于对外投资

【例2-13】 天启机械公司为增值税一般纳税人,增值税税率为13%,2023年8月将自产的一台防尘设备投资于顺意公司,该设备不含税市场售价为90 000元,成本60 000元。

  借:长期股权投资   101 700
    贷:主营业务收入   90 000
      应交税费——应交增值税(销项税额)   11 700

9. 对外捐赠

【例2-14】 天启机械公司为增值税一般纳税人,增值税税率为13%,2023年8月将自产的一台防尘设备通过民政部门捐赠给灾区使用,该设备不含税市场售价为90 000元,成本60 000元。

  借:营业外支出   71 700
    贷:库存商品——防尘设备   60 000
      应交税费——应交增值税(销项税额)   11 700

【例2-15】 从事工艺设计的华阳实业公司为增值税一般纳税人,增值税税率为6%,2023年8月无偿为顺德公司生产企业设计工艺流程,该设计服务的市场不含税计税价格为50 000元,该批设计服务人工成本为30 000元,适用的增值税税率为6%。

  视同销售计算的税额=50 000×6%=3 000(元)

  借:营业外支出   33 000
    贷:应付职工薪酬   30 000
      应交税费——应交增值税(销项税额)   3 000

如果是以公益活动为目的或者以社会公众为对象提供服务的,不属于视同提供应税服务,不征增值税。

10. 将自产或委托加工的货物分配给股东

【例2-16】 天启机械公司为增值税一般纳税人,增值税税率为13%,2023年8月将自产的一台设备作为股利分配给股东,该设备市场不含税售价为600 000元,成本480 000元。

借:应付股利　　　　　　　　　　　　　　　　　　　　　　678 000
　　贷:主营业务收入　　　　　　　　　　　　　　　　　　600 000
　　　　应交税费——应交增值税(销项税额)　　　　　　　78 000

注意:

税法规定,对视同销售征税而无销售额的按下列顺序确定其销售额。
(1) 按纳税人最近时期同类货物的平均销售价格确定。
(2) 按其他纳税人最近时期同类货物的平均销售价格确定。
(3) 按组成计税价格确定。组成计税价格的公式为:

$$组成计税价格=成本\times(1+成本利润率)$$

征收增值税的货物,同时又征收消费税的,其组成计税价格中应加计消费税税额。其组成计税价格公式为:

$$组成计税价格=成本\times(1+成本利润率)+消费税税额$$

或:

$$组成计税价格=成本\times(1+成本利润率)\div(1-消费税税率)$$

公式中的成本,是指销售自产货物的为实际生产成本。销售外购货物的为实际采购成本。公式中的成本利润率按1993年12月28日国家税务总局颁发的《增值税若干具体问题的规定》确定为10%。但属于应从价定率征收消费税的货物,其组成计税价格公式中的成本利润率,为《消费税若干具体问题的规定》中规定的成本利润率。

【例2-17】 洋格服装厂为增值税一般纳税人,增值税税率为13%,2023年8月将自产的300件服装作为福利发给员工,服装每件成本50元,成本利润率为10%。试计算该服装厂本月的不含税销售额及销项税额。

在视同销售情形下,以组成计税价格作为不含税销售额。

组成计税价格$=50\times(1+10\%)\times300=16\ 500$(元)
销项税额$=16\ 500\times13\%=2\ 145$(元)

借:应付职工薪酬——非货币性福利　　　　　　　　　　　18 645
　　贷:主营业务收入　　　　　　　　　　　　　　　　　16 500
　　　　应交税费——应交增值税(销项税额)　　　　　　2 145

11. 销售自己使用过的固定资产

【例2-18】 2023年8月15日，天启公司转让2023年2月购入的生产用固定资产，原值100 000元，已计提折旧4 000元，转让价50 000元（含增值税）。假如转让的是2009年1月1日以前购入的固定资产，原值200 000元，已计提折旧100 000元，转让价110 000元（含增值税）。

转让2023年2月购入的固定资产，应缴纳增值税。

应交增值税＝50 000÷(1+13%)×13%＝5 752.21(元)

借：固定资产清理	96 000
累计折旧	4 000
贷：固定资产	100 000
借：银行存款	50 000.00
贷：固定资产清理	44 247.79
应交税费——应交增值税（销项税额）	5 752.21
借：资产处置损益	51 752.21
贷：固定资产清理	51 752.21

转让2009年1月1日以前购入的固定资产，应缴纳增值税。

应交增值税＝110 000÷(1+3%)×3%＝3 203.88(元)

借：固定资产清理	100 000
累计折旧	100 000
贷：固定资产	200 000
借：银行存款	110 000.00
贷：固定资产清理	106 796.12
应交税费——简易计税	3 203.88
借：固定资产清理	6 796.12
贷：资产处置损益	6 796.12

减按2%征收增值税：110 000÷(1+3%)×2%＝2 135.92(元)

借：应交税费——简易计税	3 203.88
贷：银行存款	2 135.92
其他收益	1 067.96

12. 销售自己使用过的物品

纳税人销售自己使用过的物品，按下列政策执行：

一般纳税人销售自己使用过的属于《增值税暂行条例》第十条规定不得抵扣且未抵扣进项税额的固定资产，按简易办法依3%的征收率减半征收增值税；

一般纳税人销售自己使用过的除固定资产以外的物品，应当按照适用税率征收增值税。

小规模纳税人（除其他个人外，下同）销售自己使用过的固定资产，应按3%征收率减按2%的征收率征收增值税。

(1) 小规模纳税人销售自己使用过的除固定资产以外的物品,应按3%的征收率征收增值税。

(2) 一般纳税人及小规模纳税人销售旧货,按3%征收率减按2%征收增值税。

(3) 一般纳税人销售自产的下列货物,可选择按照简易办法依照3%征收率计算缴纳增值税。

① 县级及县级以下小型水力发电单位生产的电力。小型水力发电单位,是指各类投资主体建设的装机容量为5万千瓦以下(含5万千瓦)的小型水力发电单位。

② 建筑用和生产建筑材料所用的砂、土、石料。

③ 以自己采掘的砂、土、石料或其他矿物连续生产的砖、瓦、石灰(不含黏土实心砖、瓦)。

④ 用微生物、微生物代谢产物、动物毒素、人或动物的血液或组织制成的生物制品。

⑤ 自来水。在采用该办法计税时不得抵扣其购进自来水取得增值税扣税凭证上注明的增值税税款。

⑥ 商品混凝土(仅限于以水泥为原料生产的水泥混凝土)。

一般纳税人选择简易办法计算缴纳增值税后,36个月后不得变更。

(4) 一般纳税人销售货物属于下列情形之一的,暂按简易办法依照3%征收率计算缴纳增值税:

① 寄售商店代售寄售物品(包括居民个人寄售的物品在内)。

② 典当业销售死当物品。

③ 经国务院或国务院授权机关批准的免税商店零售的免税品。

13. 出租不动产

【例 2-19】 天力公司为增值税一般纳税人,2023年8月出租一栋闲置厂房,不动产租赁增值税税率为9%,该厂房于2023年6月购入,每月收到租金121 000元(含增值税)。

应纳增值税=121 000÷(1+9%)×9%=9 990.83(元)

借:银行存款　　　　　　　　　　　　　　　　　　　　　　121 000
　　贷:其他业务收入　　　　　　　　　　　　　　　　　　111 009.17
　　　　应交税费——应交增值税(销项税额)　　　　　　　　9 990.83

【例 2-20】 天力公司为增值税一般纳税人,2023年8月出租一栋闲置办公楼,于5年前购入。每月收到租金105 000元(含增值税),该公司选用简易计税方法。

应纳增值税=105 000÷(1+5%)×5%=5 000(元)

会计分录如下:

借:银行存款　　　　　　　　　　　　　　　　　　　　　　105 000
　　贷:其他业务收入　　　　　　　　　　　　　　　　　　100 000
　　　　应交税费——简易计税　　　　　　　　　　　　　　5 000

二、一般纳税人进项税额的计算

进项税额是指纳税人购进货物、加工修理修配劳务、服务、无形资产或者不动产,支付或者负担的增值税额。在开具增值税专用发票的情况下,销售方收取的销项税额,就是购买方支付的进项税额。

(一) 准予从销项税额中抵扣的进项税额

根据《税法》的规定,准予从销项税额中抵扣的进项税额,限于下列增值税扣税凭证上注明的增值税额和按规定的扣除率计算的进项税额。

准予从销售税额中抵扣的进项税额,根据国家税收法律制度的规定,准予从销税额中抵扣的进项税额,限于下列增值税扣税凭证上注明的增值税额和按照规定扣除率计算的进项税额。

(1) 从销售方取得的增值税专用发票(含税控机动车销售统一发票,下同)上注明的增值税额。

(2) 海关取得的海关进口增值税专用缴款书上注明的增值税额。

(3) 购进农产品。增值税一般纳税人向农民供销合作社或农业生产者手中购进的免税农产品,或者向小规模纳税人购买的农产品,按照农产品收购发票或者销售发票上注明的农产品买价和9%的扣除率计算的进项税额,计算公式为:

$$进项税额=买价×扣除率$$

买价,是指纳税人购进农产品在农产品收购发票或者销售发票上注明的价款和按照规定缴纳的烟叶税。

需要注意的是:纳税人购进用于生产销售或委托加工13%税率的农产品,按照10%的扣除率计算进项税额。

(4) 从境外单位或者个人购进服务、无形资产或者不动产,自税务机关或者扣缴义务人取得的解缴税款的完税凭证上注明的增值税额。

(5) 旅客运输服务增值税抵扣规定。自2019年4月1日起,纳税人购进国内旅客运输服务,其进项税额允许从销项税额中抵扣。纳税人未取得增值税专用发票的,暂按照以下规定确定进项税额。

① 取得增值税电子普通发票的,为发票上注明的税额。

② 取得注明旅客身份信息的航空运输电子客票行程单的,按照下列公式计算计算进项税额:

$$航空旅客运输进项税额=(票价+燃油附加费)÷(1+9\%)×9\%$$

③ 取得注明旅客身份信息的铁路车票的,按照下列公式计算进项税额:

$$铁路旅客运输进项税额=票面金额÷(1+9\%)×9\%$$

④ 取得注明旅客身份信息的公路、水路等其他客票的,按照下列公式计算进项税额:

$$公路、水路等其他旅客运输进项税额=票面金额÷(1+3\%)×3\%$$

(6) "航空运输电子客票行程单""铁路电子客票"字样的数电票用于抵扣税款、税前扣除和财务报销(2023年11月1日起实施)。

带有"航空运输电子客票行程单""铁路电子客票"字样的数电票包含"购买方名称"及其"统一社会信用代码",如需将其用于抵扣税款、税前扣除和财务报销的,应当在"购买方名称"及其"统一社会信用代码"处填写将该发票用于抵扣税款、税前扣除和财务报销的单位信息,开票后直接交付到对应单位的税务数字账户。相关出行人信息在旅客信息栏(区)展示。

具体操作方式是通过个人所得税 App"发票推送"功能直接推送至任职受雇单位税务数字账户的收票箱。

(7) 自 2018 年 1 月 1 日起,纳税人租入固定资产、不动产,既用于一般计税方法应税项目,又用于简易计税方法应税项目、免征增值税项目、集体福利或者个人消费的,其进项税额准予从销项税额中全额扣除。

(8) 加计抵减。自 2023 年 1 月 1 日至 2023 年 12 月 31 日,允许生产、生活服务业纳税人按照当期可抵扣进项税额加计 5%,抵减应纳税额。生产、生活服务业纳税人,是指提供邮政服务、电信服务、现代服务、生活服务(以下称四项服务)取得的销售额占全部销售额的比重超过 50%的纳税人。

① 纳税人应按照当期可抵扣进项税额的 5%计提当期加计抵减额。按照现行规定不得从销项税额中抵扣的进项税额,不得计提加计抵减额;已计提加计抵减额的进项税额,按规定作进项税额转出的,应在进项税额转出当期,相应调减加计抵减额。计算公式如下:

当期计提加计抵减额=当期可抵扣进项税额×5%

当期可抵减加计抵减额=上期期末加计抵减额余额+当期计提加计抵减额-当期调减加计抵减额

② 纳税人按现行规定计算一般计税方法下抵减前的应纳税额后,分三种情形加计抵减:抵减前的应纳税额等于零的,当期可抵减加计抵减额全部转入下期抵减;抵减前的应纳税额大于零,且大于当期可抵减加计抵减额的,当期可抵减加计抵减额全额从抵减前的应纳税额中抵减;抵减前的应纳税额大于零,且小于或等于当期可抵减加计抵减额的,以当期可抵减加计抵减额抵减应纳税额至零,未抵减完的当期可抵减加计抵减额,结转下期继续抵减。

③ 纳税人出口货物劳务、发生跨境应税行为不适用加计抵减政策,其对应的进项税额不得计提加计抵减额。纳税人兼营出口货物劳务、发生跨境应税行为且无法划分不得计提加计抵减额的进项税额,按照以下公式计算:

$$\text{不得计提加计抵减额的进项税额} = \text{当期无法划分的全部进项税额} \times \text{当期出口货物劳务和发生跨境应税行为的销售额} \div \text{当期全部销售额}$$

④ 自 2023 年 1 月 1 日至 2023 年 12 月 31 日,允许生活性服务业纳税人按照当期可抵扣进项税额加计 10%抵减应纳税额。生活性服务业纳税人,是指提供生活服务取得的销售额占全部销售额的比重超过 50%的纳税人。

1. 购入材料、商品进项税额的核算

【例 2-21】 顺发实业公司为增值税一般纳税人,增值税税率为 13%,2023 年 8 月购进一批材料皮革,已验收入库,取得增值税专用发票上注明的价款为 100 000 元,增值税额 13 000 元;支付运费并取得增值税专用发票,注明的运费 2 000 元,增值税额 180 元。全部款项已用银行存款支付。

该企业会计处理如下:

增值税进项税额=13 000+180=13 180(元)
原材料成本=100 000+2 000=102 000(元)

借：原材料——皮革　　　　　　　　　　　　　　　　　102 000
　　应交税费——应交增值税(进项税额)　　　　　　　　 13 180
　　贷：银行存款　　　　　　　　　　　　　　　　　　 115 180

2. 购入免税农产品进项税额的核算

【例2-22】 某农副产品加工公司为增值税一般纳税人，增值税税率为13%，2023年8月购入免税农产品一批，收购价为40 000元，货物已验收入库，取得了农副产品收购发票，货款已支付。该免税农产品加工销售，可抵扣增值税税率10%。(注意：如果该免税农产品购入后直接销售，可抵扣增值税税率为9%)。

该批农产品可抵扣的进项税额=40 000×10%=4 000(元)，会计处理如下：

借：原材料　　　　　　　　　　　　　　　　　　　　　36 000
　　应交税费——应交增值税(进项税额)　　　　　　　　　4 000
　　贷：银行存款　　　　　　　　　　　　　　　　　　 40 000

天天超市为增值税一般纳税人，销售农产品的增值税税率为9%，2023年8月购入免税农产品一批，收购价为40 000元，货物已验收入库，取得了农副产品收购发票，货款已支付。该免税农产品购入后直接销售。可抵扣增值税税率为9%。

该批农产品可抵扣的进项税额=40 000×9%=3 600(元)，会计处理如下：

借：原材料　　　　　　　　　　　　　　　　　　　　　36 400
　　应交税费——应交增值税(进项税额)　　　　　　　　　3 600
　　贷：银行存款　　　　　　　　　　　　　　　　　　 40 000

3. 接受应税劳务进项税额的核算

【例2-23】 巧手当家公司为增值税一般纳税人，增值税税率为13%，2023年8月委托加工材料一批，支付加工费用4 000元，取得增值税专用发票注明的增值税额为520元，材料加工完成后验收入库。

该企业会计处理如下：

借：委托加工物资　　　　　　　　　　　　　　　　　　 4 000
　　应交税费——应交增值税(进项税额)　　　　　　　　　 520
　　贷：银行存款　　　　　　　　　　　　　　　　　　　4 520

4. 接受投资进项税额的核算

企业接受投资转入的货物，按照增值税专用发票上注明的增值税额，借记"应交税金——应交增值税(进项税额)"科目；按照确认的投资货物价值(已扣增值税，下同)，借记

"原材料"等科目;按照增值税额与货物价值的合计数,贷记"实收资本"等科目。

【例2-24】 按照合同规定,长沙第三机床厂为增值税一般纳税人,增值税税率为13%,2023年8月接受金鹰实业公司以圆钢作为投资入股,增值税专用发票上注明货价250 000元,税额32 500元,价税合计282 500元。设双方确认的实收资本为260 000元。

该企业会计处理如下:

借:原材料——圆钢　　　　　　　　　　　　　　　　　　　　250 000
　　应交税费——应交增值税(进项税额)　　　　　　　　　　　32 500
　贷:实收资本——金鹰实业公司　　　　　　　　　　　　　　　260 000
　　　资本公积　　　　　　　　　　　　　　　　　　　　　　　22 500

5. 接受捐赠进项税额的核算

【例2-25】 福康公司为增值税一般纳税人,增值税税率为13%,2023年8月接受长沙市基金会捐赠环保材料一批,增值税专用发票上注明的价款为50 000元,增值税税额为6 500元,材料已运达。

该企业会计处理如下:

借:原材料——环保材料　　　　　　　　　　　　　　　　　　50 000
　　应交税费——应交增值税(进项税额)　　　　　　　　　　　6 500
　贷:营业外收入——接受捐赠非现金资产准备　　　　　　　　　56 500

6. 进口货物进项税额的核算

【例2-26】 湘佳进出口公司为增值税一般纳税人,增值税税率为13%,2023年8月从国外进口货物一批(非应税消费品),关税完税价格为人民币100 000元,该货物适用的关税税率为15%,增值税税率为13%。货物已验收入库,货款已支付。

该企业会计处理如下:

应纳关税=100 000×15%=15 000(元)
应纳增值税=(100 000+15 000)×13%=14 950(元)

借:原材料　　　　　　　　　　　　　　　　　　　　　　　　115 000
　　应交税费——应交增值税(进项税额)　　　　　　　　　　　14 950
　贷:银行存款　　　　　　　　　　　　　　　　　　　　　　　129 950

7. 购入固定资产进项税额的核算

【例2-27】 湘美公司为增值税一般纳税人,增值税税率为13%,2023年8月购入生产用设备一台,取得增值税专用发票注明的价款120 000元,增值税额为15 600元,款项均已用银行存款支付。

企业会计处理如下：

借：固定资产　　　　　　　　　　　　　　　　　　　　　　120 000
　　应交税费——应交增值税(进项税额)　　　　　　　　　　15 600
　　贷：银行存款　　　　　　　　　　　　　　　　　　　　　　135 600

注意：
购入固定资产用于免税项目或用于集体福利、个人消费，则其进项税额不能抵扣。

8. 购入不动产进项税额的核算

【例2-28】 2023年8月16日，东方公司（增值税一般纳税人）购买了一层写字楼用于办公，不含税价10 000 000元，进项税额900 000元，款项已付。

该企业会计处理如下：

借：固定资产　　　　　　　　　　　　　　　　　　　　　　10 000 000
　　应交税费——应交增值税(进项税额)　　　　　　　　　　900 000
　　贷：银行存款　　　　　　　　　　　　　　　　　　　　　　10 900 000

9. 旅客运输服务增值税抵扣的核算

【例2-29】 星耀公司是增值税一般纳税人（2023年度满足加计抵减10%政策条件），2023年4月正常管理人员出差过程中取得航空客票行程单，行程单上注明票价5 000元，燃油附加费0元，机场建设费200元，合计金额5 200元，计算当月应纳增值税额并做相应的会计处理。

该企业会计处理如下：

抵扣进项税额＝5 000÷(1＋9%)×9%＝412.84(元)【注意：机场建设费不可以计算抵扣进项税】
　　　　　　增值税加计抵减额＝412.84×10%＝41.28(元)

借：管理费用——差旅费　　　　　　　　　　　　　　　　　　4 787.16
　　应交税费——应交增值税(进项税额)　　　　　　　　　　412.84
　　贷：银行存款　　　　　　　　　　　　　　　　　　　　　　5 200

【例2-30】 星雄公司是增值税一般纳税人，增值税税率为13%，2023年8月有关生产经营业务如下。

(1) 从众诚公司购进生产用原材料，取得众诚公司开具的增值税专用发票上注明的货款2 000 000元，增值税额260 000元。合同约定运输费由该公司负责，取得了运输公司开具的增值税专用发票，发票上注明的运输费50 000元。

(2) 从希望公司购进维修设备用零部件,由于希望公司为小规模纳税人,取得希望公司开具的增值税普通发票上注明的含税价款为 103 000 元。

(3) 从农业生产者手中购进免税农产品,农副产品收购发票上注明收购货款是 500 000 元。委托运输公司运输,支付运费 21 800 元,取得了运输公司开具的增值税专用发票。购进的免税农产品加工后销售,可以按 10% 的税率抵扣增值税。

试计算该企业当月可以抵扣的进项税额。

分析:

(1) 从众诚公司取得了增值税专用发票,可以凭票抵扣;运费也取得了增值税专用发票,也可抵扣,但运输费的增值税税率为 9%。

$$进项税额 = 260\ 000 + 50\ 000 \times 9\% = 264\ 500(元)$$

(2) 由于从乙公司取得的是增值税普通发票,所以不能作为进项税抵扣;

(3) 购进免税农产品,可以按农副产品收购发票上注明的收购价款计算抵扣 10%;运费也取得了增值税专用发票,也可抵扣,运输费的增值税税率为 9%。

$$进项税额 = 500\ 000 \times 10\% + 20\ 000 \times 9\% = 50\ 000 + 1\ 800 = 51\ 800(元)$$

$$当月可以抵扣的进项税额 = 264\ 500 + 51\ 800 = 316\ 300(元)$$

(二) 不得从销项税额中抵扣的进项税额

按《增值税暂行条例》规定,下列项目的进项税额不得从销项税额中抵扣。

(1) 用于简易计税方法计税项目、免征增值税项目、集体福利或者个人消费的购进货物,加工修理修配劳务、服务、无形资产和不动产;其中涉及的固定资产、无形资产、不动产,仅指专用于上述项目的固定资产、无形资产(不包括其他权益性无形资产)、不动产;纳税人的交际应酬消费属于个人消费。

(2) 非正常损失的购进货物,以及相关的修理修配劳务和交通运输服务。

(3) 非正常损失的在产品、产成品所耗用的购进货物(不包括固定资产)、加工修理修配劳务和交通运输服务,所称非正常损失是指因管理不善造成货物被盗窃、丢失、霉烂变质的损失。

(4) 非正常损失的不动产,以及该不动产所耗用的购进货物、设计服务和建筑服务。纳税人新建、改建、扩建、修、装饰不动产,均属于不动产在建工程。

(5) 购进的旅客运输服务、贷款服务、餐饮服务、居民日常服务和娱乐服务。

(6) 财政部和国家税务总局规定的其他情形。

本条第(4)项和第(5)项所称货物,是指构成不动产实体的材料和设备,包括建筑装饰材料和给排水、采暖、卫生、通风、照明、通信、煤气、消防、中央空调、电梯、电气、智能化楼宇设备及配套设施。

【例 2-31】 天意企业是增值税一般纳税人,增值税税率为 13%,2023 年 8 月有关生产经营业务如下。

8月,外购货物一批,取得了增值税专用发票上注明税款 240 000 元,8月下旬,因管理不善造成该批货物一部分发生霉烂变质,经核实已造成 1/3 损失。试计算该企业 8 月该批货物可以抵扣的进项税额。

分析:外购货物取得了增值税专用发票,可以凭票抵扣;但因管理不善造成购进货物非正常损失部分,其进项税额不能抵扣。

可抵扣的进项税额=240 000−240 000×1/3=160 000(元)

【例 2-32】 星辉商贸公司是增值税一般纳税人,增值税税率为 13%,2023 年 8 月初购进一批饮料,取得增值税专用发票上注明的价款 90 000 元,税款 11 700 元,货款已付,另支付运输企业运输费,取得运输业专用发票上注明的金额为 1 200 元,9 月末将其中的 8% 作为福利发放给员工。试计算 9 月可抵扣的进项税额。

进项税额转出=(11 700+1 200×9%)×8%=944.64(元)
当月可抵扣的进项税额=11 700+1 200×9%−944.64=10 863.36(元)

【例 2-33】 顺康公司是零售企业,也是增值税一般纳税人,增值税税率为 13%,2023 年 8 月中秋节将上个月外购的月饼分给职工作为福利,该商品不含税售价为 10 000 元,购入成本价为 8 500 元(已取得增值税专用发票并于当月已认证抵扣)。

该企业会计处理如下:

借:应付职工薪酬——非货币性福利　　　　　　　　　　　　　　9 605
　　贷:库存商品——月饼　　　　　　　　　　　　　　　　　　　8 500
　　　　应交税费——应交增值税(进项税额转出)　　　　　　　　1 105

【例 2-34】 芙蓉机电公司是增值税一般纳税人,增值税税率为 13%,2023 年 8 月由于管理不善造成原材料——铸铁一批被盗,损失价值共计 25 000 元,增值税税率为13%,后经主管部门批准,该损失作为营业外支出处理。

该企业会计处理如下:

借:待处理财产损溢——待处理流动资产损溢　　　　　　　　　28 250
　　贷:原材料——铸铁　　　　　　　　　　　　　　　　　　　25 000
　　　　应交税费——应交增值税(进项税额转出)　　　　　　　　3 250
借:营业外支出　　　　　　　　　　　　　　　　　　　　　　28 250
　　贷:待处理财产损溢——待处理流动资产损溢　　　　　　　　28 250

(1)按规定扣减的增值税额,借记"应交税费——应交增值税(减免税款)"科目,贷记"其他收益"科目。

【例2-35】 甲公司为增值税一般纳税人,系建筑企业,甲公司所属A项目施工地点在境外,2023年10月自业主收取工程款人民币1 090万元。

分析:根据《财政部关于印发〈增值税会计处理规定〉的通知》(财会〔2016〕22号),甲公司应先将1 090万元的免税销售额进行价税分离,确认"销项税额"90万元(1 090÷1.09×9%),然后再将90万元作为免税额记入"减免税款"专栏,同时确认损益。

借:银行存款　　　　　　　　　　　　　　　　　　　　　10 900 000
　　贷:合同结算——价款结算　　　　　　　　　　　　　　10 000 000
　　　　应交税费——应交增值税(销项税额)　　　　　　　　　900 000
借:应交税费——应交增值税(减免税款)　　　　　　　　　　　900 000
　　贷:其他收益　　　　　　　　　　　　　　　　　　　　　　900 000

(2)一般纳税人首次购入增值税税控系统专用设备,可在增值税应纳税额中全额抵减(抵减额为价税合计额),借记"应交税费——应交增值税(抵免税款)"科目,贷记"管理费用"科目。

【例2-36】 2023年8月,顺德公司首次购入增值税税控系统设备,支付价款2 000元,同时支付当年增值税税控系统专用设备技术维护费500元。当月两项合计抵减当月增值税额2 500元。

首次购入增值税税控系统专用设备,发生税控系统专用技术维护费时:

借:管理费用——办公费　　　　　　　　　　　　　　　　　2 000
　　贷:银行存款　　　　　　　　　　　　　　　　　　　　　　2 000
借:管理费用——办公费　　　　　　　　　　　　　　　　　　500
　　贷:银行存款　　　　　　　　　　　　　　　　　　　　　　　500

抵减当月增值税应纳税额:

借:应交税费——应交增值税(抵免税款)　　　　　　　　　　2 500
　　贷:管理费用——办公费　　　　　　　　　　　　　　　　　2 500

三、应纳税额的计算

纳税人销售货物或提供应税劳务,其应纳税额为当期销项税额抵扣当期进项税额后的余额,如有上期未抵扣完的进项税额,还要减去上期留抵税额,基本计算公式为:

应纳税额=当期销项税额－当期进项税额－上期留抵税额

(一)计算应纳税额的时间限定

"当期"是个重要的时间限定,具体是指税务机关依照税法规定对纳税人确定的纳税期限;只有在纳税期限内实际发生的销项税额、进项税额,才是法定的当期销项税额或当期进项税额。税法对销售货物或应税劳务应计入当期销项税额以及抵扣的进项税额的时间作了限定。

1. 计算销项税额的时间限定

采取直接收款方式销售货物,不论货物是否发出,均为收到销售额或取得索取销售额的凭据,并将提货单交给买方的当天;采取托收承付和委托银行收款方式销售货物,为发出货物并办妥托收手续的当天;纳税人发生本章第一节视同销售货物行为中第(3)至第(7)项的,为货物移送的当天,以保证准时、准确记录和核算当期销项税额。

2. 防伪税控专用发票进项税额抵扣的时间限定

根据《关于取消增值税扣税凭证认证确认期限等增值税征管问题的公告》(国家税务总局公告2019年第45号):

(1)增值税一般纳税人取得2017年1月1日及以后开具的增值税专用发票、海关进口增值税专用缴款书、机动车销售统一发票、收费公路通行费增值税电子普通发票,取消认证确认、稽核比对、申报抵扣的期限。纳税人在进行增值税纳税申报时,应当通过本省(自治区、直辖市和计划单列市)增值税发票综合服务平台对上述扣税凭证信息进行用途确认。

(2)增值税一般纳税人取得的2016年12月31日及以前开具的增值税专用发票、海关进口增值税专用缴款书、机动车销售统一发票,超过认证确认等期限,但符合相关条件的,仍可按照《国家税务总局关于逾期增值税扣税凭证抵扣问题的公告》(2011年第50号,国家税务总局公告2017年第36号、2018年第31号修改)、《国家税务总局关于未按期申报抵扣增值税扣税凭证有关问题的公告》(2011年第78号,国家税务总局公告2018年第31号修改)规定,继续抵扣其进项税额。

(二)计算应纳税额时进项税额不足抵扣的处理

在计算应纳税额时会出现当期销项税额小于当期进项税额不足抵扣的情况。根据税法规定,当期进项税额不足抵扣的部分可以结转下期继续抵扣。

(三)销货退回或折让的税务处理

纳税人在货物购销活动中,因货物质量、规格等原因常会发生销货退回或销售折让而收回的增值税额,应从发生购进货物退回或者折让当期的进项税额中扣除。由于销货退回或折让不仅涉及销货价款或折让价款而退还给购买方的增值税额,应从销售货物退回或者折让当期的销项税额中扣减。一般纳税人因销货退回或折让而退还给购买方的增值税额,应从发生销货退回或折让当期的销项税额中扣减;因进货退出或折让而收回的增值税额,应从发生进货退出或折让当期的进项税额中扣减。

(四)应纳税额计算及会计处理举例

【例2-37】 顺政公司是生产企业,也是增值税一般纳税人,生产Ⅰ、Ⅱ、Ⅲ三种型号的视力宝。适用增值税税率13%,2023年8月有关生产经营业务如下。

(1) 销售视力宝Ⅰ给喜盈门范城里的爱尔眼科公司,开具增值税专用发票,取得不含税销售额 800 000 元;另外,开具普通发票,取得销售甲产品的送货运输费收入 56 500 元,收到价税款存入银行。

(2) 向张为销售视力宝Ⅱ,开具普通发票,取得现金 45 200 元。

(3) 将零售价 113 000 元的视力宝Ⅲ一批,捐赠给星城希望小学,该批产品的成本为 98 000 元。

(4) 销售 2012 年 1 月份购进作为固定资产管理使用过的进口摩托车 5 辆,开具普通发票,每辆取得含税销售额 22 600 元,款项已收。

(5) 购进生产需用的货物取得增值税专用发票,注明支付的货款 600 000 元,进项税额 78 000 元;另外支付购货的运输费用 65 400 元,已取得运输公司开具的增值税专用发票上注明的金额为 60 000 元,价税款未付。

(6) 向农业生产者购进免税农产品一批用于生产,以存款支付收购价 300 000 元,取得了农副产品收购发票。支付给运输单位的运费 54 500 元,已取得运输公司开具的增值税专用发票,发票上注明的金额为 50 000 元。本月下旬将购进的农产品的 20% 用于本企业职工福利(以上相关票据均符合税法的规定)。

(7) 4 月末留抵的进项税额为 3 216 元。

计算公司 8 月应缴纳的增值税额并于月末转出应交增值税。

(1) 销售视力宝Ⅰ的销项税额:

$$800\ 000 \times 13\% + 56\ 500 \div (1+13\%) \times 13\% = 110\ 500(元)$$

借:银行存款	960 500
贷:主营业务收入	850 000
应交税费——应交增值税(销项税额)	110 500

(2) 销售视力宝Ⅱ的销项税额:

$$45\ 200 \div (1+13\%) \times 13\% = 5\ 200(元)$$

借:库存现金	45 200
贷:主营业务收入	40 000
应交税费——应交增值税(销项税额)	5 200

(3) 向希望小学捐赠视力宝Ⅲ,视同销售,其销项税额:

$$113\ 000 \div (1+13\%) \times 13\% = 13\ 000(元)$$

借:营业外支出	111 000
贷:库存商品	98 000
应交税费——应交增值税(销项税额)	13 000

(4) 销售使用过的摩托车应纳税额:

$$22\ 600 \div (1+13\%) \times 13\% \times 5 = 13\ 000(元)$$

借：银行存款 113 000
　　贷：固定资产清理 100 000
　　　　应交税费——应交增值税（销项税额） 13 000

(5) 外购货物应抵扣的进项税额：

$$78\,000+60\,000\times 9\%=83\,400（元）$$

借：原材料 660 000
　　应交税费——应交增值税（进项税额） 83 400
　　贷：应付账款 743 400

(6) 外购免税农产品应抵扣的进项税额：

$$300\,000\times 10\%+50\,000\times 9\%=30\,000+4\,500=34\,500（元）$$

会计处理如下，购入时：

借：原材料——免税农产品 320 000
　　应交税费——应交增值税（进项税额） 34 500
　　贷：银行存款 354 500

将其中20%用于职工福利时：

$$进项税额转出金额=(30\,000+4\,500)\times 20\%=6\,900（元）$$

借：应付职工薪酬 70 900
　　贷：原材料——免税农产品 64 000
　　　　应交税费——应交增值税（进项税额转出） 6 900

(7) 该企业5月份应缴纳的增值税额：

$$销项税税额=110\,500+5\,200+13\,000+13\,000=141\,700（元）$$
$$可抵扣进项税税额=83\,400+34\,500-6\,900=111\,000（元）$$
$$当月应纳增值税税额=141\,700-111\,000-3\,216=27\,484（元）$$

月末转出本月未交增值税的会计处理如下：

借：应交税费——应交增值税（转出未交增值税） 27 484
　　贷：应交税费——未交增值税 27 484

【例2-38】 通程电器商场为增值税一般纳税人，适用于13%的增值税税率，2023年8月发生以下业务。

(1) 零售各种家用电器，取得含税销售额5 650 000元。

(2) "六一"儿童节将零售价为22 600元的空气净化器作为礼物无偿捐赠给某孤儿院。

(3) 当月购入电器设备取得增值税专用发票注明的税金为 420 000 元。
(4) 购进设备一台,取得增值税专用发票注明价款为 100 000 元。
(5) 由于管理不善,上月购入的账面价值为 100 000 元的电器被盗。
取得的专用发票均符合规定,并已认证;购进和销售产品的增值税税率为 13%。计算该企业当月应纳增值税税额。

儿童服装无偿捐赠给孤儿院的净化设备作视同销售处理;管理不善造成的非正常损失,进项税额不可以抵扣,作进项税额转出处理。
(1) 进项税额 = 420 000 + 100 000 × 13% = 433 000(元)
(2) 销项税额 = (5 650 000 + 22 600) ÷ (1 + 13%) × 13% = 652 600(元)
(3) 进项税额转出额 = 100 000 × 13% = 13 000(元)
(4) 当月应纳增值税税额 = 652 600 − (433 000 − 13 000) = 232 600(元)

【例2-39】 大海公司为增值税一般纳税人,2023年8月买入国债,买入价为 1 065 000 元,其中交易费用 5 000 元。2023 年 9 月将其卖出,卖出价为 1 272 000 元。该国债被划分为交易性金融资产核算。请编制相关会计分录。

2023 年 8 月:

借:交易性金融资产——成本　　　　　　　　　　　　　1 060 000
　　投资收益　　　　　　　　　　　　　　　　　　　　　　　5 000
　　贷:其他货币资金——存出投资款　　　　　　　　　　1 065 000

2023 年 9 月:

应纳增值税额 = (1 272 000 − 1 060 000) ÷ (1 + 6%) × 6% = 12 000(元)

借:其他货币资金——存出投资款　　　　　　　　　　　1 272 000
　　贷:应交税费——转让金融商品应交增值税　　　　　　　12 000
　　　　交易性金融资产——国债　　　　　　　　　　　　1 060 000
　　　　投资收益　　　　　　　　　　　　　　　　　　　　200 000

缴纳税款时:

借:应交税费——转让金融商品应交增值税　　　　　　　　12 000
　　贷:银行存款　　　　　　　　　　　　　　　　　　　　12 000

【例2-40】 顺美投资公司为增值税一般纳税人。2023 年 7 月买入 A 股票,买入价为 2 104 000 元,含应收股利 5 000 元。2023 年 8 月 31 日,该股票的公允价格为 1 500 000 元。2023 年 9 月将其卖出,卖出价为 1 100 000 元,收到银行存款。该股票被划分为交易性金融资产核算。请编制相关会计分录。

2023年7月：

借：交易性金融资产——成本　　　　　　　　　　　　　　　2 054 000
　　应收股利　　　　　　　　　　　　　　　　　　　　　　　　50 000
　　贷：其他货币资金——存出投资款　　　　　　　　　　　　　　　2 104 000

2023年8月31日：

借：公允价值变动损益　　　　　　　　　　　　　　　　　　　554 000
　　贷：交易性金融资产——公允价值变动　　　　　　　　　　　　　554 000

2023年9月：

可结转下月抵扣税额＝(2 054 000－1 100 000)÷(1＋6%)×6%＝54 000(元)

借：其他货币资金——存出投资款　　　　　　　　　　　　　1 100 000
　　应交税费——转让金融商品应交增值税　　　　　　　　　　　54 000
　　投资收益　　　　　　　　　　　　　　　　　　　　　　　346 000
　　交易性金融资产——公允价值变动　　　　　　　　　　　　554 000
　　贷：交易性金融资产——成本　　　　　　　　　　　　　　　2 054 000

借：投资收益　　　　　　　　　　　　　　　　　　　　　　554 000
　　贷：公允价值变动损益　　　　　　　　　　　　　　　　　　　554 000

【例2-41】　顺美投资公司为增值税一般纳税人，2023年7月买入B股票，买入价为1 200 000元。2023年10月将其卖出，卖出价为1 518 000元。该股票被划分为交易性金融资产核算。请编制出售环节相关会计分录。

应纳增值税额＝(1 518 000－1 200 000)÷(1＋6%)×6%＝18 000(元)

2023年10月：

借：其他货币资金——存出投资款　　　　　　　　　　　　　1 518 000
　　贷：应交税费——转让金融商品应交增值税　　　　　　　　　　18 000
　　交易性金融资产　　　　　　　　　　　　　　　　　　1 200 000
　　投资收益　　　　　　　　　　　　　　　　　　　　　300 000

"应交税费——转让金融商品应交增值税"账户2023年10月期末借方余额＝54 000－18 000＝36 000(元)，当月不缴纳增值税。

【例2-42】　顺美投资公司为增值税一般纳税人，2023年1月，甲公司还持有的C股票，作为其他权益投资工具，期初账户余额为1 200 000元，全部为成本明细，无公允价值变动。2023年6月30日，公允价值为1 300 000元。2023年12月将其卖出，卖出价为1 412 000元。请编制相关会计分录。

2023年6月30日：

借：其他权益投资工具——公允价值变动　　　　　　　　　　　　　　100 000
　　贷：其他综合收益　　　　　　　　　　　　　　　　　　　　　　　　100 000

2023年12月：

应纳增值税额＝(1 412 000－1 200 000)÷(1＋6%)×6%＝12 000(元)

出售股票时：

借：其他货币资金——存出投资款　　　　　　　　　　　　　　　　　1 412 000
　　贷：应交税费——转让金融商品应交增值税　　　　　　　　　　　　　12 000
　　　　其他权益投资工具——成本　　　　　　　　　　　　　　　　　1 200 000
　　　　　　　　　　　　——公允价值变动　　　　　　　　　　　　　　100 000
　　　　投资收益　　　　　　　　　　　　　　　　　　　　　　　　　　100 000

借：其他综合收益　　　　　　　　　　　　　　　　　　　　　　　　　100 000
　　贷：投资收益　　　　　　　　　　　　　　　　　　　　　　　　　　100 000

"应交税费——转让金融商品应交增值税"账户期末借方余额＝36 000－12 000＝24 000(元)

年末结转：

借：投资收益　　　　　　　　　　　　　　　　　　　　　　　　　　　24 000
　　贷：应交税费——转让金融商品应交增值税　　　　　　　　　　　　　24 000

注意：

(1) 金融商品转让，按规定以盈亏相抵后的余额作为销售额的账务处理。金融商品实际转让月末，如产生转让收益，则按应纳税额借记"投资收益"等科目，贷记"应交税费——转让金融商品应交增值税"科目；如产生转让损失，则按可结转下月抵扣税额，借记"应交税费——转让金融商品应交增值税"科目，贷记"投资收益"等科目。缴纳增值税时，应借记"应交税费——转让金融商品应交增值税"科目，贷记"银行存款"科目。年末，本账户如有借方余额，则借记"投资收益"等科目，贷记"应交税费——转让金融商品应交增值税"科目。

(2) 金融商品的买入价是指购进原价，不得包括购进证券过程中支付的各种费用和税金；卖出价是指卖出原价，不得扣除卖出过程中支付的任何费用和税金。这和企业所得税存在差异，企业所得税的计税基础为买入价加上相关税费。

【例2-43】 某酒店2023年8月份的销项税额为50万元，进项税额为20万元(假设全部允许抵扣)，计算当月应纳增值税额并做相应的会计处理。

应纳增值税额＝50－20＝30(万元)

进项税加计10%抵扣额＝20×10%＝2(万元)

8月份实际缴纳增值税额＝30－2＝28(万元)

计提应交增值税时：

借：应交税费——应交增值税(转出未交增值税)　　　　　　　　　　300 000

　　贷：应交税费——未交增值税　　　　　　　　　　　　　　　　　300 000

缴纳税款时：

借：应交税费——未交增值税　　　　　　　　　　　　　　　　　　300 000

　　贷：银行存款　　　　　　　　　　　　　　　　　　　　　　　　280 000

　　　　其他收益　　　　　　　　　　　　　　　　　　　　　　　　 20 000

四、小规模纳税人应纳税额的计算

1. 应纳税额的计算公式

《增值税暂行条例》规定，小规模纳税人发生应税行为，按简易方法计算，即按销售额和规定征收率计算应纳税额，不得抵扣进项税额。同时，发生应税行为也不得自行开具增值税专用发票。其计算公式为：

$$应纳税额 = 销售额 \times 征收率$$

公式中销售额与增值税一般纳税人计算应纳增值税的销售额规定内容一致，是发生应税行为向购买方收取的全部价款和价外费用。

2. 含税销售额的计算

由于小规模纳税人发生应税行为自行开具的发票是普通发票，发票上列示的是含税销售额，因此，在计税时需要将其换算为不含税销售额。换算公式为：

$$不含税销售额＝含税销售额÷(1＋征收率)$$

3. 应纳税额的计算示例

【例2-44】 德祥汽车美容公司主要从事汽车修理和装潢业务，是增值税小规模纳税人，2023年8月提供汽车修理业务取得收入34 000元，销售汽车装修用品取得收入79 300元；购进的修理用配件被盗，其账面成本15 000元，计算该企业应纳增值税。

小规模纳税人取得的收入是含税的，需换算成不含税销售额；进项税额不可以抵扣。所以也不存在进项税额转出之说。

应纳增值税＝(34 000＋79 300)÷(1＋3%)×3%＝3 300(元)

借：银行存款　　　　　　　　　　　　　　　　　　　　　　　　　113 300

　　贷：主营业务收入　　　　　　　　　　　　　　　　　　　　　　110 000

　　　　应交税费——应交增值税　　　　　　　　　　　　　　　　　 3 300

五、进口货物应纳增值税的计算及会计处理

(一) 进口货物征税的范围

申报进入中华人民共和国海关境内的货物,均应缴纳增值税。

确定一项货物是否属于进口货物,必须首先看其是否有报关进口手续。

国家在规定对进口货物征税的同时,对某些进口货物制定了减免税的特殊规定。

如属于"来料加工、进料加工"贸易方式进口国外的原材料、零部件等在国内加工后复出口的,对进口的料、件按规定给予免税或减税,但这些进口免、减税的料件若不能加工复出口,而是销往国内的,就要予以补税。对进口货物是否减免税由国务院统一规定任何地方、部门都无权规定减免税项目。

(二) 进口货物的纳税人

进口货物的收货人或办理报关手续的单位和个人,为进口货物增值税的纳税义务人。也就是说,进口货物增值税纳税人的范围较宽,包括了国内一切从事进口业务的企业事业单位、机关团体和个人。

(三) 应纳税额计算及会计处理

纳税人进口货物,按照组成计税价格和规定的税率计算应纳税额,不得抵扣任何税额。组成计税价格和应纳税额的计算公式是:

$$组成计税价格 = 关税完税价格 + 关税 + 消费税$$
$$= (关税完税价格 + 关税) \div (1 - 消费税税率)$$
$$应纳税额 = 组成计税价格 \times 税率$$

【例2-45】 金元商场2023年10月进口货物一批。该批货物在国外的买价400 000元,该批货物运抵我国海关前发生的包装费、运输费、保险费等共计200 000元。货物报关后,商场按规定缴纳了进口环节的增值税并取得了海关开具的完税凭证。该批进口货物在国内全部销售,取得不含税销售额800 000元。

计算该批货物进口环节、国内销售环节分别应缴纳的增值税税额,货物进口关税税率为15%,增值税税率为13%。

(1) 关税的完税价格:400 000+200 000=600 000(元)
(2) 应缴纳进口关税:600 000×15%=90 000(元)
(3) 进口环节应纳增值税的组成计税价格:600 000+90 000=690 000(元)
(4) 进口环节应缴纳增值税额:690 000×13%=89 700(元)
(5) 国内销售环节的销项税额:800 000×13%=104 000(元)
(6) 国内销售环节应缴纳增值税额:104 000−89 700=14 300(元)

会计处理如下。

（1）进口时：

借：库存商品　　　　　　　　　　　　　　　　　　　　　　　690 000
　　应交税费——应交增值税（进项税额）　　　　　　　　　　89 700
　　贷：银行存款　　　　　　　　　　　　　　　　　　　　　779 700

（2）销售时：

借：银行存款　　　　　　　　　　　　　　　　　　　　　　　904 000
　　贷：主营业务收入　　　　　　　　　　　　　　　　　　　800 000
　　　　应交税费——应交增值税（销项税额）　　　　　　　　104 000

模块三 增值税小规模纳税人应纳税额的计算与会计处理

一、应纳税额的计算公式

小规模纳税人销售货物或者应税劳务,按照销售额和《增值税暂行条例》规定的3%或5%的征收率计算应纳税额,不得抵扣进项税额。应纳税额计算公式为:

$$应纳税额 = 销售额 \times 征收率$$

以下两点需要注意:

(1) 小规模纳税人取得的销售额是不含增值税销售额。都是销售货物或提供应税劳务向购买方收取的全部价款和价外费用,但是不包括按征收率收取的增值税额。

(2) 小规模纳税人不得抵扣进项税额,不实行按销项税额抵扣进项税额求得应纳税额的税款抵扣制度,而实行简易计税办法。

二、含税销售额的换算

由于小规模纳税人在销售货物或应税劳务时,只能开具普通发票,取得的销售收入均为含税销售额。小规模纳税人不含税销售额的换算公式为:

$$不含税销售额 = 含税销售额 \div (1 + 征收率)$$

【例 2-46】 锦兴商店为增值税小规模纳税人,征收率为3%,2023年8月取得零售收入总额103 000元。计算该商店8月应缴纳的增值税额,以及2023年9月缴纳8月的增值税。

(1) 8月取得的不含税销售额:

$$103\ 000 \div (1 + 3\%) = 100\ 000(元)$$

(2) 8月应缴纳增值税额:

$$100\ 000 \times 3\% = 3\ 000(元)$$

会计处理为:

借:银行存款　　　　　　　　　　　　　　　　　　　　　103 000
　　贷:主营业收入　　　　　　　　　　　　　　　　　　　100 000
　　　　应交税费——应交增值税　　　　　　　　　　　　　3 000

9月缴纳8月的增值税的会计处理：

借：应交税费——应交增值税　　　　　　　　　　　　　　　3 000
　　贷：银行存款　　　　　　　　　　　　　　　　　　　　　　3 000

模块四　增值税纳税申报与税款缴纳

一、纳税义务发生时间

纳税义务发生时间,是纳税人发生应税行为应当承担纳税义务的起始时间。税法明确规定纳税义务发生时间的作用在于:①正式确认纳税人已经发生属于税法规定的应税行为。应承担纳税义务;②有利于税务机关实施税务管理,合理规定申报期限和纳税期限,监督纳税人切实履行纳税义务。

销售货物或者应税劳务的纳税义务发生时间可分为一般规定和具体规定。

(一) 一般规定

(1) 纳税人销售货物或应税劳务,其纳税义务发生时间为收讫销售款项或取得索取销售款项凭据的当天;先开具发票的,为开具发票的当天。

(2) 纳税人进口货物,其纳税义务发生时间为报关进口的当天。

(3) 增值税扣缴义务发生时间为纳税人增值税纳税义务发生的当天。

(二) 具体规定

纳税人收讫销售款项或取得索取销售款项凭据的当天,按销售结算方式的不同,具体分为如下几种。

(1) 采取直接收款方式销售货物,不论货物是否发出。均为收到销售额或取得索取销售额的凭据,并将提货单交给买方的当天。

(2) 采取托收承付和委托银行收款方式销售货物,为发出货物并办妥托收手续的当天。

(3) 采取赊销和分期收款方式销售货物,为按合同约定的收款日期的当天。

(4) 采取预收货款方式销售货物,为货物发出的当天。

(5) 委托其他纳税人代销货物,为收到代销单位销售的代销清单的当天;在收到代销清单前已收到全部或部分货款的,其纳税义务发生时间为收到全部或部分货款的当天;对于发出代销商品超过180天仍未收到代销清单及货款的,视同销售实现,一律征收增值税,其纳税义务发生时间为发出代销商品满180天的当天。

(6) 销售应税劳务,为提供劳务同时收讫销售额或取得索取销售额的凭据的当天。

(7) 纳税人发生本《实施细则》第四条第(三)项至第(八)项所列视同销售货物行为的,为货物移送的当天。

上述销售货物或应税劳务纳税义务发生时间的确定,明确了企业在计算应纳税额时,对"当期销项税额"时间的限定,是增值税计税和征收管理中重要的规定。目前,一些企业没有按照上述规定的纳税义务发生时间将实现的销售收入及时入账并计算纳税,而是采取延迟入账或不计销售收入等做法。以拖延纳税或逃避纳税,这些做法都是错误的。企业必须按上述规定的时限及时、准确地记录销售额和计算当期销项税额。

二、纳税期限

在明确了增值税纳税义务发生时间后,还需要掌握具体纳税期限,以保证按期缴纳税款。根据《增值税暂行条例》规定,增值税的纳税期限分别为 1 日、3 日、5 日、10 日、15 日或者 1 个月。纳税人的具体纳税期限,由主管税务机关根据纳税人应纳税额的大小分别核定;不能按照固定期限纳税的,可以按次纳税。纳税人以 1 个月为一期纳税的,自期满之日起 15 日内申报纳税;以 1 日、3 日、5 日、10 日或者 15 日为一期纳税的。自期满之日起 5 日内预缴税款。于次月 1 日起 15 日内申报纳税并结清上月应纳税款。

扣缴义务人解缴税款的期限,依照前两款规定执行。纳税人进口货物,应当自海关填发税款缴纳书之日起 15 日内缴纳税款。

纳税人出口适用税率为零的货物,可以按月向税务机关申报办理该项出口货物的退税。

三、纳税地点

为了保证纳税人按期申报纳税,根据企业跨地区经营和搞活商品流通的特点及不同情况,税法还具体规定了增值税的纳税地点。

(1) 固定业户应当向其机构所在地主管税务机关申报纳税。总机构和分支机构不在同一县(市)的,应当分别向各自所在地主管税务机关申报纳税;经国家税务总局或其授权的税务机关批准,也可由总机构汇总向总机构所在地主管税务机关申报纳税。

(2) 固定业户到外县(市)销售货物的,应当向其机构所在地主管税务机关申请开具外出经营活动税收管理证明,向其机构所在地主管税务机关申报纳税。未持有其机构所在地主管税务机关核发的外出经营活动税收管理证明,到外县(市)销售货物或者应税劳务的,应当向销售地主管税务机关申报纳税;未向销售地主管税务机关申报纳税的,由其机构所在地主管税务机关补征税款。

(3) 非固定业户销售货物或者应税劳务,应当向销售地主管税务机关申报纳税;未向销售地主管税务机关申报纳税的,由其机构所在地或者居住地主管税务机关补征税款。

(4) 进口货物,应当由进口人或其代理人向报关地海关申报纳税。

(5) 扣缴义务人应当向其机构所在地或居住地主管税务机关申报缴纳其扣缴的税款。

四、纳税申报

(一) 增值税一般纳税人纳税申报

根据《税收征收管理法》《增值税暂行条例》及《发票管理办法》的有关规定,国家税务总局制定了以下增值税一般纳税人纳税申报办法。

1）凡增值税一般纳税人（以下简称纳税人）均按本办法进行纳税申报。

2）纳税申报资料如下。

（1）《增值税纳税申报表》及其三个附表（三个附表表式及填报要求本书略），即：《发票领用存月报表》《增值税（专用/普通）发票使用明细表》《增值税（专用发票/收购凭证/运输发票）抵扣明细表》。

（2）附报资料：

① 已开具的增值税专用发票和普通发票存根联；

② 符合抵扣条件并且在本期申报抵扣的增值税专用发票抵扣联；

③ 海关进口货物完税凭证的复印件；

④ 运输发票复印件（如果取得的运输发票数量较多，经县级国家税务局批准。可只附报单份票面金额在一定数额以上的运输发票复印件）；

⑤ 收购凭证的存根联或报查联；

⑥ 收购农产品的普通发票复印件；

⑦ 主管税务机关要求报送的其他资料。

经营规模大的纳税人，如上述附报资料很多，报送确有困难的，经县级国家税务局批准。由主管国家税务机关（以下简称税务机关）派人到企业审核。

3）对确实不具备复印条件地区的一般纳税人，经县级国家税务局批准，可不报运输发票复印件。

4）对增值税专用发票计算机交叉稽核试点地区的一般纳税人，应严格按规定逐票填写《增值税专用发票使用明细表》；对增值税专用发票计算机交叉稽核试点地区以外的一般纳税人，每月专用发票用票量特别大，金额又较小，逐笔登记确有困难的，经县级国家税务局批准。对整本专用发票中每单张票面销售额均在1 000元以下的，可按整本专用发票汇总登记《增值税专用发票使用明细表》。

5）纳税人填写《增值税专用发票使用明细表》后，不再填写增值税专用发票计算机交叉稽核工作所要求填写的《月份专用发票存根联汇总清单》及《月份专用发票抵扣联汇总清单》。

6）一般纳税人每月普通发票用票量特别大，金额又较小，逐笔登记确有困难的。经县级国家税务局批准，对整本普通发票中每单张票面销售额均在1 000元以下的，可按整本普通发票汇总登记《增值税普通发票使用明细表》。

一般纳税人应按普通发票填开的顺序逐票填写《增值税普通发票使用明细表》，一张表格不够，可以在另一张表格内填写，直到一本普通发票登记完毕。如果一本普通发票登记完毕，《增值税普通发票使用明细表》有空格的，应将空格部分用线划掉。

7）一般纳税人要按照《税收征收管理法实施细则》第二十三条的规定保管附报资料。即，"账簿、会计凭证、报表、完税凭证及其他有关纳税资料应当保存10年。但是，法律、行政法规另有规定的除外"。

（二）增值税纳税申报表

一般纳税人增值税纳税申报表的格式如表2-12所示。

项目二 增值税的计算与申报

表 2-12　增值税及附加税费申报表

（一般纳税人适用）

根据国家税收法律法规及增值税相关规定制定本表。纳税人不论有无销售额，均应按税务机关核定的纳税期限填写本表，并向当地税务机关申报。

税款所属时间：自　年　月　日至　年　月　日　　填表日期：　年　月　日　　金额单位：　元（列至角分）

纳税人识别号（统一社会信用代码）：□□□□□□□□□□□□□□□□□□□□　　所属行业：

纳税人名称：		法定代表人姓名		注册地址		生产经营地址	
开户银行及账号		登记注册类型				电话号码	

<table>
<tr><th colspan="2" rowspan="2">项　目</th><th rowspan="2">栏次</th><th colspan="2">一般项目</th><th colspan="2">即征即退项目</th></tr>
<tr><th>本月数</th><th>本年累计</th><th>本月数</th><th>本年累计</th></tr>
<tr><td rowspan="10">销售额</td><td>（一）按适用税率计税销售额</td><td>1</td><td></td><td></td><td></td><td></td></tr>
<tr><td>其中：应税货物销售额</td><td>2</td><td></td><td></td><td></td><td></td></tr>
<tr><td>　　　应税劳务销售额</td><td>3</td><td></td><td></td><td></td><td></td></tr>
<tr><td>　　　纳税检查调整的销售额</td><td>4</td><td></td><td></td><td></td><td></td></tr>
<tr><td>（二）按简易办法计税销售额</td><td>5</td><td></td><td></td><td></td><td></td></tr>
<tr><td>其中：纳税检查调整的销售额</td><td>6</td><td></td><td></td><td></td><td></td></tr>
<tr><td>（三）免、抵、退办法出口销售额</td><td>7</td><td></td><td></td><td>—</td><td>—</td></tr>
<tr><td>（四）免税销售额</td><td>8</td><td></td><td></td><td>—</td><td>—</td></tr>
<tr><td>其中：免税货物销售额</td><td>9</td><td></td><td></td><td>—</td><td>—</td></tr>
<tr><td>　　　免税劳务销售额</td><td>10</td><td></td><td></td><td>—</td><td>—</td></tr>
<tr><td rowspan="14">税款计算</td><td>销项税额</td><td>11</td><td></td><td></td><td></td><td></td></tr>
<tr><td>进项税额</td><td>12</td><td></td><td></td><td></td><td></td></tr>
<tr><td>上期留抵税额</td><td>13</td><td></td><td></td><td></td><td></td></tr>
<tr><td>进项税额转出</td><td>14</td><td></td><td></td><td></td><td></td></tr>
<tr><td>免、抵、退应退税额</td><td>15</td><td></td><td></td><td>—</td><td>—</td></tr>
<tr><td>按适用税率计算的纳税检查应补缴税额</td><td>16</td><td></td><td></td><td>—</td><td>—</td></tr>
<tr><td>应抵扣税额合计</td><td>17＝12＋13－14－15＋16</td><td></td><td></td><td></td><td></td></tr>
<tr><td>实际抵扣税额</td><td>18（如17＜11，则为17，否则为11）</td><td></td><td></td><td></td><td></td></tr>
<tr><td>应纳税额</td><td>19＝11－18</td><td></td><td></td><td></td><td></td></tr>
<tr><td>期末留抵税额</td><td>20＝17－18</td><td></td><td></td><td></td><td>—</td></tr>
<tr><td>简易计税办法计算的应纳税额</td><td>21</td><td></td><td></td><td></td><td></td></tr>
<tr><td>按简易计税办法计算的纳税检查应补缴税额</td><td>22</td><td></td><td></td><td>—</td><td>—</td></tr>
<tr><td>应纳税额减征额</td><td>23</td><td></td><td></td><td></td><td></td></tr>
<tr><td>应纳税额合计</td><td>24＝19＋21－23</td><td></td><td></td><td></td><td></td></tr>
<tr><td rowspan="3">税款缴纳</td><td>期初未缴税额（多缴为负数）</td><td>25</td><td></td><td></td><td></td><td></td></tr>
<tr><td>实收出口开具专用缴款书退税额</td><td>26</td><td></td><td></td><td></td><td></td></tr>
<tr><td>本期已缴税额</td><td>27＝28＋29＋30＋31</td><td></td><td></td><td></td><td></td></tr>
</table>

85

(续表)

项 目		栏次	一般项目		即征即退项目	
			本月数	本年累计	本月数	本年累计
税款缴纳	① 分次预缴税额	28		—		—
	② 出口开具专用缴款书预缴税额	29		—		—
	③ 本期缴纳上期应纳税额	30				
	④ 本期缴纳欠缴税额	31				
	期末未缴税额(多缴为负数)	32＝24＋25＋26－27				
	其中:欠缴税额(≥0)	33＝25＋26－27		—		—
	本期应补(退)税额	34＝24－28－29				
	即征即退实际退税额	35	—	—		
	期初未缴查补税额	36			—	—
	本期入库查补税额	37			—	—
	期末未缴查补税额	38＝16＋22＋36－37			—	—
附加税费	城市维护建设税本期应补(退)税额	39		—		—
	教育费附加本期应补(退)费额	40		—		—
	地方教育附加本期应补(退)费额	41		—		—

声明:此表是根据国家税收法律法规及相关规定填写的,本人(单位)对填报内容(及附带资料)的真实性、可靠性、完整性负责。		
	纳税人(签章): 　　　　年　月　日	
经办人: 经办人身份证号: 代理机构签章: 代理机构统一社会信用代码:	受理人: 受理税务机关(章): 受理日期:　　　年　月　日	

(三) 增值税小规模纳税人纳税申报办法

增值税小规模纳税人的纳税申报表格式如表 2-13 所示。

表2-13 增值税及附加税费申报表
（小规模纳税人适用）

纳税人识别号(统一社会信用代码)：□□□□□□□□□□□□□□□□□□

纳税人名称：　　　　　　　　　　　　　　　　金额单位:元(列至角分)

税款所属期：　　年　月　日至　　年　月　日　　　　　填表日期：　年　月　日

<table>
<tr><td rowspan="2"colspan="2">项　目</td><td rowspan="2">栏次</td><td colspan="2">本期数</td><td colspan="2">本年累计</td></tr>
<tr><td>货物及劳务</td><td>服务、不动产和无形资产</td><td>货物及劳务</td><td>服务、不动产和无形资产</td></tr>
<tr><td rowspan="14">一、计税依据</td><td>（一）应征增值税不含税销售额(3%征收率)</td><td>1</td><td></td><td></td><td></td><td></td></tr>
<tr><td>　　增值税专用发票不含税销售额</td><td>2</td><td></td><td></td><td></td><td></td></tr>
<tr><td>　　其他增值税发票不含税销售额</td><td>3</td><td></td><td></td><td></td><td></td></tr>
<tr><td>（二）应征增值税不含税销售额(5%征收率)</td><td>4</td><td></td><td>—</td><td></td><td>—</td></tr>
<tr><td>　　增值税专用发票不含税销售额</td><td>5</td><td></td><td>—</td><td></td><td>—</td></tr>
<tr><td>　　其他增值税发票不含税销售额</td><td>6</td><td></td><td>—</td><td></td><td>—</td></tr>
<tr><td>（三）销售使用过的固定资产不含税销售额</td><td>7(7≥8)</td><td></td><td>—</td><td></td><td>—</td></tr>
<tr><td>其中:其他增值税发票不含税销售额</td><td>8</td><td></td><td>—</td><td></td><td>—</td></tr>
<tr><td>（四）免税销售额</td><td>9＝10+11+12</td><td></td><td></td><td></td><td></td></tr>
<tr><td>其中:小微企业免税销售额</td><td>10</td><td></td><td></td><td></td><td></td></tr>
<tr><td>　　未达起征点销售额</td><td>11</td><td></td><td></td><td></td><td></td></tr>
<tr><td>　　其他免税销售额</td><td>12</td><td></td><td></td><td></td><td></td></tr>
<tr><td>（五）出口免税销售额</td><td>13(13≥14)</td><td></td><td></td><td></td><td></td></tr>
<tr><td>其中:其他增值税发票不含税销售额</td><td>14</td><td></td><td></td><td></td><td></td></tr>
<tr><td rowspan="8">二、税款计算</td><td>本期应纳税额</td><td>15</td><td></td><td></td><td></td><td></td></tr>
<tr><td>本期应纳税额减征额</td><td>16</td><td></td><td></td><td></td><td></td></tr>
<tr><td>本期免税额</td><td>17</td><td></td><td></td><td></td><td></td></tr>
<tr><td>其中:小微企业免税额</td><td>18</td><td></td><td></td><td></td><td></td></tr>
<tr><td>　　未达起征点免税额</td><td>19</td><td></td><td></td><td></td><td></td></tr>
<tr><td>应纳税额合计</td><td>20＝15－16</td><td></td><td></td><td></td><td></td></tr>
<tr><td>本期预缴税额</td><td>21</td><td></td><td></td><td>—</td><td>—</td></tr>
<tr><td>本期应补(退)税额</td><td>22＝20－21</td><td></td><td></td><td>—</td><td>—</td></tr>
<tr><td rowspan="3">三、附加税费</td><td>城市维护建设税本期应补(退)税额</td><td>23</td><td colspan="4"></td></tr>
<tr><td>教育费附加本期应补(退)费额</td><td>24</td><td colspan="4"></td></tr>
<tr><td>地方教育附加本期应补(退)费额</td><td>25</td><td colspan="4"></td></tr>
</table>

声明:此表是根据国家税收法律法规及相关规定填写的,本人(单位)对填报内容(及附带资料)的真实性、可靠性、完整性负责。

　　　　　　　　　　　　　　　　　　　　　　　　　　纳税人(签章)：　　　　年　月　日

经办人： 经办人身份证号： 代理机构签章： 代理机构统一社会信用代码：	受理人： 受理税务机关(章)： 受理日期：　　年　月　日

增值税及附加税费申报表(小规模纳税人适用)附列资料(一)
(服务、不动产和无形资产扣除项目明细)

税款所属期: 年 月 日至 年 月 日　　　　　　　填表日期: 年 月 日

纳税人名称(公章):　　　　　　　　　　　　　　　金额单位:元(列至角分)

应税行为(3%征收率)扣除额计算			
期初余额	本期发生额	本期扣除额	期末余额
1	2	3(3≤1+2之和,且3≤5)	4=1+2-3
应税行为(3%征收率)计税销售额计算			
全部含税收入(适用3%征收率)	本期扣除额	含税销售额	不含税销售额
5	6=3	7=5-6	8=7÷1.03
应税行为(5%征收率)扣除额计算			
期初余额	本期发生额	本期扣除额	期末余额
9	10	11(11≤9+10之和,且11≤13)	12=9+10-11
应税行为(5%征收率)计税销售额计算			
全部含税收入(适用5%征收率)	本期扣除额	含税销售额	不含税销售额
13	14=11	15=13-14	16=15÷1.05

增值税及附加税费申报表(小规模纳税人适用)附列资料(二)
(附加税费情况表)

税(费)款所属时间: 年 月 日至 年 月 日

纳税人名称(公章):　　　　　　　　　　　　　　　金额单位:元(列至角分)

税(费)种	计税(费)依据	税(费)率(%)	本期应纳税(费)额	本期减免税(费)额		增值税小规模纳税人"六税两费"减征政策			本期已缴税(费)额	本期应补(退)税(费)额
	增值税税额			减免性质代码	减免税(费)额	减征比例(%)	减征额			
	1	2	3=1×2	4	5	6	7=(3-5)×6		8	9=3-5-7-8
城市维护建设税										
教育费附加										
地方教育附加										
合计	—	—		—						

项目二　增值税的计算与申报

习　　题

一、单选题(每题有一个正确答案,请将正确答案填在括号内)

1. 甲酒店为增值税一般纳税人,主要从事餐饮住宿等服务,2023 年 8 月购进客房用品,取得增值税专用发票,注明税额 7 410 元;向农户购进自产农产品用于餐饮服务,农产品收购发票注明买价 29 430 元;购进用于销售的各类商品,取得增值税专用发票注明税额 4 940 元,上期留抵税额 3 200 元。已知:农产品扣除率为 9%。计算甲酒店当月准予抵扣进项税额的下列算式中,正确的是(　　)。

　　A. 7 410+29 430÷(1+9%)×9%+4 940+3 200=17 980(元)
　　B. 4 940+3 200=8 140(元)
　　C. 7 410+29 430×9%+4 940+3 200=18 198.7(元)
　　D. 7 410+29 430×9%+4 940=14 998.7(元)

2. 甲厂为增值税一般纳税人,2023 年 9 月销售化学制品取得含增值税价款 226 万元,当月发生的可抵扣的进项税额 5.1 万元,上月月末留抵的进项税额 3.6 万元。已知增值税税率为 13%。甲厂当月应缴纳增值税税额为(　　)。

　　A. 226÷(1+13%)×13%−3.6=22.4(万元)
　　B. 226÷(1+13%)×13%−5.1=20.9(万元)
　　C. 226×13%−5.1=24.28(万元)
　　D. 226÷(1+13%)×13%−5.1−3.6=17.3(万元)

3. 甲便利店为增值税小规模纳税人,2023 年第四季度零售商品取得收入 1 030 000 元;将一批外购商品无偿赠送给物业公司用于社区活动,该批商品的含税价格 721 元。已知增值税征收率为 3%。计算甲便利店第四季度应缴纳增值税额的下列算式中,正确的是(　　)。

　　A. [1 030 000+721÷(1+3%)]×3%
　　B. (1 030 000+721)×3%
　　C. [1 030 000÷(1+3%)+721]×3%
　　D. (1 030 000+721)÷(1+3%)×3%

4. 甲设计公司为增值税小规模纳税人,2023 年 6 月提供设计服务取得含增值税价款 206 000 元;因服务中止,退还给客户含增值税价款 10 300 元。已知小规模纳税人增值税征收率为 3%,甲设计公司当月应缴纳增值税额的下列计算中,正确的是(　　)。

　　A. 206 000÷(1+3%)×3%=6 000(元)
　　B. 206 000×3%=6 180(元)
　　C. (206 000−10 300)÷(1+3%)×3%=5 700(元)
　　D. (206 000−10 300)×3%=5 871(元)

5. 根据增值税法律制度的规定,一般纳税人发生的下列业务中,允许开具增值税专用发票的是(　　)。

　　A. 房地产开发企业向消费者个人销售房屋

　　B. 百货公司向小规模纳税人零售食品

　　C. 超市向消费者个人销售红酒

　　D. 会计师事务所向一般纳税人提供咨询服务

6. 根据增值税法律制度的规定,一般纳税人发生的下列业务中,允许开具增值税专用发票的是(　　)。

　　A. 家电商场向消费者个人销售电视机

　　B. 百货商店向小规模纳税人零售服装

　　C. 手机专卖店向消费者个人销售手机修理劳务

　　D. 商贸公司向一般纳税人销售办公用品

7. 甲餐饮企业为增值税一般纳税人。2023年10月,甲餐饮企业提供餐饮服务取得不含税销售额80万元。该企业当月的销项税额为(　　)万元。

　　A. 4.8　　　　　B. 8.8　　　　　C. 10.4　　　　　D. 13.6

8. 甲企业为增值税小规模纳税人,2023年9月,甲企业销售自己使用过3年的小货车,取得含税销售额41 200元;销售自己使用过的包装物,取得含税销售额82 400元。甲企业当月应缴纳的增值税税额为(　　)元。

　　A. 2 400　　　　B. 3 600　　　　C. 2 800　　　　D. 3 200

9. 2023年10月,甲公司进口货物一批,海关审定货价为80万元,运抵我国海关前发生的运输费、保险费等共计20万元,缴纳关税税额10万元。已知增值税税率为13%。甲公司当月进口该批货物应缴纳增值税税额的下列计算中,正确的是(　　)。

　　A. 80×13%=12.8(万元)　　　　B. (80+10)×13%=14.4(万元)

　　C. (80+20)×13%=16(万元)　　D. (80+20+10)×13%=17.6(万元)

10. 根据增值税法律制度的规定,下列各项中,属于"销售劳务"的是(　　)。

　　A. 修理小汽车　　B. 修缮办公楼　　C. 爆破　　D. 矿山穿孔

11. 根据增值税法律制度的规定,增值税一般纳税人提供的下列服务中,适用6%税率的是(　　)。

　　A. 交通运输服务　　　　　　　B. 不动产租赁服务

　　C. 建筑服务　　　　　　　　　D. 信息技术服务

12. 按现行增值税制度规定,下列货物中,不适用9%税率的有(　　)。

　　A. 拖拉机　　　B. 鲜奶　　　C. 农药　　　D. 拖拉机备件

13. 下列运费取得的增值税专用发票不得抵扣进项税额的是(　　)。

　　A. 销售货物支付的运输费用　　　　B. 销售古旧图书支付的运输费用

　　C. 外购设备的运输费用　　　　　　D. 向农民购买农业产品支付的运输费用

14. 下列行为属于视同销售货物,应征收增值税的是(　　)。

　　A. 某商店为服装厂代销儿童服装

　　B. 某批发部门将外购的部分饮料用于职工福利

　　C. 某企业将外购的水泥用于基建工程

　　D. 某商场将外购的床单用于内部招待所

15. 纳税人销售的下列货物中,属于免征增值税的货物是( )。
    A. 销售农业机械　　　　　　　　B. 销售煤炭
    C. 销售日用百货　　　　　　　　D. 销售自产的农产品
16. 下列外购货物( ),应视同销售计征增值税。
    A. 用于基建项目　　　　　　　　B. 用于对外投资
    C. 作为奖品发放给职工　　　　　D. 用于个人消费
17. 我国目前实行的是( )增值税。
    A. 生产型　　　B. 消费型　　　C. 收入项　　　D. 支出型
18. 自 2019 年 4 月 1 日起,一般纳税人销售货物、劳务、有形动产租赁服务或者进口货物,除低税率适用范围和销售旧货按征收率计征外,税率为( )。
    A. 5%　　　　B. 6%　　　　C. 9%　　　　D. 13%
19. 下列说法错误的是( )。
    A. 罚没物品的拍卖收入或变价收入不予征收增值税
    B. 航空运输企业已售票但未提供航空运输服务取得的逾期票证收入,按照航空运输服务征收增值税
    C. 纳税人取得的中央财政补贴,不属于增值税应税收入,不征收增值税
    D. 存款利息不征收增值税
20. 小规模纳税人出租不动产(不含个人出租住房)适用的税率或征收率是( )。
    A. 3%　　　　B. 5%　　　　C. 9%　　　　D. 13%

二、**多选题**(每题至少有两个正确答案,请将正确答案填在括号内)
1. 根据增值税法律制度的规定,下列有关增值税纳税义务发生时间的表述中,正确的有( )。
    A. 纳税人采取托收承付方式销售货物的,为发出货物并办妥托收手续的当天
    B. 纳税人采取赊销和分期收款方式销售货物的,为货物发出的当天
    C. 纳税人采取预收货款方式销售货物的,为收到预收款的当天
    D. 纳税人发生视同销售货物行为(委托他人代销、销售代销货物除外),为货物移送的当天
2. 2019 年 4 月 1 日后,下列项目中,其应纳增值税按 9% 的税率计征的有( )。
    A. 销售天然气　　　　　　　　　B. 提供建筑服务
    C. 提供有形动产租赁服务　　　　D. 销售不动产
3. 下列关于增值税纳税义务发生时间的表述中,正确的有( )。
    A. 以预收款方式销售货物的,一般为收到预收款当天
    B. 委托他人代销货物的,为货物发出当天
    C. 采用赊销方式销售货物的,为合同约定的收款日当天
    D. 纳税人发生视同销售货物行为的,为货物移送当天
4. 按照现行增值税制度规定,下列行为"视同销售"征收增值税的有( )。
    A. 将自产的货物作为投资,提供给个体经营者
    B. 将购买的货物用于个人消费

C. 将购买的货物无偿赠送给他人

D. 以物易物属于视同销售

5. 下列各项中,应当计算缴纳增值税的有(   )。

   A. 个体工商户销售使用过的物品

   B. 农业生产者销售自产农产品

   C. 电力公司向发电企业收取过网费

   D. 残疾人的组织直接进口供残疾人专用的物品

6. 我国增值税的征收范围包括(   )。

   A. 在中国境内销售货物   B. 在中国境内提供应税劳务

   C. 进口货物   D. 过境货物

7. 划分一般纳税人和小规模纳税人的标准有(   )。

   A. 销售额达到规定标准   B. 经营效益好

   C. 会计核算健全   D. 有上级主管部门

8. 依照增值税的有关规定,下列货物销售,适用13%增值税税率的有(   )。

   A. 印刷厂印刷资料   B. 食品店加工速冻水饺销售

   C. 面包房加工面包销售   D. 果园销售水果

9. 对增值税小规模纳税人,下列表述正确的有(   )。

   A. 实行简易征收办法

   B. 不得自行开具或申请代开增值税专用发票

   C. 不得抵扣进项税额

   D. 一经认定为小规模纳税人,不得再转为一般纳税人

10. 下列各项业务免征增值税的有(   )。

    A. 销售古旧图书

    B. 农业生产者销售自产农产品

    C. 销售自来水

    D. 个人(不包括个体工商户)销售自己使用过的物品

11. 下列货物中,适用9%税率征收增值税的有(   )。

    A. 一般纳税人销售农机及零部件   B. 一般纳税人销售农药、化肥

    C. 一般纳税人销售居民用煤炭制品   D. 一般纳税人销售矿产品

12. 以下适用增值税6%税率的项目有(   )。

    A. 一般纳税人提供餐饮服务   B. 小规模纳税人出租商业门面

    C. 一般纳税人提供建筑服务   D. 一般纳税人提供物流辅助服务

13. 下列各项应计入销售货物销售额的价外费用的有(   )。

    A. 手续费   B. 违约金   C. 包装物租金   D. 延期付款利息

14. 下列各项按差额计算增值税的有(   )。

    A. 金融商品转让的销售额   B. 经纪代理服务

    C. 旅游服务   D. 经营租赁服务

15. 下列各项计算纳税人购进旅客运输服务时增值税进项税额抵扣金额正确的有(   )。

A. 取得增值税电子普通发票的,为发票上注明的税额
B. 取得注明旅客身份信息的航空运输电子客票行程单的,为(票价+燃油附加费)÷(1+9%)×9%计算的金额
C. 取得注明旅客身份信息的铁路车票的,为票面金额÷(1+9%)×9%计算的金额
D. 取得注明旅客身份信息的公路、水路等其他客票的,为票面金额÷(1+3%)×3%计算的金额

16. 以下属于税法上计算抵扣增值税中所说的非正常损失的有(　　)。
A. 货物被盗　　　　　　　　　　B. 货物丢失
C. 货物被依法没收　　　　　　　D. 发生地震造成货物毁坏

三、判断题(正确的在括号内打"√",错误的打"×")

1. 增值税属于价外税,我国目前实行的是生产型增值税。　　　　　　　　(　　)
2. 增值税小规模纳税人标准为年应征增值税销售额500万元及以下。　　(　　)
3. 一般纳税人提供的公共交通运输服务,可以选择适用简易计税方法计缴增值税。(　　)
4. 出租车公司向使用本公司自有出租车的出租车司机收取的管理费用,按照现代服务项目缴纳增值税。(　　)
5. 被保险人获得的保险赔付不征收增值税。　　　　　　　　　　　　　　(　　)
6. 将自产、委托加工或者购买的货物用于集体福利或者个人消费应视同销售计算缴纳增值税。(　　)
7. 其他个人出租其取得的不动产(含住房),按照5%的征收率征收。　　(　　)
8. 增值税计税方法包括一般计税方法和简易计税方法,一般计税方法只适用于一般纳税人,简易计税方法只适用于小规模纳税人。(　　)
9. 销售额是指纳税人发生应税销售行为时向购买方收取的全部价款和价外费用,包括收取的销项税额。(　　)
10. 销售折扣发生在应税销售行为之后,是一种融资性质的理财费用,因此,销售折扣不得从销售额中减除。(　　)
11. 根据税法规定,采取以旧换新方式销售货物的,应按新货物的同期销售价格确定销售额,不得扣减旧货物的收购价格。因此,纳税人发生的金银首饰以旧换新业务,应当按销售方销售新金银首饰的全部价款征收增值税。(　　)

四、综合练习题

1. 黄河有限责任公司是增值税一般纳税人,农产品适用10%的扣除率,公司的原材料和产品均适用13%的增值税税率,采用实际成本法核算。2023年7月,公司发生相关业务如下。

(1) 1日,购入原材料一批,取得增值税专用发票上注明的价款为200万元,增值税额26万元,款项已支付,原材料运到并验收入库,运输公司开具的增值税专用发票上注明的金额为20万元,向运输公司支付运费21.8万元。

(2) 2日,购进免税农产品作为原材料(取得了农副产品收购发票),共支付买价70万

元,材料已验收入库。

(3) 10日,收到外单位捐赠的原材料,取得增值税专用发票上注明的价款为100万元,增值税额13万元。

(4) 12日,销售A产品,开具增值税专用发票上注明的价款为1 000万元,增值税额130万元,另收取运杂费22.6万元,开具普通发票,款项均已转账收讫。

(5) 15日,没收包装物押金1.13万元。

(6) 16日,向灾区捐赠一批货物,不含税市场价为5万元(成本为3万元)。

(7) 18日,以自制产品换取原材料一批(购进材料及自制产品的市场公允价值为25万元且取得了增值税专用发票),生产成本为20万元。

(8) 21日,将新试制产品作为福利发放给职工,未开具发票,该产品无市场同类产品,其生产成本为150万元,成本利润率为10%。

(9) 25日,将上月购入的以交易性金融资产核算的A股票出售,获得141.2万元,购入时核算的成本为120万元。

(10) 期末A材料盘亏10万元,经查系管理不善造成材料被盗。

当月购货取的增值税专用发票已认证通过,上月尚有未抵扣增值税进项税税额35万元。

要求:

(1) 做出每项业务的会计处理(单位为万元)。

(2) 计算该公司2023年7月的应纳增值税税额(做会计业务处理)。

2. 华海电子企业为增值税一般纳税人,2023年7月,发生下列经济业务。

(1) 销售A产品50台,不含税单价8 000元。A产品成本5 000元/台,货款收到后,向购买方开具了增值税专用发票,并将提货单交给了购买方。截至月底,购买方尚未提货。

(2) 将20台新试制的B产品分配给投资者,单位成本为10 000元。该产品尚未投放市场。

(3) 单位内部基本建设领用甲材料4 000公斤,每公斤单位成本为50元。

(4) 改、扩建单位食堂领用外购甲材料2 000公斤,每公斤单位成本为50元,同时领用A产品5台。

(5) 当月因管理不善丢失库存乙材料800公斤,每公斤单位成本为20元,作待处理财产损溢处理。

(6) 当月发生购进货物的全部进项税额为70 000元。

其他相关资料:上月进项税额已全部抵扣完毕,本月取得的进项税额抵扣凭证均已申报抵扣。购销货物增值税税率均为13%,税务局核定的B产品成本利润率为10%。

要求:

(1) 编制(1)~(5)业务的会计分录。

(2) 计算当月销项税额。

(3) 计算当月可抵扣进项税额。

(4) 计算当月应缴增值税税额并编制相应的会计处理。

3. 红光制造厂为增值税一般纳税人,增值税税率为13%,2023年7月发生下列经济业务。

(1) 购进原材料一批,取得增值税专用发票上注明的价款为700 000元,增值税额为

91 000 元。支付运费,并取得增值税专用发票上注明的运费 20 000 元,增值税额 1 800 元。企业因资金不足,上述各款项全部尚未支付,材料验收入库。

(2) 接受珠海公司无偿捐赠的原材料一批,增值税专用发票上注明的货款为 30 000 元,增值税额为 3 900 元。入库前发生挑选整理费,并以银行存款支付材料整理费用 300 元,材料已验收入库。

(3) 基本生产车间委托某机修厂修理设备,以银行存款支出修理费 3 000 元,增值税额为 390 元。工厂已收到机修厂开具的增值税专用发票。

(4) 购入不需安装的新设备一台,取得的增值税专用发票上注明的价款为 60 000 元,税额为 7 800 元,当月通过认证并申报抵扣,款项已用银行存款支付。

(5) 销售产品取得销售额 1 000 000 元,按规定收取增值税额为 130 000 元,开具增值税专用发票 5 张,款项已收到存入银行。

(6) 随同产品出售一批单独计价的包装物,开具普通发票一张,价税款合计为 1 130 元,已收到存入银行。

(7) 将新研发的一批原材料对外投资,原材料账面实际成本为 65 000 元,无同类产品市场价,适用增值税率为 13%,开具增值税专用发票一张。

(8) 工厂以自产的一批产品作为福利发放给本厂职工,该批产品实际成本为 60 000 元,无同类产品售价,适用增值税率为 13%,未开具发票。

(9) 将自产的一批产品送给某灾区,作为抗洪救灾用。该批产品按售价计算金额为 80 000 元,其实际成本为 45 000 元,增值税适用税率为 13%,未开具发票。

要求:计算 2023 年 7 月应交的增值税,并做相应的会计处理。

4. 长正技术咨询公司为增值税一般纳税人,2023 年 6 月发生以下经济业务。(注意,技术咨询类公司为现代服务业,增值税税率为 6%,保留两位小数。)

(1) 为天信公司(小规模纳税人)提供产品研发服务并提供培训服务,取得研发服务收入 30 万元(含税),培训服务收入 10 万元(含税),发生业务支出 8 万元。

(2) 为成宇公司提供技术项目论证服务,取得不含税收入 120 万元,开具增值税专用发票。

(3) 向湘悦公司转让一项专利技术取得技术转让收入 240 万元,技术咨询收入 60 万元,已履行相关备案手续;另转让与专利技术配套使用的设备一台并取得技术服务费,开具增值税专用发票,设备金额 50 万元,技术服务费 20 万元,上述价款均不含税。

(4) 购进电脑及办公用品,取得增值税专用发票注明的金额为 100 万元,支付运费,取得增值税专用发票注明的金额为 1 万元。

要求:
(1) 计算该公司本月允许抵扣的进项税额。
(2) 计算该公司本月的销项税额。
(3) 计算该公司本月应纳增值税额。
(4) 作出相关的会计处理。

5. 好又来餐饮公司(一般纳税人)成立于 2016 年 5 月 1 日,2023 年 6 月取得含税销售额 106 万元,当月按税法规定计算允许抵扣的进项税额为 3.5 万元,按现行规定可以享受加计抵减政策。

要求:计算当月应纳增值税额并做相应的会计处理。

项目三
消费税的计算与申报

【引言】

消费税是目前我国流转税中仅次于增值税的第二大税种,1994 年我国正式开征消费税。消费税主要包括了特殊消费品、奢侈品、高能耗消费品、不可再生的资源消费品。近年来,我国逐步实施消费税改革,自 2014 年 12 月 1 日起,取消车用含铅汽油、汽车轮胎、酒精消费税;自 2014 年 12 月 13 日起,提高成品油消费税单位税额;自 2015 年 2 月 1 日起,对电池、涂料征收消费税;自 2015 年 5 月 10 日起,提高卷烟批发环节从价税税率并加征从量税;自 2016 年 10 月 1 日起,缩小化妆品消费税征税范围并降低税率;自 2016 年 12 月 1 日起,对超豪华小汽车在零售环节加征消费税;自 2022 年 11 月 1 日起,对电子烟征收消费税。

【课程思政】

消费税是财政政策的重要组成部分,是宏观调控的重要手段。消费税改革引导了消费行为,促进产业结构调整,转变发展方式,促进绿色发展,体现了社会主义市场经济的基本特征。

【重点难点内容】

本项目的重点难点内容为消费税应纳税额的计算,具体归纳如表 3-1 所示。

表 3-1 消费税应纳税额的计算

计税方法	计算公式
从量计税	消费税应纳税额＝应税消费品的销售数量×单位税额
从价计税	消费税应纳税额＝应税消费品的销售额×适用税率
复合计税	消费税应纳税额＝应税销售数量×定额税率＋应税销售额×比例税率

		组成计税价格	消费税应纳税额的计算
自产自用/对外销售	从量计税		应税消费品的自用/销售数量×单位税额
	从价计税	(成本＋利润)÷(1－比例税率)	组成计税价格×适用税额
	复合计税	(成本＋利润＋数量×定额税率)÷(1－比例税率)	组成计税价格×适用税率＋自用/销售数量×定额税率
委托加工	从量计税		应税消费品的自用/销售数量×单位税额
	从价计税	(材料成本＋加工费)÷(1－比例税率)	组成计税价格×适用税额
	复合计税	(材料成本＋加工费＋委托加工数量×定额税率)÷(1－比例税率)	组成计税价格×适用税率＋委托加工数量×定额税率
进口	从量计税		应税消费品的自用/销售数量×单位税额
	从价计税	(成本＋利润)÷(1－比例税率)	组成计税价格×适用税额
	复合计税	(成本＋利润＋数量×定额税率)÷(1－比例税率)	组成计税价格×适用税率＋进口数量×定额税率

模块一　消费税的认知

一、消费税的概念与特点

（一）消费税的概念

消费税是对消费品和特定的消费行为按消费流转额征收的一种商品税。具体地说，是指对在我国境内从事生产、委托加工及进口应税消费品的单位和个人，就其应税消费品征收的一种流转税。

消费税的征收具有较强的选择性，是国家贯彻消费政策、引导消费结构，从而引导产业结构的重要手段，因而，在保证国家财政收入、体现国家经济政策等方面具有十分重要的意义。

（二）消费税的特点

1. 征收范围具有选择性

现代消费税在征收范围上根据产业政策与消费政策仅选择部分消费品征税，而不是对所有的消费品都征收消费税。

2. 征收环节具有单一性

一般情况下，消费税的征税环节具有单一性。主要在生产销售和进口环节上征收。

3. 征税方法具有灵活性

消费税根据征税对象的特点确定不同的征收方法，既有从价定率征收，也有从量定额征收，还有复合征收。

4. 税收负担具有转嫁性

消费税属间接税，无论是在那个环节征收，消费品中所含的消费税款最终都要转嫁到消费者身上，由消费者负担。

5. 税率高且具有差异性

消费税的平均税率水平比较高，并且不同征税项目的税负差异较大，对诸如香烟等需要限制或控制消费的消费品，通常税负较重。

二、消费税的纳税人和征税范围

（一）消费税的纳税人

在我国境内生产、委托加工和进口《消费税暂行条例》规定的消费品的单位和个人，以及国务院确定的销售《消费税暂行条例》规定的消费品的其他单位和个人,为消费税的纳税人,应当按照《消费税暂行条例》缴纳消费税。

(1) 单位是指企业、行政单位、事业单位、军事单位和社会团体等其他单位。

(2) 个人是指个体工商户及其他个人。

(二) 消费税的征税范围

1. 对生产应税消费品在生产销售环节征税

生产应税消费品的销售是消费税征收的主要环节,因为一般情况下,消费税具有单一环节征税的特点。大多数消费税应税商品在生产销售环节征税以后,流通环节不用再缴纳消费税。生产应税消费品除了直接对外销售应征消费税外,纳税人将生产的应税消费品换取生产资料、消费资料、投资入股、偿还债务,以及用于继续生产应税消费品以外的其他方面都应缴纳消费税。

另外,工业企业以外的单位和个人的下列行为视为应税消费品的生产行为,按规定征收消费税:

(1) 将外购的消费税非应税产品以消费税应税产品对外销售。

(2) 将外购的消费税低税率应税产品以高税率应税产品对外销售的。

2. 对委托加工应税消费品在委托加工环节征税

委托加工应税消费品是指委托方提供原料和主要材料,受托方只收取加工费和代垫部分辅助材料加工的应税消费品。由受托方提供原材料或其他情形的一律不能视为加工应税消费品。委托加工的应税消费品收回后,再继续用于生产应税消费品销售的,其加工环节缴纳的消费税款可以扣除。

3. 对进口应税消费品在进口环节征税

单位和个人进口货物属于消费税征税范围的,在进口环节就也要缴纳消费税。为了减少征税成本,进口环节缴纳的消费税由海关代征。

4. 对零售应税消费品在零售环节征税

经国务院批准,自1995年1月1日起,金银首饰消费税由生产销售环节征收改为零售环节征收。改在零售环节征收消费税的金银首饰仅限于金基、银基合金首饰,以及金、银和金基、银基合金的镶嵌首饰。进口环节暂不征收,零售环节适用税率为5%,在纳税人销售金银首饰、钻石及钻石饰品时征收,其计税依据是不含增值税的销售额。

5. 对移送使用应税消费品在移送使用环节征税

如果企业在生产经营的过程中,将应税消费品移送用于加工非应税消费品,则应对移送部分征收消费税。

6. 对批发卷烟在卷烟的批发环节征税

卷烟除了在生产销售环节征收消费税外,还在批发环节征收一次。纳税人兼营卷烟批发和零售业务的,应当分别核算批发和零售环节的销售额、销售数量;未分别核算批发和零售环节销售额、销售数量的,按照全部销售额、销售数量计征批发环节消费税。纳税人销售给纳税人以外的单位和个人的卷烟于销售时纳税。纳税人之间销售的卷烟不缴纳消费税。卷烟消费税在生产和批发两个环节征收后,批发企业在计算纳税时不得扣除已含的生产环节的消费税款。

三、税目与税率

(一) 税目

1. 烟

凡是以烟叶为原料加工生产的产品,不论使用任何辅料,均属于本税目的征收范围。本项目包括卷烟、雪茄烟、烟丝 3 个子目。

(1) 卷烟。包括甲类卷烟和乙类卷烟,其中甲类卷烟是指每标准条(200 支)调拨价格在 70 元(不含增值税)以上(含 70 元)的卷烟;乙类卷烟是指每标准条(200 支)调拨价格在 70 元(不含增值税)以下的卷烟。

(2) 雪茄。烟的征税范围包括各种规格、型号的雪茄烟。

(3) 烟丝。烟丝的征收范围包括以烟叶为原料加工生产的不经卷制的散装烟。

(4) 电子烟。电子烟是指用于产生气溶胶供人抽吸等的电子传输系统,包括烟弹、烟具以及烟弹与烟具组合销售的电子烟产品。烟弹是指含有雾化物的电子烟组件。烟具是指将雾化物雾化为可吸入气溶胶的电子装置。

2. 酒

本税目包括白酒(粮食白酒、薯类白酒)、黄酒、啤酒、其他酒共 4 个子税目。其中,酒是指酒精度在 1 度以上的各种酒类饮料。

(1) 白酒。白酒包括粮食白酒和薯类白酒。其中,粮食白酒,是指以高粱、玉米、大米、糯米、大麦、小麦、青稞等各种粮食为原料,经过糖化、发酵后,采用蒸馏方法酿制的白酒;薯类白酒,是指以白薯(红薯、地瓜)、木薯、马铃薯、芋头、山药等各种干鲜薯类为原料,经过糖化、发酵后,采用蒸馏方法酿制的白酒。用甜菜酿制的白酒,比照薯类白酒征税。

(2) 黄酒。黄酒是指以糯米、粳米、籼米、大米、黄米、玉米、小麦、薯类等为原料,经加温、糖化、发酵、压榨酿制的酒。包括各种原料酿制的黄酒和酒度超过 12 度(含 12 度)的土甜酒。

(3) 啤酒。啤酒是指以大麦或其他粮食为原料,加入啤酒花,经糖化、发酵、过滤酿制的含有二氧化碳的酒。包括甲类啤酒和乙类啤酒。其中每吨出厂价(含包装物及包装物押金)在 3 000 元(含 3 000 元,不含增值税)以上的甲类啤酒;每吨出厂价(含包装物及包装物押金)在 3 000 元以下的乙类啤酒。对饮食业、商业、娱乐业举办的啤酒屋(啤酒坊)利用啤酒生产设备生产的啤酒,应当征收消费税。(果啤属于啤酒)

(4) 其他酒。其他酒是指除粮食白酒、薯类白酒、黄酒、啤酒以外,酒度在 1 度以上的各种酒,包括糠麸白酒、其他原料白酒、土甜酒、复制酒、果木酒、汽酒、药酒等。对以黄酒为酒基生产的配制或泡制酒,按其他酒征收消费税。调味料酒不征消费税。

3. 高档化妆品

自 2016 年 10 月 1 日起,本税目征收范围包括高档美容、修饰类化妆品、高档护肤类化妆品和成套化妆品。

高档美容、修饰类化妆品和高档护肤类化妆品是指生产(进口)环节销售(完税)价格(不含增值税)在 10 元/毫升(克)或 15 元/片(张)以及以上的美容、修饰类化妆品和护肤类化妆品。

美容、修饰类化妆品是指香水、香水精、香粉、口红、指甲油、胭脂、眉笔、唇笔、蓝眼油、眼睫毛以及成套化妆品。

舞台、戏剧、影视演员化妆用的上妆油、卸装油、油彩,不属于本税目的征收范围。

4. 贵重首饰及珠宝玉石

本税目的征税范围包括各种金银珠宝首饰和经采掘、打磨、加工的各种珠宝玉石。

(1) 金银珠宝首饰,包括凡以金、银、白金、宝石、珍珠、钻石、翡翠、珊瑚、玛瑙等高贵稀有物质以及其他金属、人造宝石等制作的各种纯金银首饰及镶嵌首饰(含人造金银、合成金银首饰)等。

(2) 珠宝玉石,包括钻石、珍珠、松石、青金石、欧泊石、橄榄石、长石、玉、石英、玉髓、石榴石、锆石、尖晶石、黄玉、碧玺、金禄玉、绿柱石、刚玉、琥珀、珊瑚、煤玉、龟甲、合成刚玉、合成玉石、双合石以及玻璃仿制品等。

5. 鞭炮、焰火

包括各种鞭炮、焰火。体育上用的发令纸、鞭炮药引线,不按本税目征收。

6. 成品油

本税目包括汽油、柴油、石脑油、溶剂油、航空煤油、润滑油、燃料油七个子目。航空煤油暂缓征收。

(1) 汽油。汽油是指用原油其他原料加工生产的辛烷值不小于66的可用作汽油发动机燃料的各种轻质油。取消车用含铅汽油消费税,汽油税目不再划分二级子目,统一按照无铅汽油税率征收消费税。

以汽油、汽油组分调和生产的甲醇汽油、乙醇汽油也属于本税目征收范围。

(2) 柴油。柴油是指用原油或其他原料加工生产的疑点或倾点在-50 ℃~30 ℃的可用作柴油发动机燃料的各种轻质油和以柴油组分为主、经调和精制可用作超有发动机燃料的非标油。

以柴油、柴油组分调和生产的生物柴油也属于本税目征收范围。

(3) 石脑油。石脑油又叫化工轻油。它是以石油加工生产的或二次加工汽油经加氢精制而得的用于化工原料的轻质油。石脑油的征收范围包括除汽油、柴油、航空煤油、溶剂油以外的各种轻质油。

(4) 溶剂油。溶剂油是用原油或其他原料加工生产的用于涂料、油漆、食用油、印刷油墨、皮革、农药、橡胶、化妆品生产的轻质油。

橡胶填充油、溶剂油原料,属于溶剂油的征收范围。

(5) 航空煤油。航空煤油也叫喷气燃料,是用原油或其他原料加工生产的用于喷气发动机和喷气推进系统燃料的各种轻质油。航空煤油的消费税暂缓征收。

(6) 润滑油。润滑油是用原油或其他原料加工生产的用于内燃机、机械加工过程的润滑产品。润滑油的征收范围包括矿物性润滑油、矿物性润滑油基础油、植物性润滑油、动物性润滑油和化工原料合成润滑油。

润滑脂是润滑产品,生产、加工润滑脂应当征收消费税。变压器油、导热类油等绝缘油类产品不属于润滑油,不征收消费税。

(7) 燃料油。燃料油也称重油、渣油。燃料油征收范围包括用于电厂发电、船舶锅炉燃料、加热炉燃料、冶金和其他工业炉燃料的各类燃料油。自2012年11月1日起,催化料、焦化科属于燃料的征收范围,应当征收消费税。

7. 小汽车

汽车是指由动力驱动,具有4个或4个以上车轮的非轨道承载的车辆。

本税目包括含驾驶员座位在内最多不超过9个座位(含)的,在设计和技术特性用于载运乘客和货物的各类乘用车;含驾驶员座位在内的座位数在10～23座(含23座)的,在设计和技术特性上用于载运乘客和货物的各类中轻型商用客车。

用排气量小于1.5升(含)的乘用车底盘(车架)改装、改制的车辆属于乘用车征收范围。用排气量大于1.5升的乘用车底盘(车架)或用中轻型商用客车底盘(车架)改装、改制的车辆属于中轻型商用客车征收范围。

含驾驶员人数(额定载客)为区间值的(如8～10人;17～26人)小汽车,按其区间值下限人数确定征收范围。

电动汽车不属于本税目征收范围。车身长度大于7米(含),并且座位在10～23座(含)以下的商用客车,不属于中轻型商用客车征税范围,不征收消费税。沙滩车、雪地车、卡丁车、高尔夫车不属于消费税征收范围,不征收消费税。

超豪华小汽车征收范围为每辆零售价格130万元(不含增值税)及以上的乘用车和中轻型商用客车。

8. 摩托车

包括轻便摩托车和摩托车两种。对最大设计车数不超过50千米/小时,发动机气缸总工作容量不超过50毫升的三轮摩托车不征收消费税。气缸容量250毫升(不含)以下的小排量摩托车不征收消费税。

9. 高尔夫球及球具

高尔夫球及球具是指从事高尔夫球运动所需的各种专用装备,包括高尔夫球、高尔夫球杆及高尔夫球包(袋)等。高尔夫球杆的杆头、杆身和握把属于本税目的征收范围。

10. 高档手表

高档手表是指销售价格(不含增值税)每只在10 000元(含)以上的各类手表。

本税目的征收范围包括符合以上标准的各类手表。

11. 游艇

游艇是指长度大于8米小于90米,船体由玻璃钢、钢、铝合金、塑料等多种材料制作,可以在水上移动的水上浮载体。按照动力划分,游艇分为无动力艇、帆艇和机动艇。本税目征收范围包括艇身长度大于8米(含)小于90米(含),内置发动机,可以在水上移动,一般为私人或团体购置,主要用于水上运动和休闲娱乐等非牟利活动的各类机动艇。

12. 木制一次性筷子

木制一次性筷子,又称卫生筷子,是指以木材为原料经过锯段、浸泡、旋切、刨切、烘干、筛选、打磨、倒角、包装等环节加工而成的各类一次性使用的筷子。

本税目征收范围包括各种规格的木制一次性筷子。未经打磨、倒角的木制一次性筷子属于本税目征税范围。

13. 实木地板

实木地板是指以木材为原料,经过锯割、干燥、刨光、截断、开榫、涂漆等工序加工而成的块状或条状的地面装饰材料。实地木板按生产工艺不同,可分为独板(块)实地木板、实木指接地板、实木复合地板三类;按表面处理状态不同,可分为未涂饰地板(白坯板,素板)

和漆饰地板两类。

本税目征收范围包括各类规格的实木地板、实木指接地板、实木复合地板及用于装饰墙壁、天棚的侧端面为榫、槽的实木装饰板以及未经涂饰的素板。

14. 电池

电池是一种将化学能、光能等直接转换为电能的装置，一般由电极、电解质、容器、极端，通常还有隔离层组成的基本功能单元，以及用一个或多个基本功能单元装配成的电池组。范围包括：原电池、蓄电池、燃料电池、太阳能电池及其他电池。

自2015年2月1日起对电池（铅蓄电池除外）征收消费税，对无汞原电池、金属氢化物镍蓄电池（又称"氢蓄镍电池"或"镍蓄氢电池"）、锂原电池、锂离子蓄电池、太阳能电池、燃料电池和全钒液流电池免征消费税。2015年12月31日前对铅蓄电池缓征消费税；自2016年1月1日起，对铅蓄电池按4%税率征收消费税。

15. 涂料

涂料是指涂于物体表面能形成具有保护、装饰或特殊性能的固态涂膜的一类液体固体材料之总称。自2015年2月1日起对涂料征收消费税，施工状态下挥发性有机物含量低于420克/升（含）的涂料免征消费税。

（二）税率

按照修改后《消费税暂行条例》的规定，确定征收消费税的有15个税目，有的税目还进一步划分若干个子目。

消费税税目、税率（税额）如表3-2所示。

表3-2 消费税税目、税率（税额）

税　　目	税率（税额）	备注
一、烟		
1. 卷烟		
（1）工业		
① 甲类卷烟（每标准条不含增值税调拨价格70元以上）	56%加0.003元/支	
② 乙类卷烟（每标准条不含增值税调拨价格不超过70元）	36%加0.003元/支	
（2）批发环节	11%加0.005元/支	
2. 雪茄烟	36%	
3. 烟丝	30%	
4. 电子烟		
（1）工业	36%	
（2）商业批发	11%	
二、酒		
1. 白酒	20%加0.5元/500克（或500毫升）	

(续表)

税　目	税率(税额)	备注
2. 黄酒	240元/吨	
3. 啤酒		
(1) 甲类啤酒	250元/吨	
(2) 乙类啤酒	220元/吨	
4. 其他酒	10%	
三、高档化妆品	15%	
四、贵重首饰及珠宝玉石		
1. 金银首饰、铂金首饰和钻石饰品	5%	
2. 其他贵重首饰和珠宝玉石	10%	
五、鞭炮、焰火	15%	
六、成品油		
1. 汽油	1.52元/升	
2. 柴油	1.2/升	
3. 航空煤油	1.2/升	
4. 石脑油	1.52/升	
5. 溶剂油	1.52/升	
6. 润滑油	1.52/升	
7. 燃料油	1.2/升	
七、摩托车		
1. 汽缸容量在250 ml(含250毫升)以下的	3%	
2. 汽缸容量在250 ml以上的	10%	
八、小汽车		
1. 乘用车		
(1) 汽缸容量(排气量,下同)在1.0升(含1.0升)以下的	1%	
(2) 汽缸容量在1.0升以上至1.5升(含1.5升)的	3%	
(3) 汽缸容量在1.5升以上至2.0升(含2.0升)的	5%	
(4) 汽缸容量在2.0升以上至2.5升(含2.5升)的	9%	
(5) 汽缸容量在2.5升以上至3.0升(含3.0升)的	12%	
(6) 汽缸容量在3.0升以上至4.0升(含4.0升)的	25%	
(7) 汽缸容量在4.0升以上的	40%	
2. 中轻型商用客车	5%	

(续表)

税　　目	税率(税额)	备注
3. 超豪华小汽车	按子税目1和子税目2的规定征收零售环节10%	2016年12月1日起执行
九、高尔夫球及球具	10%	
十、高档手表	20%	
十一、游艇	10%	
十二、木制一次性筷子	5%	
十三、实木地板	5%	
十四、电池	4%	
十五、涂料	4%	

模块二　消费税应纳税额的计算与会计处理

一、计税依据的确定

按照现行的消费税法规定,消费税应纳税额的计算分为从价计征、从量计征和从价从量复合计征三种方法。

(一) 从价计量

1. 销售额的确定

销售额为纳税人销售应税消费品向购买方收取的全部价款和价外费用。

"价外费用",是指价外向购买方收取的基金、集资费、返还利润、补贴、违约金、手续费、奖励费、违约费、滞纳金、延期付款利息、赔偿金、包装费、包装物租金、储备费、优质费、运输装卸费、代收款项、代垫款项以及其他各种性质的价外收费。但下列款项不包括在内。

(1) 同时符合以下条件的代垫运输费用:

① 承运部门的运费发票开具给购货方的。

② 纳税人将该项发票转交给购货方的。

(2) 同时符合以下条件代为收取的政府性基金或者行政事业性收费:

① 由国务院或者财政部批准设立的政府性基金,由国务院或者省级人民政府及其财政、价格主管部门批准设立的行政事业性收费。

② 收取时开具省级以上财政部门印制的财政票据。

③ 所收款项全额上缴财政。

其他价外费用,无论是否属于纳税人的收入,均应并入销售额计算征税。

实行从价定率办法计算应纳税额的应税消费品连同包装物销售的,无论包装物是否单独计价,也不论在会计上如何核算,均应并入应税消费品的销售额中征收消费税。如果包装物不作价随同产品销售,而是收取押金,此项押金则不应并入应税消费品的销售额中征税。但对因逾期未收回的包装物不再退还的和已收取的时间超过12个月的押金,应并入应税消费品的销售额,按照应税消费品的适用税率缴纳消费税。

对既作价随同应税消费品销售,又另外收取的包装物押金,凡纳税人在规定的期限内不予退还的,均应并入应税消费品的销售额,按照应税消费品的适用税率缴纳消费税。

纳税人销售的应税消费品,以外汇结算销售额的,其销售额的人民币折合率可以选择结算的当天或者当月1日的国家外汇价(原则上为中间价)。纳税人应在事先确定采取何种折合率,确定后1年内不得变更。

2. 含增值税销售额的换算

在计算消费税时,应将含增值税的销售额换算为不含增值税款的销售额。其换算公式为:

应纳消费品的销售额＝含增值税税销售额÷(1＋增值税税率或征收率)

在使用换算公式时,应根据纳税人的具体情况分别使用增值税税率或征收率。如果消费税的纳税人同时又是增值税一般纳税人的,应适用13%的增值税税率;如果消费税的纳税人是增值税小规模纳税人的,应适用3%的征收率。

(二) 从量计征

在从量定额计算方法,应纳税额等于应税消费品的销售数量乘以单位数额,应纳税额的多少取决于应税消费品的销售数量和单位税额两个因素。

1. 销售数量的确定

销售数量是指纳税人生产、加工和进口应税消费品的数量,具体规定为:

(1) 销售应税消费品的,为应税消费品的销售数量。
(2) 自产自用应税消费品的,为应税消费品的移送使用数量。
(3) 进口应税消费品,为海关核定的应税消费品进口征税数量。
(4) 委托加工应税消费品的,为纳税人收回的应税消费品数量。

2. 计量单位的换算标准

《消费税暂行条例》规定,黄酒、啤酒是以吨为税额单位;汽油、柴油是以升为税额单位的。但是,考虑到在实际销售过程中,一些纳税人会把吨或升这两个计量单位混用,为了规范不同产品的计量单位,以准确计算应纳税额,规定吨与升两个计量单位的换算标准如表3-3所示。

表3-3 应税消费品计量单位换算标准

名称	换算标准	名称	换算标准
啤酒	1 吨＝988 升	黄酒	1 吨＝962 升
汽油	1 吨＝1 388 升	柴油	1 吨＝1 176 升
石脑油	1 吨＝1 385 升	溶剂油	1 吨＝1 282 升
润滑油	1 吨＝1 126 升	燃料油	1 吨＝1 015 升
航空煤油	1 吨＝1 246 升		

(三) 从价从量复合计征

现行的消费税的征税范围中,只有卷烟、白酒采用复合计征方法。应纳税额等于应税销售数量乘以定额税率再加上应税销售额乘以比例税率。

(四) 计税依据的特殊规定

(1) 纳税人通过自设非独立核算门市部销售的自产应税消费品,应当按照门市部对外销售额或者销售数量征收消费税。

(2) 纳税人用于换取生产资料和消费资料、投资入股和抵偿债务等方面的应税消费品,应当以纳税人同类应税消费品的最高销售价格作为计税依据计算消费税。

(3) 酒类关联企业间关联交易消费税问题的处理

白酒生产企业向商业销售单位收取的"品牌使用费"是随着应税白酒的销售而向购货方收取的,属于应税白酒销售价款的组成部分,因此,不论企业采取何种方式或以何种名义收取价款,均应并入白酒的销售额中缴纳消费税。

(4) 对既销售金银首饰,又销售非金银首饰的生产、经营单位,应将两类商品划分清楚,分别核算销售额。凡不划分清楚或不能分别核算的,在生产环节销售的,一律从高适用税率征收消费税;在零售环节销售的,一律按金银首饰征收消费税。金银首饰与其他产品组成成套消费品销售的,应按销售额全额征收消费税。

金银首饰连同包装物销售的,无论包装是否单独计价,也无论会计上如何核算,均应并入金银首饰的销售额,计征消费税。

带料加工的金银首饰,应按受托方销售的同类金银首饰的销售价格确定计税依据征收消费税。没有同类金银首饰销售价格的,按照组成计税价格计算纳税。

纳税人采用以旧换新(含翻新改制)方式销售金银首饰,应按实际收取的不含增值税的全部价款确定计税依据征收消费税。

(5) 兼营不同税率应税消费品的税务处理。纳税人生产销售应税消费品,如果不是单一经营某一税率的产品,而是经营多种不同税率的产品,这就是兼营行为。对这种情况,纳税人应当分别核算不同税率应税消费品的销售额、销售数量。未分别核算销售额、销售数量,或者将不同税率的应税消费品组成成套消费品销售的,从高适用税率。

二、应纳税额的计算及会计处理

由于消费税属于价内税,即销售额中含有应负担的消费税额,应将消费税作为费用、成本的内容加以核算,因此贷方账户一般为"应交税费——应交消费税",借方账户一般为"税金及附加",也可能记入"主营业务成本""其他业务成本""长期股权投资""在建工程""营业外支出""应付职工薪酬"等账户。

(一) 生产销售环节应纳消费税计算及会计处理

1. 直接对外销售应纳消费税的计算

(1) 从价定率方法计税。在从价定率计算方法下,应纳税额的计算取决于应税消费品的销售额和适用税率两个因素。其基本计算公式为:

$$应纳税额 = 应税消费品的销售额 \times 适用税率$$

【例3-1】 爱美丽化妆品是生产企业,是增值税一般纳税人,2023年8月4日向友谊百货商场销售高档化妆品一批,开具增值税专用发票,取得不含增值税收入500 000元,增值税额65 000元;7月15日向工薪超市销售高档化妆品一批,开具普通发票,取得含增值税销售额45 200元,化妆品消费税税率为15%,款项均已收到。计算该化妆品生产企业上述业务应缴纳的消费税。

应缴纳的消费税额=[500 000+45 200÷(1+13%)]×15%=81 000(元)

增值税销项税额=[500 000+45 200÷(1+13%)]×13%=540 000×13%=70 200(元)

相应会计处理:

借:银行存款	610 200
贷:主营业务收入	540 000
应交税费——应交增值税(销项税额)	70 200
借:税金及附加	81 000
贷:应交税费——应交消费税	81 000

【例3-2】 玲珑珠宝厂为增值税小规模纳税人,征收率为3%,2023年8月共销售珠宝首饰取得现金收入为61 800元存入银行,该月应纳消费税为:

应税销售额=61 800÷(1+3%)=60 000(元)

珠宝首饰适用消费税税率10%

珠宝首饰应纳消费税=60 000×10%=6 000(元)

相应会计处理:

借:银行存款	61 800
贷:主营业务收入	60 000
应交税费——应交增值税	1 800
借:税金及附加	6 000
贷:应交税费——应交消费税	6 000

(2)从量定额方法计税。在从量定额计算方法下,应纳税额的计算取决于应税消费品的销售数量和单位税额两个因素。其基本计算公式为:

应纳税额=应税消费品的销售数量×单位税额

【例3-3】 笑哈哈啤酒厂为增值税一般纳税人,增值税税率13%,2023年8月份销售给长沙第一餐吧啤酒500吨,每吨出厂价格5 000元(不含增值税),款项未收。计算该啤酒厂8月应纳消费税额。

每吨出厂价在3 000元以上的,适用单位税额250元。

应纳税额=销售数量×单位税额=500×250=125 000(元)

相应会计处理:

借:应收账款——长沙第一餐吧	2 825 000
贷:主营业务收入	2 500 000
应交税费——应交增值税(销项税额)	325 000
借:税金及附加	125 000
贷:应交税费——应交消费税	125 000

(3) 从价定率和从量定额复合计税:现行消费税的征税范围中,只有卷烟、粮食白酒、薯类白酒采用复合计算方法。其基本计算公式为:

$$应纳税额 = 应税销售数量 \times 定额税率 + 应税销售额 \times 比例税率$$

【例3-4】 衡山酒厂为增值税一般纳税人,增值税税率13%,2023年8月销售粮食白酒4吨,收到不含税销售额30万元,白酒消费税定额税率0.5元/500克,比例税率为20%,计算该酒厂8月份应纳消费税额。

$$应纳消费税额 = 300\ 000 \times 20\% + 4 \times 0.5 \times 2\ 000 = 64\ 000(元)$$

相应会计处理:

借:银行存款	339 000
贷:主营业务收入	300 000
应交税费——应交增值税(销项税额)	39 000
借:税金及附加	64 000
贷:应交税费——应交消费税	64 000

2. 自产自用应税消费品应纳税额的计算及会计处理

自产自用是指纳税人生产的应税消费品,没有用于直接对外销售,而是用于连续生产应税消费品或其他方面。

用于连续生产应税消费品的,不纳税;用于生产非应税消费品和在建工程、管理部门、非生产机构、提供劳务、馈赠、赞助、集资、广告、样品、职工福利、奖励等方面,均视同对外销售,并按照纳税人生产的同类消费品的销售价格计算,于移送使用时缴纳消费税,没有同类消费品销售价格的,按照组成计税价格计算纳税。

实行从价定率办法计算纳税的组成计税价格计算公式:

$$组成计税价格 = (成本 + 利润) \div (1 - 比例税率)$$
$$应纳税额 = 组成计税价格 \times 适用税率$$

实行复合计税办法计算纳税的组成计税价格计算公式:

$$组成计税价格 = (成本 + 利润 + 自产自用数量 \times 定额税率) \div (1 - 比例税率)$$
$$应纳税额 = 组成计税价格 \times 适用税率 + 自产自用数量 \times 定额税率$$

所称同类消费品的销售价格,是指纳税人或者代收代缴义务人当月销售的同类消费品的销售价格,如果当月同类消费品各期销售价格高低不同,应按销售数量加权平均计算。

销售的应税消费品有下列情况之一的,不得列入加权平均计算。

① 销售价格明显偏低并无正当理由的。

② 无销售价格的。如果当月无销售或者当月未完结,应按照同类消费品上月或者近月份的销售价格计算纳税。

上述公式中的"成本",是指应税消费品的产品生产成本。

上述公式中的"利润",是指根据应税消费品的全国平均成本利润率计算的利润。应税消费品全国平均成本利润率由国家税务总局确定。

应税消费品全国平均成本利润率如表 3-4 所示。

表 3-4 平均成本利润率

项 目	成本利润率	项 目	成本利润率
1. 甲类卷烟	10%	10. 贵重首饰及珠宝玉石	6%
2. 乙类卷烟、雪茄烟、烟丝	5%	11. 摩托车	6%
3. 雪茄烟	5%	12. 高尔夫球及球具	10%
4. 烟丝	5%	13. 高档手表	20%
5. 粮食白酒	10%	14. 游艇	10%
6. 薯类白酒	5%	15. 木制一次性筷子	5%
7. 其他酒	5%	16. 实木地板	5%
8. 化妆品	5%	17. 乘用车	8%
9. 鞭炮、焰火	5%	18. 中轻型商用客车	5%

【例 3-5】 好美丽化妆品公司为增值税一般纳税人,增值税税率为 13%,2023 年 8 月将一批自产的高档化妆品用作职工福利,市场上无同类化妆品销售价格。该批高档化妆品成本为 8 000 元,计算该厂应纳消费税。化妆品消费税税率 15%。

组成计税价格=8 000×(1+5%)÷(1-15%)=8 400÷0.85=9 882.35(元)

应纳增值税=9 882.35×13%=1 284.71(元)

应纳消费税=9 882.35×15%=1 482.35(元)

相应会计处理:

借:应付职工薪酬——非货币性福利　　　　　　　　　　　　　　11 167.06
　　贷:主营业务收入　　　　　　　　　　　　　　　　　　　　　9 882.35
　　　　应交税费——应交增值税(销项税额)　　　　　　　　　　1 284.71
借:税金及附加　　　　　　　　　　　　　　　　　　　　　　　　1 482.35
　　贷:应交税费——应交消费税　　　　　　　　　　　　　　　　1 482.35

【例 3-6】 好美味啤酒厂为增值税一般纳税人,增值税税率为 13%,2023 年 8 月自产的啤酒 10 吨,无偿提供给 2023 年天乐啤酒节,已知每吨成本 1 000 元,无同类产品售价,计算该厂应纳消费税,啤酒的成本利润率为 5%。

$$组成计税价格计税 = 1\,000 \times 10 \times (1+5\%) + 2\,200$$
$$= 12\,700(元)$$
$$应纳增值税 = 12\,700 \times 13\% = 1\,651(元)$$
$$应纳消费税 = 10 \times 220 = 2\,200(元)$$

相应会计处理：

借：销售费用　　　　　　　　　　　　　　　　　　　　　　　13 851
　　贷：库存商品　　　　　　　　　　　　　　　　　　　　　　10 000
　　　　应交税费——应交增值税（销项税额）　　　　　　　　　1 651
　　　　　　　　　——应交消费税　　　　　　　　　　　　　　2 200

【例3-7】 四季香酒厂为增值税一般纳税人，增值税税率为13%，2023年8月将自制的粮食白酒250千克用于招待，每斤白酒成本20元，无同类产品售价。已知白酒消费税定额税率为0.5元/500克，比例税率为20%，计算酒厂本月应纳的消费税。

白酒属于复合计税的应税消费品；自产白酒用于招待视同销售处理，应计税。

因无同类产品售价，应该按照组成计税价格计税：

$$组成计税价格计税 = [20 \times 500 \times (1+10\%) + 500 \times 0.5] \div (1-20\%)$$
$$= 14\,062.5$$
$$应纳增值税 = 14\,062.5 \times 13\% = 1\,828.13(元)$$
$$应纳消费税 = 从价征收消费税 + 从量征收消费税$$
$$= 14\,062.5 \times 20\% + 500 \times 0.5 = 3\,062.5(元)$$

相应的会计处理：

借：管理费用/销售费用　　　　　　　　　　　　　　　　　　14 890.63
　　贷：库存商品　　　　　　　　　　　　　　　　　　　　　10 000
　　　　应交税费——应交增值税（销项税额）　　　　　　　　1 828.13
　　　　　　　　　——应交消费税　　　　　　　　　　　　　3 062.50

（二）委托加工环节应税消费品应纳消费税的计算

委托加工应税消费品，是指由委托方提供原料和主要材料，受托方只收取加工费和代垫部分辅助材料加工的应税消费品。

对于有受托方提供原材料生产的应税消费品，或者受托方先将原材料卖给委托方，然后再接受加工的应税消费品，以及有委托方以委托方名义购进原材料生产的应税消费品，无论纳税人在财务上是否作销售处理，都不得作为委托加工应税消费品，而应当按照销售自制应税消费品缴纳消费税。

税法规定,委托加工应税消费品的委托方是纳税人,受托方是代收代缴义务人,由受托方在向委托方交货时代收代缴消费税。

委托加工的应税消费品,按照受托方的同类消费品的销售价格计算纳税,没有同类消费品销售价格的,按照组成计税价格计算纳税。

(1) 实行从价定率办法计算纳税的组成计税价格计算公式:

组成计税价格＝(材料成本＋加工费)÷(1－比例税率)

应纳税额＝组成计税价格×适用税额

(2) 实行复合计税办法计算纳税的组成计税价格计算公式:

组成计税价格＝(材料成本＋加工费＋委托加工数量×定额税率)÷(1－比例税率)

应纳税额＝组成计税价格×适用税率＋委托加工数量×定额税率

"材料成本"是指委托方所提供加工材料的实际成本。凡未提供材料成本或所在地主管税务机关认为不合理的,税务机关有权重新核定其材料成本。

"加工费"是指受托方加工应税消费品向委托方收取的全部费用(包括代垫辅助材料是我实际成本,但不包括增值税额)。

【例3-8】 2023年8月,星城卷烟厂是增值税一般纳税人,增值税税率为13%,委托希美烟丝加工厂加工一批烟丝,卷烟厂提供的烟叶在加工合同上注明成本500 000元。烟丝加工完毕,卷烟厂提货时,加工厂收取加工费340 000元,受托方代收代缴了烟丝的消费税等款项均已支付,收回后直接对外销售,计算消费税并作相应的会计处理。

组成计税价格＝(500 000＋340 000)÷(1－30%)＝1 200 000(元)

应纳消费税额＝1 200 000×30%＝360 000(元)

应纳增值税额＝340 000×13%＝44 200(元)

相应的会计处理:

借:委托加工物资	500 000
贷:原材料——烟叶	500 000

支付加工费340 000元:

借:委托加工物资	340 000
应交税费——应交增值税(进项税额)	44 200
贷:银行存款	384 200

收回委托加工物资是全部用于直接对外销售,则应交消费税计入委托加工物资成本:

借:委托加工物资	360 000
贷:银行存款	360 000

收回委托加工物资:

```
借：原材料——烟丝                                    1 200 000
    贷：委托加工物资                                       1 200 000
```

如收回委托加工物资是全部用于连续生产应税消费品，则在收回后，车间领用时，将消费税转出抵扣：

```
借：应交税费——应交消费税                              360 000
    贷：原材料——烟丝                                       360 000
```

【例3-9】 长沙农夫酒厂为增值税一般纳税人，增值税税率为13%，2023年8月发生以下业务，将52 200元粮食直接运往杭州的红美酒厂生产加工白酒，白酒加工完毕，农夫酒厂收回白酒8吨，取得红美酒厂开具防伪税控的增值税专用发票，上面注明加工费40 000元，代垫辅料15 000元，款项包括加工的白酒当地无同类产品市场价格，受托方代收代缴了烟丝的消费税等款项均已支付。

组成计税价格
=(52 200+40 000+15 000+8×2 000×0.5)÷(1-20%)
=144 000
受托方代收代缴的消费税额=144 000×20%+8×2 000×0.5=36 800(元)

相应的会计处理：

```
借：委托加工物资                                        52 200
    贷：原材料                                              52 200
```

支付加工费40 000元及代垫辅料15 000元：

```
借：委托加工物资                                        55 000
    应交税费——应交增值税(进项税额)                      5 200
    贷：银行存款                                            60 200
```

应交消费税计入委托加工物资成本：

```
借：委托加工物资                                        36 800
    贷：银行存款                                            36 800
```

收回委托加工物资：

```
借：库存商品                                           144 000
    贷：委托加工物资                                       144 000
```

（三）进口环节应纳消费税的计算

纳税人进口的应税消费品，于报关进口时缴纳消费税，并由海关代征。按照关税征收管理的相关规定，应当自海关填发海关进口消费税专用缴款书之日起15日内缴纳税款。

（1）从价定率计征应纳税额的计算。计算公式为：

组成计税价格＝(关税完税价格＋关税)÷(1－消费税税率)

应纳消费税税额＝组成计税价格×消费税税率

公式中所称"关税完税价格",是指海关核定的关税完税价格,包括货物及货物运抵我国境内输入地点起卸前的包装费、运费、保险费和其他劳务费等费用。

（2）实行从量定额计征应纳税额的计算。计算公式为:

应纳税款＝应交消费品数量×消费税单位税额

（3）实行从价定率和从量定额计征应纳税额的计算。计算公式为:

组成计税价格＝(关税完税价格＋关税＋进口数量×消费税定额税率)÷(1－消费税比例税率)

应纳税额＝组成计税价格×适用的比例税率

【例3-10】 湖南远洋外贸公司是增值税一般纳税人,增值税税率为13%,2023年8月从澳大利亚进口一批应税消费品用于在国内销售,已知该批应税消费品的关税完税价格为800 000元,按规定应缴纳关税100 000元,假定进口的应税消费品的消费税税率为10%,各款项均已支付。

组成计税价格＝(800 000＋100 000)÷(1－10%)＝1 000 000(元)

应纳消费税额＝1 000 000×10%＝100 000(元)

应纳增值税额＝1 000 000×13%＝130 000(元)

相应会计处理:

借:库存商品/原材料　　　　　　　　　　　　　　　　　　　1 000 000

　　应交税费——应交增值税(进项税额)　　　　　　　　　　130 000

　贷:银行存款　　　　　　　　　　　　　　　　　　　　　　1 130 000

【例3-11】 湖南鹏程外贸公司为一般纳税人,增值税税率为13%,2023年8月进口法国品牌黄酒400吨,每吨到岸价格为3 000元,黄酒的关税税率为15%,黄酒的单位税额为240元,各款项均已支付。

应纳消费税额＝400×240＝96 000(元)

组成计税价格＝3 000×400×(1＋15%)＋96 000＝1 476 000(元)

应纳增值税额＝1 476 000×13%＝191 880(元)

相应会计处理:

借:库存商品——黄酒　　　　　　　　　　　　　　　　　　1 476 000

　　应交税费——应交增值税(进项税额)　　　　　　　　　　191 880

　贷:银行存款　　　　　　　　　　　　　　　　　　　　　　1 667 880

(四) 金银首饰、钻石首饰零售业务消费税的会计处理

1. 自购自销金银首饰、钻石首饰应纳消费税的会计处理

商品流通企业销售金银首饰的收入记入"主营业务收入"账户,其应缴纳的消费税相应

记入"税金及附加"账户。企业采用以旧换新方式销售金银首饰、钻石首饰的,在销售实现时按旧首饰的作价,借记"材料采购"科目,按加收的差,借记"库存现金"等科目;按旧首饰的作价和加收的差,贷记"主营业务收入"科目,按收取的增值税额贷记"应交税费——应交增值税(销项税额)"科目。

2. 自购自用金银首饰、钻石首饰应纳消费税的会计处理

从事批发、零售商品业务的企业将金银首饰、钻石首饰用于馈赠、赞助、集资、广告、样品、集体福利、奖励等方面的,应按规定缴纳消费税。对自购自用的金银首饰、钻石首饰,应按成本结转,按规定计算缴纳的消费税也应随同成本一起转入同一账户,借记"营业外支出""销售费用""应付职工薪酬"等账户,贷记"库存商品""应交税费——应交增值税(进项税额转出)""应交税费——应交消费税"等账户。采用售价核算库存商品的企业,还应及时分摊相应的商品进销差价。

【例3-12】 家乐福商场为增值税一般纳税人,增值税税率为13%,2023年8月将本商场经营的金银首饰一批作为优秀员工奖品发送给获奖者,该批金银首饰的成本为100 000元,当月同类金银首饰的零售价为113 000元。试进行相关会计处理:

应纳消费税额＝113 000÷(1+13%)×5%＝5 000(元)

应纳增值税额＝113 000÷(1+13%)×13%＝13 000(元)

借:应付职工薪酬——福利　　　　　　　　　　　　　　　　　118 000
　　贷:库存商品——金银首饰　　　　　　　　　　　　　　　100 000
　　　　应交税费——应交增值税(进项税额转出)　　　　　　　13 000
　　　　应交税费——应交消费税　　　　　　　　　　　　　　　5 000

(五)已纳消费税扣除的计算

为了避免重复征税,现行消费税税法规定,将外购应税消费品和委托加工收回的应税消费品继续生产应税消费品销售的,可以将外购应税消费品和委托加工收回的应税消费品已缴纳的消费税给予扣除。

1. 外购应税消费品已纳税款的扣除

由于某些应税消费品是用外购已缴纳消费税的应税消费品连续生产出来的,在对这些连续生产出来的应税消费品计算征税时,税法规定应按当期生产领用数量计算准予扣除外购的应税消费品已纳的消费税税款。扣除范围包括:

(1)外购已税烟丝生产的卷烟。

(2)外购已税化妆品生产的化妆品。

(3)外购已税珠宝玉石生产的贵重首饰及珠宝玉石。

(4)外购已税鞭炮焰火生产的鞭炮焰火。

(5)外购已税杆头、杆身和握把为原料生产的高尔夫球杆。

(6)外购已税木制一次性筷子为原料生产的木制一次性筷子。

(7)外购已税实木地板为原料生产的实木地板。

(8) 外购已税汽油、柴油、石脑油、燃料油、润滑油用于连续生产应税成品油。

当期准予扣除外购应税消费品已纳消费税税款的计算公式为：

当期准予扣除外购应税消费品已纳税款 = 当期准予扣除外购应税消费品买价 × 外购应税消费品适用税率

当期准予扣除外购应税消费品买价 = 期初库存的外购应税消费品的买价 + 当期购进的应税消费品的买价 − 期末库存的外购应税消费品的买价

【例3-13】 德永卷烟厂是生产企业，2023年8月初库存外购应税烟丝金额20万元，8月又外购应税烟丝金额50万元（不含增值税），8月末库存烟丝金额为10万元，其余被8月生产卷烟领用。8月准予扣除的外购烟丝已纳的消费税款计算过程如下。

(1) 烟丝适用消费税税率为30%。
(2) 8月准予抵扣的外购烟丝买价 = 20+50−10 = 60万元。
(3) 8月准予抵扣的外购烟丝已纳消费税款 = 60×30% = 18万元。

允许扣除已纳税款的应税消费品只限于从工业企业购进的应税消费品和进口环节已缴纳消费税的应税消费品。对从境内商业企业购进应税消费品的已纳税款一律不得扣除。

2. 委托加工收回的应税消费品已纳税款的扣除

委托加工的应税消费品因为已由受托方代收代缴消费税，为避免重复征税，委托方收回货物后直接销售的，不再征收消费税；委托方收回货物后用于连续生产应税消费品的，其已纳税款准予按照规定从连续生产的应税消费品应纳消费税税额中抵扣。委托加工的应税消费品已纳税款的扣除与外购的应税消费品已纳税款的扣除范围相同，即：

(1) 以委托加工收回的已税烟丝为原料生产的卷烟。
(2) 以委托加工收回的已税化妆品为原料生产的化妆品。
(3) 以委托加工收回的已税珠宝玉石为原料生产的贵重首饰及珠宝玉石。
(4) 以委托加工收回的已税鞭炮、焰火为原料生产的鞭炮、焰火。
(5) 以委托加工收回的已税杆头、杆身和握把为原料生产的高尔夫球杆。
(6) 以委托加工收回的已税木制一次性筷子为原料生产的木制一次性筷子。
(7) 以委托加工收回的已税实木地板为原料生产的实木地板。
(8) 以委托加工收回的已税汽油、柴油、石脑油、燃料油、润滑油用于连续生产应税成品油。
(9) 以委托加工收回的已税摩托车连续生产应税摩托车（如用外购两轮摩托车改装三轮摩托车）。

当期准予扣除委托加工收回的应税消费品已纳消费税税款的计算公式是：

当期准予扣除的委托加工应税消费品已纳税款 = 期初库存的委托加工应税消费品已纳税款 + 当期收回的委托加工应税消费品已纳税款 − 期末库存的委托加工应税消费品已纳税款

【例3-14】 胜利卷烟厂是增值税一般纳税人,增值税税率为13%,2023年8月委托湘潭丝加工厂加工一批烟丝,卷烟厂提供的烟叶在委托加工合同上注明的成本金额为80 000元,烟丝8月加工完,卷烟厂提货时,支付的加工费用为5 000元,并支付了烟丝加工厂按烟丝组成计税价格计算的消费税税款。8月,卷烟厂将这批加工好的烟丝的40%直接销售,60%用于生产甲类卷烟10标准箱并予以全部销售,向购货方开具的增值税专用发票上注明的价税合计款为104 400元。计算卷烟厂销售卷烟应纳消费税额。(烟丝消费税税率为30%,甲类卷烟消费税税率为56%,定额税率为150元/箱)。

委托加工烟丝的组成计税价格 = (80 000 + 5 000) ÷ (1 - 30%) = 121 428.57(元)

委托加工烟丝的已纳消费税额 = 121 428.57 × 30% = 36 428.57(元)

委托加工收回烟丝的40%直接销售不纳消费税。

委托加工收回烟丝的60%被生产领用可抵扣消费税额 = 36 428.57 × 60% = 21 857.14(元)

卷烟厂销售卷烟应纳消费税额 = 10 × 150 + 104 400 ÷ (1 + 13%) × 56% - 21 857.14 = 31 380.91(元)

模块三　消费税纳税申报与税款缴纳

一、纳税义务发生时间

纳税人生产的应税消费品于销售时纳税,进口消费品应当于应税消费品报关进口环节纳税,但金银首饰、钻石及钻石饰品在零售环节纳税。消费税纳税义务发生的时间,以货款结算方式或行为发生时间分别确定。

第一种情形,纳税人销售的应税消费品纳税义务的发生时间。

(1)纳税人采取赊销和分期收款结算方式的,其纳税义务的发生时间,为销售合同规定的收款日期的当天。

(2)纳税人采取预收货款结算方式的,其纳税义务的发生时间,为发出应税消费品的当天。

(3)纳税人采取托收承付和委托银行收款方式销售的应税消费品,其纳税义务的发生时间,为发出应税消费品并办妥托收手续的当天。

(4)纳税人采取其他结算方式的,其纳税义务的发生时间,为收讫销售款或者取得索取销售款的凭据的当天。

第二种情形,纳税人自产自用的应税消费品,其纳税义务的发生时间,为移送使用的当天。

第三种情形,纳税人委托加工的应税消费品,其纳税义务的发生时间,为纳税人提货的当天。

第四种情形,纳税人进口的应税消费品,其纳税义务的发时间,为报关进口的当天。

二、纳税期限

按照《消费税暂行条例》规定,消费税的纳税期限分别为 1 日、3 日、5 日、10 日、15 日、1 个月或者 1 个季度。纳税人的具体纳税期限,由主管税务机关根据纳税人应纳税额的大小分别核定;不能按照固定期限纳税的,可以按次纳税。

纳税人以 1 个月或者 1 个季度为一期纳税的,自期满之日起 15 日内申报纳税;以 1 日、3 日、5 日、10 日或者 15 日为一期纳税的,自期满之日起 5 日内预缴税款,于次月 1 日起至 15 日内申报纳税并结清上月应纳税款。

纳税人进口应税消费品,应当自海关填发税款缴款书之日起 15 日内缴纳税款。

三、纳税地点

消费税的纳税地点有以下 6 种情况。

(1) 纳税人销售的应税商品,以及自产自用的应税消费品,除国务院财政、税务部门主管另有规定外,应当向纳税人所在地或者居住地的主管税务机关申报纳税。

(2) 委托加工的应税消费品,除受委托方为个人外,由受托方向机构所在地或者居住地的主管税务机关解缴消费税款。受托方为个人的,由委托方向机构所在地的主管税务机关申报纳税。

(3) 进口的应税消费品,由进口人或者代理人向报关地海关报税。

(4) 纳税人到外县(市)销售或委托外县(市)代销自产应税消费品的,于应税消费品销售后,回纳税人核算地或所在地缴纳消费税。

(5) 纳税人的总机构与分机构不在同一县(市)的应在生产消费品的分支机构所在地的消费税;但经国家税务总局及所属税务分局批准,纳税人分支机构应纳消费税税款,也可由总机构汇总向总机构所在地主管税务局缴纳。

(6) 纳税人销售的应税消费品,如因质量等原因由购买者退回的,经所在地主管税务机关审核批准后,可退换已征收的消费税,但不可以自行减抵应纳税款。

四、纳税申报

目前,消费税的纳税申报主要采用上门申报的直接申报方式和网上申报的电子申报方式,上门申报即纳税人或代理人直接到主管国税机关申报征收岗位办理纳税申报,网上申报时纳税人或代理人不需要直接到税务机关办理纳税申报,而是用网络传输的方式将电子数据文档发送到税务机关指定的网页或电子信箱,并将有关款项及时存入税款预储户,同时将与电子数据相同的纳税申报纸质资料送达申报征收窗口的一种电子申报方式。消费税纳税人应按有关规定及时办理纳税申报,并如实填写消费纳税税申报表(表3-5)。

表3-5 卷烟批发环节消费税纳税申报表

税款所属期: 年 月 日 至 年 月 日

纳税人名称(公章): 纳税人识别号:

填表日期: 年 月 日　　　　　　　　　　　　　单位:万支、元(列至角分)

项目 应税消费品名称	适用税率		销售数量	销售额	应纳税额
	定额税率	比例税率			
卷烟	50元/万支	11%			
合计	—	—			

期初未缴税额:	**声明** 此纳税申报表是根据国家税收法律、法规规定填报的,我确定它是真实的、可靠的、完整的。
本期缴纳前期应纳税额:	经办人(签章): 财务负责人(签章): 联系电话:

(续表)

项目\应税消费品名称	适用税率		销售数量	销售额	应纳税额
	定额税率	比例税率			
本期预缴税额：			（如果你已委托代理人申报，请填写）授权声明 为代理一切税务事宜，现授权 （地址）为本纳税人的代理申报人，任何与本申报表有关的往来文件，都可寄予此人。 授权人签字：		
本期应补（退）税额：					
期末未缴税额：					

以下由税务机关填写

受理人（签章）：　　受理日期：　年　月　日　受理税务机关（章）：

填表要求。

(1) 本表仅限卷烟批发环节消费税纳税人使用。

(2) 本表"税款所属期"是指纳税人申报的消费税应纳税额的所属时间，应填写具体的起止年、月、日。

(3) 本表"纳税人识别号"栏，填写纳税人的税务登记证号码。

(4) 本表"纳税人名称"栏，填写纳税人单位名称全称。

(5) 本表"销售数量"栏，填写按照税收法规规定的本期应当申报缴纳消费税的卷烟批发销售数量。

(6) 本表"销售额"栏，填写按照税收法规规定的本期应当申报缴纳消费税的卷烟批发销售收入。

(7) 本表"应纳税额"栏，填写本期按照税收法规规定的适用税率计算缴纳的消费税应纳税额，计算公式为：

$$应纳税额＝销售数量\times 定额税率＋销售额\times 比例税率$$

(8) 本表"期初未缴税额"栏，填写本期期初累计应缴未缴的消费税额，多缴为负数。其数值等于上期申报表"期末未缴税额"栏数值。

(9) 本表"本期缴纳前期应纳税额"栏，填写纳税人本期实际缴纳入库的前期应缴未缴消费税额。

(10) 本表"本期预缴税额"栏，填写纳税申报前纳税人已预先缴纳入库的本期消费税额。

(11) 本表"本期应补（退）税额"栏，填写纳税人本期应纳税额中应补缴或应退回的数额，计算公式如下，多缴为负数：

$$本期应补（退）税额＝应纳税额（合计栏金额）－本期预缴税额$$

（12）本表"期末未缴税额"栏，填写纳税人本期期末应缴未缴的消费税额，计算公式如下，多缴为负数：

期末未缴税额＝期初未缴税额＋本期应补（退）税额－本期缴纳前期应纳税额

（13）本表为 A4 竖式，所有数字小数点后保留两位。一式二份，一份纳税人留存，一份税务机关留存。

模块四 消费税出口退税处理

纳税人出口应纳消费品与已纳增值税出口货物一样，国家都会给予退（免）税优惠的。出口应税消费品同时涉及退（免）增值税和消费税。

一、出口应税消费品退（免）消费税政策

出口应税消费品退（免）消费税政策如表 3-6 所示。

表 3-6 出口应税消费品退（免）消费税政策分类

序号	项目	内　　容
1	出口免税并退税	适用这个政策的是：有出口经营权的外贸企业购进应税消费品直接出口，以及外贸企业受其他外贸企业委托代理出口应税消费品，这里需要重申的是，外贸企业只有受其他外贸企业委托，代理出口应税消费品才可以办理退税，外贸企业受其他企业（主要是非生产性的商贸企业）委托，代理出口应税消费品是不予退（免）税的。这个政策限定与出口货物退（免）增值税的政策规定是一致的
2	出口免税不退税	适用这个政策的是：有出口经营权的生产性企业自营出口或生产企业委托外贸企业代理出口自产的应税消费税，依据其实际出口数量免征消费税，不予办理退还消费税。这里，免征消费税是指对生产性企业按其实际出口数量免征生产环节的消费税。不予办理退还消费税，是指因已免征生产环节的消费税，该应税消费品出口时，已不含消费税，所以也无须再办理退还消费税了。这项政策规定与前述生产性企业自营出口或委托代理出口自产货物退（免）增值税的规定是不一样的。其政策区别的原因时，消费税仅在生产企业的生产环节征收，生产环节免税了，出口的应税消费品就不含有消费税了；而增值税却在货物销售的各个环节征收，生产企业生产货物时，已纳的增值税就需要退还
3	出口既不免税也不退税	适用这个政策的是：除生产企业、外贸企业外的其他企业，具体是指一般商贸企业，这类企业委托外贸企业代理出口应税消费品一律不予退（免）税

二、出口货物退税率的规定

与出口货物增值税退税按规定的退税率计算不同，出口应税消费品应退消费税是按照消费税税法所规定的税率或单位税额计算的。因此，企业应将不同消费税税率的出口应税消费品分开核算和申报，凡划分不清适用税率的，一律从低适用税率计算应退消费税税额。

三、出口应税消费品退税额的计算

外贸企业从生产企业购进货物直接出口或受其他外贸企业委托代理出口应税消费品的应退消费税税额,分三种情况处理。

第一种情况,从价定率计征消费税的应税消费品,应依照外贸企业从工厂购进货物时征收消费税的价格计算应退消费税税款。其计算公式为:

$$应退消费税税款＝出口货物的工厂销售额\times 税率$$

上述公式中"出口货物的工厂销售额"不包含增值税,对含增值税的价格应换算为不含增值税的销售额。

第二种情况,从量定额计征消费税的应税消费品,应依照货物购进和报关出口的数量计算应退消费税税款。其计算公式为:

$$应退消费税税款＝出口数量\times 单位税额$$

第三种情况,符合计征消费税的应税消费品,应按货物购进和报关出口的数量以及外贸企业从工厂购进货物时征收消费税的价格计算应退消费税。其计算公式为:

$$应退消费税款＝出口货物的工厂销售额\times 税率＋出口数量\times 单位税额$$

四、消费税出口退税的计算

除国务院另有规定外,纳税人出口应税消费品免征消费税。

(一) 出口免税并退税

有出口经营权的外贸企业直接出口或受其他外贸企业委托代理出口应税消费品,才可以办理退税。

1. 出口货物的消费税应退税额的计税依据

(1) 出口货物的消费税应退税额的计税根据购进出口货物的消费税专用缴款书和海关进口消费税专用缴款书确定。

(2) 属于从价定率计征消费税的,为已征且未在内销应税消费品应纳税额中抵扣的购进出口货物金额。

(3) 属于从量定额计征消费税的,为已征且未在内销应税消费品应纳税额中抵扣的购进出口货物数量。

(4) 属于复合计征消费税的,按从价定率和从量定额的计税依据分别确定。

2. 消费税退税的计算

(1) 从价定率:应退税额＝从价定率计征消费税的退税计税依据×比例税率。

(2) 从量定额:应退税额＝从量定额计征消费税的退税计税依据×单位税额。

(3) 复合计税:应退税额＝从价定率计征消费税的退税计税依据×比例税率＋从量定额计征消费税的退税计税依据×单位税额。

（二）出口免税不退税

有出口经营权的生产性企业自营出口或委托外贸企业代理出口自产应税消费品的,依据实际出口数量免征消费税,但不予办理退税。

（三）出口不免也不退税

生产、外贸企业以外的其他一般商贸企业,委托代理出口应税消费品的一律不予退（免）税。

习　　题

一、**单选题**(每题有一个正确答案,请将正确答案填在括号内)

1. 根据消费税法律制度的规定,下列行为中,不缴纳消费税的是(　　)。
   A. 首饰店零售金银首饰
   B. 烟草批发企业将卷烟销售给其他烟草批发企业
   C. 外贸公司进口高档手表
   D. 小汽车生产企业将自产小汽车奖励给优秀员工

2. 根据消费税法律制度的规定,下列各项中,属于消费税征税范围的是(　　)。
   A. 汽车轮胎　　　　　　　　　B. 食用酒精
   C. 铂金首饰　　　　　　　　　D. 体育上用的发令纸

3. 下列各项中,属于消费税应税消费品的是(　　)。
   A. 影视演员化妆用的上妆油　　B. 高尔夫球及球具
   C. 竹制一次性筷子　　　　　　D. 沙滩车

4. 根据消费税法律制度的规定,下列各项中,不属于消费税纳税人的是(　　)。
   A. 金首饰零售商　　　　　　　B. 高档化妆品进口商
   C. 涂料生产商　　　　　　　　D. 鞭炮批发商

5. 根据消费税法律制度的规定,下列各项中,属于消费税应税消费品的是(　　)。
   A. 高档西服　　B. 汽油　　C. 电冰箱　　D. 电视机

6. 根据消费税法律制度的规定,下列各项中,采取从价定率和从量定额相结合的复合计征办法征收消费税的是(　　)。
   A. 黄酒　　　　B. 啤酒　　C. 果木酒　　D. 白酒

7. 某酒厂下设一非独立核算的门市部,2023年10月该酒厂共生产黄酒150吨,当月将其中100吨由总机构移送到非独立核算门市部用于销售,当月门市部实际对外销售黄酒80吨,则该酒厂当月就上述业务计算缴纳消费税的黄酒销售数量为(　　)吨。
   A. 150　　　　B. 100　　　C. 80　　　　D. 0

8. 下列应税消费品中,适用定额税率征收消费税的是(　　)。
   A. 高档化妆品　B. 金银首饰　C. 卷烟　　　D. 成品油

9. 根据消费税法律制度的规定,下列消费品中,实行从价定率和从量定额相结合的复合计征办法征收消费税的是(　　)。
   A. 啤酒　　　　B. 汽油　　　C. 卷烟　　　D. 高档手表

10. 某日化厂为增值税一般纳税人,本月将自产的200万件高档化妆品无偿赠送给关联企业,每件高档化妆品的生产成本为50元。已知,消费税税率为15%,成本利润率为5%,没有同类高档化妆品的销售价格。有关该日化厂当月应缴纳的消费税,下列计算列式正确的是( )。

A. 50×200×15%
B. 50×200×(1+5%)×15%
C. 50×200×(1+5%)÷(1+15%)×15%
D. 50×200×(1+5%)÷(1-15%)×15%

11. 某葡萄酒厂2023年春节前，将新研制的葡萄酒1吨作为过节福利发放给员工饮用，该酒无同类产品市场销售价格。已知该批葡萄酒生产成本20 000元，成本利润率为5%，葡萄酒消费税比例税率为10%。下列关于该笔业务缴纳消费税表述中正确的是( )。

A. 无需缴纳消费税
B. 需要缴纳消费税，应纳消费税税额=20 000×(1+5%)×10%=2 100(元)
C. 需要缴纳消费税，应纳消费税税额=20 000×(1+5%)÷(1-10%)×10%=2 333.33(元)
D. 需要缴纳消费税，应纳消费税税额=20 000×(1+5%)÷(1+10%)×10%=1 909.09(元)

12. 依据消费税的有关规定，下列行为中应缴纳消费税的是( )。
A. 进口卷烟   B. 进口服装   C. 零售化妆品   D. 零售白酒

13. 依据消费税的有关规定，下列消费品中属于消费税征税范围的是( )。
A. 高尔夫球包   B. 竹制筷子   C. 护肤护发品   D. 电动汽车

14. 纳税人将应税消费品与非应税消费品以及适用税率不同的应税消费品组成成套消费品销售的，应按( )。
A. 应税消费品的平均税率计征   B. 应税消费品的最高税率计征
C. 应税消费品的不同税率，分别计征   D. 应税消费品的最低税率计征

15. 下列各项中，应同时征收增值税和消费税的是( )。
A. 批发的白酒   B. 零售的金银首饰
C. 生产环节销售的普通护肤护发品   D. 零售的卷烟

16. 下列单位中不属于消费税纳税人的是( )。
A. 生产销售应税消费品(金银首饰类除外)的单位
B. 委托加工应税消费品(金银首饰类除外)的单位
C. 进口应税消费品(金银首饰类除外)的单位
D. 受托加工应税消费品(金银首饰类除外)的单位

17. 根据消费税的现行规定，下列车辆属于应税小汽车征税范围的是( )。
A. 电动汽车
B. 用厢式货车改装的商务车
C. 用中轻型商务车底盘改装的中轻型商务客车
D. 车身12米并且有25座的大客车

18. 某进出口公司从韩国进口150辆小轿车，每辆到岸价格为6万元，关税税率假设为20%，消费税税率为5%，该公司应纳的消费税为( )万元。
A. 67.45   B. 47.54   C. 64.23   D. 56.84

19. 某白酒厂2023年6月用外购粮食白酒以曲香调味生产浓香白酒100吨,全部销售,不含税价款1 480万元尚未收到,该厂当月应纳的消费税是(　　)万元。
   A. 306　　　　B. 112　　　　C. 121　　　　D. 102.57

20. 某酒厂主要生产白酒和其他酒,现将白酒和药酒各1斤组装套装,白酒80元/斤,药酒100元/斤,组装套装每套不含税价格为200元。该酒厂应缴纳的消费税(　　)元。
   A. 1　　　　B. 37　　　　C. 40　　　　D. 41

21. 某酒厂于2023年6月将自产的5吨新型粮食白酒作为职工福利发放给本厂职工。已知该批白酒的成本为100 000元,无同类产品市场销售价格;成本利润率为10%;白酒消费税税率:比例税率20%,定额税率每500克0.5元。根据消费税法律制度的规定,该批白酒的消费税额为(　　)元。
   A. 27 000　　　　B. 27 500　　　　C. 32 500　　　　D. 33 750

22. 根据消费税法律制度的规定,下列消费品中,实行从价定率和从量定额相结合的复合计征办法征收消费税的是(　　)。
   A. 汽油　　　　B. 香烟　　　　C. 啤酒　　　　D. 实木地板

23. 一位客户向某汽车制造厂(增值税一般纳税人)定购自用汽车一辆,支付货款(含税)250 800元,另付设计、改装费30 000元。该辆汽车计征消费税的销售额(含税)为(　　)元。
   A. 214 359　　　　B. 240 000　　　　C. 250 800　　　　D. 280 800

24. 下列各项中,应按当期生产领用数量计算准予扣除外购的应税消费品已纳消费税税款规定的是(　　)。
   A. 外购已税白酒生产的药酒
   B. 外购已税化高档妆品生产的高档化妆品
   C. 外购已税白酒生产的巧克力
   D. 外购已税珠宝玉石生产的金银镶嵌首饰

25. 某烟厂2023年6月外购烟丝,取得增值税专用发票上注明税款为50万元,期初尚有库存的外购烟丝2万元,期末库存烟丝12万元,该企业本月应纳消费税中可扣除的消费税是(　　)万元。
   A. 6.8　　　　B. 9.6　　　　C. 12　　　　D. 40

26. 甲企业委托乙企业加工应税消费品,是指(　　)。
   A. 甲发料,乙加工
   B. 甲委托乙购买原材料,由乙加工
   C. 甲发订单,乙按甲的要求加工
   D. 甲先将资金划给乙,乙以甲的名义购料并加工

27. 某企业委托酒厂加工药酒10箱,该药酒无同类产品销售价格,已知委托方提供的原料成本2万元,受托方垫付辅料成本0.15万元,另收取的加工费0.4万元,则该酒厂代收的消费税为(　　)元。
   A. 2 550　　　　B. 2 833　　　　C. 4 817　　　　D. 8 500

28. 2023年6月,某卷烟厂从甲企业购进烟丝,取得增值税专用发票,注明价款50万元,领用60%用于生产A牌卷烟80箱(标准箱),取得不含税销售额400万元,已知:甲类卷

烟消费税税率为56%加150元/标准箱、烟丝消费税税率为30%。当月该卷烟厂应纳消费税税额为（　　）万元。

A. 210.20　　　　B. 216.20　　　　C. 224　　　　D. 225.20

29. 某酒厂为增值税一般纳税人，2023年6月销售粮食白酒2吨，取得销售收入13 560元（含增值税）。已知粮食白酒消费税的定额税率为0.5元/500克，比例税率为20%。根据消费税法律制度的规定，该酒厂6月应缴纳的消费税税额为（　　）元。

A. 6 229.92　　　B. 5 510　　　　C. 5 000　　　　D. 4 400

30. 某酒厂2023年6月份生产一种新的粮食白酒，广告样品使用0.8吨，已知该种白酒无同类产品出厂价，生产成本每吨40 000元，成本利润率为10%。已知粮食白酒消费税的定额税率为0.5元/500克，比例税率为20%。根据消费税法律制度的规定，该酒厂当月应缴纳的消费税税额为（　　）元。

A. 8 600　　　　B. 8 800　　　　C. 9 600　　　　D. 9 800

二、多选题（每题至少有两个正确答案，请将正确答案填在括号内）

1. 根据消费税法律制度的规定，下列各项中，属于消费税征税范围的有（　　）。
   A. 电动汽车　　　B. 汽油　　　　C. 烟丝　　　　D. 啤酒

2. 根据消费税法律制度的规定，下列行为涉及的货物，属于消费税征税范围的有（　　）。
   A. 批发商批发销售的雪茄烟　　　　B. 商场销售的金银首饰
   C. 地板生产厂销售的实木复合地板　　D. 汽车制造厂销售的电动汽车

3. 根据消费税法律制度的规定，下列各项中，属于消费税征税范围的有（　　）。
   A. 气缸容量为200毫升的摩托车　　B. 组合烟花
   C. 燃料电池　　　　　　　　　　　D. 高档护肤类化妆品

4. 甲汽车制造厂，生产销售中低端小汽车，其将自产的小汽车用于下列各项用途，应当缴纳消费税的有（　　）。
   A. 赠送贫困地区　　　　　　　　　B. 奖励本厂职工
   C. 生产改装高档小汽车　　　　　　D. 本厂广告推广

5. 根据消费税法律制度的规定，下列各项中，应按照"高档化妆品"税目计缴消费税的有（　　）。
   A. 高档护肤类化妆品　　　　　　　B. 成套化妆品
   C. 高档修饰类化妆品　　　　　　　D. 高档美容类化妆品

6. 根据消费税法律制度的规定，下列消费品中，实行从价定率和从量定额相结合的复合计征办法征收消费税的有（　　）。
   A. 白酒　　　　　B. 卷烟　　　　C. 啤酒　　　　D. 烟丝

7. 根据消费税法律制度的规定，下列关于从量计征销售数量的确定，说法正确的有（　　）。
   A. 销售应税消费品的，为应税消费品的销售数量
   B. 自产自用应税消费品的，为应税消费品的移送使用数量
   C. 委托加工应税消费品的，为委托方委托加工的数量

D. 进口应税消费品的,为海关核定的应税消费品进口征税数量

8. 根据消费税法律制度的规定,下列消费品中,实行从量定额与从价定率相结合的复合计征办法征收消费税的有(　　)。
   A. 卷烟　　　　　B. 成品油　　　　　C. 白酒　　　　　D. 小汽车

9. 根据消费税法律制度的规定,下列应税消费品中,采用复合计税方法计征消费税的有(　　)。
   A. 卷烟　　　　　B. 白酒　　　　　C. 高档化妆品　　D. 金银首饰

10. 下列各项中,实行从量定额计征消费税的有(　　)。
    A. 白酒　　　　　B. 啤酒　　　　　C. 黄酒　　　　　D. 卷烟

11. 甲汽车制造厂生产的小汽车用于下列各项用途,其中应当缴纳消费税的有(　　)。
    A. 赠送贫困地区　　　　　　　　B. 奖励本厂职工
    C. 生产改装高档小汽车　　　　　D. 本厂广告推广

12. 根据消费税法律制度的规定,下列情形中,应缴纳消费税的有(　　)。
    A. 卷烟厂将自产的卷烟用于个人消费
    B. 化妆品厂将自产的高档化妆品赠送给客户
    C. 酒厂将自产的啤酒赞助啤酒节
    D. 地板厂将自产的实木地板用于办公室装修

13. 根据消费税法律制度的规定,下列情形中,应缴纳消费税的有(　　)。
    A. 卷烟厂将自产的卷烟用于个人消费
    B. 化妆品厂将自产的高档化妆品赠送给客户
    C. 酒厂将自产的啤酒赞助啤酒节
    D. 地板厂将自产的实木地板用于办公室装修

14. 根据消费税法律制度的规定,下列经营行为中,应缴纳消费税的有(　　)。
    A. 甲卷烟厂将自产烟丝连续生产卷烟
    B. 乙日化厂将自产高档化妆品作为样品
    C. 丙汽车厂将自产小汽车用于赞助
    D. 丁酒厂将自产的黄酒移送生产调味料酒

15. 按照现行消费税制度规定,纳税人外购下列已税消费品不可以从应税销售额中扣除的有(　　)。
    A. 外购已税散装白酒装瓶出售的白酒　　B. 外购已税汽车轮胎生产的汽车
    C. 外购已税化妆品生产的化妆品　　　　D. 外购已税珠宝玉石生产的金银首饰

16. 依据消费税的规定,下列应税消费品中,准予扣除外购已纳消费税的有(　　)。
    A. 以已税烟丝为原料生产的卷烟
    B. 以已税珠宝玉石为原料生产的钻石首饰
    C. 以已税汽车轮胎连续生产的小汽车
    D. 以已税润滑油为原料生产的润滑油

17. 依据消费税的规定,下列应税消费品中,准予扣除外购已纳消费税的有(　　)。
    A. 以已税烟丝为原料生产的卷烟
    B. 以已税杆头、杆身和握把为原料生产的高尔夫球杆

C. 以已税汽车轮胎连续生产的小汽车
D. 以已税润滑油为原料生产的润滑油

18. 下列各项中,应缴纳消费税的有(　　)。
A. 销售白酒而取得的包装物作价收入　　B. 销售白酒而取得的包装物押金收入
C. 将自产白酒作为福利发给本厂职工　　D. 使用自产酒精生产白酒

19. 下列情形的应税消费品,以同期应税消费品最高销售价格作为计税依据的有(　　)。
A. 用于抵偿债务的应税消费品　　B. 用于馈赠的应税消费品
C. 换取生产资料的应税消费品　　D. 换取消费资料的应税消费品

20. 根据消费税法律制度的规定,下列各项中,不缴纳消费税的有(　　)。
A. 委托加工的应税消费品,受托方已代扣代缴消费税,委托方取回后直接销售的
B. 自产自用的应税消费品,用于连续生产应税消费品的
C. 自产自用的应税消费品,用于连续生产非应税消费品的
D. 自产自用的应税消费品,用于职工福利的

21. 根据消费税法律制度的规定,下列表述中,正确的有(　　)。
A. 纳税人将自产的应税消费品用于换取生产资料的,应按同类消费品的平均销售价格计算应纳消费税
B. 纳税人通过设立的非独立核算门市部销售自产应税消费品,应按移送门市部的数量征收消费税
C. 应税消费品连同包装物一并销售的,无论包装物是否单独计价以及在会计上如何核算,均应并入应税消费品的销售额中缴纳消费税
D. 白酒生产企业向商业销售单位收取的品牌使用费应并入白酒的销售额中缴纳消费税

22. 委托加工从价或复合计征的应税消费品的消费税组成计税价格中包含(　　)。
A. 加工费用　　B. 委托方提供加工材料的实际成本
C. 受托方代垫辅助材料的价格　　D. 受托方代收代缴的消费税

三、判断题(正确的在括号内打"√",错误的打"×")

1. 消费税属于价外税。(　　)
2. 凡征收消费税的应税消费品均应征收增值税。(　　)
3. 影视演员化妆用的上妆油不属于应税消费品。(　　)
4. 金店采用"以旧换新"方式销售的金银首饰,其征收消费税的计税依据是同类新金银首饰的销售价格。(　　)
5. 消费税与增值税的计税依据均为含消费税但不含增值税的销售额,因而两税的税额计算方法也是一致的。(　　)
6. 黄酒适用定额税率。(　　)
7. 纳税人自产的应税消费品用于换取生产资料,应当按纳税人同类应税消费品的最高销售价格作为计税依据,计算征收消费税。(　　)
8. 纳税人以外购或委托加工收回的已税珠宝玉石为原料生产的在零售环节征收消费税的金银首饰,在计税时不得扣除外购或委托加工的已纳税款。(　　)

9. 根据《消费税暂行条例》规定,纳税人将自产的应税消费品用于连续生产应税消费品不缴纳消费税。（ ）

10. 某卷烟厂用委托加工收回的已税烟丝为原料连续生产烟丝,在计算纳税时,准予从应纳消费税税额中扣除委托加工收回的烟丝已纳消费税税款。（ ）

11. 纳税将自己生产的应税消费品用于继续生产非应税消费品时按同类产品的最高售价征收消费税。（ ）

12. 某卷烟厂将自己生产的烟丝连续生产卷烟,卷烟要缴纳消费税,烟丝不缴纳消费税。（ ）

13. 企业销售应税消费品时收取的价外费用不应并入销售额中征收消费税。（ ）

14. 纳税人将自己生产的应税消费品无偿赠送给他人时,按近期同类产品的平均售价征收消费税。（ ）

15. 纳税人采取预收货款的,消费税的纳税义务时间为纳税人收取预收款的当天。（ ）

16. 消费税的纳税人采取预收货款结算方式的,其纳税义务发生时间为销售合同规定的收款日期的当天。（ ）

四、综合练习题

1. 某白酒生产企业为增值税一般纳税人,2023 年 11 月份发生下列业务。

（1）从农户收购粮食 100 吨,开具农产品收购发票,注明的买价合计为 30 万元,同时接受运输服务取得增值税专用发票,注明增值税税额 0.33 万元。

（2）购买水电等发生支出 5 万元,未取得增值税专用发票。

（3）提供 20 万元（不含税）的原材料委托另一企业加工药酒 2 吨,收回时支付不含税加工费 7 万元,取得增值税专用发票。

（4）本月销售粮食白酒 20 吨,开具普通发票,取得含增值税价款 187.2 万元,另收取包装物押金 8 万元。

已知:白酒的消费税税率为 20% 加 0.5 元/500 克,药酒消费税税率为 10%,白酒、药酒和加工劳务的增值税税率为 13%;取得的增值税扣税凭证均于当月认证通过,本题不采用农产品核定扣除方法。

要求:根据上述资料,不考虑其他因素,试计算:

① 该白酒生产企业委托加工药酒应缴纳的消费税。

② 该白酒生产企业本月可以抵扣的增值税进项税额。

③ 该白酒生产企业本月销售 20 吨粮食白酒应缴纳的消费税。

2. 甲化妆品生产企业为增值税一般纳税人,2023 年 12 月有关经济业务如下。

（1）进口一批高档香水精,海关审定的关税完税价格为 10 000 元（人民币,下同）,按规定向海关缴纳相关税费,并取得海关填发的专用缴款书。

（2）委托乙企业为其加工一批高档口红,提供的原材料不含税价格为 2 000 元;乙企业收取加工费 1 000 元以及代垫部分辅料费 150 元,并开具增值税专用发票。委托加工的高档口红已于当月全部收回,乙企业无同类产品售价。

（3）自制一批新型高档化妆品（无同类市场价格）,发放给本企业女职工作为福利,已知该批高档化妆品的生产成本为3 500元,成本利润率为5%,无同类产品售价。

(4) 将自产的高档化妆品投资到丙企业,取得丙企业5%的股权,同类高档化妆品的平均不含税售价为13 000元,最高不含税售价为15 000元。

已知:关税税率为20%,高档化妆品消费税税率为15%,高档化妆品增值税税率为13%。

要求:

根据上述资料,试计算:

① 甲企业当月进口高档香水精应纳的关税税额、消费税税额、增值税税额。

② 甲企业委托乙企业加工高档口红,应被代收代缴消费税税额。

③ 甲企业自制新型高档化妆品作为职工福利,应缴纳消费税税额。

④ 甲企业以自产高档化妆品对外投资应纳消费税税额。

3. 某化妆品公司为庆祝三八"妇女节",特别生产精美套装高档化妆品,全公司170名职工每人发一套,此套化妆品没有供应市场,每套生产成本100元,若国家税务总局确定化妆品全国平均成本利润率为5%,成套化妆品消费税税率为15%。试计算该公司应纳消费税税额。

4. 甲企业为增值税一般纳税人,2023年6月接受某烟厂委托加工烟丝,甲企业自行提供烟叶的成本为35 000元,代垫辅助材料2 000元,发生加工支出4 000元。甲企业应代收代缴多少消费税?

5. 红塔企业2023年6月进口卷烟30箱(标准箱,下同),每箱成交价格1 000美元,支付境外采购代理商买方佣金40美元/箱,起卸前的运费110美元/箱,保险费100美元/箱。

要求:计算该企业进口环节应纳消费税。(关税税率为20%,1美元=8.0人民币)

6. 某酒厂2023年6月向当地举办的酒文化节无偿赠送500瓶薯类白酒,计250千克,每瓶酒的市场价格为56.5元(含增值税),成本价为40元。

要求:计算该厂应纳消费税税额,并作账务处理。

7. 某进出口公司从国外进口一批气缸容量在250毫升的摩托车,经海关审定的关税完税价格为180 000元,应纳关税为215 760元。

要求:计算应纳消费税税额,全部款项假设一次性全部支付,请作相应账务处理。

8. 某黄酒厂2023年6月份销售情况如下。

(1) 销售瓶装黄酒100吨,每吨5 000元(含增值税),随黄酒发出不单独计价包装箱1 000个,一个月内退回,每个收取押金100元,共收取押金100 000元。

(2) 销售散装黄酒40吨,取得含增值税的价款180 000元。

(3) 作为福利发给职工黄酒10吨,参加展示会赞助4吨,每吨黄酒成本为4 000元,销售价格为5 000元(不含增值税)。

要求:计算该黄酒厂本月应纳消费税税额,并作账务处理。

9. A卷烟厂2023年6月份发生如下经济业务。

(1) 6月5日购买一批烟叶,取得的增值税专用发票注明的价款为100 000元,增值税13 000元,款项已付。

(2) 6月15日,将8月5日购进的烟叶发往B烟厂,委托B烟厂加工烟丝,收到的专用发票注明的支付加工费40 000元,税款5 200元。

(3) A 卷烟厂支付消费税后,收回烟丝,其中领用一半用于卷烟生产。
(4) 6 月 25 日,A 卷烟厂销售卷烟 100 箱,每箱不含税售价 5 000 元,款项存入银行。
(5) B 烟厂无同类烟丝销售价格。

要求:计算该厂当期应纳的消费税,并分别为 A、B 烟厂作账务处理。

10. 宏远公司主要生产经营酒类、卷烟、实木地板和化妆品。增值税税率为 13%,消费税按每笔业务计算、按月申报,不考虑销售产品的成本结转工作,计算结果取整数,2023 年 8 月份的消费税纳税申报于 5 月 13 日办理。4 月份发生如下经济业务。

(1) 3 日,将公司生产的啤酒 20 吨销售给江园商店,出厂价为 2 800 元/吨(不含税),另收取包装物押金 100 元/吨,开具增值税专用发票,价税款及押金均已收到。

(2) 4 日,将 0.5 吨黄酒让客户及顾客免费品尝。该黄酒出厂价为 4 000 元/吨(不含税),成本为 2600 元/吨。

(3) 5 日,带包装销售粮食白酒 20 吨,不含税单价 7 500 元,价款 150 000 元,另外收取包装费 16 950 元(含税);同时从购货方取得价外补贴 22 600 元。

(4) 6 日,用自产另一种粮食白酒 8 吨抵偿大田农场欠款 69 600 元,不足或多余部分不再结算,该粮食白酒每吨本月售价在 5 500~6 500 元之间浮动,平均售价为 6 000 元/吨。粮食白酒的比例税率为 20%,定额税率为 0.5 元/0.5 千克。

(5) 8 日,委托海星公司加工一批烟丝,发出烟叶成本为 240 000 元,合同约定加工费为 40 000 元,本月 20 日收回烟丝全部用于本月生产卷烟,同时支付加工费及增值税、消费税,取得增值税专用发票。

(6) 9 日,向本市糖酒协会举办的糖酒交易会赞助粮食白酒一批 0.2 吨,不含税价为 5 000 元/吨,生产成本为 3 000/吨。

(7) 12 日,向友谊商场销售甲类卷烟 20 个标准箱,每标准条调拨价格 100 元,共计 500 000 元(该卷烟所用烟丝系上月外购,含增值税价款为 226 000 元,烟丝的消费税税率为 30%),采取托收承付结算方式,货已发出并办妥托收手续。该类卷烟的消费税比例税率为 56%,定额税率为 150 元/标准箱。

(8) 15 日,将一批自产的化妆品用作职工福利,化妆品成本为 20 000 元。市场同类消费品销售价格为 40 000 元。

(9) 18 日,将自产的实木地板一批 1 000 m² 用于装修办公室,生产成本为 50 元/m²,当月该实木地板的市场平均零售价格为 113 元/m²。

(10) 20 日,从国外购进成套化妆品用于直接对外销售,关税完税价格 170 000 美元,关税税率为 10%,增值税税率为 13%,消费税税率为 15%。当日美元对人民币的汇率为 1∶6.9。款项全部以银行存款付清价税款。

(11) 25 日,没收上年 12 月收取天立公司实木地板的包装物押金 9 040 元。

(12) 上月 20 日提供一批生产化妆品的材料 100 000 元给少颜化妆品生产公司,委托其加工一批化妆品,受托方已代垫辅助材料 4 000 元(款已付)。本月完工,应支付加工费为 66 000 元(不含税)。27 日宏远集团公司以银行存款付清全部款项。28 日收回已加工完成的化妆品,支付给运输单位的运费 5000 元,取得运输公司开具的增值税专用发票注明的增值税额 450 元。30 日该化妆品全部用于销售,其售价为 300 000 元。款已收到。

要求:计算当月应交增值税及消费税,并做相关业务的会计处理。

项目四
关税的计算与申报

【引言】

中国关税,源远流长,是中国历史文化遗产的重要组成部分,自周秦以来,关税的征收从未间断。关税不仅是国家财政收入的重要组成部分,而且是维护国家权益的重要工具;不仅是保护民族工商业的重要经济屏障,也是我国与世界各国发展正常贸易关系的经济机制。

【课程思政】

关税的重要性不在于它的收入多少,而在于它的地位:它以税率的高低调节进出口贸易,从而影响国内经济的发展方向、规模和速度,进而影响物价稳定的程度;关税是维护国家贸易稳定与社会主义市场经济发展的重要手段。

【重点难点内容】

本项目的重点难点内容为关税的计算,具体归纳如表 4-1 所示。

表 4-1 关税计算的内容

类 别	关 税 的 计 算
进口货物关税	到岸价 CIF×关税税率=(成本+保险费+运费)×关税税率
出口货物关税	离岸价 FOB÷(1+出口税率)×出口税率

企业纳税实务

模块一　关　税　的　认　知

一、关税的概念及特点

(一) 关税的概念

关税,是由各国的海关代表国家,按照当地税法及税则规定,对进出关境的货物和物品征收的一种国家性税收。

关税是税收发展史上产生时间最早、持续时间最长的税种之一,主要以国际贸易的发展、产生和演变,伴随着商品交换与流通而逐渐扩大。

我国早在3 000多年前周朝就有"关市之征"的文字记载,我国的"关税"的名称也是由此演进。秦统一天下以后,汉唐各代疆界不断扩大。在陆地边境关口和沿海港口征税,具有了边境关税的性质。宋代以后,关市之征逐渐成为国家财政收入的重要来源。在国外,关税也是一种古老的税种,最早出现在欧洲。《大英百科全书》解释,古时欧洲商人进入市场交易时会向当地领主缴纳一种例行的入市税。

由此可见关税的起源,就是一种以缴纳保护费、买路费、通行费等名义,以此增加君主或统治者收入的捐税。目前普遍承认的关税发展历程包括使用费时代、国内关税时代、国境或关境关税时代。

"关境"在《财经大辞典》中是指"海关境界""关税国境"的简称,亦称"关税领域"和"关税疆界",是执行统一海关法令的领域,是一个国家的海关规定全部实施的领域,包括其陆地、领海及领空在内的全部国家领土。我国实施的是统一海关法规,海关关境是中华人民共和国的全部领域范围。一般说来,关境和国境是一致的,但当一国境内设有自由港、自由区或保税仓库,它们均不属于该国的关税领土范围,在这种情况下,关境小于国境。当缔结关税同盟的国家,它们的领土成为统一的关境,在这种情况下,各成员国的关境大于国境。

1950年1月,中央人民政府通过并由周恩来总理签发了《关于关税政策和海关工作的决定》。1956年在所有制方面的社会主义改造完成,全国对外贸易逐步由对外贸易部统一管理,实行对外贸易垄断,不再计征关税,关税工作基本停顿。

中共十一届三中全会确立了改革开放的总方针,1979年8月批准了财政部、国家计委、外贸部《关于恢复单独计征关税和改革海关体制的报告》。1987年3月国务院发布《中华人民共和国进出口关税条例》。我国现行的关税基本法规是2003年10月国务院修订的《中华人民共和国进出口关税条例》,以及由国务院关税税则委员会审定作为条例组成部分的《中华人民共和国海关进出口税则》《中华人民共和国海关入境旅客行李物品和个人邮递物品征收进口税办法》和《2017年关税调整方案》。

(二) 关税的特点

关税作为国家征收的特殊税种,除了具有一般税收的特点以外,还具有以下特点。

(1) 对象的范围性。关税是对进出境的货品征税,不进出关境的不征收。这里的"境"即"关境",是指海关法规可以全面实施的领域。具有空间的范围。

(2) 单一的价外性。关税的完税价格不包括关税,在征收关税时是按照实际成交价格为计税的依据。但海关代为征收增值税时,计税依据则包含关税。

(3) 范围的涉外性。关税是针对进出境的货物和物品进行征税,关税税则的制定、税率的高低将直接影响到整个国际贸易的开展,继而引发一种正式关系。关税措施、政策的制定往往与经济、外交政策相关,具有范围的涉外性。

(4) 对进出口贸易的调节。许多国家通过制定和调整关税税率来调节进出口贸易。主要以保护本国产业发展和调节国际贸易关系为主要目的,调节的是资源在国与国之间的配置。在出口方面,通过地税、免税和退税来鼓励商品出口;在进口方面,通过税率的高低、减免来调节商品的进口。

二、关税的分类

(一) 按征收对象分类

关税的征收对象是进出我国国境或关境的货物和物品。可以将关税划分为进口关税、出口关税和过境关税。

(1) 进口关税。进口关税是海关对进口货物和物品所征收的关税,它是关税中最主要的一种关税形式。目前,许多国家废除了出口税和过境税,因此,现有的关税一般指的是进口关税。进口关税分为正税和附加税。

进口关税正税是指按照税则中法定税率征收的进口税,又称为正常的进口关税。进口正税的税目和税率是在关税税则中公布实施的,通过法律立法程序制定,具有相对的稳定性。我国加入WTO后,于2002年1月1日调整了进口税则税目税率,将总税目数增加到7 316个,其中5 332个税目的税率有不同程度的降低。

附加税则是在进口正税的基础上额外加征关税。并非一个独立的税种,从属于进口正税。主要是为了保护本国生产和增加财政收入,意在补充正税的不足,性质上属于临时性的限制进口措施。附加税的名目繁多,如反倾销税、反补贴税、报复关税、紧急进口税等。

(2) 出口关税。出口关税是海关对出口货物和物品所征收的关税。18世纪以前的欧洲国家以出口关税作为政府的重要财政收入来源,但征收出口关税增加了出口货物的成本,提高了本国产品在国外的销售价格,从而降低了产品在别国的竞争力。各国逐渐认识到征收出口关税不利于本国的生产和经济发展,因此,各发达国家一般不再对出口商品征收出口关税,也有部分国家基于限制本国某些产品或自然资源输出等原因,对部分出口货物征收关税。我国在2002年出口税则中仅对一小部分关系到国计民生的重要出口商品征收出口税,一共有36个税目,其中对23个税目进行出口暂定税率,其余的不征税。

(3) 过境关税。过境关税是指对境外起运境外的货物征收的关税。在重商主义时代,征收过境关税主要是为了增加财政收入。过境的货物由于在海关监管下进出境,只在本国港口停留,不允许流入本国市场,对本国生产没有影响。

19世纪后半期,各国相继取消过境关税,因为如果允许过境货物自由通过本国,不仅有利于国际贸易的开展,而且可以增加本国港口、仓储、运输等部门的收入。我国海关在对过境货物过境运输有具体要求:第一,对同我国签订过境货物协定的国家的过境货物,或属于同我国签有铁路联运协定的国家收、发货的,按有关协定准予过境;对于未同我国签有上述协定国家的过境货物,应当经国家运输主管部门批准并向入境地海关备案后准予过境。第二,对于未同我国签有协定国家的过境货物应当经国家运输主管部门批准并向入境地海关备案后准予过境。

(二) 按征收标准分类

按征税标准分类,可将关税分为从量税、从价税。此外,各国常用的征税标准还有复合税、选择税、滑准税。

(1) 从量税。从量税是指按货物的计量单位(重量、长度、面积、容积、数量等)作为征税标准,以每一计量单位应纳的关税金额作为税率。第二次世界大战之前使用从量税的国家较多,目前单纯使用从量税的国家已经很少了。世界各国多以货物重量为标准计征关税。在确定重量时,又有总量(即毛重量)和半总量(即净重或净重加内包装)两个标准。

从量关税的特点是手续简便,可以无须审定货物的规格、品质、价格,便于计算。因单位税额固定,对质量次、价格廉的低档商品进口与高档商品征收同样的关税,使低档商品进口不利,因而对其保护作用比较大。国内价格降低时,因税额固定,税负相对增大,不利于进口,保护作用加强。我国主要对啤酒、原油、感光胶片等进口货物采用从量税的课税标准。

(2) 从价税。从价税是以货物的价格作为征税标准进行征税的,从价税的税率表现为货物价格的百分值。经海关审定的价格作为计征关税依据,乘以税则中规定的税率,可得应纳的税额。

从价税的出现为不同国家的关税之间进行比较提供了方法,同时也使关税负担随价格变动而增减,有助于实现纳税负担公平合理。但价格的真实信息难以审定,关税的稽征费用增加。

(3) 复合税。复合税是指在征税时既采用从价又采用从量的方式计征税款。从理论上讲,复合税使税负适度、公正、科学。当物价上涨时,所征税额比单纯征收从量税多,而比单纯征收从价税少;当物价下跌时,所征税额则刚好相反。但是在具体操作的过程中,从量税额和从价税额较难确定,我国目前仅对光感材料、录像机、放像机、摄像机、数字照相机和摄录一体机等52个税目的商品征收复合税。

(4) 选择税。选择税是指对于存在于税则的同一税目中,有从价和从量两种税率,征税时由海关选择其中一种计征的称为选择税。实行选择税多根据产品价格高低而定,当物价上涨时,使用从价税;在物价下跌时,使用从量税。实施选择税可以保障国家的财政收入以及保护本国的产业发展。但也存在着计税手续较为复杂、纳税人也无法预知应缴纳的税额。

(5) 滑准税。滑准税是在税则中预先按产品的价格高低分档制定若干不同的税率,然后根据进出口商品价格的变动而增减进出口税率的一种关税。价格上涨,税率越低;价格下跌,税率较高,以此来保证该商品在国内市场价格的稳定。目前我国对进口新闻纸实行滑准税。

(三) 按征税性质分类

按征税性质,关税可分为普通关税、优惠关税和差别关税三种。它们主要适用于进口关税。

(1) 普通关税是对与本国没有签署贸易或经济互惠等友好协定的国家原产的货物征收的非优惠性关税。

(2) 优惠关税是对与本国签署贸易或经济互惠等友好协定的双方互相给对方优惠关税待遇。也有单向优惠关税,即只对受惠国给予优惠待遇,而没有反向优惠。优惠关税一般有特定优惠关税、普遍优惠关税和最惠国待遇三种。

第一种,特定优惠关税。它是指某一国家对另一国家或某些国家对另外一些国家的某些方面予以特定优惠关税待遇,而他国不得享受的一种关税制度。

作为殖民主义的产物,最早出现于宗主国与殖民地附属国之间的贸易交往中,具有排他性,税率低于协定优惠关税税率。《欧洲经济共同体——非洲、加勒比和太平洋(国家)洛美协定》是当今国际社会最有影响力的特定优惠关税。

第二种,普遍优惠制,它是指发达国家对从发展中国家或地区输入的产品普遍给予优惠关税待遇的一种制度。

普遍优惠制的目的是增加财政收入,扩大发展中国家向发达国家或地区的产品输出,促进发展中国家的工业化。这种制度是非对等的,发达国家给予单方面优惠,同时也是普遍非歧视的。但往往发达国家为了维护自己的政治经济利益,在提供普遍优惠制时又规定了在受惠地区国家范围、受惠商品范围、给惠国保护措施、原产地等限制性附加条件。

第三种,最惠国待遇。它是指在缔约国双方,在签订贸易协定时,现在和将来给予任何第三国的优惠待遇,同样适用于现在的缔约方。

起初最惠国待遇限于关税,随着范围的扩大,已经扩展到通商、航海等各个领域。由于其范围的广泛,在缔结契约时,会对最惠国待遇的范围进行举例和限定。存在有条件的最惠国待遇和无条件的最惠国待遇。无条件是指签订契约的一方在现在和将来给予任何第三方的优惠待遇,应无条件、无偿、自动给予签订契约的另一方。有条件是指签订契约的一方在现在和将来给予任何第三方的优惠待遇,另一方应提供同样条件。目前采用无条件的国家较多,发达国家往往通过最惠国待遇使发展中国家享有的单方优惠政策,使发展中国家的经济具有依附性。

最惠国待遇要与最优惠待遇区分,最惠国待遇是一种非歧视性待遇,并不给予特别的关税照顾。在实施最惠国待遇时,往往会提出附加条款,根据不同情况和程度规定优惠关税,如在一定边境地区内实施某些促进贸易的措施与方法,所以最惠国待遇只是一种相对于普通关税的优惠。

(3) 差别关税是指为保护一国产业而采用的特别关税。伴随着保护主义政策的产生,始于欧洲,繁于重商主义时代。时至今日,新型重商主义和保护主义重登舞台,差别关税得以进一步发展。主要包括加重关税、反补贴关税、反倾销关税、报复关税等。

加重关税是指国家出于某种原因或为达到某种目的,对某国货物或某种货物的输入加重征收的关税。最典型的加重关税,是英国在17世纪实行的国旗加重,后来由于法国、西班牙等国家的报复而被迫放弃。

反补贴关税是指对于接受了补贴或津贴的他国输出产品征收附加性关税。由于货物输出国出于增强本国产品的市场竞争能力,会对输出产品给予一定的补贴、津贴。而输入国为防止输入货物威胁本国市场,对于此类产品征收反补贴关税。出口退税不属于接受补贴。

反倾销关税是指在征收正常进口关税时又附加征收的一种关税。对于有明显的扩充市场以及实施报复为目的的倾销,将征收反倾销关税。

报复关税是指他国政府以不公正、不平等、不友好的态度对待本国输出产品时,本国为维护本国利益,报复该国,对该国输入的货物加重征收关税。

(四)按保护形式分类

按照关税保护形式和程度进行分类,分为关税壁垒、非关税壁垒。

关税壁垒是指一国政府为限制外国商品输入本国时提高关税时的措施。衡量其关税壁垒职能按照同类产品不同国家之间的关税或实际保护率的高低加以判断。

非关税壁垒是指出关税以外的限制输入的措施。包括通过对本国产品和输入产品的差别待遇、严苛的卫生安全标准等,限制商品进口。

三、关税的纳税人及征税对象

(一)纳税义务人

纳税义务人包括进口货物的收货人、出口货物的发货人、进出境物品的所有人。

(1)进出口货物的收货人、发货人是依法取得对外贸易经营权,并进口或者出口货物的法人或者其他社会团体。包括外贸进出口公司;工贸或农贸结合的进出口公司;其他经批准经营进出口商品的企业。

(2)进出境物品的所有人包括该物品的所有人和推定为所有人的人。一般情况下,对于携带进境的物品,推定其携带人为所有人;对分离运输的行李,推定相应的进出境旅客为所有人;对以邮递方式进境的物品,推定其收件人为所有人;以邮递或其他运输方式出境的物品,推定其寄件人或托运人为所有人。

(二)纳税对象

纳税对象是准许进出境的货物和物品。货物指的是贸易型商品;物品指入境旅客随身携带的行李物品、个人邮递物品、各种运输工具上的服务人员携带进口的自用物品、馈赠物品以及其他方式进境的个人物品。

四、关税税则

(一)进出口税则概况

关税立法是为了保障国家和纳税人的合法权益,为其经济活动提供法律依据。关税税则一览表作为税法的重要组成部分,对进出口商品计征关税的规章、应税免税商品范围进行了系统分类。

(二) 税率

1. 进口关税税率

我国加入世界贸易组织(WTO)后,2004年1月1日起,我国对进口关税设置了最惠国税率、协定税率、特惠税率、普通税率、关税配额税率等形式。

(1) 最惠国税率。适用原产于与我国共同适用最惠国待遇条款的WTO成员方或地区的进口货物,或原产于与我国签订有相互给予最惠国待遇条款的双边贸易协定的国家或地区进口的货物,以及原产于我国境内的进口货物。

(2) 协定税率。适用于原产于我国参加含有关税优惠条款的区域性贸易协定,有关缔约方的进口货物。

(3) 特惠税率。适用原产于与我国签订有特殊优惠关税协定的国家或地区的进口货物。

(4) 普通税率。适用于原产于上述国家或地区以外的其他国家或地区的进口货物,以及原产地不明的进口货物。

(5) 关税配额税率。在关税配额内的,适用关税配额税率;关税配额外的,按不同情况分别适用于最惠国税率、协定税率、特惠税率或普通税率。

2. 出口关税税率

我国对绝大部分出口货物不征收出口关税,但对国际市场上容量有限而竞争性强的商品,以及需要限制出口的极少数原材料、材料和半成品,必要时可征收适当的出口关税。

【说明】最惠国税率。自2018年7月1日起,对碎米(税号10064010、10064090)实施10%的最惠国税率。

关税配额税率。对尿素、复合肥、磷酸氢铵三种化肥的配额税率继续实施1%的暂定税率。

五、关税减免

关税减免是对某些纳税人和征税对象给予鼓励和照顾的一种特殊调节手段,具有一定的灵活性。主要包括法定减免税、政策性减税、临时性减免税。

法定减免税是税法中明确列出的减免得。符合规定减免税的进出口货物,纳税义务人无须提出申请,由海关直接减免。一般不进行后续管理。

免征关税主要包括:

(1) 关税税额在人民币50元以下的一票货物。

(2) 无商业价值的广告品和货样。

(3) 国外政府、国际组织无偿赠送的物资。

(4) 在海关放行前损失的货物。

(5) 进出境运输工具装载的途中必需的燃料、物品和饮食用品。

政策性免税是在法定减免税之外,国家按照国际通行规则和我国实际情况,制定发布

企业纳税实务

的有关进出口货物减免关税的政策。

主要包括教科用品、残疾人专用品、慈善捐赠物资、加工贸易产品、边境贸易进口物资、保税区进出口货物、出口加工区进出口货物、进口设备、特定行业或用途的减免谁政策、特定地区的减免税政策等。

临时性减免是指以上法定和政策性减免以外的其他减免税。即由国务院根据某个单位、某类产品、某个项目或某批货物的特殊情况,给予特殊照顾,专文下达的减免税情况。

【说明】自 2010 年 9 月 1 日起,个人邮寄物品,应征进口税额在人民币 50 元(含 50 元)以下的,海关予以免征。

模块二　关税应纳税额的计算与会计处理

关税的计税依据是关税的完税价格或货物数量,完税价格是由海关确定或估计的。2014年2月1日实施的《中华人民共和国海关审定进出口货物完税价格办法》中规定,关税的完税价格是以其成交价格为基础的,包括运抵中华人民共和国境内输入地点起卸前的运费、保险费以及相关费用。

一、进口关税的计算

(一) 进口货物完税价格的确定

1. 进口货物以成交价格确定为基础

进口货物的成交价格,是指卖方向我国境内销售货物,买方实际支付、应当支付并按照规定调整后的价款总额,包含直接支付和间接支付的价款。

进口货物成交价格的确定要符合以下条件:对买方处置或使用进口货物不予以限制,但法律法规规定的除外;不受到该批货物成交价格无法确定的影响;卖方不得获得买方销售、处置、使用等输入货物产生的收益,或虽有收益但可以调整;买卖双方没有特殊关系,或虽有关系但不能影响成交价格。

2. 进口货物的完税价格确定的其他方法

海关在进行估价时,一般是以实际成交价格为基础的,但并不是所有的输入货物都可以获得实际成交价格。对于不符合规定或价格无法确定的货物时,主要采用与纳税义务人磋商后,按以下方法进行。

(1) 相同货物的成交价格估价法。这种方法是指与改货物同时或大约同时向我国境内销售同种货物时的成交价格。此时的相同货物是指货物的质量、性质、产品声誉。

(2) 类似货物的成交价格估价法。这种方法是指与该货物同时或大约同时向我国境内,销售的类似货物的成交价格。此时的类似货物是指与被估商品是同一国家制造,具有相似的特征和组成材料,作用相同,商业上可以互换。

(3) 倒扣价格估价法。这种方法是指以输入货物、相同或相似的进口货物在境内销售额为基础,扣除境内相关费用后的净额,确定完税价格。

(4) 计算价格估价法。以生产该产品所使用的生产成本费用为基础,向我国境内销售同等或同种货物通常的利润和费用、装卸运输费、保险费等计算进口商品价格。

(5) 合理估价法。这种方法是指上述任何一种方法都无法确定商品的价格时采用的方法,以尽可能客观数量化的数据为资料,确定进口货物的完税价格。

（二）进口货物关税完税价格中运输以及相关费用、保险费的计算

1. 进口货物的运费

进口货物的运费应当按照实际支付的费用核算。当价格无法确定时，海关应当按照其实际运输成本或同期运输行业公布的运费率计算。

【说明】运输工具作为进口货物，利用自身动力进境的，不再计入运费。

2. 进口货物的保险费

进口货物的保险费用应当按照实际支付的费用计算。当价格无法确定或尚未实际发生时，海关应当按照货物价款和运费之和的 3‰ 计算相应的保险费用。

$$保险费 = （货物价款 + 运费） \times 3‰$$

【说明】邮运进口的货物，应当以邮费作为运输费用、保险费。

3. 其他相关费用

以境外边境口岸价格成交条件的铁路、公路等运输进口货物，海关应当按照境外边境口岸价格的 1% 计算运输费、保险费等。

二、应纳税额的计算

（一）从价关税应纳税额的计算

$$关税税额 = 应税进口货物数量 \times 单位完税价格 \times 关税税率$$

具体分为以下几种情况。

第一种情况，以我国口岸到岸价格（CIF）成交，或和我国毗邻的国家按照两国共同边境地点交货价格成交的货物价格为完税价格。

$$应纳进口关税税额 = CIF \times 关税税率$$

【说明】"CIF"是含义为"成本加运费和保险费"的价格术语的简称，习惯上又称"到岸价格"。这一价格术语是指卖方负责将合同规定的货物装上买方指定运往目的港的船上，办理保险手续，并负责支付运费和保险费。

【例 4-1】 明德进口公司 2023 年 8 月从美国进口一批化工材料，到岸价格为上海 USD 750 000 元，同时公司向卖方支付佣金等费用 USD 35 000 元，可知当时的外汇牌价为 USD 100＝CNY 660，化工材料的进口关税税率为 18%。该进口公司这批化工材料应纳关税计算如下。

该批材料的完税价格应包括到岸价格和支付的佣金费用：

完税价格 =（750 000＋35 000）×6.60＝5 181 000（元）

应纳税进口关税税额 = 5 181 000×18%＝932 580（元）

第二种情况，以国外口岸离岸价格（FOB）或国外口岸到岸价格成交的，应加上从发货

口岸或外国交货口岸运抵我国口岸前的运费、保险费为完税价格。

$$应纳进口关税税额＝(离岸价格＋运费＋保险费)×关税税率$$

在国外口岸成交的商品,完税价格包含的运费、保险费应按照实际支付的金额计算,无法获得确定价格的,运费按照外贸系统海运进口运费率或协商的固定运费率计算,保险费按照中国人民保险公司的保险费率计算。

$$应纳税额＝(FOB＋运费)×(1＋保险费率)×关税税率$$

【说明】"CIF"是含义为"成本加运费和保险费"的价格术语的简称,习惯上又称"到岸价格"。这一价格术语是指卖方负责将合同规定的货物装上买方指定运往目的港的船上,办理保险手续,并负责支付运费和保险费。

【例4-2】 新高桥公司委托启明商贸公司代理进口一批原材料,原材料的离岸价格为 USD 550 000,运输费、包装物、保险费等共计 USD 22 000(付款日市场汇价为 6.62 元人民币),进口报关当日市场汇率为 1 美元＝6.61 元人民币,原材料的进口关税税率为 25%。这批原材料的应纳关税为:

$$应纳税进口关税税额＝(550\ 000＋22\ 000)×6.61×25\%＝945\ 230(元)$$

第三种情况,以国外口岸离岸价格加运费(CFR)成交的,应另加保险费作为完税价格。

$$应纳进口关税税额＝(CFR＋保险费)×关税税率＝CFR×(1＋保险费率)×关税税率$$

【说明】"CFR"是含义为"成本加运费"的价格术语的简称,又称"离岸加运费价格"。这一价格术语是指卖方负责将合同规定的货物装上买方指定运往目的港的船上,负责货物装上船为止的一切费用和风险,并支付运费。

【例4-3】 博雅商贸公司从香港进口原产地为日本的设备 5 台,该批设备的总成交价格为离岸价上海港 HKD 600 000,保险费率为 5‰,关税税率为 15%,当日外汇牌价 HKD 100＝¥89。该公司这批设备应纳关税为:

$$完税价格＝600\ 000×0.89×(1＋5‰)＝536\ 670(元)$$
$$应纳进口关税税额＝536\ 670×15\%＝80\ 500.50(元)$$

第四种情况,特殊进口商品的关税计算。特殊商品的种类较多,在确定完税价格基础上,计算应纳税额。

$$应纳税额＝特殊进口货物完税价格×关税税率$$

(1) 加工贸易进口料件及其制品。加工贸易进口料件及其制品需征税或内销补税的,海关按照一般进口货物的完税价格规定,审定完税价格。

(2) 保税区、出口加工区货物。从保税区或出口加工区销往区外、从保税仓库出库内销的进口货物(加工贸易进口料件及其制成品除外),以海关审定的价格估定完税价格。

对经审核销售价格不能确定的,海关应当按照一般进口货物估价办法的规定,估定完税价格。

(3) 运往境外修理的货物。运往境外修理的机械器具、运输工具或其他货物,出境时已向海关报明,并在海关规定期限内复运进境的,应当以海关审定的境外修理费和料件费,以及该货物复运进境的运输及其相关费用、保险费估定完税价格。

(4) 运往境外加工的货物。运往境外加工的货物,出境时已向海关报明,并在海关规定期限内复运进境的,应当以海关审定的境外加工费和料件费,以及该货物复运进境的运输及其相关费用、保险费估定完税价格。

(5) 暂时进境货物。对于经海关批准暂时进境的货物,应当按照一般进口货物估价办法的规定,估定完税价格。

(6) 租赁方式进口货物。租赁方式进口的货物中,以租金方式对外支付的租赁货物,在租赁期间以海关审定的租金作为完税价格;留购的租赁货物,以海关审定的留购价格作为完税价格;承租人申请一次性缴纳税款的,经海关同意,按照一般进口货物估价办法的规定估定完税价格。

(7) 留购的进口货样等。对于境内留购的进口货样、展览品和广告陈列品,以海关审定的留购价格作为完税价格。

(8) 予以补税的减免税货物。减税或免税进口的货物需予补税时,应当以海关审定的该货物原进口时的价格,扣除折旧部分价值作为完税价格,其计算公式如下:

$$完税价格 = \frac{海关审定的该货物原进口时的价格}{} \times [1-申请补税时实际已使用的时间(月) \div 监管年限 \times 12]$$

(9) 以其他方式进口的货物。以易货贸易、寄售、捐赠、赠送等其他方式进口的货物,应当按照一般进口货物估价办法的规定,估定完税价格。

(二) 从量关税应纳税额的计算

从量关税应纳税额的按如下公式进行计算:

$$关税税额 = 应税进口货物数量 \times 单位税额$$

(三) 复合关税应纳税额的计算

复合关税应纳税额按如下公式进行计算:

$$关税税额 = 应税进口货物数量 \times 单位税额 + 应纳税进口货物数量 \times 单位完税价格 \times 税率$$

【说明】我国目前实行的符合关税都是先计征从量税,再计征从价税,出口关税额的计算相同。

(四) 出口关税的计算

1. 出口关税完税价格的确定

出口货物的完税价格由海关以该货物的成交价格为基础确定,包括货物运至我国境内输出地点装载前的运输、保险费以及相关费用。

成交价格为基础的完税价格。出口货物的成交价格,是指该货物出口销售时,卖方为出口该货物应当向买方直接收取和间接收取的价款总额。

下列税收、费用不计入出口货物的完税价格:

(1) 出口关税。

(2) 在货物价款中单独列明的货物运至我国境内输出地点进行装载后的运输及其相关费用、保险费。

2. 出口货物海关估价方法

出口货物的成交价格无法确定时,海关了解相关情况,与纳税义务人进行价格协商,依次以下列价格审查确定该货物的完税价格:

(1) 同时或者大约同时向同一国家或者地区出口的相同货物的成交价格。

(2) 同时或者大约同时向同一国家或者地区出口的类似货物的成交价格。

(3) 根据境内生产相同或者类似货物的成本、利润和一般费用(包括直接费用和间接费用)、境内发生的运输及其相关费用、保险费计算所得的价格。

(4) 按照合理方法估定的价格。

3. 出口货物关税完税价格中相关费用的计算

出口货物关税完税价格中运输费、保险费及相关费用的计算,如表4-2和表4-3所示。

表4-2　一般方式进口的运输费、保险费及相关税费的计算方法

进出口运载或成交方式		运输费的确定	保险费的确定
一般方式进口	海运进口	运抵境内的卸货口岸	
	陆运进口	运抵境内的第一口岸或目的地口岸	
	空运进口	运抵境内的第一口岸或目的地口岸	
	无法确定或未实际发生运保费	同期同行业运费率(额)	货价加运费两者总额的3‰

表4-3　其他方式进口的运输费、保险费及相关税费的计算方法

进出口运载或成交方式		运输费的确定	保险费的确定
其他方式进口	邮运进口	邮费	
	境外边境口岸价格条件成交的铁路或公路运输进口货物	货价的1%	
	自驾进口的运输工具	可不另行计入运费	
	出口货物	最多算至离境口岸	

(五) 应纳税额的计算

1. 从价关税应纳税额的计算

$$\text{从价关税额} = \text{应税出口货物数量} \times \text{单位完税价格} \times \text{税率}$$

具体分为以下几种情况。

(1) 以我国口岸离岸价格(FOB)成交的出口关税计算公式为：

$$应纳关税税额＝FOB÷(1＋关税税率)×关税税率$$

(2) 以国外口岸到岸价格(CIF)成交的出口关税计算公式为：

$$应纳关税税额＝(CIF－保险费－运费)÷(1＋关税税率)×关税税率$$

(3) 以国外口岸价格加运费价格(CFR)成交的出口关税公式为：

$$应纳关税税额＝(CFR－运费)÷(1＋关税税率)×关税税率$$

【例4-4】 星城外贸公司自营出口一批设备，我国口岸离岸价格折合人民币为800 000元，出口关税税率为18%，依照海关开具的缴款书以银行存款支付税款。该公司这批设备应纳关税为：

$$出口关税＝800\ 000÷(1＋18\%)×18\%＝122\ 033.90(元)$$

2. 从量关税应纳税额的计算

$$从量出口关税税额＝应税出口货物数量×单位税额$$

3. 复合关税应纳税额的计算

$$复合出口关税额＝应税出口货物数量×单位税额＋应纳税出口货物数量×单位完税价格×税率$$

三、自营进出口业务关税的会计处理

有进出口货物的企业在核算关税时，应在"应交税费"账户下设"应交进口关税""应交出口关税"两个明细账户进行账务核算。企业在计算缴纳应纳税额时，借记有关科目，贷记"应交税费——应交进(出)口关税"科目；实际缴纳关税时，借记"应交税费——应交进(出)口关税"科目，贷记"银行存款"等科目。

(一)自营进口业务关税的会计处理

自营进口是指由有进出口自营权的企业办理对外洽谈和签订进口合同，执行合同并办理运输、开证、付汇全过程，并自负进口盈亏。

【例4-5】 振华实业公司从德国进口一批原材料，货物的到岸价格为人民币600 000元，该批原材料适用的关税税率为35%，代征增值税税率为13%，根据海关开出的缴款书，以银行存款支付货款，计算进口关税税额并作会计业务处理。

计算应交关税额和物资采购成本如下：

$$应缴纳关税额＝600\ 000×35\%＝210\ 000(元)$$
$$原材料采购成本＝600\ 000＋210\ 000＝810\ 000(元)$$
$$代征增值税额＝(600\ 000＋210\ 000)×13\%＝105\ 300(元)$$

做会计分录如下：

计提关税和增值税时:

借:在途物资　　　　　　　　　　　　　　　　　810 000
　　贷:应交税费——应交进口关税　　　　　　　　　210 000
　　　　应付账款　　　　　　　　　　　　　　　　600 000

实际支付关税和增值税时,

借:应交税费——应交进口关税　　　　　　　　　210 000
　　应交税费——应交增值税(进项税额)　　　　　105 300
　　贷:银行存款　　　　　　　　　　　　　　　　315 300

原材料验收入库时:

借:库存商品　　　　　　　　　　　　　　　　　810 000
　　贷:在途物资　　　　　　　　　　　　　　　　810 000

(二) 自营出口业务关税的会计处理

自营出口是指由有出口自营权的企业办理对外洽谈和签订出口合同,执行合同并办理运输、开证、付汇全过程,并自负出口盈亏。

【例 4-6】 平江外贸公司对外出口一批货物,离岸价格为 3 000 000 元,出口关税税率为 15%,根据海关开出的缴款书,以银行存款支付货款,计算出口关税税额并作会计业务处理。

应缴纳关税税额 = 3 000 000 ÷ (1+15%) × 15% = 391 304.35(元)

编制会计如下分录:

借:应收账款　　　　　　　　　　　　　　　　3 000 000
　　贷:主营业务收入　　　　　　　　　　　　　3 000 000

计算出口关税时:

借:税金及附加　　　　　　　　　　　　　　　391 304.35
　　贷:应交税费——应交出口关税　　　　　　　391 304.35

实际支付关税时:

借:应交税费——应交出口关税　　　　　　　　391 304.35
　　贷:银行存款　　　　　　　　　　　　　　　391 304.35

四、代理进出口业务关税的会计处理

受托企业进口商品计算应纳关税时,借记"应收账款"等有关账户,贷记"应交税费——

应交进(出)口关税"账户;代交进口关税时,借记"应交税费——应交进(出)口关税"账户,贷记"银行存款"账户;收到委托单位的税款时,借记"银行存款"账户,贷记"应收账款"账户。

(一) 代理进口业务关税的会计处理

代理进口是外贸企业接受国内委托方的委托,办理对外洽谈和签订进口合同,办理运输、开证、付汇全过程的进口业务。受托企业不负担进口盈亏,只按规定收取一定比例的手续费。

【例4-7】 湘辉进出口公司接受向阳实业公司的委托,进口一批设备,进口设备的价款为2 500 000元,用银行存款支付,该批设备我国的口岸价格CIF为USD 220 000元,进口关税税率为10%,外汇牌价为USD 100=RMB 665,代理手续费为货款的3%,设备已运达,向委托单位办理设备结算。

该批设备价款=220 000×6.65=1 463 000(元)
应缴纳关税税额=1 463 000×10%=146 300(元)
代理手续费=1 463 000×3%=43 890(元)

编制会计如下分录。

收到委托单位货款时:

借:银行存款　　　　　　　　　　　　　　　　　2 500 000
　　贷:应付账款——甲公司　　　　　　　　　　　　　　2 500 000

对外付设备款时:

借:应付账款——外商　　　　　　　　　　　　　1 463 000
　　贷:银行存款　　　　　　　　　　　　　　　　　　1 463 000

支付进口关税时:

借:应付账款——甲公司　　　　　　　　　　　　146 300
　　贷:应交税费——应交进口关税　　　　　　　　　　146 300

借:应付账款——应交进口关税　　　　　　　　　146 300
　　贷:银行存款　　　　　　　　　　　　　　　　　　146 300

将进口设备交付委托单位并收取手续费时:

借:应付账款——甲公司　　　　　　　　　　　　43 890
　　贷:其他业务收入(或主营业务收入)　　　　　　　　43 890

将委托单位剩余的进口货款退回时:

借:应付账款——甲公司　　　　　　　　　　　　846 810
　　贷:银行存款　　　　　　　　　　　　　　　　　　846 810

(二)代理出口业务关税的会计处理

代理出口是外贸企业接受国内委托方的委托,办理对外洽谈和签订出口合同,办理运输、开证、付汇全过程的出口业务。受托企业不负担出口盈亏,只按规定收取一定比例的手续费。

【例 4-8】 田汉外贸公司2023年8月7日代理彬彬服饰公司出口货物一批,该批货物的离岸价格FOB价格为600 000元,出口的关税税率为25%,相关的手续费为25 600元,计算关税税额并作会计业务处理。

计算关税出口税 = 600 000÷(1+25%)×25% = 120 000(元)

2023年8月7日,计提关税:

借:应收账款——彬彬服饰公司　　　　　　　　　　　　120 000
　　贷:应交税费——应交出口关税　　　　　　　　　　　　120 000

2023年8月7日支付关税时:

借:应交税费——应交出口关税　　　　　　　　　　　　120 000
　　贷:银行存款　　　　　　　　　　　　　　　　　　　120 000

借:应收账款——彬彬服饰公司　　　　　　　　　　　　 25 600
　　贷:主营业务收入　　　　　　　　　　　　　　　　　 25 600

收到彬彬服饰公司支付的税款及手续费时:

借:银行存款　　　　　　　　　　　　　　　　　　　　145 600
　　贷:应收账款——彬彬服饰公司　　　　　　　　　　　145 600

模块三　关税纳税申报与税款缴纳

关税的征收管理有其特殊性,我国绝大多数税种都是由税务机关负责征收的,而关税则由海关负责征收,货物的进、出口是需要向海关申报,简称关报,需要填报海关进口货物报关单或出口货物报关单。在这个过程中,关税的缴纳是凭海关填发的进(出)口关税专用缴款书向指定银行缴纳。当企业发生退还关税情况时,还需要办理税款的退还等工作。

一、关税的申报时间、地点及期限

(一) 报关时间

进口货物的纳税人应当自运输工具申报进境之日起14日内,出口货物的纳税义务人除海关特准外,应当在运抵海关监管区装货的24小时以前,向货物的进出口境地海关申报,海关根据税则归类以及计算应纳关税和进口环节代征税,填发税款缴纳书。

(二) 缴纳地点

根据纳税义务人的申请以及进出口货物的具体情况,关税可以在关境地缴纳,也可以在主管地缴纳。

关境地缴纳是指在哪通关,在哪缴纳关税;主管地缴纳是纳税义务人主治所在地海关监管其通关并征收关税,只适用于集装箱运输的货物。

(三) 缴纳期限

纳税义务人应该在海关填发税款缴款书之日15日起,向指定银行缴纳税款。遇到休息日或法定节假日,则顺延到之后的第一个工作日。

对于不可抗因素或者税收政策调整的情况下,不能按期缴纳的,则依法担保后可延期,但最长不得超过6个月。

二、关税的强制执行

纳税义务人未在关税缴纳期限内缴纳税款,即构成关税滞纳。为保证海关征收关税决定的有效执行和国家财政收入的及时入库,《海关法》赋予海关对滞纳关税的纳税义务人强制执行的权力。强制措施主要有两类。

1. 征收关税滞纳金

滞纳金自关税缴纳期限届满之日起,至纳税义务人缴清关税之日止,按滞纳税款万分

之五的比例按日征收,周末或法定节假日不予扣除。具体计算公式为:

$$关税滞纳金金额=滞纳关税税额×滞纳金征收比率×滞纳天数$$

滞纳金的起征点为50元。

2. 强制征收

纳税义务人自缴款期限届满之日起3个月仍未缴纳税款,经海关关长批准,海关可以采取强制扣缴、变价抵缴等强制措施。强制扣缴即海关从纳税义务人在开户银行或者其他金融机构的存款中直接扣缴税款。变价抵缴即海关将应税货物依法变卖,以变卖所得抵缴税款。

三、关税的补征和追征

关税的补征和追征是海关在纳税人按海关规定缴纳关税后,发现实际征收税额少于应当征收的税额时,责令纳税人补缴所差税款的一种行政行为。

关税的补征是非因纳税人违反海关规定造成少征关税。根据《海关法》规定,进出境货物或物品放行后,海关发现少征或漏征税款的,应当自缴纳税款或者货物、物品放行之日起1年内,向纳税人补征税款。

关税的追征是由于纳税人违反海关规定造成少征关税。因纳税人违反规定而造成的少征或者漏征税款的,自由纳税人应缴纳税款之日3年以内可以追征,并从纳税税款之日起按日加收少征或者漏征税款万分之五的滞纳金。

四、关税的退还

关税的退还是指关税纳税人缴纳税款后,因某种原因出现,海关将实际征收多余应当多于应当征收的税款退还给原纳税人的一种行政行。根据《海关法》规定,海关多征的税款,海关发现后应当立即退还。按规定,有下列情形之一的,纳税人可以自缴纳税款之日起1年内,书面声明理由,连同原缴税凭证及相关资料向海关申请退还税款并加算银行同期活期存款利息,逾期则不予受理。

(1) 因海关误证。

(2) 海关核准免验进口的货物,在完税后发现有短缺情况,经海关审查认可的。

(3) 已征出口关税的货物,因故未装运出口申报退关,经海关查明属实。

对已征出口关税的出口货物和已征进口关税的进口货物,因货物品种或规格原因(非其他原因)原状复运进境或出境,经海关查验属实的,也应退还已征关税,海关应当在手里退税申请30日内作出书面答复并通知退税申请人。

【说明】纳税争议

为保护纳税人合法权益,《海关法》和《关税条例》都规定了纳税义务人对海关确定进出口货物的征税、减税、补税或者对退税等有异议时,有提出申诉的权利。在纳税义务人与海关发生纳税争议时,可以向海关申请复议,但同时应当在规定期限内按海关核定的税额缴纳关税,逾期则构成滞纳,海关有权按规定采取强制执行措施。

纳税争议的内容一般为进出境货物和物品的纳税义务人对海关在原产地认定、税则归类、税率或汇率适用、完税价格确定、关税减征、免征、追征、补征和退还等征税行为是否合法或适当,是否侵害了纳税义务人的合法权益,而对海关征收关税的行为表示异议。

纳税争议的申诉过程:纳税义务人自海关填发税款缴款书之日起30日内,向原征税海关的上一级海关书面申请复议。逾期申请复议的,海关不予受理。海关应当自收到复议申请之日起60日内作出复议决定,并以复议决定书的形式正式答复纳税义务人;纳税义务人对海关复议决定仍然不服的,可以自收到复议决定书之日起15日之内,向人民法院提起诉讼。

五、报关材料

进出口货物报关时应当提交以下材料:进出口货物报关单、合同、发票、装箱清单、载货清单(舱单)、提(运)单、代理报关授权委托协议、进出口许可证件、海关要求的加工贸易手册(纸质或电子数据的)及其他进出口有关单证。

习　题

一、单选题（每题有一个正确答案，请将正确答案填在括号内）

1. 对同一种货物在税则中规定从价、从量两种税率，在征税时选择其中征收税额较多或较少的一种的关税是（　　）。
   A. 复合关税　　　B. 混合关税　　　C. 选择性关税　　　D. 滑动关税

2. 对某种货物在税则中预先按该商品的价格规定几档税率的关税是（　　）。
   A. 复合关税　　　B. 混合关税　　　C. 选择性关税　　　D. 滑动关税

3. 某企业海运进口一批货物，海关审定货价折合人民币5 000万元，运费折合人民币20万元，该批货物进口关税税率为7%，则应纳关税（　　）万元。
   A. 350　　　　　B. 351　　　　　C. 352.45　　　　　D. 360

4. 下列各项中，符合关税法定免税规定的是（　　）。
   A. 残疾人专用品
   B. 起卸时，遭受损坏或损失的
   C. 关税税款在人民币100元以下的一票货物
   D. 经海关核准进口的无商业价值的广告品和货样

5. 加工贸易进口料件及其制成品需征税的，海关按照一般进口货物的规定审定完税价格。下列各项中，符合审定完税价格规定的是（　　）。
   A. 进口时需征税的进料加工进口料件，以该料申报进口时的价格估定
   B. 内销的进料加工进口料件或其制成品，以该料件申报进口时的价格估定
   C. 内销的来料加工进口料件或其制成品，以该料件申报进口时的价格估定
   D. 保税区内的加工企业内销的进口料件或其制成品，以该料件申报进口时的价格估定

6. 关税纳税义务人因不可抗力或者在国家税收政策调整的情形下，不能按期缴纳税款的，经海关总署批准，可以延期缴纳税款，但最多不得超过（　　）个月。
   A. 3　　　　　B. 6　　　　　C. 9　　　　　D. 12

7. 我国的关税法规定对（　　）实行复合税计征办法。
   A. 原油　　　B. 胶卷　　　C. 数字照相机　　　D. 啤酒

8. 滑准税的征税对象为（　　）。
   A. 原油　　　B. 胶卷　　　C. 录像机　　　D. 新闻纸

9. 下列各项中不符合关税有关规定的是（　　）。
   A. 进出口货物，应当按照纳税义务人申报进口或者出口之日实施的税率征税
   B. 进口货物到达前，经海关核准先行申报的，应当按照装载此货物的运输工具申报进境之日实施的税率征税

C. 进口货物由于完税价格审定需要补税的,按照原进口之日的税率计税

D. 进口货物由于税则归类改变需要补税的,按照原征税日期实施的税率计税

10. 某进出口公司从英国进口一批原材料共 800 吨,货物以境外口岸离岸价格成交,单价折合人民币为 18 000 元,买方承担包装费每吨 600 元,另向卖方支付的佣金每吨 700 元人民币,另向自己的采购代理人支付佣金 6 000 元人民币,已知该原材料运抵中国海关境内输入地起卸前的包装、运输、保险和其他劳务费用为每吨 2 100 元人民币,关税税率为 10%。该批原材料应纳的关税为( )万元。

  A. 171   B. 172.1   C. 171.2   D. 108

11. 某企业海运进口一批货物,海关审定货价折合人民币 6 000 万元,运费折合人民币 26 万元,该批货物进口关税税率为 5%,则应纳关税( )万元。

  A. 205   B. 251   C. 251.75   D. 302.2

12. 选择最惠国税率还是普通税率的依据是货物的( )。

  A. 发出地   B. 原产地   C. 进口地   D. 输送地

13. 下列各项中,符合关税法定免税规定的是( )。

  A. 保税区进出口的基建物资和生产用车辆

  B. 边境贸易进出口的基建物资和生产用车辆

  C. 关税税款在人民币 100 元以下的一票货物

  D. 经海关核准进口的无商业价值的广告品和货样

14. 下列各项中,符合进口关税完税价格规定的是( )。

  A. 留购的进口货样,以海关审定的留购价格为完税价格

  B. 转让进口的免税旧货物,以原入境的到岸价格为完税价格

  C. 准予暂时进口的施工机械,按同类货物的价格为完税价格

  D. 运往境外加工的货物,应以加工后入境时的到岸价格为完税价格

15. 根据法律规定,进口货物的完税价格,由海关以进出口货物的( )为基础审定完税价格。

  A. 申报价格   B. 到岸价格   C. 离岸价格   D. 实际成交价格

16. 下列各项中符合关税有关规定的是( )。

  A. 进口货物由于完税价格审定需要补税的,按照原进口之日的税率计税

  B. 溢卸进口货物事后确定需要补税的,按照确定补税当天实施的税率计税

  C. 暂时进口货物转为正式进口需要补税的,按照原报关进口之日的税率计税

  D. 进口货物由于税则归类改变需要补税的,按照原征税日期实施的税率计税

17. 某企业海运进口一批货物,海关审定货价折合人民币 5 000 万元,运费折合人民币 20 万元,该批货物进口关税税率为 5%,则应纳关税( )万元。

  A. 250   B. 251   C. 251.75   D. 260

18. 某进出口公司(一般纳税人)2023 年 3 月份从国外进口一批机器设备共 20 台,每台货价 12 万元人民币,包括运抵我国大连港起卸前的包装、运输、保险和其他劳务费用共计 5 万元;另外销售商单独向该进出口公司收取境内安装费用 5 万元,技术支持费用 7 万元,设备包装材料费 8 万元。假设该类设备进口关税税率为 50%,境内运费已经取得合法的货物运输企业的发票。该公司应缴纳的关税是( )元。

A. 2 540 000　　　B. 2 320 000　　　C. 1 850 000　　　D. 1 240 000

19. 任何国家或者地区对其进口的原产于我国的货物征收歧视性关税或者给予其他歧视性待遇的,我国对原产于该国家或者地区的进口货物征收(　　)。

A. 保障性关税　　B. 报复性关税　　C. 反倾销税　　D. 反补贴税

20. 甲公司进口一台机器设备,成交价格为4 500万元人民币,起卸前运费和保险费共为1.5万元,购货佣金4万元,进口关税税率为15%,则甲公司应纳进口关税为(　　)万元。

A. 60　　　　　　B. 60.18　　　　　C. 675.225　　　D. 60.825

21. 下列不属于关税征税对象的是(　　)。

A. 从国外进口的设备　　　　　　　B. 入境旅客随身携带的行李物品
C. 企业出口的设备　　　　　　　　D. 国家禁止出口的物品

22. 某医疗设备厂以租赁方式从中国台湾租进医疗仪器一台,其到岸价格为100万元人民币,从入境地到该厂的国内运输费为3 000元人民币,海关审查确定仪器租赁费为4万美元(1美元=8.3元人民币),进口关税税率为5%,应缴纳的进口关税为(　　)元。

A. 16 600　　　　B. 50 000　　　　C. 50 150　　　　D. 66 750

23. 某医院2018年以150万元(人民币,下同)的价格进口了一台医疗仪器;2023年1月因出现故障运往日本修理(出境时已向海关报明),2023年5月,按海关规定的期限复运进境。此时,该仪器的国际市场价格为200万元。若经海关审定的修理费和料件费为40万元,进口关税税率为6%,该仪器复运进境时,应缴纳的进口关税为(　　)万元。

A. 9　　　　　　　B. 3　　　　　　　C. 2.4　　　　　　D. 12

24. 某建筑工程公司获海关核准从国外暂时进口A、B两台施工机械。已知A、B机械的到岸价格(成交价格)分别为1 536万元和1 920万元,其留在国内使用的时间分别为4个月和8个月,适用的关税税率均为10%。该公司应纳的关税为(　　)万元。

A. 4　　　　　　　B. 8　　　　　　　C. 16　　　　　　D. 32

二、多选题(每题至少有两个正确答案,请将正确答案填在括号内)

1. 下列未包含在进口货物价格中的项目,应计入关税完税价格的有(　　)。

A. 由买方负担的购货佣金
B. 由买方负担的包装材料和包装劳务费
C. 由买方负担的经纪费用
D. 由买方负担的与该货物视为一体的容器费用

2. 下列进口货物,海关可以酌情减免关税的有(　　)。

A. 在境外运输途中或者起卸时,遭受损坏或者损失的货物
B. 起卸后海关放行前,因不可抗力遭受损坏或者损失的货物
C. 海关查验时已经破漏、损坏或者腐烂,经查不是保管不慎的货物
D. 因不可抗力,缴税确有困难的纳税人进口的货物

3. 加工贸易进口料件及其制成品需征税的,海关按照一般进口货物的规定审定完税价格。下列各项中,符合审定完税价格规定的有(　　)。

A. 进口时需征税的进料加工进口料件,以该料申报进口时的价格估定
B. 内销的进料加工进口料件或其制成品,以该料原进口时的价格估定

C. 内销的来料加工进口料件或其制成品,以该料件申报内销时的价格估定
D. 出口加工区内的加工企业内销的制成品,以制成品申报内销时的价格估定

4. 下列各项中,符合进口关税完税价格规定的错误的有( )。
   A. 留购的进口货样,以海关审定的留购价格为完税价格
   B. 转让进口的免税旧货物,以原入境的到岸价格为完税价格
   C. 准予暂时进口的施工机械,按同类货物的价格为完税价格
   D. 运往境外加工的货物,应以加工后入境时的到岸价格为完税价格

5. 下列出口货物完税价格确定方法中,符合关税法规定的有( )。
   A. 海关依法估价确定的完税价格
   B. 以成交价格为基础确定的完税价格
   C. 根据境内生产类似货物的成本、利润和费用计算出的价格
   D. 按照合理方法估定的完税价格

6. 我国特别关税的种类包括( )。
   A. 报复性关税   B. 保障性关税
   C. 出口附加税   D. 反倾销税与反补贴税

7. 下列各项中,不符合关税减免规定的有( )。
   A. 因故退还的国内出口货物,经海关审查属实,可予免征进口关税,已征收的出口关税准予退还
   B. 因故退还的国内出口货物,经海关审查属实,可予免征进口关税,但已征收的出口关税不予退还
   C. 因故退还的境外进口货物,经海关审查属实,可予免征出口关税,已征收的进口关税准予退还
   D. 是因故退还的境外进口货物,经海关审查属实,可予免征出口关税,但已征收的进口关于不予退还

8. 我国《关税法》规定,下列费用( ),如能与该货物实付或者应付价格区分,不得计入完税价格。
   A. 厂房、机械、设备等货物进口后的基建、安装、装配、维修和技术服务的费用
   B. 货物运抵境内输入地点之后的运输费用、保险费和其他相关费用
   C. 进口关税及其他国内税收
   D. 由买方负担的与该货物视为一体的容器费用

9. 下列出口货物完税价格确定方法中,符合关税法规定的有( )。
   A. 海关依法估价确定的完税价格
   B. 以成交价格为基础确定的完税价格
   C. 根据境内生产类似货物的成本、利润和费用计算出的价格
   D. 以相同或类似的进口货物在境内销售价格为基础估定的完税价格

10. 下列未包含在进口货物价格中的项目,应计入关税完税价格的有( )。
    A. 由买方负担的购货佣金
    B. 由买方负担的包装材料和包装劳务费
    C. 由买方支付的进口货物在境内的复制权费

D. 由买方负担的与该货物视为一体的容器费用

11. 下列各项中,属于关税法定纳税义务人的有( )。
   A. 进口货物的收货人   B. 进口货物的代理人
   C. 出口货物的发货人   D. 出口货物的代理人

12. 下列各项中,属于《海关法》规定,可以自缴纳税款之日起一年内申请退税的有( )。
   A. 进口后因不可抗力遭受损失或损坏的
   B. 因海关误征,多纳税款的
   C. 已征出口关税的货物,因故未装运出口,申报退关,经海关查验属实的
   D. 海关核准免验进口的货物,在完税后,发现有短卸情况,经海关审查认可的

13. 下列各项中,属于关税征税对象的有( )。
   A. 贸易性商品
   B. 个人邮寄物品
   C. 入境旅客随身携带的行李和物品
   D. 馈赠物品或以其他方式进入国境的个人物品

14. 出口货物的完税价格,由海关以该货物向境外销售的成交价格为基础审查确定,并应包括货物运至我国境内输出地点装载前的( )。
   A. 运输及其相关费用   B. 保险费
   C. 单独列明支付给境外的佣金 D. 出口关税税额

15. 出口货物离岸价格可扣除( ),作为出口关税的完税价格。
   A. 出口关税
   B. 包含在成交价格中的支付给境外的佣金
   C. 售价中包含的离境口岸至境外口岸之间的运输费用
   D. 出口货物国内段运输、装卸等费用

16. 行邮税(行李和邮递物品进口税)包含了在进口环节征收的( )。
   A. 增值税   B. 消费税
   C. 城建税   D. 关税

17. 下列关于关税概念的说法中,正确的有( )。
   A. 关税是海关对进出境货物.物品征收的一种税
   B. 通常情况下,一个国家的关境与国境是一致的
   C. 我国的关境大于国境
   D. 一个国家的关境包括国家全部的领土、领海和领空

18. 按差别待遇和特定的实施情况,下列关税的划分正确的有( )。
   A. 进口附加税   B. 差价税   C. 特惠税   D. 出口税

19. 下列项目中,符合关税按照征税对象划分的有( )。
   A. 进口税   B. 出口税   C. 过境税   D. 进口附加税

三、判断题(正确的在括号内打"√",错误的打"×")
   1. 出口货物以海关审定的成交价格为基础的售予境外的离岸价格作为关税的完税

价格。（　　）

2. 出口货物的完税价格，是由海关以该货物向境外销售的成交价格为基础审查确定，包括货物运至我国境内输出地点装卸前的运输费、保险费，但不包括出口关税。（　　）

3. 我国对少数进口商品计征关税时所采用的滑准税实质上是一种特殊的从价税。
（　　）

4. 在海关对进出口货物进行完税价格审定时，如海关不接受申报价格，而认为有必要估定完税价格时，可以与进出口货物的纳税义务人进行价格磋商。（　　）

5. 在确定进口货物完税价格时，货物成交价格中含进口人向卖方支付的佣金，应该从完税价格中扣除。（　　）

6. 某企业向海关报明后将一台价值 65 万元的机械运往境外修，机械修复后准时复运进境。假设该机械的关税税率为 5%，支付的修理费和料件费为 35 万元（经海关审查确定），该企业缴纳的关税应为 1.75 万元。（　　）

7. 通常情形下，一国关境略小于国境。（　　）

8. 进口关税税率设有优惠税率和普通税率两档。（　　）

9. 某企业将一批产品从境内出口到日本，日本到岸价格为 500 万元（其中含有运费 40 万元，保险费 20 万元，支付国外的佣金 30 万元），另外还支付包装费 10 万元，出口关税税率为 40%，则应纳关税为 300 万元。（　　）

10. 世贸组织成员国中的任何国家对原产于我国的货物征收歧视性关税的，我国对原产于该国家的进口货物征收报复性关税。（　　）

11. 进口货物成交价格中已包括进口人向其境外代理人支付的经纪费，并且能够单独分列的，可从完税价格中扣除。（　　）

12. 为制造外销产品而进口的原材料，海关可以按实际加工出口的成品数量免征进口原材料的关税，也可以先对进口原材料征收关税，再按实际加工出口的成品数量予以退税。
（　　）

13. 减征关税在我国加入世界贸易组织之前以税则规定税率为基准，在我国加入世界贸易组织之后以最惠国税率或者普通税率为基准。（　　）

14. 我国某单位自马来西亚的一家设备生产厂家进口一套生产线，该设备所需一套备件自邻国购进，一同进口，则备件和生产线的原产地确定为马来西亚。（　　）

15. 出口货物的完税价格，由海关以该货物向境外销售的成交价格为基础审查确定，并应包括货物运至我国境内输出地点装卸前的运输及其相关费用、保险费及出口关税税额。
（　　）

16. 我国对少数进口商品计征关税时所采用的滑准税实质上是一种特殊的从价税。
（　　）

四、综合练习题

1. 某进出口公司从美国进口一批化工原料共 500 吨，货物以境外口岸离岸价格成交，单价折合人民币为 20 000 元，买方承担包装费每吨 500 元，另向卖方支付的佣金每吨 1 000 元人民币，另向自己的采购代理人支付佣金 5 000 人民币，已知该货物运抵中国海关境内输入地起卸前的包装、运输、保险和其他劳务费用为每吨 2 000 元人民币，进口后另发生运输和装卸费用300元人民币。

要求：计算该批化工原料的关税完税价格。

2. 某医院2023年以150万元(人民币，下同)的价格进口了一台医疗仪器；2024年1月因出现故障运往日本修理(出境时已向海关报明)，2024年5月，按海关规定的期限复运进境。此时，该仪器的国际市场价已为200万元。若经海关审定的修理费和料件费为40万元，进口运费1万元，进口关税税率为6%，该仪器复运进境时。

要求：计算该医院应缴纳的进口关税。

3. 某进出口公司从美国进口货物一批，货物以离岸价格成交，成交价折合人民币为1 410万元(包括单独计价并经海关审查属实的向境外采购代理人支付的买方佣金10万元，但不包括使用该货物而向境外支付的软件费50万元，向卖方支付的佣金15万元)，另支付货物运抵我国上海港的运费、保险费等35万元。假设该货物适用关税税率为20%，增值税税率为13%，消费税税率为10%。

要求：请分别计算该公司应纳关税、消费税和增值税。

4. 某公司进口货物一批，CIF成交价格为人民币600万元，含单独计价并经海关审核属实的进口后装配调试费用30万元，该货物进口关税税率为10%，海关填发税款缴纳证日期为2023年1月10日，该公司于1月25日缴纳税款。

要求：计算该公司应纳关税及滞纳金。

5. 某公司出口商品一批，该商品的离岸价格为288 000元，出口关税税率为20%。

要求：计算该公司应纳关税税额。

6. 某市进出口企业发生如下业务：进口设备一批，合同规定货款60 000美元，进口海运费2 000美元，保管费及港口至企业内陆运费300美元，买方另支付进口货物保险费150美元，向采购中介支付中介费600美元。(机器关税税率7%，当期汇率1∶8.27)进口后将此批设备以700 000元含税价格销售。

要求：

(1) 计算其应纳关税和其他税金。

(2) 内销环节各项税金及附加。

7. A公司为外贸企业，2023年5月有关进出口业务如下。

(1) 5月10日，从日本进口甲醇，以我国口岸的到岸价格成交，进口申报价格为到岸价格USD1 000 000。当日外汇牌价(中间价)为USD100＝￥684；税则号：29051100，关税税率为5.5%。

(2) 5月15日，从美国进口硫酸镁5 000吨，进口申报价格FOB旧金山为USD 3 250 000，运费每吨USD40，保险费率为3‰，当日的外汇牌价(中间价)为USD100＝￥6.83。税则号：28332100，关税税率为5.5%。

(3) 5月25日，出口五氯化磷10 000吨到日本，每吨离岸价格杭州为USD800，其中佣金为离岸价格的2%，理舱费USD10 000，当日的外汇牌价(中间价)为USD100＝￥682。税则号：2812104500，出口关税税率为5.5%。

要求：

(1) 计算进出口货物的关税完税价格。

(2) 计算进出口货物应纳的关税税额。

8. B公司2023年6月有关进出口业务如下。

(1) 从美国进口一批化工原料共500吨,货物以境外口岸离岸价格成交,单价折合人民币为20000元,买方承担包装费每吨500元,另向卖方支付的佣金每吨1000元人民币,另向自己的采购代理人支付佣金5000元人民币,已知该货物运抵中国海关境内输入地起卸前的包装、运输、保险和其他劳务费用为每吨2000元人民币,进口后每吨又发生运输和装卸费用300元人民币,关税税率10%。

(2) 2020年5月31日公司由于承担国家重要工程项目,经批准进口了一套电子设备。使用2年后项目完工,2023年6月1日公司将该设备出售给了国内另一家企业,并向海关办理申报补税手续。该电子设备的到岸价格为300万元,2020年进口时该设备关税税率为12%,2022年转售时该设备关税税率为7%,海关规定的监管年限为5年。

(3) 6月15日,公司出口产品一批,出厂价为3800万元,支付境内佣金比例为5%,运费和商检等一切其他杂费为250万元,产品出口关税税率为20%。

(4) 6月21日,公司从美国进口货物一批,货物以离岸价格成交,成交价折合人民币为1410万元(包括单独计价并经海关审查属实的向境外采购代理人支付的买方佣金10万元,但不包括使用该货物而向境外支付的软件费50万元,向卖方支付的佣金15万元),另支付货物运抵我国宁波港的运费、保险费等35万元。假设该货物适用关税税率为20%,增值税税率为13%,消费税税率为10%。

要求:
(1) 计算各项进出口业务的关税完税价额。
(2) 计算各项进出口业务应纳的关税税额。
(3) 计算第4笔业务进口环节应纳的消费税税额、增值税额。

9. 2023年8月,某企业海运进口一批银首饰,海关审定货价折合人民币6970万元,运保费无法确定,海关按同类货物同程运输费估定运费折人民币9.06万元,该批货物进口关税税率为15%,消费税税率5%。

要求:
(1) 计算进口环节应纳的关税。
(2) 计算进口环节应纳的消费税。
(3) 计算进口环节应纳的增值税。

10. 某外贸进出口公司2023年3月从美国进口货物一批,在美国边境口岸的实付价格折合人民币为1050万元,其中货物的货价为900万元,包装物的材料费为8万元,向美国的某中介机构支付的中介费22万元,向国内的采购代理人支付的购货佣金10万元,由买方直接支付的特许权使用费110万元(含进口货物在我国境内的复制权费10万元);货物起卸前的运输装卸费12万元,保险费无法确定;另外支付货物进口后的安装费7万元。该货物于3月7日运抵我国上海港,该公司于3月12日向海关申报。海关于当天填发了税款缴款书,该公司于3月30日解缴了税款。已知该进口货物适用的关税税率为20%,消费税税率为5%。

要求:
(1) 计算该公司应纳的关税。
(2) 计算该公司滞纳关税的滞纳金。

(3) 计算该公司进口货物应纳的消费税。
(4) 计算该公司进口货物应纳的增值税。

11. 2023年4月我国甲公司从俄罗斯进口货物,该货物在我国境外边境口岸的价格成交,其价格总额为120万元人民币。该批货物进口后,由甲公司销往内地,取得销售收入226万元人民币(含税价格),并支付销售货物的运费,取得运费增值税专用发票上注明的金额为12万元。另外,甲公司还进口自驾的小汽车1辆,海关审定的完税价格为15万元人民币。

已知:进口货物的关税税率为20%,进口小汽车的关税税率为10%。货物的增值税税率为13%。小汽车的消费税税率为5%。

要求:
(1) 计算进口货物的完税价格和关税。
(2) 计算进口货物应纳的增值税。
(3) 计算进口小汽车的关税、消费税、增值税。
(4) 计算甲公司4月份境内应纳的增值税。

项目五
企业所得税的计算与申报

【引言】

我国企业所得税是以企业取得的生产经营所得和其他所得为征税对象所征收的一种税,是规范和处理国家与企业分配关系的重要形式。

新的《中华人民共和国企业所得税法》(以下简称《企业所得税法》)规定一般企业所得税的税率为25%,非居民企业在中国境内未设立机构、场所的,或者虽设立机构、场所但取得的所得与其所设机构、场所没有实际联系的,应当就其来源于中国境内的所得缴纳企业所得税,税率为20%;符合条件的小型微利企业,减按20%的税率征收企业所得税;国家需要重点扶持的高新技术企业,减按15%的税率征收企业所得税。

【课程思政】

近几年,财政部、国家税务总局陆续出台了一系列企业所得税政策,为鼓励创新、刺激消费、扩大就业、应对疫情、服务实体经济发展提供了有益助力,从而不断完善社会主义经济体制,不断推动社会主义市场经济体制向深层次发展。

【重点难点内容】

本项目的重点与难点内容是应纳税所得额的计算,归纳如表5-1所示。

表5-1　应纳税所得额的计算

方　法	应纳税所得额	应纳企业所得税额
直接法	应纳税所得额＝收入总额－不征税收入－免税收入－准予扣除的项目金额－允许弥补的以前年度亏损	应纳企业所得税额＝应纳税所得额×税率
间接法	应纳税所得额＝利润总额＋纳税调整增加额－纳税调整减少额－允许弥补的以前年度亏损	

模块一　企业所得税的认知

一、企业所得税的概念与特点

(一) 企业所得税的概念

企业所得税是指国家对境内企业和其他取得收入的组织的生产经营所得和其他所得依法征收的一种税。它是国家参与企业利润分配的重要手段。

(二) 企业所得税的特点

企业所得税具有以下特征。

1. 企业所得税以所得额为课税对象

所谓所得额是指以总收入扣除各项成本、费用、税金等开支项目后的净所得额。它既不是企业的销售额(营业额),也不是企业实现的利润额。

2. 企业所得税是直接税

企业所得税是以纳税人最终的所得额为计税依据,根据纳税人的承担能力进行课税,税负一般不易转嫁,所以是一种直接税。

3. 征税以量能负担,公平征收为原则

企业所得税以所得额为课税对象,所得税的负担轻重与纳税人所得的多少有着内在联系,所得多、负担能力大的多征,所得少、负担能力小的少征,无所得、没有负担能力的不征,以体现税收公平的原则。

4. 税法对税基的约束力强

企业应纳税所得额的计算应严格按照《企业所得税法》及其他有关规定进行,如果企业的会计处理办法与国家税法相抵触的,应当按照税法的规定进行调整。这一规定有利于保护税基,维护国家利益。

5. 实行按年计算、分期预缴的征收办法

企业所得税的征收一般是以全年的应纳税所得额为计税依据,实行按年计算、分月或分季预缴、年终汇算清缴的征收办法。

二、企业所得税的纳税义务人、征税对象与税率

(一) 纳税义务人

《企业所得税法》规定,在中华人民共和国境内,企业和其他取得收入的组织(以下统称

企业)为企业所得税的纳税义务人,但不包括个人独资企业和合伙企业。

企业所得税纳税义务人按照国际惯例一般分为居民企业和非居民企业,这是确定纳税人是否负有全面纳税义务的基础。

1. 居民企业

居民企业是指依法在中国境内成立,或者依照外国(地区)法律成立但实际管理机构在中国境内的企业。例如,依照我国法律成立的微软(中国)公司,就是我国的居民企业,在美国成立注册的公司,但实际管理机构在我国境内,也是我国的居民企业。

2. 非居民企业

非居民企业是指依照外国(地区)法律成立且实际管理机构不在中国境内,但在中国境内设立机构、场所的,或者在中国境内未设立机构、场所,但有来源于中国境内所得的企业。例如,在我国设立的代表处及其分支机构等外国企业。

(二)征税对象

《企业所得税法》规定,在中华人民共和国境内的企业和组织,应当就其取得的各种所得缴纳企业所得税。

1. 居民企业的征税对象

居民企业应当就其来源于中国境内、境外的所得缴纳企业所得税。征税范围具体来说主要包括:销售货物所得、提供劳务所得、转让财产所得、股息红利等权益性投资所得、利息所得、租金所得、特许权使用费所得、接受捐赠所得和其他所得等。

2. 非居民企业的征税范围

非居民企业在中国境内设立机构、场所的,应当就其所设机构、场所取得的来源于中国境内的所得,以及发生在中国境外但与其所设机构、场所有实际联系的所得,缴纳企业所得税。非居民企业在中国境内未设立机构、场所的,或者虽设立机构、场所但取得的所得与其所设机构、场所没有实际联系的,应当就其来源于中国境内的所得缴纳企业所得税。

上述规定的"实际联系"是指非居民企业在中国境内设立的机构、场所拥有据以取得所得的股权、债权,以及拥有、管理、控制据以取得所得的财产等。

(三)企业所得税税率

我国企业所得税实行的是比例税率,现行规定如下。

(1)基本税率为25%。适用于居民企业和在中国境内设有机构、场所且所得与机构、场所有关联的非居民企业。

(2)低税率为20%。适用于在中境内未设立机构、场所的,或者虽设立机构、场所但取得的所得与机构、场所没有实际联系的非居民企业。但实际征税时适用10%的税率。

三、企业所得税的税收优惠

税收优惠政策是指为了照顾某些纳税人的特殊情况而给予减征或免征所得税的规定。它是税法原则性和灵活性相结合的体现,是发挥税收特殊调节作用的重要手段。国家对重点扶持和鼓励发展的产业和项目,给予企业所得税优惠。企业所得税的优惠方式主要有免税、减税、加计扣除、加速折旧、减计收入、税额抵免等。

(一) 企业的免税收入

企业的免税收入具体包括如下几项。

(1) 国债利息收入。

(2) 符合下列条件的居民企业之间的股息、红利等权益性投资收益：居民企业直接投资于其他居民企业取得的投资收益，但不包括连续持有居民企业公开发行并上市流通的股票不足12个月取得的投资收益。

(3) 在中国境内设立机构、场所的非居民企业从居民企业取得与该机构、场所有实际联系的股息、红利等权益性投资收益（但不包括连续持有居民企业公开发行并上市流通的股票不足12个月取得的投资收益）。

(4) 符合下列条件的非营利组织的——非营利收入：

① 依法履行非营利组织登记手续。

② 从事公益性或者非营利性活动。

③ 取得的收入除用于与该组织有关的、合理的支出外，全部用于登记核定或者章程规定的公益性或者非营利性事业。

④ 财产及其孳息不用于分配。

⑤ 按照登记核定或者章程规定，该组织注销后的剩余财产用于公益性或者非营利性目的，或者由登记管理机关转赠给予该组织性质、宗旨相同的组织，并向社会公告。

⑥ 投入人对投入该组织的财产不保留或者享有任何财产权利。

⑦ 工作人员工资福利开支控制在规定的比例内，不变相分配该组织的财产。

非营利收入主要是指：

① 接受其他单位或者个人捐赠的收入。

② 除《中华人民共和国企业所得税法》第七条规定的财政拨款以外的其他政府补助收入，但不包括因政府购买服务取得的收入。

③ 按照省级以上民政、财政部门规定收取的会费。

④ 不征税收入和免税收入孳生的银行存款利息收入。

⑤ 财政部、国家税务总局规定的其他收入。

(二) 免征、减征的具体规定

1. 从事农、林、牧、渔业项目的所得

(1) 企业从事下列项目的所得，免征企业所得税：

① 蔬菜、谷物、薯类、油料、豆类、棉花、麻类、糖料、水果、坚果的种植。

② 农作物新品种的选育。

③ 中药材的种植。

④ 林木的培育和种植。

⑤ 牲畜、家禽的饲养。

⑥ 林产品的采集。

⑦ 灌溉、农产品初加工、兽医、农技推广、农机作业和维修等农、林、牧、渔服务业项目。

⑧ 远洋捕捞。

(2) 企业从事下列项目的所得,减半征收企业所得税:

① 花卉、茶以及其他饮料作物和香料作物的种植。

② 海水养殖、内陆养殖。

企业从事国家限制和禁止发展的项目,不得享受企业所得税优惠。

2. 从事国家重点扶持的公共基础设施项目投资经营的所得

国家重点扶持的公共基础设施项目是指《公共基础设施项目企业所得税优惠目录》规定的港口码头、机场、铁路、公路、城市公共交通、电力、水利等项目。自项目取得第一笔生产经营收入所属纳税年度起,第一年至第三年免征企业所得税,第四年至第六年减半征收企业所得税。

企业承包经营、承包建设和内部自建自用的项目,不得享受企业所得税优惠。

3. 从事符合条件的环境保护、节能节水项目的所得

符合条件的环境保护、节能节水项目是指公共污水处理、公共垃圾处理、沼气综合开发利用、节能减排技术改造、海水淡化等。自项目取得第一笔生产经营收入所属纳税年度起,第一年至第三年免征企业所得税,第四年至第六年减半征收企业所得税。

同时,税法规定对于上述享受减免税优惠的公共基础设施项目和环境保护、节能节水项目,在减免税期限内转让的,受让方自受让之日起,可以在剩余期限内享受规定的减免税优惠;减免税期限届满后转让的,受让方不得就该项目重复享受减免税优惠。

4. 符合条件的技术转让所得

在一个纳税年度内,居民企业技术转让所得不超过500万元的部分,免征企业所得税;超过500万元的部分,减半征收企业所得税。

5. 非居民企业的情况

非居民企业在中国境内未设立机构、场所的,或者虽设立机构、场所但取得的所得与其所设机构、场所没有实际联系的,就其来源于中国境内的所得减按10%的税率征收企业所得税。下列所得可以免征企业所得税:

(1) 外国政府向中国政府提供贷款取得的利息所得。

(2) 国际金融组织向中国政府和居民企业提供优惠贷款取得的利息所得。

(3) 经国务院批准的其他所得。

6. 优惠税率

对符合条件的小型微利企业实行20%的优惠税率,对国家需要重点扶持的高新技术企业实行15%的优惠税率。

(1) 符合条件的小型微利企业是指从事国家非限制和禁止行业,并符合下列条件的企业。

① 年度应纳税所得额不超过300万元,从业人数不超过300人,资产总额不超过5 000万元。

② 对小型微利企业年应纳税所得额不超过100万元,其所得减按12.5%计入应纳税所得额,按20%的税率缴纳企业所得税,实际税负是2.5%。

③ 对小型微利企业年应纳税所得额超过100万元但不超过300万元,其所得减按25%计入应纳税所得额,按20%的税率缴纳企业所得税,实际税负是5%。

(2) 国家需要重点扶持的高新技术企业,是指拥有核心自主知识产权,并同时符合下列

条件的企业。

① 产品(服务)属于《国家重点支持的高新技术领域》规定的范围。

② 研究开发费用占销售收入的比例不低于规定比例(最近一年销售收入小于5 000万元的企业,比例不低于6%;最近一年销售收入在5 000万元至20 000万元的企业,比例不低于4%;最近一年销售收入在20 000万元以上的企业,比例不低于3%),其中企业在中国境内发生的研究开发费用总额占全部研究开发费用总额的比例不低于60%。

③ 一年高新技术产品(服务)收入占企业同期总收入的比例不低于60%。

④ 科技人员占企业当年职工总数的比例不低于30%,研发人员占企业当年职工总数的比例不低于10%。

⑤ 企业创新能力评价应达到相应要求。

⑥ 企业申请认定前一年内未发生重大安全、重大质量事故或严重环境违法行为。

(3) 自2018年1月1日起,在全国范围内对经认定的技术先进型服务企业,减按15%的税率征收企业所得税。

《财政部 税务总局 科技部关于进一步提高科技型中小企业研发费用税前加计扣除比例的公告》(公告2022年第16号)规定,科技型中小企业开展研发活动中实际发生的研发费用,未形成无形资产计入当期损益的,在按规定据实扣除的基础上,自2022年1月1日起,再按照实际发生额的100%在税前加计扣除;形成无形资产的,自2022年1月1日起,按照无形资产成本的200%在税前摊销。

7. 民族自治地方的减免税

民族自治地方的自治机关对本民族自治地方的企业应缴纳的企业所得税中属于地方分享的部分,可以决定减征或者免征。自治州、自治县决定减征或者免征的,须报省、自知区、直辖市人民政府批准。民族自知地方,是指依照《中华人民共和国民族区域自知法》的规定,实行民族区域自治的自治区、自治州、自治县。

对民族自治地方内国家限制和禁止行业的企业,不减征或者免征企业所得税。

(三) 加计扣除的项目

企业的下列支出,可以在计算应纳税所得额时加计扣除。

1. 研究开发费用

企业开展研发活动中实际发生的研发费用,未形成无形资产计入当期损益的,在按规定据实扣除的基础上,自2023年1月1日起,再按照实际发生额的100%在税前加计扣除;形成无形资产的,自2023年1月1日起,按照无形资产成本的200%在税前摊销。

集成电路企业和工业母机企业开展研发活动中实际发生的研发费用,未形成无形资产计入当期损益的,在按规定据实扣除的基础上,在2023年1月1日至2027年12月31日期间,再按照实际发生额的120%在税前扣除;形成无形资产的,在上述期间按照无形资产成本的220%在税前摊销。

下列行业不适用税前加计扣除政策,烟草制造业、住宿和餐饮业、批发和零售业、房地产业、租赁和商务服务业、娱乐业;财政部和国家税务总局规定的其他行业。

2. 安置残疾人员所支付的工资

企业安置残疾人员的,在按照支付给残疾职工工资据实扣除的基础上,按照支付给残疾职工工资的100%加计扣除。企业安置国家鼓励安置的其他就业人员所支付的工资的加计扣除办法,由国务院另行规定。

(四)其他税收优惠

1. 创业投资企业从事国家需要重点扶持和鼓励的创业投资,可以按投资额的一定比例抵扣应纳税所得额

具体是指创业投资企业采取股权投资方式投资于未上市的中小高新技术企业2年以上的,可以按照其投资额的70%在股权持有满2年的当年抵扣该创业投资企业的应纳税所得额;当年不足抵扣的,可以在以后纳税年度结转抵扣。

2. 企业的固定资产由于技术进步等原因,确需加速折旧的,可以缩短折旧年限或者采取加速折旧的方法

可以采取缩短折旧年限或者采取加速折旧的方法的固定资产,包括:

(1) 由于技术进步,产品更新换代较快的固定资产。

(2) 常年处于强震动、高温、腐蚀状态的固定资产。

采取缩短折旧年限方法的,最低折旧年限不得低于税法规定折旧年限的60%;采取加速折旧方法的,可以采取双倍余额递减法或者年数总和法。

企业在2018年1月1日至2023年12月31日期间新购进的设备、器具,单位价值不超过500万元的,允许一次性计入当期成本费用,在计算应纳税所得额时扣除,不再分年度计算折旧。单位价值超过500万元的,仍按企业所得税法实施条例实行,设备、器具是指除房屋、建筑物以外的固定资产。

3. 企业综合利用资源,生产符合国家产业政策规定的产品所取得的收入,可以在计算应纳税所得额时减计收入

具体是指企业以《资源综合利用企业所得税优惠目录》规定的资源作为主要原材料(原材料占生产产品材料的比例不得低于《资源综合利用企业所得税优惠目录》规定的标准),生产国家非限制和禁止并符合国家和行业相关标准的产品取得的收入,减按90%计入收入总额。

4. 企业购置用于环境保护、节能节水、安全生产等专用设备的投资额,可以按一定比例实行税额抵免

具体是指企业购置并实际使用《环境保护专用设备企业所得税优惠目录》《节能节水专用设备企业所得税优惠目录》和《安全生产专用设备企业所得税优惠目录》规定的环境保护、节能节水、安全生产等专用设备的,该专用设备的投资额的10%可以从企业当年的应纳税额中抵免;当年不足抵免的,可以在以后5个纳税年度结转抵免。但企业购置上述专用设备在5年内转让、出租的,应当停止享受企业所得税优惠,并补缴已经抵免的企业所得税税款。

5. 根据国民经济和社会发展的需要,或者由于突发事件等原因对企业经营活动产生重大影响的,国务院可以制定企业所得税专项优惠政策,报全国人民代表大会常务委员会备案

需要说明的是,企业同时从事适用不同企业所得税待遇的项目的,其优惠项目应当单独计算所得,并合理分摊企业的期间费用;没有单独计算的,不得享受企业所得税优惠。

项目五 企业所得税的计算与申报

模块二 企业所得税应纳税额的计算与会计处理

企业所得税的计算依据是应纳税所得额。应纳税所得额是指企业每一纳税年度的收入总额减除不征税收入、免税收入、各项扣除以及允许弥补的以前年度亏损后的余额。纳税人应纳税所得额的计算以权责发生制为原则。其计算公式(直接法)如下：

$$应纳税所得额＝收入总额－不征税收入－免税收入－准予扣除的项目金额－允许弥补的以前年度亏损$$

需要说明的是，上述的准予扣除的项目金额是按照税法的规定进行计算的，不能按照企业会计核算的口径进行计算，但为了简化计算工作，企业可以会计核算的利润总额为基础，进行相关纳税调整求得应纳税所得额。计算公式(间接法)可改为：

$$应纳税所得额＝利润总额＋纳税调整增加额－纳税调整减少额－允许弥补的以前年度亏损$$

另外，对于在中国境内未设立机构、场所的，或者虽设立机构、场所但取得的所得与其所设机构、场所没有实际联系的非居民企业来说，按以下规定计算应纳税所得额：

(1) 股息、红利等权益性投资收益和利息、租金、特许权使用费所得，以收入全额为应纳税所得额。

(2) 转让财产所得，以收入全额减除财产净值后的余额为应纳税所得额。

(3) 其他所得，参照前两项规定的方法计算应纳税所得额。

一、收入总额的确定

企业以货币形式和非货币形式从各种来源取得的收入，为收入总额，包括销售货物收入、提供劳务收入、转让财产收入、股息、红利等权益性投资收益、利息收入、租金收入、特许权使用费收入、接受捐赠收入、其他收入等。

(一) 销售货物收入

销售货物收入是指企业销售商品、产品、原材料、包装物、低值易耗品以及其他存货取得的收入。

(二) 提供劳务收入

提供劳务收入是指企业从事建筑安装、修理修配、交通运输、仓储租赁、金融保险、邮电通信、咨询经纪、文化体育、科学研究、技术服务、教育培训、餐饮住宿、中介代理、卫生保健、社区服务、旅游、娱乐、加工以及其他劳务服务活动取得的收入。

(三) 转让财产收入

转让财产收入,是指企业转让固定资产、生物资产、无形资产、股权、债权等财产取得的收入。

(四) 股息、红利等权益性投资收益

股息、红利等权益性投资收益是指企业因权益性投资从被投资方取得的收入。股息、红利等权益性投资收益,除国务院财政、税务主管部门另有规定外,按照被投资方作出利润分配决定的日期确认收入的实现。

(五) 利息收入

利息收入是指企业将资金提供他人使用但不构成权益性投资,或者因他人占用本企业资金取得的收入,包括存款利息、贷款利息、债券利息、欠款利息等收入。利息收入,按照合同约定的债务人应付利息的日期确认收入的实现。

(六) 租金收入

租金收入,是指企业提供固定资产、包装物或者其他有形资产的使用权取得的收入。租金收入,按照合同约定的承租人应付租金的日期确认收入的实现。

(七) 特许权使用费收入

特许权使用费收入,是指企业提供专利权、非专利技术、商标权、著作权以及其他特许权的使用权取得的收入。特许权使用费收入,按照合同约定的特许权使用人应付特许权使用费的日期确认收入的实现。

(八) 接受捐赠收入

接受捐赠收入,是指企业接受的来自其他企业、组织或者个人无偿给予的货币性资产、非货币性资产。接受捐赠收入,按照实际收到捐赠资产的日期确认收入的实现。

(九) 其他收入

其他收入,是指企业取得的除企业所得税法第六条第(一)项至第(八)项规定的收入外的其他收入,包括企业资产溢余收入、逾期未退包装物押金收入、确实无法偿付的应付款项、已作坏账损失处理后又收回的应收款项、债务重组收入、补贴收入、违约金收入、汇兑收益等。

(十) 收入确定的特殊规定

(1) 以分期收款方式销售货物的,按照合同约定的收款时间确认收入的实现。

(2) 企业受托加工制造大型机械设备、船舶、飞机,以及从事建筑、安装、装配工程业务或者提供其他劳务等,持续时间超过12个月的,按照纳税年度内完工进度或者完成的工作量确认收入的实现。

(3) 采取产品分成方式取得的收入,按照企业分得产品的日期确认收入的实现,其收入额按照产品的公允价值确定。

(4) 企业发生非货币性资产交换,以及将货物、财产、劳务用于捐赠、偿债、赞助、集资、广告、样品、职工福利或者利润分配等用途的,应当视同销售货物、转让财产或者提供劳务,但国务院财政、税务主管部门另有规定的除外。

二、不征税收入与免税收入

不征税收入包括:财政拨款、依法收取并纳入财政管理的行政事业性收费、政府性基金和国务院规定的其他不征税收入。

免税收入包括:国债利息收入、符合条件的居民企业之间的股息、红利等权益性投资收益、符合条件的非营利组织的收入和其他专项优惠。

三、准予扣除项目

企业实际发生的与取得收入有关的、合理的支出,包括成本、费用、税金、损失和其他支出,准予在计算应纳税所得额时扣除。企业发生的支出应当区分收益性支出和资本性支出。收益性支出在发生当期直接扣除;资本性支出应当分期扣除或者计入有关资产成本,不得在发生当期直接扣除。企业的不征税收入用于支出所形成的费用或者财产,不得扣除或者计算对应的折旧、摊销扣除。

(一) 一般性规定

1. 成本

成本是指企业在生产经营活动中发生的销售成本、销货成本、业务支出及其他耗费。

2. 费用

费用是指企业在生产经营活动中发生的销售费用、管理费用和财务费用,已经计入成本的有关费用除外。

3. 税金

税金是指企业发生的除企业所得税和允许抵扣的增值税以外的各项税金及其附加。即企业按规定缴纳的消费税、城市维护建设税、关税、资源税、土地增值税、房产税、车船税、土地使用税、印花税、教育费附加等产品销售税金及附加。这些已纳税金准予税前扣除。准许扣除的税金有两种方式:一是在发生当期扣除;二是在发生当期计入相关资产成本,在以后各期分摊扣除。

4. 损失

损失是指企业在生产经营活动中发生的固定资产和存货的盘亏、毁损、报废损失,转让财产损失,呆账损失,坏账损失,自然灾害等不可抗力因素造成的损失以及其他损失。企业发生的损失,减除责任人赔偿和保险赔款后的余额,依照国务院财政、税务主管部门的规定扣除。企业已经作为损失处理的资产,在以后纳税年度又全部收回或者部分收回时,应当计入当期收入。

5. 其他支出

其他支出是指除成本、费用、税金、损失外,企业在生产经营活动中发生的与生产经营活动有关的、合理的支出。

(二) 扣除项目及其标准

1. 工资薪金支出

企业发生的合理的工资薪金支出,准予扣除。

这里的工资薪金是指企业每一纳税年度支付给在本企业任职或者受雇的员工的所有现金形式或者非现金形式的劳动报酬,包括基本工资、奖金、津贴、补贴、年终加薪、加班工资,以及与员工任职或者受雇有关的其他支出。

2. 职工福利费、工会经费和职工教育经费

企业发生的职工福利费支出,不超过工资薪金总额14%的部分,准予扣除。企业拨缴的工会经费,不超过工资薪金总额2%的部分,准予扣除。自2018年1月1日起,企业发生的职工教育经费支出,不超过工资薪金总额8%的部分,准予扣除,超过部分,准予在以后纳税年度结转扣除。

【例5-1】 民生公司2023年全年平均职工人数120人,全年计入各种成本费用中的工资总额196万元,提取并使用了职工工会经费3.8万元、职工福利费28万元、职工教育经费6万元。请依据上述资料计算该企业2023年计算应纳税所得额时可扣除的工资及三项经费各为多少?

(1) 工资:按实际数额196万元全额抵扣。

(2) 工会经费:

$$抵扣的限额=196\times 2\%=3.92万元>实际数额3.8万元$$

实际数额未超过扣除标准,可按实际数3.8万元全额抵扣。

(3) 职工福利费:

$$抵扣的限额=196\times 14\%=27.44万元<实际数额28万元$$

只可扣除27.44万元,超过的部分0.56万元不能抵扣。

(4) 职工教育经费6万元:

$$抵扣的限额=196\times 8\%=15.68万元>实际数额6万元$$

实际数额未超过扣除限额,可全额扣除。

3. 社会保险费

(1) 企业依照国务院有关主管部门或者省级人民政府规定的范围和标准为职工缴纳的基本养老保险费、基本医疗保险费、失业保险费、工伤保险费、生育保险费等基本社会保险费和住房公积金,准予扣除。

(2) 企业为投资者或者职工支付的补充养老保险费、补充医疗保险费,在国务院财政、税务主管部门规定的范围和标准内,准予扣除。企业依照国家有关规定为特殊工种职工支付的人身安全保险费和符合国务院财政、税务主管部门规定可以扣除。

(3) 企业参加财产保险,按照规定缴纳的保险费,准以扣除。企业为投资者或者职工支付的商业保险费,不得扣除。

4. 利息费用

企业为购置、建造固定资产、无形资产和经过12个月以上的建造才能达到预定可销售状态的存货发生借款的,在有关资产购置、建造期间发生的合理的利息费用,应当作为资本性支出计入有关资产的成本,并依照本条例的规定扣除。

企业在生产经营活动中发生的下列利息支出,准予扣除:

(1) 非金融企业向金融企业借款的利息支出、金融企业的各项存款利息支出和同业拆借利息支出、企业经批准发行债券的利息支出,准予扣除。

(2) 非金融企业向非金融企业借款的利息支出,不超过按照金融企业同期同类贷款利率计算的数额的部分,准予扣除。超过部分,不允许扣除。

5. 汇兑损失

企业在货币交易中,以及纳税年度终了时将人民币以外的货币性资产、负债按照期末即期人民币汇率中间价折算为人民币时产生的汇兑损失,除已经计入有关资产成本以及与向所有者进行利润分配相关的部分外,准予扣除。

6. 业务招待费

企业发生的与生产经营活动有关的业务招待费支出,按照发生额的60%扣除,但最高不得超过当年销售(营业)收入的5‰。

【例5-2】 民和公司2023年全年的营业收入总额2 600万元,管理费用280万元,其中业务招待费50万元。请依据上述资料计算该企业2023年计算应纳税所得额时可扣除的业务招待费为多少?

(1) 按实际数业务招待费的60%计算:

$$50 \times 60\% = 30(万元)$$

(2) 按营业收入的5‰计算:

$$2\,600 \times 5‰ = 13(万元)$$

(3) 比较大小:

$$30\,万元 > 13\,万元$$

所以,计算年应纳税所得额时只可扣除业务招待费13万元。

7. 广告费和业务宣传费

企业发生的符合条件的广告费和业务宣传费支出,除国务院财政、税务主管部门另有规定外,不超过当年销售(营业)收入15%的部分,准予扣除;超过部分,准予在以后纳税年度结转扣除。

企业申请扣除的广告费支出应与赞助支出严格区分。企业申报扣除的广告费支出,必须符合下列条件:广告是通过工商部门批准的专门机构制作的;已实际支付费用,并已取得相应发票;通过一定的媒体传播。

对化妆品制造或销售、医药制造和饮料制造(不含酒类制造)企业发生的广告费和业务宣传费支出,不超过当年销售(营业)收入30%的部分,准予扣除;超过部分,准予在以后纳税年度结转扣除。

【例 5-3】 民为公司为居民企业,2023年度产品销售收入 5 050 万元,车队对外提供运输服务时取得运费收入 190 万元,仓库对外出租的收入是 550 万元,国债利息收入 60 万元。当年发生销售费用 900 万元,全部为广告和业务宣传费;请依据上述资料计算该企业 2023 年计算应纳税所得额时可扣除的业务招待费为多少?

广告业务宣传费的扣除限额=(5 050+190+550)×15%=868.5(万元),小于实际发生额 900 万元,本年度可扣除 868.5 万元,剩余的 31.5 万元准予在以后纳税年度结转扣除。

8. 环境保护专项资金

企业依照法律、行政法规有关规定提取的用于环境保护、生态恢复等方面的专项资金,准予扣除。上述专项资金提取后改变用途的,不得扣除。

9. 财产保险费

企业参加财产保险,按照规定缴纳的保险费,准予扣除。

10. 固定资产租赁

企业根据生产经营活动的需要租入固定资产支付的租赁费,按照以下方法扣除:

(1) 以经营租赁方式租入固定资产发生的租赁费支出,按照租赁期限均匀扣除。

(2) 以融资租赁方式租入固定资产发生的租赁费支出,按照规定构成融资租入固定资产价值的部分应当提取折旧费用,分期扣除。

11. 劳动保护费

企业发生的合理的劳动保护支出,准予扣除。

12. 非居民企业上缴的总机构管理费

非居民企业在中国境内设立的机构、场所,就其中国境外总机构发生的与该机构、场所生产经营有关的费用,能够提供总机构出具的费用汇集范围、定额、分配依据和方法等证明文件,并合理分摊的,准予扣除。

13. 公益性捐赠支出

公益性捐赠,是指企业通过公益性社会团体或者县级以上人民政府及其部门,用于《中华人民共和国公益事业捐赠法》规定的公益事业的捐赠。

企业发生的公益性捐赠支出,在年度利润总额 12% 以内的部分,准予在计算应纳税所得额时扣除;超过年度利润总额 12% 的部分,准予结转以后 3 年内在计算应纳税所得额时扣除。年度利润总额,是指企业依照国家统一会计制度的规定计算的年度会计利润。

14. 有关资产的费用

企业转让各类固定资产发生的费用,允许扣除。企业按规定计算的固定资产折旧费、无形资产和递延资产的摊销费,准予扣除。

15. 盘盈、盘亏等

企业当期发生的固定资产和流动资产盘亏、毁损净损失,由其提供清查盘存资料经主管税务机关审核后,准以扣除;企业因存货盘亏、毁损、报废等原因不得从销项税额中抵扣的进项税额,应视同企业财产损失,准予与存货损失一起在所得税前按规定扣除。

16. 其他

依照有关法律、行政法规和国家有关税法规定准予扣除的其他项目。如会员费、合理的会议费、差旅费、违约金、诉讼费用等。

四、不得扣除项目

在计算应纳税所得额时，下列支出项目不得扣除：
（1）向投资者支付的股息、红利等权益性投资收益款项。
（2）企业所得税税款。
（3）税收滞纳金。
（4）罚金、罚款和被没收财物的损失。
（5）超过标准的公益救济性捐赠支出和非公益救济性捐赠支出。
（6）赞助支出，即企业发生的与生产经营活动无关的各种非广告性质支出。
（7）未经核定的风险准备金，风险准备金支出，具体是指不符合国务院财政、税务主管部门规定的各项资产减值准备、风险准备等准备金支出。
（8）企业之间支付的管理费、企业内营业机构之间支付的租金和特许权使用费，以及非银行企业内营业机构之间支付的利息。
（9）与取得收入无关的其他支出。

五、亏损弥补

亏损，是指企业依照企业所得税法及其实施条例的规定将每一纳税年度的收入总额减除不征税收入、免税收入和各项扣除后小于零的数额。

税法规定，企业某一纳税年度发生的亏损，准予用下一年度的所得弥补，下一年度的所得不足以弥补的，可以逐年延续弥补，但最长不得超过5年。而且，企业在汇总计算缴纳企业所得税时，其境外营业机构的亏损不得抵减境内营业机构的盈利。

企业筹办期间不计算为亏损年度，企业自开始生产经营的年度，为开始计算企业损益的年度。企业从事生产经营之前进行筹办活动期间发生筹办费用支出，不得计算为当期的亏损，企业可以在开始经营之日的当年一次性扣除，也可以按照新税法有关长期待摊费用的处理规定处理，但一经选定，不得改变。

税务机关对企业以前年度纳税情况进行检查时调增的应纳税所得额，凡企业以前年度发生亏损，且该亏损属于企业所得税法规定允许弥补的，应允许调增的应纳税所得额弥补该亏损，弥补亏损后仍有余额的，按照企业所得税法规定计算缴纳企业所得税。对检查调增的应纳税所得额应根据其情节，依照《中华人民共和国税收征收管理法》有关规定进行处理或处罚。

【例5-4】 民乐公司为居民企业，2023年度共发生下列收入事项：(1)主营业务收入10 000万元；(2)其他业务收入2 000万元；(3)营业外收入500万元；(4)利息收入10万元(全部为购买国库券利息)。发生各项支出如下：(1)主营业务成本5 500万元；(2)其他业务成本1 200万元;(3)销售费用1 200万元(其中广告费和业务宣传费500万元);(4)税金及附加300万元;(5)管理费用1 500万元(其中:业务招待费500万元);(6)财务费用200万元(全部为银行借款利息);(7)营业外支出400万元(其中通过民政部门向遭受雪灾地区捐款200万元)。企业所得税税率为25%。假设无其他纳税调整事项,计算该企业2023年度应纳企业所得税额。

间接法:

(1) 利润总额=10 000+2 000+500+10-5 500-1 200-1 200-300-1 500-200-400=2 210(万元)

(2) 调整事项如下。

① 国债利息收入免税,调减应纳税所得额10万元。

② 广告费和业务宣传费=(10 000+2 000)×15%=1 800(万元),大于实际发生额500万元,无须调整。

③ 业务招待费:按实际业务招待费的60%计算:500×60%=300万元;按营业收入的5‰计算:(10 000+2 000)×0.5%=60(万元),调增应纳税所得额500-60=440(万元)。

④ 捐赠:2 210×12%=265.2(万元),大于200万元,无须调整。

(3) 应纳税所得额:2 210-10+440=2 640(万元)。

(4) 应纳所得税:2 640×25%=660(万元)。

直接法:

(1) 利润总额=10 000+2 000+500+10-5 500-1 200-1 200-300-1 500-200-400=2 210(万元)。

(2) 国债利息收入免税。

(3) 广告费和业务宣传费:应纳税所得额扣除限额为(10 000+2 000)×15%=1 800(万元),大于实际发生额500万元,可全额扣除。

(4) 业务招待费:按实际业务招待费的60%计算,500×60%=300万元;营业收入的0.5‰,(10 000+2 000)×0.5%=60(万元),只能扣除60万元。

(5) 捐赠扣除限额:2 210×12%=265.2(万元),大于200万元,可全额扣除。

(6) 应纳税所得额=10 000+2 000+500+(10-10)-5 500-1 200-1 200-300-(1 500-500+60)-200-400=2 640(万元)。

(7) 应纳所得税:2 640×25%=660(万元)。

【例5-5】 民飞公司为居民企业,企业所得税税率为25%,2023年经营业务如下。

(1) 取得销售收入3 500万元;销售成本1 500万元;销售费用800万元(其中广告费480万元);管理费用580万元(其中业务招待费200万元,研发费用40万元);财务费用80万元。

(2) 销售税金160万元(其中含增值税42万元)。

(3) 营业外收入 90 万元,营业外支出 60 万元(含通过公益性团体向贫困山区捐款 30 万元,支付税收滞纳金 6 万元)。

(4) 计入成本费用中的实发工资总额 250 万元,拨款职工工会经费 3 万元,支付职工福利费 20 万元,支付职工教育经费 12 万元。

(5) 上年应纳税所得额为 -20 万元,本年已预交企业所得税 5 万元。

试计算该企业 2022 年应缴纳的企业所得税并做相应的会计处理。

间接法:

(1) 利润总额:3 500+90-1 500-800-580-80-118-60=452(万元)

(2) 调整事项:

① 广告费和业务宣传费:3 500×15%=525(万元),大于实际发生额 480 万元,不须调整。

② 业务招待费:200×60%=120(万元);3 500×0.5%=17.5(万元),调增应纳税所得额 200-17.5=182.5(万元)

③ 研发费用加计 75% 扣除:调减应纳税所得额 40×75%=30(万元)。

④ 捐赠:452×12%=54.24(万元),大于 30 万元,可全额扣除,不须调整。

⑤ 税收滞纳金不允许扣除,调增应纳税所得额 6 万元。

⑥ 职工福利费扣除限额:250×14%=35(万元),大于 20 万元,无须调整。

⑦ 职工教育经费扣除限额:250×8%=20(万元),大于 12 万元,可全额扣除,无须调整。

⑧ 工会经费扣除限额:250×2%=5(万元),大于 3 万元,无须调整。

(3) 应纳税所得额:452+182.5-30+6-20=590.5(万元)。

(4) 应纳所得税:590.5×25%-5=142.625(万元)。

直接法:

(1) 利润总额=3 500+90-1 500-800-580-80-118-60=452(万元)

(2) 广告费和业务宣传费:3 500×15%=525(万元),大于实际发生额 480 万元,可扣除 480 万元。

(3) 业务招待费:200×60%=120(万元);3 500×0.5%=17.5(万元),只能扣除 17.5 万元。

(4) 研发费用加计 75% 扣除:可扣除 40×175%=70(万元)。

(5) 捐赠:452×12%=54.24(万元),大于 30 万元,可全额扣除 30 万元。

(6) 税收滞纳金不允许扣除。

(7) 职工福利费扣除限额:250×14%=35(万元),大于 20 万元,可扣除 20 万元。

(8) 职工教育经费扣除限额:250×8%=20(万元),大于 12 万元,可全额扣除。

(9) 工会经费扣除限额:250×2%=5(万元),等于 3 万元,可扣除 3 万元。

(10) 应纳税所得额:3 500+90-(1 500-35+3+20+12)-(800-480+480)-(580-240+17.5+70)-80-118-54-20=590.5(万元)。

(11) 应纳所得税:590.5×25%-5=142.625(万元)。

六、固定资产的税务处理

企业的各项资产,包括固定资产、生物资产、无形资产、长期待摊费用、投资资产、存货等,以历史成本为计税基础。这里的历史成本是指企业取得该项资产时实际发生的支出。企业持有各项资产期间资产增值或者减值,除国务院财政、税务主管部门规定可以确认损益外,不得调整该资产的计税基础。

(一) 固定资产的计税基础

《企业所得税法》中所称的固定资产,是指企业为生产产品、提供劳务、出租或者经营管理而持有的、使用时间超过12个月的非货币性资产,包括房屋、建筑物、机器、机械、运输工具以及其他与生产经营活动有关的设备、器具、工具等。固定资产按照以下方法确定计税基础:

(1) 外购的固定资产,以购买价款和支付的相关税费以及直接归属于使该资产达到预定用途发生的其他支出为计税基础。

(2) 自行建造的固定资产,以竣工结算前发生的支出为计税基础。

(3) 融资租入的固定资产,以租赁合同约定的付款总额和承租人在签订租赁合同过程中发生的相关费用为计税基础,租赁合同未约定付款总额的,以该资产的公允价值和承租人在签订租赁合同过程中发生的相关费用为计税基础。

(4) 盘盈的固定资产,以同类固定资产的重置完全价值为计税基础。

(5) 通过捐赠、投资、非货币性资产交换、债务重组等方式取得的固定资产,以该资产的公允价值和支付的相关税费为计税基础。

(6) 改建的固定资产,除企业所得税法另有规定的支出外,以改建过程中发生的改建支出增加计税基础。

(二) 固定资产的折旧

企业应当根据固定资产的性质和使用情况,合理确定固定资产的预计净残值。固定资产的预计净残值一经确定,不得变更。企业应当自固定资产投入使用月份的次月起计算折旧;停止使用的固定资产,应当自停止使用月份的次月起停止计算折旧。在计算应纳税所得额时,企业按照规定计算的固定资产折旧,准予扣除。

但下列固定资产不得计算折旧扣除:房屋、建筑物以外未投入使用的固定资产;以经营租赁方式租入的固定资产;以融资租赁方式租出的固定资产;已足额提取折旧仍继续使用的固定资产;与经营活动无关的固定资产;单独估价作为固定资产入账的土地;其他不得计算折旧扣除的固定资产。

1. 一般企业固定资产的折旧年限规定

除国务院财政、税务主管部门另有规定外,固定资产计算折旧的最低年限如下:

(1) 房屋、建筑物,为20年。

(2) 飞机、火车、轮船、机器、机械和其他生产设备,为10年。

(3) 与生产经营活动有关的器具、工具、家具等,为5年。

(4) 飞机、火车、轮船以外的运输工具,为 4 年。
(5) 电子设备,为 3 年。
2. 从事开采石油、天然气等矿产资源的企业固定资产的折旧年限规定

从事开采石油、天然气等矿产资源的企业,在开始商业性生产前发生的费用和有关固定资产的折耗、折旧方法,由国务院财政、税务主管部门另行规定。

七、生物资产的税务处理

上述所称生产性生物资产,是指企业为生产农产品、提供劳务或者出租等而持有的生物资产,包括经济林、薪炭林、产畜和役畜等。

(一) 生物资产的计税基础

生产性生物资产的计税基础:
(1) 外购的生产性生物资产,以购买价款和支付的相关税费为计税基础。
(2) 通过捐赠、投资、非货币性资产交换、债务重组等方式取得的生产性生物资产,以该资产的公允价值和支付的相关税费为计税基础。

(二) 生物资产的折旧

生物资产按照直线法计算折旧,准予扣除。企业应当自生产性生物资产投入使用月份的次月起计算折旧;停止使用的生产性生物资产,应当自停止使用月份的次月起停止计算折旧。生产性生物资产计算折旧的最低年限如下:
(1) 林木类生产性生物资产,为 10 年。
(2) 畜类生产性生物资产,为 3 年。

八、无形资产的税务处理

《企业所得税法》中所称的无形资产,是指企业为生产产品、提供劳务、出租或者经营管理而持有的、没有实物形态的非货币性长期资产,包括专利权、商标权、著作权、土地使用权、非专利技术、商誉等。与《企业会计准则》的规定有所不同。

(一) 无形资产计价

无形资产按照以下方法确定计税基础:
(1) 外购的无形资产,以购买价款和支付的相关税费以及直接归属于使该资产达到预定用途发生的其他支出为计税基础。
(2) 自行开发的无形资产,以开发过程中该资产符合资本化条件后至达到预定用途前发生的支出为计税基础。
(3) 通过捐赠、投资、非货币性资产交换、债务重组等方式取得的无形资产,以该资产的公允价值和支付的相关税费为计税基础。

(二) 无形资产摊销

无形资产按照直线法计算的摊销费用,准予扣除。

作为投资或者受让的无形资产,有关法律规定或者合同约定了使用年限的,可以按照规定或者约定的使用年限分期摊销。没有约定或法律、合同没有规定使用年限的,无形资产的摊销年限不得低于10年。外购商誉的支出,在企业整体转让或者清算时,准予扣除。

但下列无形资产不得计算摊销费用扣除:

(1) 自行开发的支出已在计算应纳税所得额时扣除的无形资产。

(2) 自创商誉。

(3) 与经营活动无关的无形资产。

(4) 其他不得计算摊销费用扣除的无形资产。

九、长期待摊费用的税务处理

在计算应纳税所得额时,企业发生的下列支出作为长期待摊费用,按照规定摊销的,准予扣除。

(1) 已足额提取折旧的固定资产的改建支出,这里的固定资产的改建支出,是指改变房屋或者建筑物结构、延长使用年限等发生的支出,应当按照固定资产预计尚可使用年限分期摊销。

(2) 租入固定资产的改建支出,应当按照合同约定的剩余租赁期限分期摊销。

(3) 固定资产的大修理支出,这里的固定资产的大修理支出,是指同时符合下列条件的支出:

① 修理支出达到取得固定资产时的计税基础50%以上。

② 修理后固定资产的使用年限延长2年以上。

上述固定资产大修理支出应当按照固定资产尚可使用年限分期摊销。

(4) 其他应当作为长期待摊费用的支出,自支出发生月份的次月起,分期摊销,摊销年限不得低于3年改建的固定资产延长使用年限的,除上述规定外,应当适当延长折旧年限。

十、其他有关资产的税务处理

(一) 对外投资的税务处理

投资资产,是指企业对外进行权益性投资和债权性投资形成的资产。投资资产按照以下方法确定成本:

(1) 通过支付现金方式取得的投资资产,以购买价款为成本。

(2) 通过支付现金以外的方式取得的投资资产,以该资产的公允价值和支付的相关税费为成本。

企业对外投资期间,投资资产的成本在计算应纳税所得额时不得扣除。企业在转让或者处置投资资产时,投资资产的成本,准予扣除。

(二) 存货资产的税务处理

存货,是指企业持有以备出售的产品或者商品、处在生产过程中的在产品、在生产或者提供劳务过程中耗用的材料和物料等。存货按照以下方法确定成本:

(1) 通过支付现金方式取得的存货,以购买价款和支付的相关税费为成本。

(2) 通过支付现金以外的方式取得的存货,以该存货的公允价值和支付的相关税费为成本。

(3) 生产性生物资产收获的农产品,以产出或者采收过程中发生的材料费、人工费和分摊的间接费用等必要支出为成本。

企业使用或者销售的存货的成本计算方法,可以在先进先出法、加权平均法、个别计价法中选用一种。计价方法一经选用,不得随意变更。

(三) 资产转让的税务处理

企业转让资产,该项资产的净值,准予在计算应纳税所得额时扣除。资产净值是指有关资产、财产的计税基础减除已经按照规定扣除的折旧、折耗、摊销、准备金等后的余额。

(四) 企业重组的税务处理

企业在重组过程中,应当在交易发生时确认有关资产的转让所得或者损失,相关资产应当按照交易价格重新确定计税基础。

十一、企业所得税的会计处理

《企业会计准则》与《企业所得税法》对企业的收入、成本、费用等规定存在诸多差异,这种差异需要在企业会计核算中加以体现,这样就产生了企业所得税会计。因此,企业所得税会计主要是对企业会计利润与应纳税所得额之间的差异进行会计处理。目前,所得税会计处理方法主要有两种:应付税款法和纳税影响会计法。

纳税影响会计法可以分为递延法和债务法两大类。前者将应纳所得税全部作为所得税费用,计入当期利润表;后者对应纳税所得额进行调整,然后得出所得税费用。纳税影响会计法又分为递延法和债务法;债务法分为利润表债务法和资产负债表债务法。根据我国《企业会计准则第18号——所得税》的规定,所得税会计核算应该采用资产负债表债务法。同时鉴于我国大部分非上市企业普遍采用应付税款法核算所得税。

(一) 资产、负债的计税基础

1. 资产的计税基础

资产的计税基础,是指企业收回资产账面价值过程中,计算应纳税所得额时按照税法规定可以自应税经济利益中抵扣的金额,即某一资产在未来期间计税时可以税前扣除的金额。从税收的角度考虑,资产的计税基础就是假定企业按照税法规定进行核算所提供的资产负债表中的资产的应有金额,本质上就是税收口径的资产价值标准。

通常情况下,资产在取得时其入账价值与计税基础是相同的,后续计量过程中因企业会计准则规定与税法规定不同,可能造成计税基础与其账面价值不同。常见的有以下资产项目。

(1) 固定资产。企业取得固定资产时一般以实际成本计价,与税法规定基本一致。但在后续计量时由于会计与税收规定就折旧方法、折旧年限以及固定资产减值准备的提取等处理不同,可能造成固定资产的账面价值与计税基础出现差异。

① 折旧方法、折旧年限的差异。会计准则规定,企业应当根据与固定资产有关的经济利益实现方式合理选择折旧方法,如可以按照年限平均法计提折旧,也可以按照双倍余额递减法、年数总和法等计提折旧。税法中除某些按照规定可以加速折旧的情况外,基本上可以税前扣除的是按照年限平均法计提的折旧;另外税法还就每一类固定资产的折旧年限作出了规定,而会计处理时按照准则规定折旧年限是由企业根据固定资产的性质和使用情况合理确定的。

② 因计提固定资产减值准备产生的差异。持有固定资产的期间内,在对固定资产计提了减值准备以后,因税法规定企业计提的资产减值准备再发生实质性损失前不允许税前扣除,也会造成固定资产的账面价值与计税基础的差异。

(2) 无形资产。无形资产的差异主要产生于内部研究开发阶段形成的无形资产以及无形资产的后续计量方面。

① 内部研究开发形成的无形资产,其成本为开发阶段符合资本化条件以后发生的支出,除此以外,研究开发过程中发生的其他支出应予费用化计入损益;税法规定,企业发生的研究开发支出可税前扣除。

内部研究开发形成的无形资产初始确认时,其入账价值为符合资本化条件以后发生的支出总额,因该部分研究开发支出按照税法规定在发生当期已税前扣除,所形成的无形资产在以后期间可税前扣除的金额为零,其计税基础为零。

② 无形资产在后续计量时,会计与税收的差异主要产生于是否需要摊销及无形资产减值准备的提取。

会计准则规定,应根据无形资产的使用寿命情况,区分为使用寿命有限的无形资产与使用寿命不确定的无形资产。对于使用寿命不确定的无形资产,不要求摊销,但持有期间每年应进行减值测试。税法规定,企业取得的无形资产成本,应在一定期间内摊销。对于使用寿命不确定的无形资产,会计处理时不予摊销,但计税时按照税法规定确定的摊销额允许税前扣除,造成该类无形资产账面价值与计税基础的差异。

在对无形资产计提减值准备的情况下,因税法规定计提的无形资产减值准备在转变为实质性损失前不允许税前扣除,即无形资产的计税基础不会随减值准备的提取发生变化,从而造成无形资产的账面价值与计税基础的差异。

(3) 以公允价值计量且其变动计入当期损益的金融资产。按照《企业会计准则第22号——金融工具确认和计量》的规定,以公允价值计量且其变动计入当期损益的金融资产于某一会计期末的账面价值为公允价值;税法规定资产在持有期间公允价值变动不计入应纳税所得额,待处置时一并计入应纳税所得额,该类金融资产在某一会计期末的计税基础为其取得成本,从而造成在公允价值变动的情况下,该类金融资产账面价值与计税基础之间的差异。

企业持有的可供出售金融资产计税基础的确定,与以公允价值计量且其变动计入当期损益的金融资产类似,可比照处理。

(4) 其他资产。因会计准则规定与税法规定不同,企业持有的其他资产,可能造成其账面价值与计税基础之间存在差异。

① 投资性房地产。企业持有的投资性房地产进行后续计量时,会计准则规定可以采用两种模式,一种是成本模式,采用该种模式计量的投资性房地产,其账面价值与计税基础的确定与固定资产、无形资产相同;另一种是在符合规定条件的情况下,可以采用公允价值模式对投资性房地产进行后续计量。对于采用公允价值模式进行后续计量的投资性房地产,其计税基础的确定类似于以公允价值计量且其变动计入当期损益的金融资产。

② 其他计提了资产减值准备的各项资产。有关资产计提了减值准备后,其账面价值会随之下降,而税法规定资产在发生实质性损失之前,不允许税前扣除,即其计税基础不会因减值准备的提取而变化,造成在计提资产减值准备以后,资产的账面价值与计税基础之间的差异。

2. 负债的计税基础

负债的计税基础,是指负债的账面价值减去未来期间计算应纳税所得额时按照税法规定可予抵扣的金额。用公式表示如下:

负债的计税基础＝账面价值－未来期间按照税法规定可予税前扣除的金额

负债的确认与偿还一般不会影响企业的损益,也不会影响其应纳税所得额,未来期间计算应纳税所得额时按照税法规定可予抵扣的金额为零,计税基础即为账面价值。但是,在某些情况下,负债的确认可能会影响企业的损益,进而影响不同期间的应纳税所得额,使得其计税基础与账面价值之间产生差额,如按照会计规定确认的某些预计负债。

(1) 企业因销售商品提供售后服务等原因确认的预计负债。按照或有事项准则规定,企业对于预计提供售后服务将发生的支出在满足有关确认条件时,销售当期即应确认为费用,同时确认预计负债。税法规定,与销售产品相关的支出应于发生时税前扣除。因该类事项产生的预计负债在期末的计税基础为其账面价值与未来期间可税前扣除的金额之间的差额,即为零。其他交易或事项中确认的预计负债,应按照税法规定的计税原则确定其计税基础。

(2) 预收账款。企业在收到客户预付的款项时,因不符合收入确认条件,会计上将其确认为负债。税法中对于收入的确认原则一般与会计规定相同,即会计上未确认收入时,计税时一般亦不计入应纳税所得额,该部分经济利益在未来期间计税时可予税前扣除的金额为零,计税基础等于账面价值。

某些情况下,因不符合会计准则规定的收入确认条件,为确认为收入的预收款项,按照税法规定应计入当期应纳税所得额时,有关预收账款的计税基础为0,即因其产生时已经计算缴纳所得税,未来期间可全部税前扣除。

(二) 暂时性差异

暂时性差异是指资产或负债的账面价值与其计税基础之间的差额。因资产、负债的账面价值与其计税基础不同,产生了在未来收回资产或清偿负债的期间内,应纳税所得额增加或减少并导致未来期间应交所得税增加或减少的情况,形成企业的资产或负债,在有关暂时性差异发生当期,符合确认条件的情况下,应当确认相关的递延所得税负债或递延所得税资产。

根据暂时性差异对未来期间应税金额影响的不同,暂时性差异分为应纳税暂时性差异和可抵扣暂时性差异。

1. 应纳税暂时性差异

应纳税暂时性差异,是指在确定未来收回资产或清偿负债期间的应纳税所得额时,将导致产生应税金额的暂时性差异,即在未来期间不考虑该事项影响的应纳税所得额的基础上,由于该暂时性差异的转回,会进一步增加转回期间的应纳税所得额和应交所得税金额,在其产生当期应当确认相关的递延所得税负债。

(1) 应纳税暂时性差异通常产生于以下情况。

资产的账面价值大于其计税基础。资产的账面价值代表的是企业在持续使用或最终出售该项资产时将取得的经济利益的总额,而计税基础代表的是资产在未来期间可予税前扣除的总金额。资产的账面价值大于其计税基础,该项资产未来期间产生的经济利益不能全部税前抵扣,两者之间的差额需要交税,产生应纳税暂时性差异。

【例5-6】 大华公司2022年12月15日购入一台设备,原价为2 000万元,会计按年限平均法提取折旧,净残值为500万元,预计使用5年,假设税法规定净残值与使用年限与会计一致,但企业可按年数总和法提取折旧。企业所得税率为25%。假设企业不存在其他税收与会计方面的差异。

求:2023年12月31日大华公司因该项固定资产产生的暂时性差异。

2023年资产负债表日:

公司按会计规定计提折旧为(2 000−500)÷5=300(万元),账面价值1 700(万元)。

公司按照税法规定计提折旧为(2 000−500)×5÷15=500(万元),账面价值1 500(万元)。

1 700−1 500=200(万元),构成应纳税暂时性差异200万元,企业应确认相关的递延所得税负债。

(2) 负债的账面价值小于其计税基础。负债的账面价值为企业预计在未来期间清偿该项负债时的经济利益流出,而其计税基础代表的是账面价值在扣除税法规定未来期间允许税前扣除的金额之后的差额。负债的账面价值与计税基础不同产生的暂时性差异,实质上是税法规定就该项负债在未来期间可以税前扣除的金额(即与该项负债相关的费用支出在未来期间可予税前扣除的金额)。负债的账面价值小于其计税基础,则意味着就该项负债在未来期间可以税前扣除的金额为负数,即应在未来期间应纳税所得额的基础上调增,增加应纳税所得额和应交所得税金额,产生应纳税暂时性差异,应确认相关的递延所得税负债。

2. 可抵扣暂时性差异

可抵扣暂时性差异,是指在确定未来收回资产或清偿负债期间的应纳税所得额时,将导致产生可抵扣金额的暂时性差异。该差异在未来期间转回时会减少转回期间的应纳税所得额,减少未来期间的应交所得税。在该暂时性差异产生当期,应当确认相关的递延所得税资产。可抵扣暂时性差异一般产生于以下两种情况。

第一种情况,资产的账面价值小于其计税基础。

企业在未来期间可以减少应纳税所得额并减少应交所得税,符合有关条件时,应当确认相关的递延所得税资产。

【例5-7】 大华公司2022年12月15日购入一台设备,原价为2 000万元,企业会计在提取折旧时估计使用寿命为5年,净残值为500万元,并按年限平均法提取折旧。而税法规定其折旧年限为10年,净残值与折旧方法与会计规定相同。企业所得税率为25%。

求:2023年12月31日大华公司因该项固定资产产生的暂时性差异。

2023年资产负债表日:

公司按会计规定计提折旧为(2 000-500)÷5=300(万元),账面价值1 700(万元)。

公司按照税法规定计提折旧为(2 000-500)÷10=150万元,账面价值1 850(万元)。

1 700-1 850=-150(万元),构成可抵扣暂时性差异150万元,企业应确认相关的递延所得税资产。

第二种情况,负债的账面价值大于其计税基础。

负债产生的暂时性差异实质上是税法规定就该项负债可以在未来期间税前扣除的金额。负债的账面价值大于其计税基础,意味着未来期间按照税法规定与负债相关的全部或部分支出可以自未来应税经济利益中扣除,减少未来期间的应纳税所得额和应交所得税。符合有关确认条件时,应确认相关的递延所得税资产。

【例5-8】 民华公司2023年因销售产品承诺提供2年的保修服务,在当年度利润表中确认了50万元的销售费用,同时确认了预计负债50万元,而当年度并未发生保修支出。按照税法规定,与产品售后服务的费用在实际发生时允许税前扣除。

2023年资产负债表日,民华公司资产负债表中负债的账面价值为50万元。由于税法规定企业的保修费用只有在实际发生时才准予扣除,当年度提取的保修费用未实际支出,不得在税前扣除,因此该负债的计税基础为50-50=0。则该负债的账面价值与其计税基础之间形成可抵扣暂时性差异50万元,在符合有关确认条件的情况下,企业应确认相关的递延所得税资产。

(三) 会计账户的设置

企业在运用资产负债表债务法时,应设置"递延所得税负债""递延所得税资产""所得税费用""应交税费——应交所得税"等账户。

"递延所得税负债"账户。该账户是负债类账户,核算企业确认的应纳税暂时性差异产生的所得税负债。其贷方反映企业确认的各类递延所得税负债以及递延所得税的应有余额大于其账面余额的差额;与直接计入所有者权益的交易或事项相关的递延所得税负债,以及企业合并中取得资产、负债的入账价值与其计税基础不同形成应纳税暂时性差异也贷记本账户。其借方反映资产负债表日递延所得税负债的应有余额小于其账面余额的差额。期末贷方余额反映企业已确认的递延所得税负债。

"递延所得税资产"账户。该账户是资产类账户,核算企业由于可抵扣暂时性差异确认的递延所得税资产及按规定可用以后年度税前利润弥补的亏损及税款抵减产生的所得税资产。其借方反映期末确认的各类递延所得税资产以及递延所得税资产应有余额小于其账面价值余额的差额;资产负债表日,预计未来期间很可能无法获得足够的应纳税所得额用以抵扣可抵扣暂时性差异的,按原已确认的递延所得税资产中应减记的金额也贷记本账户。本账户期末借方余额,反映企业确认的递延所得税资产。

"所得税费用"账户。该账户是损益类账户,核算企业确认的应从当期利润总额中扣除的所得税费用,按"当期所得税费用""递延所得税费用"进行明细合算。其借方反映资产负债表日,企业按照税法规定计算确定的当期应交所得税(当期所得税费用)和递延所得税资产的应有余额小于"递延所得税资产"账户余额的差额(递延所得税费用);贷方反映资产负债表日,递延所得税资产的应有余额大于"递延所得税资产"账户余额的差额(递延所得税费用)。企业应予确认的递延所得税负债,也比照上述原则调整本账户。期末,应将该账户的余额转入"本年利润"账户,结转后无余额。

(四) 资产负债表债务法的会计处理

1. 递延所得税资产的确认与计量

1) 递延所得税资产确认的一般原则

(1) 递延所得税资产的确认应以未来期间可能取得的应纳税所得额为限。在可抵扣暂时性差异转回的未来期间内,企业无法产生足够的应纳税所得额用以抵扣暂时性差异的影响,使得与可抵扣暂时性差异相关的经济利益无法实现的,不应确认递延所得税资产;企业有明确的证据表明其于可抵扣暂时性差异转回的未来期间能够产生足够的应纳税所得额,进而利用可抵扣暂时性差异的,则应以可能取得的应纳税所得额为限,确认相关的递延所得税资产。

(2) 对与子公司、联营企业、合营企业的投资相关的可抵扣暂时性差异,同时满足以下条件的,应当确认相关的递延所得税资产:一是暂时相差异在可预见的未来很可能转回;二是未来很可能获得用来抵扣可抵扣暂时性差异的应纳税所得额。对联营企业和合营企业的投资产生的可抵扣暂时性差异,主要产生于权益法下被投资单位发生亏损时,投资企业按照持股比例确认应于承担的部分相应减少长期股权投资的账面价值,但税法规定长期股权投资的成本在持有期间不发生变化,造成长期股权投资的账面价值小于其计税基础,产生可抵扣暂时性差异。

（3）对于按照税法规定可以结转以后年度的未弥补亏损和税款抵减,应视同可抵扣暂时性差异处理。在有关的亏损或税款抵减金额得到税务部门的认可或预计能够得到税务部门的认可且预计可利用可弥补亏损或税款抵减的未来期间内能够取得足够的应纳税所得额时,除企业会计准则中规定不予确认的情况外,应当以很可能取得的应纳税所得额为限,确认相应的递延所得税资产,同时减少确认当期的所得税费用。

2）不确认递延所得税资产的情况

某些情况下,企业发生的某项交易或事项不属于企业合并,并且交易发生时既不影响会计利润也不影响应纳税所得额,且该项交易中产生的资产、负债的初始确认金额与其计税基础不同,产生可抵扣暂时性差异的,《企业会计准则——所得税准则》规定在交易或事项发生时不确认相应的递延所得税资产。

3）递延所得税资产的计量

企业确认递延所得税资产时,应当以预期收回该资产期间的适用所得税税率为基础计算确定。无论相关的可抵扣暂时性差异转回期间如何,递延所得税资产均不要求折现。

企业在确认了递延所得税资产以后,资产负债表日应当对递延所得税资产的账面价值进行复核。如果未来期间很可能无法取得足够的应纳税所得额用以利用可抵扣暂时性差异带来的利益,应当减计递延所得税资产的账面价值。减计的递延所得税资产,除原确认时计入所有者权益的递延所得税资产,其减计金额亦应计入所有者权益外,其他的情况均应增加所得税费用。

递延所得税资产的计算公式如下:

"递延所得税资产"的余额＝该时点可抵扣暂时性差异×当时的所得税率

当期递延所得税资产变动额＝(年末可抵扣暂时性差异－年初可抵扣暂时性差异)×所得税率

如果所得税率发生变化,则:

当期递延所得税资产变动额＝年末可抵扣暂时性差异×新的所得税税率－年初可抵扣暂时性差异×旧的所得税税率

因无法取得足够的应纳税所得额利用可抵扣暂时性差异减记递延所得税资产账面价值的,以后期间根据新的环境和情况判断能够产生足够的应纳税所得额利用可抵扣暂时性差异,使得递延所得税资产包含的经济利益能够实现的,应相应恢复递延所得税资产的账面价值。

【例5-9】 民海公司2023年12月1日取得一项其他权益投资工具,取得成本为220万元,2023年12月31日,该项其他权益投资工具的公允价值为200万元。大海公司适用的所得税税率为25%。

要求:编制2023年民海公司其他权益投资工具取得、期末公允价值变动及期末确认递延所得税资产的会计分录。

(答案中的金额单位为万元)

(1) 2023年12月1日：

借：其他权益投资工具——成本　　　　　　　　　　　　　　　220
　　贷：银行存款　　　　　　　　　　　　　　　　　　　　　　220

(2) 2023年12月31日：

借：其他综合收益　　　　　　　　　　　　　　　　　　　　　20
　　贷：其他权益投资工具——公允价值变动　　　　　　　　　　20

(3) 2023年12月31日，该项其他权益投资工具的账面价值为200万元，计税基础为220万元，产生可抵扣暂时性差异20万元，应确认递延所得税资产为5万元（20×25%）。会计处理如下：

借：递延所得税资产　　　　　　　　　　　　　　　　　　　　5
　　贷：其他综合收益　　　　　　　　　　　　　　　　　　　　5

【例5-10】 民兴公司于2023年度发生研发支出共计200万元，其中研究阶段支出20万元，开发阶段不符合资本化条件支出为60万元，符合资本化条件支出为120万元，假定该项研发于2023年7月30日达到预定用途，采用直线法按5年摊销。该企业2023年税前会计利润为1 000万元，适用的所得税税率为25%。不考虑其他纳税调整事项。假定无形资产摊销计入管理费用。

无形资产2023年按准则规定计入管理费用金额=20+60+120÷5÷12×6=92（万元）。

2023年纳税调减金额=92×75%=69（万元）。

2023年应交所得税=(1 000-69)×25%=232.75（万元）。

2023年12月31日无形资产账面价值=120-120÷5÷12×6=108（万元）。

计税基础=108×175%=189（万元）。

可抵扣暂时性差异=189-108=81（万元）。

该项无形资产并非产生于企业合并，同时在初始确认时既不影响会计利润也不影响应纳税所得额，确认其账面价值和计税基础之间产生暂时性差异的所得税影响需要调整该项资产的历史成本，准则规定该种情况下不确认相关的递延所得税资产。

【例5-11】 民博公司于2015年12月15日购入一台生产设备，原价为50万元，预计使用年限为5年，预计净残值为5万元。会计上按年数总和法计提折旧，税法规定只能按年限平均法折旧，假设税法规定的使用年限及净残值与会计相同。企业所得税税率 2018 年 1 月 1 日前为 33%,2018 年 1 月 1 日后改为 25%。企业在固定资产使用期间均未提取固定资产减值准备,未来期间能够产生足够的应纳税所得额用于抵扣可抵扣暂时性差异。无其他纳税调整事项。计算该公司各年应确认的递延所得税,并做出相应的会计处理。

该公司每年因固定资产账面价值与计税基础不同应予确认的递延所得税情况如表 5-2 所示。

表 5-2 应予确认的递延所得税情况表　　　　　　　　　　单位:万元

项　目	2016 年	2017 年	2018 年	2019 年
原价	50	50	50	50
累计会计折旧	15	27	36	42
账面价值	35	23	14	8
累计税法折旧	9	18	27	36
计税基础	41	32	23	14
暂时性差异	6	9	9	6
适用税率	33%	33%	25%	25%
递延所得税资产余额	1.98	2.97	2.25	1.5

该固定资产产生的可抵扣暂时性差异各年的会计处理如下。

(1) 2016 年应确认递延所得税资产为 60 000×33%=19 800(元)。

借:递延所得税资产　　　　　　　　　　　　　　　　　　　　　　19 800
　　贷:所得税费用　　　　　　　　　　　　　　　　　　　　　　　　19 800

(2) 2017 年应确认递延所得税资产为 90 000×33%−19 800=9 900(元)。

借:递延所得税资产　　　　　　　　　　　　　　　　　　　　　　　9 900
　　贷:所得税费用　　　　　　　　　　　　　　　　　　　　　　　　 9 900

(3) 2018 年递延所得税资产余额为 22 500 元,而年初余额为 29 700 元,由于税率变化应调低递延所得税资产余额 7 200 元[90 000×(33%−25%)]。会计处理如下:

借:所得税费用　　　　　　　　　　　　　　　　　　　　　　　　　7 200
　　贷:递延所得税资产　　　　　　　　　　　　　　　　　　　　　　 7 200

(4) 2019 年应转回原已确认的递延所得税资产 7 500 元[(90 000−60 000)×25%]。

借:所得税费用　　　　　　　　　　　　　　　　　　　　　　　　　7 500
　　贷:递延所得税资产　　　　　　　　　　　　　　　　　　　　　　 7 500

2. 递延所得税负债的确认与计量

(1) 确认的一般原则。企业在确认因应纳税暂时性差异产生的递延所得税负债时,应遵循以下原则:除企业会计准则中明确规定可不确认递延所得税负债的情况以外,企业对于所有的应纳税暂时性差异均应确认相关的递延所得税负债;除与直接计入所有者权益的交易或事项以及企业合并中取得资产、负债相关的以外,在确认递延所得税负债的同时,应增加利润表中的所得税费用。

(2) 不确认递延所得税负债的特殊情况。有些情况下,虽然资产、负债的账面价值与其计税基础不同,产生了应纳税暂时性差异,但出于各方面考虑,企业会计准则规定不确认相应的递延所得税负债。主要包括以下几种情况。

① 商誉的初始确认。非同一控制下的企业合并中,企业合并成本大于合并中取得的被购买方可辨认净资产公允价值份额的差额,确认为商誉。因会计与税收的划分标准不同,会计上作为非同一控制下的企业合并但按照税法规定计税时作为免税合并的情况下,商誉的计税基础为零,其账面价值与计税基础形成的应纳税暂时性差异,准则中规定不确认与其相关的递延所得税负债。

② 除企业合并以外的其他交易或事项中,如果该项交易或事项发生时既不影响会计利润,也不影响应纳税所得额,则所产生的资产、负债的初始确认金额与其计税基础不同,形成应纳税暂时性差异的,交易或事项发生时不确认相应的递延所得税负债。

③ 与子公司、联营企业、合营企业投资等相关的应纳税暂时性差异,一般应确认相应的递延所得税负债,但同时满足以下两个条件的除外:一是投资企业能够控制暂时性差异转回的时间;二是该暂时性差异在可预见的未来很可能不会转回。满足上述条件时,投资企业可以运用自身的影响力决定暂时性差异的转回,如果不希望其转回,则在可预见的未来该项暂时性差异即不会转回,从而无须确认相应的递延所得税负债。

(3) 递延所得税负债的计量。递延所得税负债应以相关应纳税暂时性差异转回期间适用的所得税税率计量。无论应纳税暂时性差异的转回期间如何,相关的递延所得税负债不要求变现。

递延所得税负债的计算公式如下:

"递延所得税负债"的余额＝该时点应纳税暂时性差异×当时的所得税率

当期递延所得税负债变动额＝(年末应纳税暂时性差异－年初应纳税暂时性差异)×所得税率

如果所得税率发生变化,则:

当期递延所得税负债变动额 ＝ 年末应纳税暂时性差异×新的所得税率 － 年初应纳税暂时性差异×旧的所得税率

需要说明的是,从上述的计算公式可知,因税收法规的变化,导致企业在某一会计期间适用的所得税率发生变化的,企业应对已确认的递延所得税资产和递延所得税负债按照新的税率进行重新计量。递延所得税资产和递延所得税负债的金额代表的是有关可抵扣暂时性差异或应纳税暂时性差异于未来期间转回时,导致企业应交所所得税金额的减少或增加的情况。适用税率变动的情况下,应对原已确认的递延所得税资产和递延所得税负债的金额进行调整。

除直接计入所有者权益的交易或事项产生的递延所得税资产及递延所得税负债,相关

项目五 企业所得税的计算与申报

的调整金额应计入所有者权益以外,其他情况下产生的调整金额应确认为税率变化当期的所得税费用(或收益)。

【例5-12】 民德公司于2021年12月6日购入某项设备,取得成本为500万元,会计上采用年限平均法计提折旧,使用年限为10年,净残值为零,因该资产长年处于强震动状态,计税时按双倍余额递减法计列折旧,使用年限及净残值与会计相同。本公司适用的所得税税率为25%。假定该公司不存在其他会计与税收处理的差异。

(答案中的金额单位为万元)

2022年12月31日:

$$资产账面价值 = 500 - 500 \div 10 = 450(万元)$$
$$资产计税基础 = 500 - 500 \times 20\% = 400(万元)$$
$$递延所得税负债余额 = (450 - 400) \times 25\% = 12.5(万元)$$

借:所得税费用　　　　　　　　　　　　　　　　　　　　　　　12.5
　　贷:递延所得税负债　　　　　　　　　　　　　　　　　　　　12.5

2023年12月31日:

$$资产账面价值 = 500 - 500 \div 10 \times 2 = 400(万元)$$
$$资产计税基础 = 500 - 500 \times 20\% - 400 \times 20\% = 320(万元)$$
$$递延所得税负债余额 = (400 - 320) \times 25\% = 20(万元)$$

借:所得税费用　　　　　　　　　　　　　　　　　　　　　　　7.5
　　贷:递延所得税负债　　　　　　　　　　　　　　　　　　　　7.5

【例5-13】 民意公司于2015年12月20日购入一台生产设备,原价为30万元,预计使用年限为5年,预计净残值为零。会计上按年限平均法计提折旧,因该设备符合税法规定的税收优惠条件,计税时准予按双倍余额递减法折旧,假设税法规定的使用年限及净残值与会计相同。企业所得税率2018年1月1日前为33%,2018年1月1日后改为25%。企业在固定资产使用期间均未提取固定资产减值准备,无其他纳税调整事项。计算该公司2016—2019年应确认的递延所得税,并做出相应的会计处理。

该公司每年因固定资产账面价值与计税基础不同应予确认的递延所得税情况如表5-3所示。

表5-3　应予确认的递延所得税情况表　　　　　　　　　　　单位:万元

项目	2016年	2017年	2018年	2019年
原价	30	30	30	30
累计会计折旧	6	12	18	24
账面价值	24	18	12	6

(续表)

项 目	2016 年	2017 年	2018 年	2019 年
累计税法折旧	12	19.2	23.52	26.76
计税基础	18	10.8	6.48	3.24
暂时性差异	6	7.2	5.52	2.76
适用税率	33%	33%	25%	25%
递延所得税负债余额	1.98	2.376	1.38	0.69

(答案中的金额单位为万元)

该固定资产产生的应纳税暂时性差异各年的会计处理如下。

(1) 2016 年应确认递延所得税负债为 6×33%=1.98(万元)

借：所得税费用　　　　　　　　　　　　　　　　　　　　　　　1.98
　　贷：递延所得税负债　　　　　　　　　　　　　　　　　　　　1.98

(2) 2017 年应确认递延所得税负债为 7.2×33%−1.980 0=0.396(万元)

借：所得税费用　　　　　　　　　　　　　　　　　　　　　　　0.396
　　贷：递延所得税负债　　　　　　　　　　　　　　　　　　　　0.396

(3) 2018 年递延所得税负债余额为 1.38 万元，而年初余额为 2.376 万元，一方面由于税率变化应调低递延所得税负债余额 0.576 万元[7.2×(33%−25%)]；另一方面当期应转回原已确认的递延所得税负债 0.42 万元[(7.2−5.52)×25%]，两方面合计应调减递延所得税负债 0.996 万元。会计处理如下：

借：递延所得税负债　　　　　　　　　　　　　　　　　　　　　0.996
　　贷：所得税费用　　　　　　　　　　　　　　　　　　　　　　0.996

(4) 2019 年应转回原已确认的递延所得税负债 0.69 万元[(5.52−2.76)×25%]。

借：递延所得税负债　　　　　　　　　　　　　　　　　　　　　0.69
　　贷：所得税费用　　　　　　　　　　　　　　　　　　　　　　0.69

3. 所得税费用的确认与计量

(1) 当期所得税。当期所得税是指企业按照税法规定计算确定的针对当期发生的交易或事项，应缴纳给税务部门的所得税金额，即当期应交所得税。即：

$$当期所得税＝当期应交所得税$$

企业在确定当期应交所得税时，对于当期发生的交易或事项，会计处理与税收处理不同的，应在会计利润的基础上，按照适用税收法规的规定进行调整，计算出当期应纳税所得额，按照应纳税所得额与适用所得税税率计算确定当期应交所得税。

(2) 递延所得税。递延所得税是指按照企业会计准则规定当期应予确认的递延所得税资产和递延所得税负债金额，即递延所得税资产及递延所得税负债当期发生额的综合结

果,但不包括计入所有者权益的交易或事项的所得税影响。用公式表示如下:

$$递延所得税 = \left(\begin{array}{c}递延所得税负债\\的期末余额\end{array} - \begin{array}{c}递延所得税负债\\的期初余额\end{array}\right) - \left(\begin{array}{c}递延所得税资产\\的期末余额\end{array} - \begin{array}{c}递延所得税资\\产的期初余额\end{array}\right)$$

（3）所得税费用。利润表中的所得税费用由当期所得税和递延所得税两部分组成,即:

$$所得税费用 = 当期所得税 + 递延所得税$$

【例5-14】 民德公司2023年度利润表中利润总额为3 000万元,该公司适用的所得税税率为25%。递延所得税资产及递延所得税负债不存在期初余额。与所得税核算有关的情况如下。

2023年发生的有关交易和事项中,会计处理与税收处理存在差别的有以下几项。

（1）2023年1月开始计提折旧的一项固定资产,成本为1 500万元,使用年限为10年,净残值为0,会计处理按双倍余额递减法计提折旧,税收处理按直线法计提折旧。假定税法规定的使用年限及净残值与会计规定相同。

（2）向关联企业捐赠现金500万元。假定按照税法规定,企业向关联方的捐赠不允许税前扣除。

（3）当期取得作为交易性金融资产核算的股票投资成本为800万元,2023年12月31日的公允价值为1 200万元。税法规定,以公允价值计量的金融资产持有期间市价变动不计入应纳税所得额。

（4）违反环保法规定应支付罚款250万元。

（5）期末对持有的存货计提了75万元的存货跌价准备。

该公司因账面价值与计税基础不同应予确认的暂时性差异如表5-4所示。

表5-4 应予确认的暂时性差异如表   单位:万元

项　目	账面价值	计税基础	差异	
			应纳税暂时性差异	可抵扣暂时性差异
存货	2 000	2 075		75
固定资产				
固定资产原价	1 500	1 500		
减:累计折旧	300	150		
减:固定资产减值准备	0	0		
固定资产账面价值	1 200	1 350		150
交易性金融资产	1 200	800	400	
其他应付款	250	250		
总　　计			400	225

(1) 2023年度当期应交所得税：

应纳税所得额＝3 000＋150＋500－400＋250＋75＝3 575(万元)

应交所得税＝3 575×25％＝893.75(万元)

(2) 2023年度递延所得税：

递延所得税资产＝225×25％＝56.25(万元)

递延所得税负债＝400×25％＝100(万元)

递延所得税＝100－56.25＝43.75(万元)

(3) 利润表中应确认的所得税费用：

所得税费用＝893.75＋43.75＝937.5(万元)，确认所得税费用的账务处理如下(金额单位：万元)：

借：所得税费用　　　　　　　　　　　　　　　　　　937.5
　　递延所得税资产　　　　　　　　　　　　　　　　　56.25
　　贷：应交税费——应交所得税　　　　　　　　　　　　893.75
　　　　递延所得税负债　　　　　　　　　　　　　　　　100.00

（五）应付税款法的会计处理

企业会计准则规定，上市公司应采用资产负债表债务法核算所得税，非上市企业仍执行《企业会计制度》和《小企业会计制度》，因而绝大部分非上市企业采用应付税款法核算所得税费用。为此我们对应付税款法的核算方法也进行简单介绍。

应付税款法是将本期税前会计利润与纳税所得之间的差异造成的影响纳税的金额直接计入当期损益，而不递延到以后各期。在应付税款法下，当期计入损益的所得税费用等于当期应缴纳的所得税。

在应付税款法下，企业应按照税法规定对税前会计利润进行调整，得出应纳税所得额，在按照税法规定的税率计算出当期应缴纳的所得税，作为费用直接计入当期损益。

借：所得税费用
　　贷：应交税费——应交所得税

月末或者季末企业按规定预交应纳税所得额时，编制如下会计分录：

借：应交税费——应交所得税
　　贷：银行存款

月末，企业应将"所得税费用"账户的借方余额作为费用转入"本年利润"账户，编制如下会计分录：

借：本年利润
　　贷：所得税费用

模块三 企业所得税纳税申报与税款缴纳

一、企业所得税的征收方式

企业所得税是按照纳税人每一纳税年度的应纳税所得额和适用税率计算征收的。纳税年度是指公历 1 月 1 日起至 12 月 1 日止。纳税人在 1 个纳税年度的中间开业,或者由于合并、关闭等原因,使该纳税年度的实际经营期不足 12 个月的,应当以其实际经营期为 1 个纳税年度;纳税人清算时,应当以清算期间作为 1 个纳税年度。

企业所得税征收方式有查账征收和核定征收两种方式。其中核定征收又分为定额核收和核定所得率征收两种。

定额征收是税务机关按照一定的标准、程序和方法,直接核定纳税人年度应纳所得税额,由纳税人按规定申报缴纳的办法。主管税务机关应对纳税人的有关情况进行调查研究、分类排队、认真测算,按年从高直接核定纳税人的应纳所得税额。

核定所得率征收是税务机关按照一定标准、程序和方法,预先核定纳税人的应税所得率,由纳税人根据纳税年度内的收入总额或成本费用等项目的实际发生额,按预先核定的应税所得率计算缴纳企业所得税的办法。

应税所得额计算公式如下:

$$应税所得额 = 收入总额 \times 应税所得率$$
$$= (成本费用支出额) \div (1 - 应税所得率) \times 应税所得率$$
$$应纳所得税额 = 应税所得额 \times 适用税率$$

应税所得率统一执行标准,如表 5-5 所示。

表 5-5 应税所得率

行　业	应税所得率
制造业	5%～15%
农、林、牧、渔业	3%～10%
批发零售业	4%～15%
交通运输业	7%～15%
建筑业	8%～20%
饮食服务业	8%～25%

（续表）

行　　业	应税所得率
娱乐业	15%～30%
其他行业	10%～30%

企业多业经营时，不论其经营目标是否单独核算，均由主管税务机关根据其主营项目，核定其适用某一行业的应税所得率。

实行查账征收和实行核定应税所得率征收企业所得税的纳税人，缴纳企业所得税时按年计算，分月或者分季预缴，年终汇算清缴、多退少补的征收方法。企业根据企业所得税法规定分月或者分季预缴企业所得税时，应当按照月度或者季度的实际利润额预缴；按照月度或者季度的实际利润额预缴有困难的，可以按照上一纳税年度应纳税所得额的月度或者季度平均额预缴，或者按照经税务机关认可的其他方法预缴。预缴方法一经确定，该纳税年度内不得随意变更。

实行核定定额征收企业所得税的纳税人，不进行汇算清缴。主管税务机关将核定的应纳税所得额分解到月或季，纳税人按已经分解到月或季的应纳税额申报纳税。

除国务院另有规定外，企业之间不得合并缴纳企业所得税。

二、纳税期限

企业所得税的纳税年度，自公历1月1日起至12月31日止。

企业在一个纳税年度中间开业，或者终止经营活动，使该纳税年度的实际经营期不足12个月的，应当以其实际经营期为1个纳税年度。企业依法清算时，应当以清算期间作为1个纳税年度。

企业应当自月份或者季度终了之日起15日内，向税务机关报送预缴企业所得税纳税申报表，预缴税款。

企业应当自年度终了之日起5个月内，向税务机关报送年度企业所得税纳税申报表，并汇算清缴，结清应缴应退税款。

企业在年度中间终止经营活动的，应当自实际经营终止之日起60日内，向税务机关办理企业所得税汇算清缴。

企业应当在办理注销登记前，就其清算所得向税务机关申报并依法缴纳企业所得税。

三、纳税地点

1. 居民企业的纳税地点

除税收法规、行政法规另有规定外，居民企业以企业登记注册地为纳税地点；但登记地在境外的，以实际管理机构所在地为纳税地点。

2. 非居民企业的纳税地点

非居民企业在中国境内设立机构、场所的，以机构、场所所在地为纳税地点。非居民企业在中国境内设立两个或两个以上的机构、场所的，经税务机关审核批准，可以选择由其主要机构、场所汇总缴纳企业所得税。

非居民企业在中国未设立机构、场所的,或者虽然设立机构、场所但取得的所得与其所设机构、场所没有实际联系的,实行源泉扣缴,以扣缴义务人所在地为纳税地点。

税款由扣缴义务人在每次支付或者到期应支付时,从支付或者到期应支付的款项中扣缴。其中所称的支付人,是指依照有关法律规定或者合同约定对非居民企业直接负有支付相关款项义务的单位或者个人。对非居民企业在中国境内取得工程作业和劳务所得应缴纳的所得税,税务机关可以指定工程价款或者劳务费的支付人为扣缴义务人。这里可以指定扣缴义务人的情形,包括:

(1) 预计工程作业或者提供劳务期限不足一个纳税年度,且有证据表明不履行纳税义务的。

(2) 没有办理税务登记或者临时税务登记,且未委托中国境内的代理人履行纳税义务的。

(3) 未按照规定期限办理企业所得税纳税申报或者预缴申报的。

扣缴义务人由县级以上税务机关指定,并同时告知扣缴义务人所扣税款的计算依据、计算方法、扣缴期限和扣缴方式。扣缴义务人每次代扣的税款,应当自代扣之日起7日内缴入国库,并向所在地的税务机关报送扣缴企业所得税报告表。

扣缴义务人未依法扣缴或者无法履行扣缴义务的,由纳税人在所得发生地缴纳。纳税人未依法缴纳的,税务机关可以从该纳税人在中国境内其他收入项目的支付人应付的款项中,追缴该纳税人的应纳税款。在中国境内存在多处所得发生地的,由纳税人选择其中之一申报缴纳企业所得税。税务机关在追缴该纳税人应纳税款时,应当将追缴理由、追缴数额、缴纳期限和缴纳方式等告知该纳税人。

四、纳税申报

(一) 纳税申报资料

企业在纳税年度内无论盈利或者亏损,都应当依照企业所得税法规定的期限,向税务机关报送有关纳税方面的资料。分月或分季预缴企业所得税时,企业应当报送财务报表和预缴所得税申报表;年度终了后应当在规定的期限内报送以下资料:

(1) 企业所得税年度纳税申报表及其附表。

(2) 企业财务报表(资产负债表、利润表、现金流量表及相关附表)、会计报表附注和财务情况说明书。

(3) 备案事项的相关资料。

(4) 主管税务机关要求报送的其他资料。

纳税人采用电子方式办理纳税申报的,应附报纸质纳税申报资料。

(二) 纳税申报表格式与填列

1. 企业所得税预缴纳税申报表

(1) 查账征收企业所得税的纳税人在季度(月)预缴企业所得税时应填制《企业所得税

预缴纳税申报表》,如表 5-6 所示。

表 5-6　A200000 中华人民共和国企业所得税月(季)度预缴纳税申报表(A 类)

税款所属期间:　　　年　月　日至　　　年　月　日

纳税人识别号(统一社会信用代码):☐☐☐☐☐☐☐☐☐☐☐☐☐☐☐☐☐☐

纳税人名称:　　　　　　　　　　　　　　　金额单位:人民币元(列至角分)

预缴方式	☐ 按照实际利润额预缴		☐ 按照上一纳税年度应纳税所得额平均额预缴				☐ 按照税务机关确定的其他方法预缴		
企业类型	☐ 一般企业		☐ 跨地区经营汇总纳税企业总机构				☐ 跨地区经营汇总纳税企业分支机构		
按季度填报信息									
项目	一季度		二季度		三季度		四季度		季度平均值
	季初	季末	季初	季末	季初	季末	季初	季末	
从业人数									
资产总额(万元)									
国家限制或禁止行业	☐ 是		☐ 否			小型微利企业		☐ 是	☐ 否
预缴税款计算									
行次	项　　目									本年累计金额
1	营业收入									
2	营业成本									
3	利润总额									
4	加:特定业务计算的应纳税所得额									
5	减:不征税收入									
6	减:免税收入、减计收入、所得减免等优惠金额(填写 A201010)									
7	减:资产加速折旧、摊销(扣除)调减额(填写 A201020)									
8	减:弥补以前年度亏损									
9	实际利润额(3+4－5－6－7－8)\按照上一纳税年度应纳税所得额平均额确定的应纳税所得额									
10	税率(25%)									
11	应纳所得税额(9×10)									
12	减:减免所得税额(填写 A201030)									
13	减:实际已缴纳所得税额									
14	减:特定业务预缴(征)所得税额									
L15	减:符合条件的小型微利企业延缓缴纳所得税额(是否延缓缴纳所得税　☐ 是　☐ 否)									
15	本期应补(退)所得税额(11－12－13－14－L15)\税务机关确定的本期应纳所得税额									

(续表)

汇总纳税企业总分机构税款计算			
16	总机构填报	总机构本期分摊应补(退)所得税额(17+18+19)	
17		其中:总机构分摊应补(退)所得税额(15×总机构分摊比例__%)	
18		财政集中分配应补(退)所得税额(15×财政集中分配比例__%)	
19		总机构具有主体生产经营职能的部门分摊所得税额(15×全部分支机构分摊比例__%×总机构具有主体生产经营职能部门分摊比例__%)	
20	分支机构填报	分支机构本期分摊比例	
21		分支机构本期分摊应补(退)所得税额	
附报信息			
高新技术企业	□是 □否	科技型中小企业	□是 □否
技术入股递延纳税事项	□是 □否		
谨声明:本纳税申报表是根据国家税收法律法规及相关规定填报的,是真实的、可靠的、完整的。 纳税人(签章): 年 月 日			
经办人: 经办人身份证号: 代理机构签章: 代理机构统一社会信用代码:		受理人: 受理税务机关(章): 受理日期: 年 月 日	

国家税务总局监制

适用范围

本表适用于实行查账征收企业所得税的居民企业纳税人(以下简称"纳税人")在月(季)度预缴纳税申报时填报。执行《跨地区经营汇总纳税企业所得税征收管理办法》(国家税务总局公告 2012 年第 57 号发布)的跨地区经营汇总纳税企业的分支机构,在年度纳税申报时填报本表。省(自治区、直辖市和计划单列市)税务机关对仅在本省(自治区、直辖市和计划单列市)内设立不具有法人资格分支机构的企业,参照《跨地区经营汇总纳税企业所得税征收管理办法》征收管理的,企业的分支机构在年度纳税申报时填报本表。

(2) 核定所得率企业所得税的纳税人在季度(月)预缴企业所得税时应填制《企业所得税纳税申报表》(适用于核定征收企业),如表 5-7 所示。

表 5-7　中华人民共和国企业所得税月(季)度预缴和年度纳税申报表(B 类)

税款所属期间: 年 月 日至 年 月 日
纳税人识别号(统一社会信用号码):□□□□□□□□□□□□□□□□□□
纳税人名称:　　　　　　　　　　　　　　　　　金额单位:人民币元(列至角分)

核定征收方式	□ 核定应税所得率(能核算收入总额的)　□ 核定应税所得率(能核算成本费用总额的) □ 核定应纳所得税额	
行次	项　　目	本年累计金额
1	收入总额	
2	减:不征税收入	
3	减:免税收入(4+5+10+11)	

(续表)

行次	项 目	本年累计金额
4	国债利息收入免征企业所得税	
5	符合条件的居民企业之间的股息、红利等权益性投资收益免征企业所得税	
6	其中:通过沪港通投资且连续持有H股满12个月取得的股息红利所得免征企业所得税	
7	通过深港通投资且连续持有H股满12个月取得的股息红利所得免征企业所得税	
8	居民企业持有创新企业CDR取得的股息红利所得免征企业所得税	
9	符合条件的居民企业之间属于股息、红利性质的永续债利息收入免征企业所得税	
10	投资者从证券投资基金分配中取得的收入免征企业所得税	
11	取得的地方政府债券利息收入免征企业所得税	
12	应税收入额(1－2－3)\成本费用总额	
13	税务机关核定的应税所得率(%)	
14	应纳税所得额(第12×13行)\[第12行÷(1－第13行)×第13行]	
15	税率(25%)	
16	应纳所得税额(14×15)	
17	减:符合条件的小型微利企业减免企业所得税	
18	减:实际已缴纳所得税额	
19	本期应补(退)所得税额(16－17－18)\税务机关核定本期应纳所得税额	
20	民族自治地方的自治机关对本民族自治地方的企业应缴纳的企业所得税中属于地方分享的部分减征或免征(□免征　　□减征:减征幅度_____%)	
21	本期实际应补(退)所得税额	

按　季　度　填　报　信　息			
季初从业人数		季末从业人数	
季初资产总额(万元)		季末资产总额(万元)	
国家限制或禁止行业	□是　□否	小型微利企业	□是　□否

按　年　度　填　报　信　息			
小型微利企业	□是　□否		

谨声明:本纳税申报表是根据国家税收法律法规及相关规定填报的,是真实的、可靠的、完整的。
　　　　　　　　　　　　　　　　　　　　　　　　　纳税人(签章):　　　年　月　日

经办人: 经办人身份证号: 代理机构签章: 代理机构统一社会信用代码:	受理人: 受理税务机关(章): 受理日期:年　月　日

国家税务总局监制

适用范围

本表适用于实行核定征收企业所得税的居民企业纳税人(以下简称"纳税人")在月(季)度预缴纳税申报时填报。此外,实行核定应税所得率方式的纳税人在年度纳税申报时填报本表。

2. 企业所得税年度纳税申报表及附表

查账征收企业所得税的企业在年度汇算清缴时,必须填报《企业所得税年度纳税申报表》(如表5-8所示)及其有关附表,还应附送同期财务报表等。附表主要包括:《销售(营业收入)及其他收入明细表》《成本费用明细表》《投资所得(损失)明细表》《纳税调整增加项目明细表》《纳税调整减少项目明细表》《税前弥补亏损明细表》《免税所得及、减免税明细表》《捐赠支出明细表》《技术开发费加计扣除额明细表》《境外所得税抵扣计算明细表》《广告费支出明细表》《工资薪金和工会经费等三项经费明细表》《资产折旧、摊销明细表》《坏账损失明细表》等。

表5-8 中华人民共和国企业所得税年度纳税申报表(A类)

行次	类别	项 目	金 额
1	利润总额计算	一、营业收入(填写A101010\101020\103000)	
2		减:营业成本(填写A102010\102020\103000)	
3		税金及附加	
4		销售费用(填写A104000)	
5		管理费用(填写A104000)	
6		财务费用(填写A104000)	
7		资产减值损失	
8		加:公允价值变动收益	
9		投资收益	
10		二、营业利润(1−2−3−4−5−6−7+8+9)	
11		加:营业外收入(填写A101010\101020\103000)	
12		减:营业外支出(填写A102010\102020\103000)	
13		三、利润总额(10+11−12)	
14	应纳税所得额计算	减:境外所得(填写A108010)	
15		加:纳税调整增加额(填写A105000)	
16		减:纳税调整减少额(填写A105000)	
17		减:免税、减计收入及加计扣除(填写A107010)	
18		加:境外应税所得抵减境内亏损(填写A108000)	
19		四、纳税调整后所得(13−14+15−16−17+18)	
20		减:所得减免(填写A107020)	
21		减:弥补以前年度亏损(填写A106000)	
22		减:抵扣应纳税所得额(填写A107030)	
23		五、应纳税所得额(19−20−21−22)	

(续表)

行次	类别	项　目	金　额
24	应纳税额计算	税率(25%)	
25		六、应纳所得税额(23×24)	
26		减:减免所得税额(填写 A107040)	
27		减:抵免所得税额(填写 A107050)	
28		七、应纳税额(25－26－27)	
29		加:境外所得应纳所得税额(填写 A108000)	
30		减:境外所得抵免所得税额(填写 A108000)	
31		八、实际应纳所得税额(28＋29－30)	
32		减:本年累计实际已预缴的所得税额	
33		九、本年应补(退)所得税额(31－32)	
34		其中:总机构分摊本年应补(退)所得税额(填写 A109000)	
35		财政集中分配本年应补(退)所得税额(填写 A109000)	
36		总机构主体生产经营部门分摊本年应补(退)所得税额(填写 A109000)	

五、税款缴纳

依照《企业所得税法》缴纳的企业所得税,以人民币计算。所得以人民币以外的货币计算的,应当折合成人民币计算并缴纳税款。企业所得以人民币以外的货币计算的,预缴企业所得税时,应当按照月度或者季度最后一日的人民币汇率中间价,折合成人民币计算应纳税所得额。年度终了汇算清缴时,对已经按照月度或者季度预缴税款的,不再重新折合计算,只就该纳税年度内未缴纳企业所得税的部分,按照纳税年度最后一日的人民币汇率中间价,折合成人民币计算应纳税所得额。经税务机关检查确认,企业少计或者多计税法规定的所得的,应当按照检查确认补税或者退税时的上一个月最后一日的人民币汇率中间价,将少计或者多计的所得折合成人民币计算应纳税所得额,再计算应补缴或者应退的税款。

习 题

一、单选题(每题有一个正确答案,请将正确答案填在括号内)

1. 下列项目中,不符合所得来源确定规定的是( )。
   A. 纳税人不动产和动产转让所得按照不动产所在地确定
   B. 纳税人权益性投资资产转让所得按照被投资企业所在地确定
   C. 纳税人销售货物所得按照交易活动发生地确定
   D. 租金所得按照负担、支付所得的企业或机构、场所所在地确定,或者按照负担、支付所得的个人的住所地确定

2. 下列项目中,不符合公益性捐赠税前扣除规定的是( )。
   A. 纳税人公益性捐赠应该提供公益性社团或者县级(含)以上人民政府及其部门
   B. 企业发生的公益性捐赠支出,允许扣除的部分不得超过年度利润总额的12%
   C. 纳税人对受赠单位的直接捐赠
   D. 企事业单位、社会团体以及其他组织捐赠住房作为廉租住房

3. 下列项目中,不属于由企业自行计算扣除的资产损失是( )。
   A. 企业各项存货发生的正常损耗和非正常损耗
   B. 企业在正常经营管理活动中因转让固定资产方式的资产损失
   C. 企业生产性生物资产超过使用年限而正常死亡发生的资产损失
   D. 企业按照规定通过证券交易所买卖金融衍生品发生的损失

4. 甲公司2023年1月1日认购了国家发行的一年期国债50万元,债券利率为3%,3月1日以52万元的价格将其转让,转让时发生相关税费0.2万元,则该企业应该获得的国债转让收益为( )元。
   A. 15 500   B. 20 000   C. 15 534.25   D. 15 493.15

5. 甲企业2023年应税收入总额为2 000万元,允许扣除的成本、费用、税金、其他支出等共计1 400万元。当年该企业实际支付的工资总额为200万元,其中支付所安置的残疾人的工资5 000元。则当年该企业的应纳税所得额为( )万元。
   A. 400   B. 600   C. 559.5   D. 559

6. 乙企业2017年1月购进符合规定的节能节水设备1台,其增值税专用发票上注明的价款为100万元,增值税为13万元。假设自2017年至2022年各年应纳所得税税额分别为2万元、3万元、1万元、1万元、1.5万元、1.5万元。则2022年实际缴纳的企业所得税为( )万元。
   A. 8   B. 3   C. 0   D. 1.5

7. 某在中国境内未设立机构场所的非居民企业,2023年4月从中国境内取得股息红利收入10万元人民币;取得租金收入1.2万元;取得转让财产收入46万元(该财产的净值

为42万元)。该非居民企业合计在中国应该缴纳企业所得税( )万元。

A. 1.713 4　　　　B. 1.267　　　　C. 1.72　　　　D. 1.260 4

8. 下列利息收入中,不计入企业所得税应纳税所得额的是( )。

A. 企业债券利息　　　　　　　　B. 外单位欠款付给的利息收入

C. 购买国库券的利息收入　　　　D. 银行存款利息收入

9. 2023年某小型微利企业年应纳税所得额为220万元,其应纳的企业所得税税额为( )万元。

A. 55　　　　B. 44　　　　C. 8.5　　　　D. 11

10. 企业缴纳的下列税种,在计算企业所得税应纳税所得额时,不准从收入总额中扣除的是( )。

A. 增值税　　　B. 消费税　　　C. 房产税　　　D. 土地增值税

11. 下列项目中,准予在计算企业所得税应纳税所得额时从收入总额中扣除的项目是( )。

A. 资本性支出　　　　　　　　　B. 无形资产开发未形成资产的部分

C. 违法经营的罚款支出　　　　　D. 各项税收滞纳金、罚金、罚款支出

12. 在一个纳税年度内,居民企业技术转让所得不超过( )的部分,免征企业所得税,超过部分,减半征收企业所得税。

A. 5万元　　　B. 10万元　　　C. 20万元　　　D. 500万元

13. 根据企业所得税法等有关规定,不得提取折旧的固定资产是( )。

A. 以经营租赁方式租出的固定资产　　B. 以融资租赁方式租入的固定资产

C. 以经营租赁方式租入的固定资产　　D. 季节性停用的机器设备

14. 纳税人通过国内非营利的社会团体、国家机关的公益、救济性捐赠,在年度( )12%以内的部分准予扣除。

A. 收入总额　　　　　　　　　　B. 利润总额

C. 纳税调整后所得　　　　　　　D. 应纳税所得额

15. 除国务院财政、税务主管部门另有规定外,企业所得税法等规定:固定资产计算折旧的最低年限为( )。

A. 房屋、建筑物,为25年

B. 与生产经营活动有关的器具、工具、家具、电子设备等,为5年

C. 飞机、火车、轮船、机器、机械和其他生产设备,为10年

D. 飞机、火车、轮船以外的运输工具,为6年

二、**多选题**(每题至少有两个正确答案,请将正确答案填在括号内)

1. 下列项目中,可以作为内部处置资产,不视同销售确认收入的有( )。

A. 纳税人将自制产品在总机构及其分支机构之间转移

B. 纳税人将自制产品用于本企业在建工程

C. 纳税人将自制产品用于交际应酬

D. 纳税人将自制产品用于股息分配

2. 下列项目中,符合收入确认规定的有( )。

A. 股息、红利权益性投资收益,除另有规定外,按照投资方做出利润分配决定的日期确认收入实现
B. 利息收入按照合同约定的债务人应付利息的日期确认收入实现
C. 采取产品分成方式取得收入的,按照企业分得产品的日期确认收入实现
D. 以分期收款方式销售货物的,按照合同约定的收款日期确认收入实现

3. 下列项目中,符合企业所得税法中免税收入规定的有(   )。
A. 居民企业取得的上市流通的股票不足12个月的投资收益
B. 非营利组织接受其他单位或个人捐赠的收入
C. 政府购买非营利组织的服务取得的收入
D. 非营利组织的免税收入孳生的银行存款利息

4. 下列扣除项目中,属于可以递延扣除的项目有(   )。
A. 工资薪金　　　B. 职工教育经费支出　　C. 业务招待费　　　D. 广告费

5. 下列各项中,属于我国企业所得税纳税人的是(   )。
A. 在外国成立但实际管理机构在中国境内的企业
B. 在中国境内成立的,但主要在境外生产经营的企业
C. 在中国境外成立的,不在中国境内生产经营的企业
D. 在中国境内未设立机构、场所,但有来源于中国境内所得的企业
E. 合伙企业

6. 下列企业属于非居民企业的有(   )。
A. 外商独资企业
B. 在法国成立但实际管理机构在北京的企业
C. 实际管理机构在美国,在国内虽未设立机构场所但有来源于中国境内所得的企业
D. 实际管理机构在美国,但在北京设立机构场所的企业

7. 下列项目中,符合企业所得税法中免税收入规定的有(   )。
A. 居民企业取得的上市流通的股票不足12个月的投资收益
B. 非营利组织接受其他单位或个人捐赠的收入
C. 政府购买非营利组织的服务取得的收入
D. 非营利组织的免税收入孳生的银行存款利息

8. 下列项目中,属于纳税调整增加额的项目有(   )。
A. 职工教育经费支出超标准　　　　　B. 利息费用支出超标准
C. 公益救济性捐赠超标准　　　　　　D. 查补的增值税

9. 下列项目中,属于纳税调整减少额的项目有(   )。
A. 查补的消费税　　　　　　　　　　B. 多提的职工福利费
C. 国库券利息收入　　　　　　　　　D. 多列的无形资产摊销费

10. 企业从事(   )项目的所得,减半征收企业所得税。
A. 中药材的种植
B. 花卉、茶以及其他饮料作物和香料作物的种植
C. 海水养殖、内陆养殖
D. 牲畜、家禽的饲养

11. 企业下列收入应计入收入总额计算缴纳所得税的有（　　）。
   A. 在建工程发生的试运行收入　　　　B. 接受的捐赠收入
   C. 外单位欠款收到的利息　　　　　　D. 固定资产盘盈收入
12. 企业发生的借款利息支出，在计算应纳税所得额时，不得从收入额中扣除的有（　　）。
   A. 筹办期间发生的借款利息支出
   B. 在生产、经营期间，向金融机构借款的利息支出
   C. 开发无形资产发生的借款利息支出
   D. 以融资租赁方式租入固定资产投入使用前发生的借款利息支出
13. 下列固定资产不得计提折旧的是（　　）。
   A. 季节性停用的机器设备　　　　　　B. 不需用机器设备
   C. 以融资租赁方式租入的固定资产　　D. 以经营租赁方式租入的固定资产

三、判断题（正确的在括号内打"√"，错误的打"×"）

1. 企业所得税的纳税人仅指企业，不包括社会团体。（　　）
2. 利息收入和股息收入一样都表现为全额增加企业所得税的应纳税所得额。（　　）
3. 企业自产产品的广告宣传费均可在企业所得税前列支。（　　）
4. 纳税人对外进行来料加工装配业务节省的材料，如按合同规定留归企业所有的，也应作为收入处理。（　　）
5. 企业取得的所有技术服务收入均可暂免征企业所得税。（　　）
6. 企业销售啤酒、黄酒以外的酒类产品收取的包装物押金，无论是否退回均应计征增值税和消费税，同时也要计征企业所得税。（　　）
7. 乡镇企业可以享受应纳税所得额的10%的减免税照顾。（　　）
8. 纳税人缴纳的增值税不得在企业所得税前扣除，按当期缴纳的增值税计算的城建税和教育费附加，准予在所得税前扣除。（　　）
9. 纳税人在生产、经营期间的借款利息支出作为费用，在计算应纳税所得时，可以按实际发生数扣除。（　　）
10. 企业发生的年度亏损，可用以后五个盈利年度的利润弥补。（　　）
11. 确定应纳税所得额时，对企业生产、经营期间，向经人民银行批准从事金融业务的非银行金融机构的借款利息支出，可按照实际发生额从税前扣除。（　　）
12. 纳税人来源于境外的所得在境外实际缴纳的所得税税款，准予在汇总纳税时从其应纳税额中扣除；其在境外发生的亏损也可用境内的利润弥补。（　　）
13. 企业接受其他单位的捐赠物资，不计入应纳税所得额。（　　）
14. 某纳税人在甲、乙两国的分支机构有盈有亏，本年在中国境内无盈利，有甲、乙两国所得分别为120万元、-50万元，则该纳税人本年的应纳税所得额为70万元。（　　）
15. 在计征企业所得税时，非广告性质的赞助费不允许税前扣除，广告宣传费可以在税前正常列支。（　　）

四、综合练习题

1. 某国有经营公司2023年度取得营业收入总额4 000万元，成本、费用和损失共

3 800万元,其中列支业务招待费20万元,广告宣传支出10万元。全年缴纳增值税51.3万元、消费税79.7万元、城市维护建设税和教育费附加14.3万元,企业所得税税率为25%。

要求:计算该公司当年应纳的企业所得税。

2. 某中型工业企业2023年企业会计报表利润为850 000元,未作任何调整,依25%的税率缴纳了企业所得税。该企业2023年度的有关账册资料如下。

(1) 企业长期借款账户中记载:年初向工行借款10万元,年利率10%;向其他企业借款20万元,年利率20%,上述借款均用于生产经营,利息支出均已列财务费用。

(2) 全年销售收入5 000万元,企业在管理费用中列支业务招待费25万元。

(3) 8月份缴纳税收滞纳金10 000元,10月份通过民政部门向灾区捐赠100 000元,均在营业外支出中列支。

(4) 企业投资收益中有国债利息收入20 000元。

要求:扼要指出存在的问题并计算应补缴的企业所得税额。

3. 假如某生产企业2023年度生产经营情况如下:产品销售收入500万元,产品销售成本300万元,产品销售费用40万元,发生管理费用35万元(其中业务招待费5万元),当年出租固定资产取得收入40万元,购买国家公债取得利息收入10万元,准许税前扣除的有关税费30万元,经批准向企业职工集资100万元,支付年息15万元,同期银行贷款利率为10%,通过县级人民政府向南方遭受雪灾地区捐款20万元。

要求:计算该企业2023年度应缴的企业所得税额。

4. 某高新技术企业,以软件产品的开发、生产、销售为主要业务。2023年其有关的生产经营情况如下。

(1) 将自行开发的软件产品销售,取得收入3 000万元(不含税价格)。

(2) 买卖国债取得收益5万元,还取得国债利息收入1.2万元。

(3) 将购买甲公司的股票出售,取得收入240万元(股票的购买价款为180万元);将一项技术进行转让,取得所得600万元。

(4) 当年软件产品的销售成本为1 800万元。

(5) 软件产品的销售费用为350万元,其中含业务宣传费25万元。

(6) 当年企业发生的管理费用250万元,其中含新产品的研究费用100万元;业务招待费50万元;其他费用性税费100万元。

(7) 境外投资的分公司分回税后利润70万元(境外分公司所在国适用的所得税税率为30%)。

(8) 该企业当年已预缴所得税120元,上年度尚有亏损10万元(未过弥补期限)。

要求:
(1) 计算当年境内的应税收入;(不含技术转让所得)
(2) 计算当年境内的投资转让所得应纳的企业所得税;
(3) 计算允许税前扣除的业务宣传费;
(4) 计算允许税前扣除的研究费用和开发费用;
(5) 计算允许税前扣除的业务招待费;
(6) 计算境外所得的应纳税额和抵免限额;
(7) 计算当年的应纳税所得额和应纳所得税税额。

5. 甲企业为居民企业,企业所得税率为25%,2023年经营业务如下。

(1) 取得销售收入3 500万元;销售成本1 500万元;销售费用800万元(其中广告费480万元);管理费用580万元(其中业务招待费200万元,研发费用40万元);财务费用80万元。

(2) 销售税金160万元(其中含增值税42万元)。

(3) 营业外收入90万元,营业外支出60万元(含通过公益性团体向贫困山区捐款30万元,支付税收滞纳金6万元)。

(4) 计入成本费用中的实发工资总额250万元,拨款职工工会经费3万元,支付职工福利费20万元,支付职工教育经费12万元。

(5) 上年应纳税所得额为-20万元,本年已预交企业所得税5万元。

要求:计算该企业2023年应缴纳的企业所得税。

6. 某公司2023年度资产负债表(简表)资料如表5-9所示:

表5-9 资产负债表(简表)　　　　　　　　　　(单位:万元)

资产	金额	负债及所有者权益	金额
货币资金	1 000	应付账款	1 470
应收账款	700	预计负债	30
存货	800	实收资本	1 000
合计	2 500	合计	2 500

本年度该公司利润总额为100万元。与所得税会计核算相关的其他事项有:

(1) 2023年年末计提存货跌价准备100万元。

(2) 预计负债为因售后服务计提30万元。

(3) 确认国债利息收入20万元。

(4) 环境保护违规罚款10万元。企业所得税率为25%,本公司首次执行资产负债表债务法。

要求:计算2023年企业所得税,并做相应的会计业务处理。

项目六 个人所得税的计算与申报

【引言】

个人所得税是调整征税机关与自然人(居民、非居民人)之间在个人所得税的征纳与管理过程中所发生的社会关系的法律规范的总称。

个人所得税是国家对本国公民、居住在本国境内的个人的所得和境外个人来源于本国的所得征收的一种所得税。自2019年1月1日起,个人所得税改革实现了综合与分类相结合的个人所得税制正式全面实施,标志着个人所得税首次实现了由分类税制向综合与分类相结合税制的转换。

【课程思政】

个人所得税改革以培育诚信意识、践行社会主义核心价值观为根本。有利于建立健全个人所得税纳税信用记录,完善守信激励与失信惩戒机制,加强个人信息安全和权益维护,有效引导纳税人诚信纳税,公平享受减税红利,推动税务领域信用体系建设迈上新台阶。

【重点难点内容】

表6-1 个人所得税的计算

项目	个人所得税的计算	计证方法
工资、薪金所得(预缴)	应纳税额=(累计预扣预缴应纳税所得额×预扣率-速算扣除数)-累计减免税额-累计已预扣预缴税款	按月计征
个体工商户的生产、经营所得	应纳税额=(全年收入总额-成本、费用及损失)×适用税率-速算扣除数	按年计征
对企业、事业单位的承包经营、承租经营所得	应纳税额=(纳税年度收入总额-必要费用)×适用税率-速算扣除数	按年计征

劳务报酬所得(预缴)	(1) 每次收入不足4 000元的
	  应纳税额=(每次收入额-800)×20%
	(2) 每次收入在4 000元以上的
	  应纳税额=每次收入额×(1-20%)×20%
	(3) 每次收入的"应纳税所得额"超过20 000元的
	  应纳税额=应纳税所得额×适用税率-速算扣除数=每次收入额×(1-20%)×适用税率-速算扣除数
		按次计征

稿酬所得(预缴)	(1) 每次收入不超过4 000元的
	  应纳税额=(每次收入额-800)×20%×(1-30%)
	(2) 每次收入在4 000元以上的
	  应纳税额=每次收入额×(1-20%)×20%×(1-30%)
		按次计征

特许权使用费所得(预缴)	(1) 每次收入不超过4 000元的
	  应纳税额=(每次收入额-800)×20%
	(2) 每次收入在4 000元以上的
	  应纳税额=每次收入额×(1-20%)×20%
		按次计征

(续表)

项　目	个人所得税的计算	计证方法
利息、股息、红利所得和偶然所得	应纳税额＝每次收入额×20%	按次计征
居民个人综合所得（汇算清缴）	全年应纳税所得额＝全年收入额－费用扣除标准(60 000元)－专项扣除－专项附加扣除－其他扣除 全年应纳税额＝∑(每一级数的全年应纳税所得额×对应级数的适用税率) 　　　　　＝∑[每一级数(全年收入额－60 000元－专项扣除－专项附加扣除－其他扣除)×对应级数的适用税率]	按年计征
财产租赁所得	(1) 每次(月)收入不超过4 000元的 　　应纳税额＝[每次(月)收入额－准予扣除项目－修缮费用(800元为限)－800元]×20%(或10%) (2) 每次(月)收入在4 000元以上的 　　应纳税额＝[每次(月)收入额－准予扣除项目－修缮费用(800元为限)]×(1－20%)×20%(或10%)	按次/月计征
财产转让所得	应纳税额＝(收入总额－财产原值－合理费用)×20%	按次计征

项目六 个人所得税的计算与申报

模块一 个人所得税的认知

一、个人所得税的概念

个人所得税是指国家对本国公民、居住在本国境内的个人的所得和境外个人来源于本国的所得征收的一种所得税。

目前，我国个人所得税已初步建立分类与综合相结合的征收模式，即混合征收制。

二、个人所得税的纳税义务人

个人所得税的纳税义务人，包括中国公民、个体工商户、个人独资企业、合伙企业投资者、在中国有所得的外籍人员（包括无国籍人员，下同）和香港、澳门、台湾同胞。上述纳税义务人依据住所和居住时间两个标准，区分为居民个人和非居民个人，分别承担不同的纳税义务。

（一）居民个人

居民个人负有无限纳税义务。其所取得的应纳税所得，无论是来源于中国境内还是中国境外任何地方，都要在中国缴纳个人所得税。

根据《个人所得税法》规定，居民个人是指在中国境内有住所，或者无住所而一个纳税年度在中国境内居住累计满183天的个人。

在中国境内有住所的个人，是指因户籍、家庭、经济利益关系，而在中国境内习惯性居住的个人。这里所说的习惯性居住，是判定纳税义务人属于居民个人还是非居民个人的一个重要依据。它是指个人因学习、工作、探亲等原因消除之后，没有理由在其他地方继续居留时，所要回到的地方，而不是指实际居住或在某个特定时期内的居住地。一个纳税人因学习、工作、探亲、旅游等原因，原来是在中国境外居住，但是在这些原因消除之后，如果必须回到中国境内居住的，则中国为该人的习惯性居住地。尽管该纳税义务人在一个纳税年度内，甚至连续几个纳税年度，都未在中国境内居住过1天，他仍然是中国的居民个人，应就其来自全球的应纳税所得，向中国缴纳个人所得税。

一个纳税年度在境内居住累计满183天，是指在一个纳税年度（即公历1月1日起至12月31日止，下同）内，在中国境内居住累计满183天。在计算居住天数时，按其一个纳税年度内在境内的实际居住时间确定，取消了原有的临时离境规定。即境内无住所的某人在一个纳税年度内无论出境多少次，只要在我国境内累计住满183天，就可判定为我国的居民个人。综上可知，个人所得税的居民个人包括以下两类。

(1) 在中国境内定居的中国公民和外国侨民。但不包括虽具有中国国籍,却并没有在中国大陆定居,而是侨居海外的华侨和居住在香港、澳门、台湾的同胞。

(2) 从公历1月1日起至12月31日止,在中国境内累计居住满183天的外国人、海外侨胞和香港、澳门、台湾同胞。例如,德国技术专家罗伯特从2018年10月1日起到中国境内的中德信息技术有限公司任职,在2019年纳税年度内,虽然曾多次离境回国,但由于他在我国境内的居住停留时间累计达206天,已经超过了一个纳税年度内在境内累计居住满183天的标准。因此,德国技术专家罗伯特应为居民个人。

现行税法中关于"中国境内"的概念,是指中国大陆地区,目前还不包括香港、澳门和台湾地区。

(二) 非居民个人

非居民个人,是指不符合居民个人判定标准(条件)的纳税义务人,非居民个人,承担有限纳税义务,即仅就其来源于中国境内的所得,向中国缴纳个人所得税。

《个人所得税法》规定,非居民个人是"在中国境内无住所又不居住,或者无住所而一个纳税年度内在境内居住累计不满183天的个人"。也就是说,非居民个人,是指习惯性居住地不在中国境内,而且不在中国居住;或者在一个纳税年度内,在中国境内居住累计不满183天的个人。在现实生活中,习惯性居住地不在中国境内的个人,只有外籍人员、华侨或香港、澳门和台湾同胞。因此,非居民个人,实际上只能是在一个纳税年度中,没有在中国境内居住,或者在中国境内居住天数累计不满183天的外籍人员、华侨或香港、澳门、台湾同胞。

自2004年7月1日起,对境内居住的天数和境内实际工作期间按以下规定为准。

1. 判定纳税义务时如何计算在中国境内居住的天数

对在中国境内无住所的个人,需要计算确定其中国境内实际累计居住天数,以便依照税法和协定或安排的规定判定其在华负有何种纳税义务时,均应以该个人实际在华逗留天数计算。上述个人入境、离境、往返或多次往返境内外的当日,均按1天计算其在华实际逗留天数。

2. 个人入、离境当日及在中国境内实际工作期间的判定

对在中国境内、境外机构同时担任职务或仅在境外机构任职的境内无住所个人,在按《国家税务总局关于在中国境内无住所的个人计算缴纳个人所得税若干具体问题的通知》(国税函发〔1995〕125号)第一条的规定计算其境内工作期间时,对其入境、离境、往返或多次往返境内外的当日,均按半天计算为在华实际工作天数。

三、个人所得税的征税范围

居民个人取得下列第一项至第四项所得(以下称综合所得),按纳税年度合并计算个人所得税;非居民个人取得下列纳税人取得下列第一项至第四项所得,按月或者按次分项计算个人所得税。纳税人取得第五项至第九项所得,分别计算个人所得税。

(一) 工资、薪金所得

工资、薪金所得,是指个人因任职或者受雇而取得的工资、薪金、奖金、年终加薪、劳动

分红、津贴、补贴以及与任职或者受雇有关的其他所得。

1. 工资、薪金所得涵盖范围

一般来说，工资、薪金所得属于非独立个人劳动所得。所谓非独立个人劳动，是指个人所从事的是由他人指定、安排并接受管理的劳动,工作或服务于公司、工厂、行政事业单位的人员(私营企业主除外)均为非独立劳动者。他们从上述单位取得的劳动报酬,是以工资、薪金的形式体现的。

除工资、薪金以外,奖金、年终加薪、劳动分红、津贴、补贴也被确定为工资、薪金范畴。其中,年终加薪、劳动分红不分种类和取得情况,一律按工资、薪金所得课税。奖金是指所有具有工资性质的奖金,免税奖金的范围在税法中另有规定。

此外。还有一些所得的发放被视为取得工资、薪金所得的情形。例如，公司职工取得的用于购买企业国有股权的劳动分红,按"工资、薪金所得"项目计征个人所得税。出租汽车经营单位出租车驾驶员从事客货营运取得的收入,对出租车驾驶员采取单车承包或承租方式运营,按工资、薪金所得征税。

2. 个人取得的津贴、补贴不计入工资、薪金所得的项目

根据我国目前个人收入补贴,规定对于一些不属于工资、薪金性质的补贴、津贴或者不属于纳税人本人工资、薪金所得项目的收入,不予征税。

(1) 独生子女补贴。

(2) 执行公务员工资制度未纳入基本工资总额的补贴、津贴差额和家属成员的副食品补贴。

(3) 托儿补助费。

(4) 差旅费津贴、误餐补助。其中,误餐补助是指按照财政部规定,个人因公在城区、郊区工作,不能在工作单位或返回就餐的,根据实际误餐顿数,按规定的标准领取的误餐费。注意,单位以误餐补助名义发给职工的补助、津贴不能包括在内。

(5) 外国来华留学生,领取的生活津贴费、奖学金,不属于工资、薪金范畴,不征个人所得税。

3. 军队干部取得的补贴、津贴中有 8 项不计入工资、薪金所得项目征税

(1) 政府特殊津贴。

(2) 福利补助。

(3) 夫妻分居补助费。

(4) 随军家属无工作生活困难补助。

(5) 独生子女保健费。

(6) 子女保教补助费。

(7) 机关在职军以上干部公勤费(保姆费)。

(8) 军粮差价补贴。

4. 军队干部取得的暂不征税的补贴、津贴

(1) 军人职业津贴。

(2) 军队设立的艰苦地区补助。

(3) 专业性补助。

(4) 基层军官岗位津贴(营连排长岗位津贴)。

(5) 伙食补贴。

(二) 劳务报酬所得

劳务报酬所得，指个人独立从事各种非雇用的各种劳务所取得的所得。包括从事设计、装潢、安装、制图、化验、测试、医疗、法律、会计、咨询、讲学、翻译、审稿、书画、雕刻、影视、录音、录像、演出、表演、广告、展览、技术服务、介绍服务、经纪服务、代办服务以及其他劳务取得的所得。

内容如下。

(1) 设计，指按照客户的要求，代为制定工程、工艺等各类设计业务。

(2) 装潢，指接受委托，对物体进行装饰、修饰，使之美观或具有特定用途的作业。

(3) 安装，指按照客户要求，对各种机器、设备的装配、安置，以及与机器、设备相连的附属设施的装设和被安装机器设备的绝缘、防腐、保温、油漆等工程作业。

(4) 制图，指受托按实物或设想物体的形象，依体积、面积、距离等，用一定比例绘制成平面图、立体图、透视图等的业务。

(5) 化验，指受托用物理或化学的方法，检验物质的成分和性质等业务。

(6) 测试，指利用仪器仪表或其他手段代客对物品的性能和质量进行检测试验的业务。

(7) 医疗，指从事各种病情诊断、治疗等医护业务。

(8) 法律，指受托担任辩护律师、法律顾问，撰写辩护问、起诉书等法律文书的业务。

(9) 会计，指受托从事会计核算的业务。

(10) 咨询，指对客户提出的政治、经济、科技、法律、会计、文化等方面的问题进行解答、说明的业务。

(11) 讲学，指应邀(聘)进行讲课、作报告、介绍情况等业务。

(12) 翻译，指受托从事中、外语言或文字的翻译(包括笔译和口译)的业务。

(13) 审稿，指对文字作品或图形作品进行审查、核对的业务。

(14) 书画，指按客户要求，或自行从事书法、绘画、题词等业务。

(15) 雕刻，指代客镌刻图章、牌匾、碑、玉器、雕塑等业务。

(16) 影视，指应邀或应聘在电影、电视节目中出任演员，或担任导演、音响、化妆、道具、制作、摄影等与拍摄影视节目有关的业务。

(17) 录音，指用录音器械代客录制各种音响带的业务。或者应邀演讲、演唱、采访而被录音的服务。

(18) 录像，指用录像器被代客录制各种图像、节目的业务，或者应邀表演、采访被录像的业务。

(19) 演出，指参加戏剧、音乐、舞蹈、曲艺等文艺演出活动的业务。

(20) 表演，指从事杂技、体育、武术、健美、时装、气功以及其他技巧性表演活动的业务。

(21) 广告，指利用图书、报纸、杂志、广播、电视、电影、招贴、路牌、橱窗、霓虹灯、灯箱、墙面及其他载体，为介绍商品、经营服务的业务、文体节目或通告、声明等事项，所做的宣传和提供相关服务的业务。

(22) 展览，指举办或参加办书画展、影展、盆景展、个人收藏品展、花鸟虫鱼展等各种展示活动的业务。

(23) 技术服务，指利用一技之长而进行技术指导、提供技术帮助的业务。

(24) 介绍服务，指介绍供求双方商谈，或者介绍产品、经营服务项目等服务业务。

(25) 经纪服务，指经纪人通过居间介绍，促成各种交易和提供劳务项目等服务的业务。

(26) 代办服务，指代委托人办理受托范围内的各项事宜的业务。

(27) 其他劳务，指上述列举的 26 项劳务项目之外的各种劳务。

自 2004 年 1 月 20 日起，对商品营销活动中，企业和单位对其营销业绩突出的非雇员以培训班、研讨会、工作考察等名义组织旅游活动，通过免收差旅费、旅游费对个人实行的营销业绩奖励（包括实物、有价证券等），应根据所发生费用的全额作为该营销人员当期的劳务收入，按照"劳务报酬所得"项目征收个人所得税，并由提供上述费用的企业和单位代扣代缴。

在实际操作过程中，还可能出现难以判定一项所得是属于工资、薪金所得，还是属于劳务报酬所得的情况。这两者的区别在于：工资、薪金所得是属于非独立个人劳务活动，即在机关、团体、学校、部队、企业、事业单位及其他组织中任职、受雇而得到的报酬，而劳务报酬所得，则是个人独立从事各种技艺、提供各项劳务取得的报酬。

注意：个人由于担任董事职务所取得的董事费收入，属于劳务报酬所得性质，按照劳务报酬所得项目征收个人所得税，但仅适用于个人担任公司董事、监事，且不在公司任职、受雇的情形。个人在公司（包括关联公司）任职、受雇，同时兼任董事、监事的，应将董事费、监事费与个人工资收入合并，统一按工资、薪金所得项目缴纳个人所得税。

（三）稿酬所得

稿酬所得，是指个人因其作品以图书、报刊形式出版、发表而取得的所得。将稿酬所得独立划归一个征税项目，而对不以图书、报刊形式出版、发表的翻译、审稿、书画所得归为劳务报酬所得，主要是考虑了出版、发表作品的特殊性。因为它是一种依靠较高智力创作的精神产品，因为它具有普遍性，因为它与社会主义精神文明和物质文明密切相关，因为它的报酬相对偏低。因此，稿酬所得应当与一般劳务报酬相区别，并给予适当优惠照顾。

（四）特许权使用费所得

特许权使用费所得，是指个人提供专利权、商标权、著作权、非专利技术以及其他特许权的使用权取得的所得。提供著作权的使用权取得的所得，不包括稿酬所得。

专利权，是由国家专利主管机关依法授予专利申请人或其权利继承人在一定期间内实施其发明创造的专有权。对于专利权，许多国家只将提供他人使用取得的所得，列入特许权使用费，而将转让专利权所得列为资本利得税的征税对象。我国没有开征资本利得税，故将个人提供和转让专利权取得的所得，都列入特许权使用费所得征收个人所得税。

商标权，即商标注册人享有的商标专用权。著作权，即版权，是作者依法对文学艺术和科学作品享有的专有权。个人提供或转让商标权、著作权、专有技术或技术秘密技术诀窍取得的所得，应当依法缴纳个人所得税。

(五) 经营所得

经营所得,是指如下几项。

(1) 个体工商户从事生产、经营活动取得的所得,个人独资企业投资人、合伙企业的个人合伙人来源于境内注册的个人独资企业、合伙企业生产、经营的所得。

个体工商户以业主为个人所得税纳税义务人。

(2) 个人依法从事办学、医疗、咨询以及其他有偿服务活动取得的所得。

(3) 个人对企业、事业单位承包经营、承租经营以及转包、转租取得的所得。

对企事业单位的承包经营、承租经营所得,是指个人承包经营或承租经营以及转包、转租取得的所得。承包项目可分多种,如生产经营、采购、销售,建筑安装等各种承包。转包包括全部转包或部分转包。

(4) 个人从事其他生产、经营活动取得的所得。例如,个人因从事彩票代销业务而取得的所得,或者从事个体出租车运营的出租车驾驶员取得的收入,都应按照"经营所得"项目计征个人所得税。这里所说的从事个体出租车运营,包括:出租车属个人所有,但挂靠出租汽车经营单位或企事业单位,驾驶员向挂靠单位缴纳管理费的,或出租汽车经营单位将出租车所有权转移给驾驶员的。

注意:个体工商户和从事生产、经营的个人,取得与生产、经营活动无关的其他各项应税所得,应分别按照其他应税项目的有关规定,计算征收个人所得税。如取得银行存款的利息所得、对外投资取得的股息所得,应按"股息、利息、红利"税目的规定单独计征个人所得税。个人独资企业、合伙企业的个人投资者以企业资金为本人、家庭成员及其相关人员支付与企业生产经营无关的消费性支出及购买汽车、住房等财产性支出,视为企业对个人投资者利润分配,并入投资者个人的生产经营所得,依照"经营所得"项目计征个人所得税。

(六) 利息、股息、红利所得

利息、股息、红利所得,是指个人拥有债权、股权而取得的利息、股息、红利所得。利息,是指个人拥有债权而取得的利息,包括存款利息、贷款利息和各种债券的利息。按税法规定,个人取得的利息所得,除国债和国家发行的金融债券利息外,应当依法缴纳个人所得税。股息、红利,是指个人拥有股权取得的股息、红利。按照一定的比率对每股发给的息金叫股息,公司、企业应分配的利润,按股份分配的叫红利。股息、红利所得,除另有规定外,都应当缴纳个人所得税。

除个人独资企业、合伙企业以外的其他企业的个人投资者,以企业资金为本人、家庭成员及其相关人员支付与企业生产经营无关的消费性支出及购买汽车、住房等财产性支出,视为企业对个人投资者的红利分配,依照"利息、股息、红利所得"项目计征个人所得税。企业的上述支出不允许在所得税前扣除。

纳税年度内个人投资者从其投资企业(个人独资企业、合伙企业除外)借款,在该纳税年度终了后既不归还又未用于企业生产经营的,其未归还的借款可视为企业对个人投资者的红利分配依照"利息、股息、红利所得"项目计征个人所得税。

（七）财产租赁所得

财产租赁所得，是指个人出租不动产、机器设备、车船以及其他财产取得的所得。

个人取得的财产转租收入，属于"财产租赁所得"的征税范围，由财产转租人缴纳个人所得税。

（八）财产转让所得

财产转让所得，是指个人转让有价证券、股权、合伙企业中的财产份额、不动产、机器设备、车船以及其他财产取得的所得。

在现实生活中，个人进行的财产转让主要是个人财产所有权的转让。财产转让实际上是一种买卖行为，当事人双方通过签订、履行财产转让合同，形成财产买卖的法律关系，使出让财产的个人从对方取得价款（收入）或其他经济利益。财产转让所得因其性质的特殊性，需要单独列举项目征税。对个人取得的各项财产转让所得，除股票转让所得外，都要征收个人所得税。具体规定如下。

1. 股票转让所得

根据《个人所得税法实施条例》规定，对股票转让所得征收个人所得税的办法，由国务院另行规定，并报全国人民代表大会常务委员会备案。鉴于我国证券市场发育还不成熟，股份制改革仍需完善，对股票转让所得的计算、征税办法和纳税期限的确认等都需要做深入的调查研究后，结合国际通行的做法，作出符合我国实际的规定。因此国务院决定，对股票转让所得暂不征收个人所得税。

2. 量化资产股份转让

集体所有制企业在改制为股份合作制企业时，对职工个人以股份形式取得的拥有所有权的企业量化资产，暂缓征收个人所得税；待个人将股份转让时，就其转让收入额，减除个人取得该股份时实际支付的费用支出和合理转让费用后的余额，按"财产转让所得"项目计征个人所得税。

（九）偶然所得

偶然所得，是指个人得奖、中奖、中彩以及其他偶然性质的所得。得奖是指参加各种有奖竞赛活动，取得名次得到的奖金；中奖、中彩是指参加各种有奖活动，如有奖销售、有奖储蓄或者购买彩票，经过规定程序，抽中、摇中号码而取得的奖金。偶然所得应缴纳的个人所得税税款，一律由发奖单位或机构代扣代缴。

个人取得的所得，难以界定应纳税所得项目的，由国务院税务主管部门确定。

四、个人所得税的所得来源地的确定

除国务院财政、税务主管部门另有规定外，下列所得，不论支付地点是否在中国境源于中国境内，均为来源于中国境内所得。

（1）因任职、受雇、履约等而在中国境内提供劳务取得的所得。

（2）将财产出租给承租人在中国境内使用而取得的所得。

(3) 转让中国境内的不动产等财产或者在中国境内转让其他财产取得的所得。

(4) 许可各种特许权在中国境内使用而取得的所得。

(5) 从中国境内企业、事业单位、其他组织以及居民个人取得的利息、股息、红利所得。

在中国境内无住所的个人,在中国境内居住累计满183天的年度连续不满六年的,其来源于中国境外的所得,经向主管税务机关备案,其来源于中国境外且由境外单位或者个人支付的所得,免予缴纳个人所得税;在中国境内居住累计满183天的任一年度中有一次离境超过30天的,其在中国境内居住累计满183天的年度的连续年限重新起算。

在中国境内无住所,但是在一个纳税年度中在中国境内居住累计不超过90天的个人,其来源于中国境内的所得,由境外雇主支付并且不由该雇主在中国境内的机构、场所负担的部分,免予缴纳个人所得税。例如,外国来华工作人员,在我国服务而取得的工资、薪金,不论是我方支付、外国支付、我方和外国共同支付,均属于来源于中国的所得,除少数人员可以享受免税优惠外(见本章第四节),其他均应按规定征收个人所得税。但对在中国境内连续居住不超过90天的,可只就我方支付的工资、薪金部分计算纳税,对外国支付的工资、薪金部分免于征税。并且,外国来华工作人员,由外国派出单位发给包干款项,其中包括个人工资、公用经费(邮电费、办公费、广告费、业务上往来必要的交际费)、生活津贴费(住房费、差旅费),凡对上述所得能够划分清楚的,可只就工资薪金所得部分按照规定征收个人所得税。

五、个人所得税的税率

个人所得税区分不同个人所得项目,规定了超额累进说率和比例税率两种形式。

(一) 综合所得

工资薪金所得、劳务报酬所得、稿酬所得、特许权使用费所得,适用3%～45%的七级超额累进税率。见表6-2。

表6-2 个人所得税税率表(一)

(综合所得适用税率表)

级数	全年应纳税所得额(含税)	税率	速算扣除数
1	不超过36 000元的部分	3%	0
2	超过36 000元至144 000元的部分	10%	2 520
3	超过144 000元至300 000元的部分	20%	16 920
4	超过300 000元至420 000元的部分	25%	31 920
5	超过420 000元至660 000元的部分	30%	52 920
6	超过660 000元至960 000元的部分	35%	85 920
7	超过960 000元的部分	45%	181 920

注:本表所列含税级距,均为按照税法规定减除有关费用后的所得额。

（二）经营所得

个体工商户的生产、经营所得、对企事业单位的承包经营、承租经营所得、个人独资企业和合伙企业的生产经营所得，适用5%～35%的五级超额累进税率。见表6-3。

表6-3　个人所得税税率表（二）
（经营所得适用税率表）

级数	全年应纳税所得额（含税）	税率	速算扣除数
1	不超过30 000元的部分	5%	0
2	超过30 000元至90 000元的部分	10%	1 500
3	超过90 000元至300 000元的部分	20%	10 500
4	超过300 000元至500 000元的部分	30%	40 500
5	超过500 000元的部分	35%	65 500

（三）其他所得

财产租赁所得、财产转让所得、利息、股息红利所得、偶然所得适用20%的比例税率。

（四）预扣预缴适用税率表

预扣预缴适用税率见表6-4、表6-5和表6-6。

表6-4　个人所得税税率表（三）
（居民个人工资、薪金所得预扣预缴适用）

级数	累计预扣预缴应纳税所得额	预扣率	速算扣除数
1	不超过36 000元的部分	3%	0
2	超过36 000元至144 000元的部分	10%	2 520
3	超过144 000元至300 000元的部分	20%	16 920
4	超过300 000元至420 000元的部分	25%	31 920
5	超过420 000元至660 000元的部分	30%	52 920
6	超过660 000元至960 000元的部分	35%	85 920
7	超过960 000元的部分	45	181 920

表6-5　个人所得税税率表（四）
（居民个人劳务报酬所得预扣预缴适用）

级数	预扣预缴应纳税所得额	预扣率	速算扣除数
1	不超过2 000元的部分	20%	0
2	超过2 000元至5 000元的部分	30%	2 000
3	超过5 000元的部分	40%	7 000

表 6-6 个人所得税税率表(五)

(非居民个人工资薪金所得、劳务报酬所得稿酬所得特许权使用费所得适用)

级数	应纳税所得额	税率	速算扣除数
1	不超过 3 000 元的部分	3%	0
2	超过 3 000 元至 12 000 元的部分	10%	210
3	超过 12 000 元至 25 000 元的部分	20%	1 410
4	超过 25 000 元至 35 000 元的部分	25%	2 660
5	超过 35 000 元至 55 000 元的部分	30%	4 410
6	超过 55 000 元至 80 000 元的部分	35%	7 160
7	超过 80 000 元的部分	45%	15 160

注:表 6-6 也适用于居民个人的综合所得按月计算税额。

模块二　个人所得税应纳税所得额的计算与会计处理

一、个人所得税应纳税所得额的规定

由于个人所得税的应税项目不同,并且取得某项所得所需费用也不相同,计算个人应纳税所得额,需按不同应税项目分项计算。以某项应税项目的收入额减去税法规定的该项目费用减除标准后的余额,为该应税项目应纳税所得额。两个以上的个人共同取得同一项目收入的,应当对每个人取得的收入分别按照个人所得税法的规定计算纳税。

(一) 每次收入的确定

《个人所得税法》对纳税义务人的征税方法有三种:①按年计征,如经营所得,居民个人取得的综合所得;②按月计征,如非居民个人取得的工资、薪金所得;③按次计征,如利息、股息、红利所得,财产租赁所得,偶然所得和非居民个人取得的劳务报酬所得,稿酬所得,特许权使用费所得等6项所得。在按次征收情况下,由于扣除费用依据每次应纳税所得额的大小,分别规定了定额和定率两种标准。具体如下。

1) 非居民个人取得劳务报酬所得、稿酬所得、特许权使用费所得

根据不同所得项目的特点,分别规定如下。

(1) 属于一次性收入的,以取得该项收入为一次。就劳务报酬所得来看,从事设计、安装、装潢、制图、化验、测试等劳务,往往是接受客户的委托,按照客户的要求,完成一次劳务后取得收入。因此,是属于只有一次性的收入,应以每次提供劳务取得的收入为一次。但需要注意的是,如果一次性劳务报酬收入以分月支付方式取得的,就适用同一事项连续取得收入,以1个月内取得的收入为一次的规定。

就稿酬来看,以每次出版、发表取得的收入为一次,不论出版单位是预付还是分笔支付稿酬,或者加印该作品后再付稿酬,均应合并其稿酬所得按一次计征个人所得税。具体又可细分为:同一作品再版取得的所得,应视作另一次稿酬所得计征个人所得税。同一作品先在报刊上连载,然后再出版,或先出版,再在报刊上连载的,应视为两次稿酬所得征税。即连载作为一次,出版作为另一次。同一作品在报刊上连载取得收入的,以连载完成后取得的所有收入合并为一次,计征个人所得税。同一作品在出版和发表时,以预付稿酬或分次支付稿酬等形式取得的稿酬收入,应合并计算为一次。同一作品出版、发表后,因添加印数而追加稿酬的,应与以前出版、发表时取得的稿酬合并计算为一次,计征个人所得税。在两处或两处以上出版、发表或再版同一作品而取得稿酬所得,则可分别各处取得的所得或再版所得按分次所得计征个人

所得税。作者去世后,对取得其遗作稿酬的个人,按稿酬所得征收个人所得税。

就特许权使用费来看,以某项使用权的一次转让所取得的收入为一次。一个非居民个人,可能不仅拥有一项特许权利,每一项特许权的使用权也可能不止一次地向我国境内提供。因此,对特许权使用费所得的"次"的界定,明确为每一项使用权的每次转让所取得的收入为一次。如果该次转让取得的收入是分笔支付的,则应将各笔收入相加为一次的收入,计征个人所得税。

(2) 属于同一事项连续取得收入的,以 1 个月内取得的收入为一次。例如,英籍歌手(非居民个人)艾兰迪与一卡拉 OK 厅签约,在一定时期内每天到卡拉 OK 厅演唱一次,每次演出后付酬 5 000 元。在计算其劳务报酬所得时,应视为同一事项的连续性收入,以其 1 个月内取得的收入为一次计征个人所得税,而不能以每天取得的收入为一次。

2) 财产租赁所得

以 1 个月内取得的收入为一次。

3) 利息、股息、红利所得

以支付利息、股息、红利时取得的收入为一次。

4) 偶然所得

以每次收入为一次。

(二) 应纳税所得额和费用减除标准

1. 居民个人取得综合所得

以每年收入额减除费用 60 000 元以及专项扣除、专项附加扣除和依法确定的其他扣除后的余额,为应纳税所得额。其扣除项目见表 6-7。

表 6-7 综合所得的扣除项目

扣除项目		具体规定
基本费用扣除		每年 60 000 元
专项扣除		居民个人按照国家规定的范围和标准缴纳的基本养老保险、基本医疗保险、失业保险等社会保险费和住房公积金等
专项附加扣除	子女教育	① 税人的子女接受全日制学历教育的相关支出,按照每个子女每月 2 000 元的标准定额扣除。 ② 学历教育包括义务教育(小学、初中教育)、高中阶段教育(普通高中、中等职业、技工教育)高等教育(大学专科、大学本科、硕士研究生、博士研究生教育)。 ③ 满 3 岁至小学入学前处于学前教育阶段的子女,按上述的规定执行。 ④ 父母可以选择由其中一方按扣除标准的 100% 扣除,也可以选择由双方分别按扣除标准的 50% 扣除,具体扣除方式在一个纳税年度内不能变更。 ⑤ 税人子女在中国境外接受教育的,纳税人应当留存境外学校录取通知书、留学签证等相关教育的证明资料备查。
	继续教育	① 税人在中国境内接受学历(学位)继续教育的支出,在学历(学位)教育期间按照每月 400 元定额扣除。同等学历(学位)继续教育的扣除期限不能超过 48 个月。纳税人接受技能人员职业资格继续教育、专业技术人员职业资格继续教育的支出,在取得相关证书的当年,按照 3 600 元定额扣除。 ② 个人接受本科及以下学历(学位)继续教育符合规定扣除条件的,可以选择由其父母扣除,也可以选择由本人扣除。 ③ 纳税人接受技能人员职业资格继续教育、专业技术人员职业资格继续教育的,应当留存相关证书等资料备查。

(续表)

扣除项目		具体规定
专项附加扣除	大病医疗	① 一个纳税年度内纳税人发生的与基本医保相关的医药费用支出,扣除医保报销后个人负担(指医保目录范围内的自付部分)累计超过 15 000 元的部分,由纳税人在办理年度汇算清缴时,在 80 000 元限额内据实扣除。 ② 纳税人发生的医药费用支出可以选择由本人或者其配偶扣除;未成年子女发生的医药费用支出可以选择由其父母一方扣除。 ③ 纳税人及其配偶未成年子女发生的医药费用支出,按规定分别计算扣除额。 ④ 纳税人应当留存医药服务收费及医保报销相关票据原件(或者复印件)等资料备查。医疗保障部门应当向患者提供在医疗保障信息系统记录的本人年度医药费用信息查询服务。 【知识点拨1】该项扣除属于限额扣除,按照医保目录范围内的自付部分扣除 15 000 元余额与 80 000 元比较,按照较小一方扣除。 【知识点拨2】如果纳税人及其配偶、未成年子女均发生医药费支出应分别计算扣除
	住房贷款利息	① 税人本人或者配偶单独或者共同使用商业银行或者住房公积金个人住房贷款为本人或者其配偶购买中国境内住房,发生的首套住房贷款利息支出,在实际发生贷款利息的年度,按照每月 1 000 元的标准定额扣除,扣除期限最长不超过 240 个月。纳税人只能享受一次首套住房贷款的利息扣除。 上述所称首套住房贷款是指购买住房享受首套住房贷款利率的住房贷款。 ② 经夫妻双方约定,可以选择由其中一方扣除,具体扣除方式在一个纳税年度内不能变更。 ③ 妻双方婚前分别购买住房发生的首套住房贷款,其贷款利息支出,婚后可以选择其中一套购买的住房,由购买方按扣除标准的 100% 扣除,也可以由夫妻双方对各自购买的住房分别按扣除标准的 50% 扣除,具体扣除方式在一个纳税年度内不能变更。 ④ 税人应当留存住房贷款合同贷款还款支出凭证备查。
	住房租金	① 纳税人在主要工作城市没有自有住房而发生的住房租金支出,可以按照以下标准定额扣除: 第一,直辖市省会(首府)城市、计划单列市以及国务院确定的其他城市,扣除标准为每月 1 500 元。 第二,除上述 a 所列城市以外,市辖区户籍人口超过 100 万的城市,扣除标准为每月 1 100 元;市辖区户籍人口不超过 100 万的城市,扣除标准为每月 800 元。市辖区户籍人口,以国家统计局公布的数据为准。 ② 纳税人的配偶在纳税人的主要工作城市有自有住房的,视同纳税人在主要工作城市有自有住房。 【知识点拨】主要工作城市是指纳税人任职受雇的直辖市、计划单列市、副省级城市、地级市(地、区、州、盟)全部行政区域范围;纳税人无任职受雇单位的,为受理其综合所得汇算清缴的税务机关所在城市。 ③ 夫妻双方主要工作城市相同的,只能由一方扣除住房租金支出。 ④ 住房租金支出由签订租赁住房合同的承租人扣除。 ⑤ 纳税人及其配偶在一个纳税年度内不能同时分别享受住房贷款利息和住房租金专项附加扣除。 ⑥ 纳税人应当留存住房租赁合同协议等有关资料备查。
	赡养老人	纳税人赡养一位及以上被赡养人的赡养支出,统一按照以下标准定额扣除: ① 纳税人为独生子女的,按照每月 3 000 元的标准定额扣除。 ② 税人为非独生子女的,由其与兄弟姐妹分摊每月 3 000 元的扣除额度,每人分摊的额度不能超过每月 1 500 元。可以由赡养人均摊或者约定分摊,也可以由被赡养人指定分摊。约定或者指定分摊的,须签订书面分摊协议,指定分摊优先于约定分摊。具体分摊方式和额度在一个纳税年度内不能变更。 【知识点拨】被赡养人是指年满 60 岁的父母,以及子女均已去世的年满 60 岁的祖父母、外祖父母。

(续表)

扣除项目		具体规定
专项附加扣除	婴幼儿照护	① 自2022年1月1日起,纳税人照护3岁以下婴幼儿子女的相关支出,在计算缴纳个人所得税前按照每名婴幼儿每月2 000元的标准定额扣除。 ② 具体扣除方式上,可选择由夫妻一方按扣除标准的100%扣除,也可选择由夫妻双方分别按扣除标准的50%扣除。监护人不是父母的,也可以按上述政策规定扣除。
依法确定的其他扣除	企业年金职业年金	① 单位按有关规定缴费部分:免征个人所得税 ② 个人缴费不超过本人部分本人缴费工资计税基数4%标准内部分:暂从应纳税所得额中扣除
	商业健康保险	对个人购买符合规定的商业保险产品的支出,允许在当年(月)计算应纳税所得额时予以税前,扣除限额为2 400元/年(200元/月)
	商业养老保险	税收递延型商业养老保险支出
	其他项目	国务院规定可以扣除的其他项目

(1) 专项扣除,包括居民个人按照国家规定的范围和标准缴纳的基本养老保险、基本医疗保险、失业保险等社会保险费和住房公积金等。

(2) 专项附加扣除,包括子女教育、继续教育、大病医疗、住房贷款利息或者住房租金赡养老人等支出,具体范围、标准和实施步骤由国务院确定,并报全国人民代表大会常务委员会备案。

(3) 依法确定的其他扣除,包括个人缴付符合国家规定的企业年金、职业年金,个人购买符合国家规定的商业健康保险、税收递延型商业养老保险的支出,以及国务院规定可以扣除的其他项目。

注意:专项扣除、专项附加扣除和依法确定的其他扣除,以居民个人一个纳税年度的应纳税所得额为限额;一个纳税年度扣除不完的,不结转以后年度扣除。

2. 非居民个人所得

非居民个人的工资薪金所得,以每月收入额减除费用5 000元后的余额为应纳税所得额;劳务报酬所得、稿酬所得、特许权使用费所得,以每次收入额为应纳税所得额。

3. 经营所得

以每一纳税年度的收入总额减除成本、费用,以及损失后的余额,为应纳税所得额。

所称成本、费用,是指生产、经营活动中发生的各项直接支出和分配计入成本的间接费用以及销售费用、管理费用、财务费用;所称损失,是指生产、经营活动中发生的固定资产和存货的盘亏、毁损、报废损失,转让财产损失,坏账损失,自然灾害等不可抗力因素造成的损失以及其他损失。

取得经营所得的个人,没有综合所得的,计算其每一纳税年度的应纳税所得额时,应当减除费用60 000元、专项扣除、专项附加扣除以及依法确定的其他扣除。专项附加扣除在办理汇算清缴时减除。

在个人税收递延型商业养老保险试点区域内,取得个体工商户生产经营所得、对企事业单位的承包承租经营所得的个体工商户业主、个人独资企业投资者、合伙企业自然人合伙人和承包承租经营者,其缴纳的税收递延型商业养老保险保费准予在申报扣除当年计算应纳税所得额时予以限额据实扣除,扣除限额按照不超过当年应税收入的6%和12 000元孰低办法确定。

从事生产、经营活动,未提供完整、准确的纳税资料,不能正确计算应纳税所得额的,由主管税务机关核定应纳税所得额或者应纳税额。

个人独资企业的投资者以全部生产经营所得为应纳税所得额;合伙企业的投资者按照合伙企业的全部生产经营所得和合伙协议约定的分配比例,确定应纳税所得额,合伙协议没有约定分配比例的,以全部生产经营所得和合伙人数量平均计算每个投资者的应纳税所得额。

上述所称生产经营所得,包括企业分配给投资者个人的所得和企业当年留存的所得(利润)。

对个体工商户业主、个人独资企业和合伙企业自然人投资者的生产经营所得依法计征个人所得税时,个体工商户业主、个人独资企业和合伙企业是自然人投资者本人的费用扣除标准统一确定为60 000元/年(5 000元/月)。

对企事业单位的承包经营、承租经营所得,以每一纳税年度的收入总额,减除必要费用后的余额,为应纳税所得额。每一纳税年度的收入总额,是指纳税义务人按照承包经营、承租经营合同规定分得的经营利润和工资、薪金性质的所得,所说的减除必要费用,是指按年减除60 000元。

4. 财产租赁所得

每次收入不超过4 000元的,减除费用800元;4 000元以上的,减除20%的费用,其余额为应纳税所得额。

5. 财产转让所得

以转让财产的收入额减除财产原值和合理费用后的余额为应纳税所得额。财产原值,是指:

(1) 有价证券,为买入价以及买入时按照规定缴纳的有关费用。

(2) 建筑物,为建造费或者购进价格以及其他有关费用。

(3) 土地使用权,为取得土地使用权所支付的金额、开发土地的费用以及其他有关费用。

(4) 机器设备、车船,为购进价格、运输费、安装费以及其他有关费用。

(5) 其他财产,参照以上方法确定。

纳税义务人未提供完整、准确的财产原值凭证,不能正确计算财产原值的,由主管税务机关核定其财产原值。

合理费用,是指卖出财产时按照规定支付的有关费用。

6. 利息、股息、红利所得和偶然所得

以每次收入额为应纳税所得额。

(三) 应纳税所得额的其他规定

(1) 劳务报酬所得、稿酬所得、特许权使用费所得以收入减除20%的费用后的余额为收入额。稿酬所得的收入额减按70%计算。个人兼有不同的劳务报酬所得,应当分别减除费用,计算缴纳个人所得税。

(2) 个人将其所得对教育、扶贫、济困等公益慈善事业进行捐赠,捐赠额未超过纳税人申报的立纳税所得额30%的部分,可以从其应纳税所得额中扣除;国务院规定对公益慈善事业捐赠实行全额税前扣除的,从其规定。

所称个人将其所得对教育、扶贫、济困等公益慈善事业进行捐赠,是指个人将其所得通过中国境内的公益性社会组织、国家机关向教育、扶贫、济困等公益慈善事业的捐赠;所称应纳税所得额是指计算扣除捐赠额之前的应纳税所得额。

(3) 个人所得的形式,包括现金、实物、有价证券和其他形式的经济利益;所得为实物的,应当按照取得的凭证上所注明的价格计算应纳税所得额,无凭证的实物或者凭证上所注明的价格明显偏低的,参照市场价格核定应纳税所得额;所得为有价证券的,根据票面价格和市场价格核定应纳税所得额;所得为其他形式的经济利益的,参照市场价格核定应纳税所得额。

(4) 居民个人从中国境外取得的所得,可以从其应纳税额中抵免已在境外缴纳的个人所得税税额,但抵免额不得超过该纳税人境外所得依照本法规定计算的应纳税额。

(5) 所得为人民币以外货币的,按照办理纳税申报或者扣缴申报的上一月最后一日人民币汇率中间价,折合成人民币计算应纳税所得额。年度终了后办理汇算清缴的,对已经按月、按季或者按次预缴税款的人民币以外货币所得,不再重新折算;对应当补缴税款的所得部分,按照上一纳税年度最后一日人民币汇率中间价,折合成人民币计算应纳税所得额。

(6) 对个人从事技术转让、提供劳务等过程中所支付的中介费,如能提供有效、合法凭证的,允许从其所得中扣除。

二、个人所得税减免税优惠

(一) 免税项目

根据《个人所得税法》和相关法规政策,对下列各项个人所得,免征个人所得税。

(1) 省级人民政府、国务院部委和中国人民解放军军以上单位,以及外国组织、国际组织颁发的科学、教育、技术、文化、卫生、体育、环境保护等方面的奖金。

(2) 国债和国家发行的金融债券利息。其中,国债利息,是指个人持有中华人民共和国财政部发行的债券而取得的利息;国家发行的金融债券利息,是指个人持有经国务院批准发行的金融债券而取得的利息所得。

(3) 个人取得的教育储蓄存款利息。

(4) 按照国家统一规定发给的补贴、津贴。这是指按照国务院规定发给的政府特殊津贴院士津贴、资深院士津贴和国务院规定免纳个人所得税的补贴、津贴。

(5) 福利费、抚恤金、救济金。其中,福利费是指根据国家有关规定,从企业、事业单位、国家机关社会团体提留的福利费或者从工会经费中支付给个人的生活补助费;救济金是指国家民政部门支付给个人的生活困难补助费。

(6) 保险赔款。

(7) 军人的转业费、复员费、退役金。

(8) 按照国家统一规定发给干部、职工的安家费、退职费、退休工资、离休工资、离休生活补助费。其中,退职费是指符合《国务院关于工人退休、退职的暂行办法》规定的退职条件,并按该办法规定的退职费标准所领取的退职费。

离退休人员除按规定领取离退休工资或养老金外,另从原任职单位取得的各类补贴、奖金实物,不属于免税的退休工资、离休工资、离休生活补助费,应按"工资、薪金所得"应税项目的规定缴纳个人所得税。

(9) 依照我国有关法律规定应予免税的各国驻华使馆、领事馆的外交代表、领事官员和其他人员的所得。

(10) 中国政府参加的国际公约、签订的协议中规定免税的所得。

(11) 经国务院财政部门批准免税的所得。

(二) 减税项目

有下列情形之一的,可以减征个人所得税,具体幅度和期限,由省、自治区、直辖市人民政府规定,并报同级人民代表大会常务委员会备案。

(1) 残疾孤老人员和烈属的所得。

(2) 因严重自然灾害造成重大损失的。

(3) 其他经国务院财政部门批准减税的。

对残疾人个人取得的劳动所得才适用减税规定,具体所得项目为:工资、薪金所得,个体工商户的生产经营所得,对企事业单位的承包和承租经营所得,劳务报酬所得,稿酬所得和特许权使用费所得。

(三) 暂免征税项目

根据《财政部国家税务总局关于个人所得税若干政策问题的通知》(财税字〔1994〕20号)和有关文件的规定,对下列所得暂免征收个人所得税。

(1) 外籍个人以非现金形式或实报实销形式取得的住房补贴、伙食补贴、搬迁费、洗衣费。

(2) 外籍个人按合理标准取得的境内、境外出差补贴。

(3) 外籍个人取得的探亲费、语言训练费子女教育费等,经当地税务机关审核批准为合理的部分。

(4) 外籍个人从外商投资企业取得的股息、红利所得。

(5) 凡符合下列条件之一的外籍专家取得的工资、薪金所得,可免征个人所得税:

① 根据世界银行专项贷款协议,由世界银行直接派往我国工作的外国专家。

② 联合国组织直接派往我国工作的专家。

③ 为联合国援助项目来华工作的专家。

④ 援助国派往我国专为该国援助项目工作的专家。

⑤ 根据两国政府签订的文化交流项目来华工作两年以内的文教专家,其工资、薪金所得由该国负担的。

⑥ 根据我国大专院校国际交流项目来华工作两年以内的文教专家,其工资、薪金所得由该国负担的。

⑦ 通过民间科研协定来华工作的专家,其工资薪金所得由该国政府机构负担的。

(6) 个人举报协查各种违法,犯罪行为而获得的奖金。

(7) 个人办理代扣代缴手续,按规定取得的扣缴手续费。

(8) 个人转让自用达5年以上,并且是唯一的家庭生活用房取得的所得。

(9) 对个人购买福利彩票赈灾彩票、体育彩票,一次中奖收入在1万元以下(含)的暂免征收个人所得税,超过1万元的,全额征收个人所得税。

(10) 达到离休退休年龄,但确因工作需要,适当延长离休退休年龄的高级专家(指享受国家发放的政府特殊津贴的专家、学者),其在延长离休、退休期间的工资、薪金所得,视同离休退休工资免征个人所得税。

(11) 符合条件的社会保险和住房公积金。

① 城镇企业事业单位及其职工个人按照《中华人民共和国失业保险条例》规定的比例,实际缴付的失业保险费,均不计入职工个人当期的工资、薪金所得,免予征收个人所得税。

城镇企业,是指国有企业、城镇集体企业、外商投资企业、城镇私营企业以及其他城镇企业。不包括城镇企业、事业单位招用的农民合同制工人。

城镇企业事业单位和职工个人超过上述规定的比例缴付失业保险费的,应将其超过规定比例缴付的部分计入职工个人当期的工资、薪金所得,依法计征个人所得税。

② 企业和个人按照国家或地方政府规定的比例,提取并向指定金融机构实际缴付的住房公积金、医疗保险金、基本养老保险金,免予征收个人所得税。

(12) 个人领取原提存的住房公积金、医疗保险金、基本养老保险金以及具备《失业保险条例》规定条件的失业人员领取的失业保险金免予征收个人所得税。

(13) 按照国家或省级地方政府规定的比例缴付的住房公积金、医疗保险金、基本养老保险金、失业保险金存入银行个人账户所取得的利息所得免予征收个人所得税。

(14) 生育妇女按照县级以上人民政府根据国家有关规定制定的生育保险办法,取得的生育津贴、生育医疗费或其他属于生育保险性质的津贴、补贴,免予征收个人所得税。

(15) 依据《财政部国家税务总局证监会关于沪港股票市场交易互联互通机制试点有关税收政策的通知》(财税〔2014〕81号)的规定,对内地个人投资者通过沪港通投资香港联交所上市股票取得的转让差价所得,自2014年11月17日起至2027年12月31日止,暂免征收个人所得税;对香港市场投资者(包括企业和个人)投资上交所上市A股取得的转让差价所得,暂免征收所得税。

(16) 依据《财政部 国家税务总局关于促进公共租赁住房发展有关税收优惠政策的通知》(财税〔2014〕52号)的规定,对符合地方政府规定条件的低收入住房保障家庭从地方政府领取的住房租赁补贴,免征个人所得税。

(17) 沪港股票市场交易互联互通机制试点有关税收政策

自2014年11月17日起,沪港股票市场交易互联互通机制试点涉及的有关税收政策规定如下(香港联合交易所有限公司以下简称香港联交所)。

① 对内地个人投资者通过沪港通投资、香港联交所上市股票取得的转让差价所得,自2014年11月17日起至2027年12月31日止,暂免征收个人所得税。

② 对内地个人投资者通过沪港通投资、香港联交所上市H股取得的股息红利,H股公司应向中国证券登记结算有限责任公司(以下简称中国结算)提出申请,由中国结算向H股公司提供内地个人投资者名册,H股公司按照20%的税率代扣个人所得税。内地个人投资者通过沪港通投资香港联交所上市的非H股取得的股息红利,由中国结算按照20%的税率代扣个人所得税。个人投资者在国外已缴纳的预提税,可持有效扣税凭证到中国结算的主管税务机关申请税收抵免。

对内地证券投资基金通过沪港通投资、香港联交所上市股票取得的股息红利所得,按照上述规定计征个人所得税。

③ 对香港市场投资者个人投资上交所上市 A 股取得的转让差价所得,暂免征收所得税。

④ 对香港市场投资者个人投资上交所上市 A 股取得的股息红利所得,在香港中央结算有限公司(以下简称香港结算)不具备向中国结算提供投资者的身份及持股时间等明细数据的条件之前,暂不执行按持股时间实行差别化征税政策,由上市公司按照 10% 的税率代扣个人所得税,并向其主管税务机关办理扣缴申报。对于香港投资者中属于其他国家税收居民且其所在国与中国签订的税收协定规定股息红利所得税率低于 10% 的个人可以自行或委托代扣代缴义务人,向上市公司主管税务机关提出享受税收协定待遇的申请,主管税务机关审核后,应按已征税款和根据税收协定税率计算的应纳税款的差额予以退税。

(四) 纳税人享受个人所得税优惠政策时的审批原则

税收法律、行政法规、部门规章和规范性文件中未明确规定纳税人享受减免税必须经税务机关审批,且纳税人取得的所得完全符合减免税条件的,无须经主管税务机关审批,纳税人可自行享受减免税。

税收法律、行政法规、部门规章和规范性文件中明确规定纳税人享受减免税必须经税务机关审批的,或者纳税人无法准确判断其取得的所得是否应享受个人所得税减免的,必须经主管税务机关按照有关规定审核或批准后,方可减免个人所得税。

纳税人有"减税项目"规定情形之一的,必须经主管税务机关批准,方可减征个人所得税。

模块三　个人所得税应纳税额的计算与会计处理

一、居民个人综合所得应纳税额的计算

居民个人取得综合所得，按年计算个人所得税；有扣缴义务人的，由扣缴义务人按月或者按次预扣预缴税款；需要办理汇算清缴的，应当在取得所得的次年3月1日至6月30日内办理汇算清缴。

居民个人的综合所得，以每一纳税年度的收入额减除基本费用60 000元以及专项扣除、专项附加扣除和依法确定的其他扣除后的余额，为应纳税所得额。计算公式为：

综合所得＝纳税年度的综合收入额－基本费用60 000元
　　　　－专项扣除－专项附加扣除－其他扣除

应纳税额＝$\sum$（每一级数的全年应纳税所得额×对应级数的适用税率）

　　　　＝$\sum$[每一级数（全年综合收入额－60 000－专项扣除－享受的其他扣除）
　　　　×对应级数的适用税率－速算扣除数]

专项扣除、专项附加扣除和依法确定的其他扣除，以居民个人一个纳税年度的应纳税所得额为限额；一个纳税年度扣除不完的，不结转以后年度扣除。

劳务报酬所得、稿酬所得、特许权使用费所得，属于一次性收入的，以取得该项收入为一次；属于同一项目连续性收入的，以一个月内取得的收入为一次。

其他扣除，包括个人缴付符合国家规定的企业年金、职业年金，个人购买符合国家规定的商业健康保险、税收递延型商业养老保险的支出，以及国务院规定可以扣除的其他项目。

【例6-1】　中国公民郑某2023年每月取得工资、薪金收入50 000元。当地规定的社会保险和住房公积金个人缴付比例为：基本养老保险8%，基本医疗保险2%，失业保险0.5%，住房公积金12%。郑某每月缴纳社会保险费核定的缴费工资基数为10 000元。郑某正在偿还首套住房贷款及贷款利息；郑某为独生子女，其独生子正就读大学三年级；郑某父母均已经年过60岁。郑某夫妇约定由郑某扣除贷款和子女教育费。

另外，2023年4月取得劳务报酬收入3 000元，稿酬收入2 000元，6月取得劳务报酬收入30 000元，特许权使用费收入20 000元。

（1）计算郑某2023年1月、2月和3月应预扣预缴的工资薪金所得个人所得税税额；

(2) 计算郑某2023年应预扣预缴的工资薪金个人所得税税额;

(3) 计算郑某劳务报酬所得、稿酬所得、特许权使用费所得应预扣预缴的个人所得税税额;

(4) 计算郑某2023年度综合所得应纳税额,年度汇算清缴时应补(退)税额。

【解析】

全年基本扣除费用60 000元;

每月专项扣除=10 000×(8%+2%+0.5%+12%)=2 250(元)

每月专项附加扣除:

郑某子女教育支出实行定额扣除,每月扣除2 000元

郑某首套住房贷款利息支出实行定额扣除,每月扣除1 000元

郑某赡养老人支出实行定额扣除,每年扣除3 000元

专项附加扣除合计=2 000+1 000+3 000=6 000(元)

(1) 1月预扣预缴个人所得税应纳税所得额=50 000-5 000-2 250-6 000=36 750(元)

1月预扣预缴个人所得税税额=36 750×10%-2 520=1 155(元)。

2月预扣预缴个人所得税应纳税所得额=50 000×2-5 000×2-2 250×2-6 000×2=100 000-26 500=73 500(元)。

2月预扣预缴个人所得税税额=73 500×10%-2 520-1 155=3 675(元)。

3月预扣预缴个人所得税应纳税所得额=50 000×3-5 000×3-2 250×3-6 000×3=150 000-39 750=110 250(元)。

3月预扣预缴个人所得税税额=110 250×10%-2 520-1 155-3 675=3 675(元)。

(2) 郑某2023年应预扣预缴的工资薪金个人所得税税额

2023年全年郑某预扣预缴个人所得税应纳税所得额=50 000×12-60 000-2 250×12-6 000×12=600 000-159 000=441 000(元)。

2023年全年郑某预扣预缴个人所得税税额=441 000×30%-52 920=79 380(元)。

注意:2021年1月1日起,对上一完整纳税年度内每月均在同一单位预扣预缴工资、薪金所得个人所得税且全年工资、薪金收入不超过6万元的居民个人,扣缴义务人在预扣预缴本年度工资、薪金所得个人所得税时,累计减除费用自1月份起直接按照全年6万元计算扣除,纳税人累计收入不超过6万元的月份,暂不预扣预缴个人所得税;在其累计收入超过6万元的当月及年内后续月份,再预扣预缴个人所得税。

(3) 郑某劳务报酬所得、稿酬所得、特许权使用费所得应预扣预缴的个人所得税税额

① 2023年4月,取得劳务报酬收入3 000元。

劳务报酬所得预扣预缴应纳税所得额=每次收入-800=3 000-800=2 200(元)。

劳务报酬所得预扣预缴税额=预扣预缴应纳税所得额×预扣率-速算扣除数=2 200×20%-0=440(元)。

② 2023年4月,取得稿酬收入2 000元。

稿酬所得预扣预缴应纳税所得额＝(每次收入－800)×(1－30%)＝(2 000－800)×(1－30%)＝840(元)。

稿酬所得预扣预缴税额＝预扣预缴应纳税所得额×预扣率＝840×20%＝168(元)。

郑某4月劳务报酬所得预扣预缴个人所得税440元；稿酬所得预扣预缴税额个人所得税168元。

③2023年6月，取得劳务报酬30 000元。

劳务报酬所得预扣预缴应纳税所得额＝每次收入×(1－20%)＝30 000×(1－20%)＝24 000(元)。

劳务报酬所得预扣预缴税额＝预扣预缴应纳税所得额×预扣率－速算扣除数＝24 000×30%－2 000＝5 200(元)。

④2023年6月，取得特许权使用费所得20 000元。

特许权使用费所得预扣预缴应纳税所得额＝每次收入×(1－20%)＝20 000×(1－20%)＝16 000(元)。

特许权使用费所得预扣预缴税额＝预扣预缴应纳税所得额×预扣率＝16 000×20%＝3 200(元)。

郑某6月劳务报酬所得预扣预缴个人所得税5 200元；稿酬所得预扣预缴税额个人所得税3 200元。

(4) 郑某2023年度综合所得汇算清缴个人所得税应纳税额

综合所得应纳税所得额＝年收入额－60 000－专项扣除－专项附加扣除－依法确定的其他扣除＝50 000×12－60 000－(2 250×12)－(6 000×12)＋(3 000＋30 000)×(1－20%)＋2 000×(1－20%)×70%＋20 000×(1－20%)＝484 520(元)。

综合所得应纳税额＝应纳税所得额×税率－速算扣除数＝484 520×30%－52 920＝92 436(元)。

年度汇算清缴应补退税额＝应纳税额－预扣预缴税额＝92 436－79 380－440－168－5 200－3 200＝4 048(元)，汇算清缴应补缴税额4 048元。

二、非居民个人综合所得的应纳税额的计算

非居民个人取得工资、薪金所得，劳务报酬所得，稿酬所得和特许权使用费所得，有扣缴义务人的，由扣缴义务人代扣代缴税款，不办理汇算清缴。

扣缴义务人向非居民个人支付工资、薪金所得，劳务报酬所得，稿酬所得和特许权使用费所得时，应当按以下方法按月或者按次代扣代缴个人所得税：

非居民个人的工资薪金所得，以每月收入额减除费用5 000元后的余额为应纳税所得额；劳务报酬所得、稿酬所得、特许权使用费所得，以每次收入额为应纳税所得额，适用月度税率表(见表6-5)计算应纳税额。其中，劳务报酬所得、稿酬所得、特许权使用费所得以收入减除20%的费用后的余额为收入额。稿酬所得的收入额减按70%计算。

非居民个人工资、薪金所得、劳务报酬所得、稿酬所得、特许权使用费所得应纳税额＝应纳税所得额×税率－速算扣除数

【例6-2】 在2023年3月,风驰外商投资企业雇员米丽莎(非居民个人)取得薪金收入30 000元、劳务报酬收入15 000元、稿酬收入12 000元。请依照现行税法规定计算丽莎3月应纳的个人所得税。

(1) 应纳税所得额＝30 000＋15 000×(1－20%)＋12 000×(1－20%)×70%－5 000＝43 720(元)

(2) 3月应缴纳个人所得税＝43 720×30%－4 410＝8 706(元)

三、经营所得的应纳税额的计算

(一) 个体工商户个人所得税应纳税额的计算

自2015年1月1日起,实行查账征收的个体工商户应当按照以下规定,计算并申报缴纳个人所得税。个体工商户以业主为个人所得税纳税义务人。

个体工商户应纳税所得额的计算,以权责发生制为原则,属于当期的收入和费用,不论款项是否收付,均作为当期的收入和费用;不属于当期的收入和费用即使款项已经在当期收付,均不作为当期收入和费用。财政部、国家税务总局另有规定的除外。

在计算应纳税所得额时,个体工商户会计处理办法与以下规定和财政部、国家税务总局相关规定不一致的,应当依照以下规定和财政部国家税务总局的相关规定计算。

(1) 计税基本规定。

个体工商户的生产经营所得,以每一纳税年度的收入总额,减除成本、费用、税金、损失、其他支出以及允许弥补的以前年度亏损后的余额,为应纳税所得额。计算公式为:

应纳税所得额＝收入总额－成本－费用－税金－损失－其他支出－允许弥补的以前年度亏损

① 个体工商户从事生产经营以及与生产经营有关的活动(以下简称生产经营)取得的货币形式和非货币形式的各项收入,为收入总额。其包括:销售货物收入、提供劳务收入、转让财产收入、利息收入、租金收入、接受捐赠收入、其他收入。

其他收入包括个体工商户资产溢余收入、逾期一年以上的未退包装物押金收入、确实无法偿付的应付款项、已作坏账损失处理后又收回的应收款项债务重组收入、补贴收入、违约金收入、汇兑收益等。

② 成本是指个体工商户在生产经营活动中发生的销售成本、销货成本、业务支出以及其他耗费。

③ 费用是指个体工商户在生产经营活动中发生的销售费用、管理费用和财务费用,已经计入成本的有关费用除外。

④ 税金是指个体工商户在生产经营活动中发生的除个人所得税和允许抵扣的增值税以外的各项税金及其附加。

⑤ 损失是指个体工商户在生产经营活动中发生的固定资产和存货的盘亏、毁损、报废

损失、转让财产损失、坏账损失、自然灾害等不可抗力因素造成的损失以及其他损失。

个体工商户发生的损失，减除责任人赔偿和保险赔款后的余额，参照财政部、国家税务总局有关企业资产损失税前扣除的规定扣除。

个体工商户已经作为损失处理的资产，在以后纳税年度又全部收回或者部分收回时，应当计入收回当期的收入。

⑥ 其他支出是指除成本费用、税金、损失外，个体工商户在生产经营活动中发生的与生产经营活动有关的、合理的支出。

⑦ 个体工商户发生的支出应当区分收益性支出和资本性支出。收益性支出在发生当期直接扣除；资本性支出应当分期扣除或者计入有关资产成本，不得在发生当期直接扣除。

上述所称支出，是指与取得收入直接相关的支出。

除税收法律法规另有规定外，个体工商户实际发生的成本、费用、税金、损失和其他支出，不得重复扣除。

（2）个体工商户下列支出不得扣除。

① 个人所得税税款。

② 税收滞纳金。

③ 罚金、罚款和被没收财物的损失。

④ 不符合扣除规定的捐赠支出。

⑤ 赞助支出。

⑥ 用于个人和家庭的支出。

⑦ 与取得生产经营收入无关的其他支出。

⑧ 国家税务总局规定不准扣除的支出。

（3）个体工商户生产经营活动中，应当分别核算生产经营费用和个人、家庭费用。对于生产经营与个人、家庭生活混用难以分清的费用，其40%视为与生产经营有关费用，准予扣除。

（4）个体工商户纳税年度发生的亏损，准予向以后年度结转，用以后年度的生产经营所得弥补，但结转年限最长不得超过5年。

（5）个体工商户使用或者销售存货，按照规定计算的存货成本，准予在计算应纳税所得额时扣除。

（6）个体工商户转让资产，该项资产的净值，准予在计算应纳税所得额时扣除。

（7）亏损，是指个体工商户依照本办法规定计算的应纳税所得额小于零的数额。

（8）扣除项目及标准。

① 个体工商户实际支付给从业人员的合理的工资、薪金支出，准予扣除。个体工商户业主的费用扣除标准，依照相关法律法规和政策规定执行。个体工商户业主的工资薪金支出不得税前扣除。

② 个体工商户按照国务院有关主管部门或者省级人民政府规定的范围和标准为其业主和从业人员缴纳的基本养老保险费、基本医疗保险费失业保险费、生育保险费、工伤保险费和住房公积金，准予扣除。

个体工商户为从业人员缴纳的补充养老保险费、补充医疗保险费，分别在不超过从业人员工资总额5%标准内的部分据实扣除；超过部分，不得扣除。

个体工商户业主本人缴纳的补充养老保险费、补充医疗保险费,以当地(地级市)上年度社会平均工资的3倍为计算基数,分别在不超过该计算基数5%标准内的部分据实扣除;超过部分,不得扣除。

③ 除个体工商户依照国家有关规定为特殊工种从业人员支付的人身安全保险费和财政部、国家税务总局规定可以扣除的其他商业保险费外,个体工商户业主本人或者为从业人员支付的商业保险费,不得扣除。

④ 个体工商户在生产经营活动中发生的合理的不需要资本化的借款费用,准予扣除。个体工商户为购置建造固定资产、无形资产和经过12个月以上的建造才能达到预定可销售状态的存货发生借款的,在有关资产购置、建造期间发生的合理的借款费用,应当作为资本性支出计入有关资产的成本,并依照规定扣除。

⑤ 个体工商户在生产经营活动中发生的下列利息支出,准予扣除:向金融企业借款的利息支出;向非金融企业和个人借款的利息支出,不超过按照金融企业同期同类贷款利率计算的数额的部分。

⑥ 个体工商户在货币交易中,以及纳税年度终了时将人民币以外的货币性资产、负债按照期末即期人民币汇率中间价折算为人民币时产生的汇兑损失,除已经计入有关资产成本部分外,准予扣除。

⑦ 个体工商户向当地工会组织拨缴的工会经费、实际发生的职工福利费支出、职工教育经费支出分别在工资、薪金总额的2%、14%和2.5%的标准内据实扣除。

工资、薪金总额是指允许在当期税前扣除的工资、薪金支出数额。

职工教育经费的实际发生数额超出规定比例当期不能扣除的数额,准予在以后纳税年度结转扣除。

个体工商户业主本人向当地工会组织缴纳的工会经费、实际发生的职工福利费支出、职工教育经费支出,以当地(地级市)上年度社会平均工资的3倍为计算基数,在上述规定比例内据实扣除。

⑧ 个体工商户发生的与生产经营活动有关的业务招待费,按照实际发生额的60%扣除,但最高不得超过当年销售(营业)收入的5‰。

业主自申请营业执照之日起至开始生产经营之日止所发生的业务招待费,按照实际发生额的60%计入个体工商户的开办费。

⑨ 个体工商户每一纳税年度发生的与其生产经营活动直接相关的广告费和业务宣传费不超过当年销售(营业)收入15%的部分,可以据实扣除;超过部分,准予在以后纳税年度结转扣除。

⑩ 个体工商户代其从业人员或者他人负担的税款,不得税前扣除。

⑪ 个体工商户按照规定缴纳的摊位费、行政性收费、协会会费等,按实际发生数额扣除。

⑫ 个体工商户根据生产经营活动的需要租入固定资产支付的租赁费,按照以下方法扣除:以经营租赁方式租入固定资产发生的租赁费支出,按照租赁期限均匀扣除;以融资租赁方式租入固定资产发生的租赁费支出,按照规定构成融资租入固定资产价值的部分应当提取折旧费用,分期扣除。

⑬ 个体工商户参加财产保险,按照规定缴纳的保险费,准予扣除。

⑭ 个体工商户发生的合理的劳动保护支出,准予扣除。

⑮ 个体工商户自申请营业执照之日起至开始生产经营之日止所发生符合规定的费用,除为取得固定资产无形资产的支付,以及应计入资产价值的汇兑损益、利息支出外,作为开办费,个体工商户可以选择在开始生产经营的当年一次性扣除,也可自生产经营月份起在不短于3年期限内摊销扣除,但一经选定,不得改变。

开始生产经营之日为个体工商户取得第一笔销售(营业)收入的日期。

⑯ 个体工商户通过公益性社会团体或者县级以上人民政府及其部门,用于《中华人民共和国公益事业捐赠法》规定的公益事业的捐赠,捐赠额不超过其应纳税所得额30%的部分可以据实扣除。

财政部、国家税务总局规定可以全额在税前扣除的捐赠支出项目,按有关规定执行。个体工商户直接对受益人的捐赠不得扣除。公益性社会团体的认定,按照财政部、国家税务总局、民政部有关规定执行。

⑰ 赞助支出,是指个体工商户发生的与生产经营活动无关的各种非广告性质支出。

⑱ 个体工商户研究开发新产品、新技术、新工艺所发生的开发费用,以及研究开发新产品、新技术而购置单台价值在10万元以下的测试仪器和试验性装置的购置费准予直接扣除;单台价值在10万元以上(含)的测试仪器和试验性装置,按固定资产管理,不得在当期直接扣除。

(9) 个体工商户资产的税务处理,参照企业所得税相关法律、法规和政策规定执行。

(10) 个体工商户有两处或两处以上经营机构的,选择并固定向其中一处经营机构所在地主管税务机关申报缴纳个人所得税。

(11) 个体工商户终止生产经营的,应当在注销工商登记或者向政府有关部门办理注销前向主管税务机关结清有关纳税事宜。

(12) 各省、自治区、直辖市和计划单列市税务局可以结合本地实际,制定具体实施办法。

(13) 业主费用减除标准。

个体工商户2019年1月1日起的生产经营所得,应适用税法修改后的费用减除标准,即每月5 000元。

个体工商户、个人独资企业和合伙企业因在纳税年度中间开业、合并、注销及其他原因,导致该纳税年度的实际经营期不足1年的。对个体工商户业主、个人独资企业投资者和合伙企业自然人合伙人的生产经营所得计算个人所得税时,以其实际经营期为1个纳税年度。投资者本人的费用扣除标准,应按照其实际经营月份数,以每月5 000元的减除标准确定。计算公式如下:

应纳税所得额＝该年度收入总额－成本、费用及损失－当年投资者本人的费用扣除额
当年投资者本人的费用扣除额＝月减除费用(5 000元/月)×当年实际经营月份数
应纳税额＝应纳税所得额×税率－速算扣除数

(14) 固定资产的税务处理。

个体工商户的固定资产是指在生产经营中使用的期限超过1年且单位价值在1 000元以上的房屋、建筑物、机器、设备、运输工具及其他与生产经营有关的设备、工器具等。

① 固定资产的折旧范围。允许计提折旧的固定资产包括：房屋和建筑物；在用的机械设备、仪器仪表和各种工器具；季节性停用和修理停用的设备，以及以经营方式租出和以融资租赁方式租入的固定资产。

② 不得计提折旧的固定资产。不得计提折旧的固定资产包括：房屋建筑物以外的未使用、不需用的固定资产；以经营方式租入和以融资租赁方式租出的固定资产；已提足折旧继续使用的固定资产。

个体工商户应当按照税法规定的资产计价方式所确定的资产价值和规定的资产折旧年限，计提固定资产折旧。固定资产在计提折旧前，应当估计残值，从固定资产原价中减除。

③ 固定资产的计价。确定固定资产价值，可以分别不同的固定资产，按以下方式计价：购入的固定资产，按实际支付的买价包装费、运杂费和安装费等计价；自行建造的固定资产，按建造过程中实际发生的全部支出计价；以实物形式投资的固定资产，按评估确认或者合同、协议约定的价值计价；在原有基础上进行改扩建的固定资产，按账面原价减去改、扩建过程中发生的变价收入，加上改、扩建增加的支出计价；盘盈的固定资产，按同类固定资产的重置完全价值计价；融资租入的固定资产，按照租赁协议或者合同确定的租赁费加运输费、保险费、安装调试费等计价。

④ 固定资产的折旧年限。税法规定的固定资产折旧最短年限分别为：房屋、建筑物为20年；轮船、机器、机械和其他生产设备为10年；电子设备和轮船以外的运输工具，以及与生产经营有关的器具、工具、家具等为5年。个体工商户由于特殊原因需要缩短固定资产折旧年限的，须报经省级税务机关审核批准。

⑤ 固定资产的折旧方法。固定资产折旧按平均年限法和工作计量法计算提取。

均年限法计算折旧的公式为：

$$固定资产的年折旧率=(1-残值率)\div 折旧年限\times 100\%$$
$$月折旧率=年折旧率\div 12$$
$$月折旧额=固定资产原价\times 月折旧率$$

按工作量法计算折旧的公式为：

$$单位里程(每工作小时)折旧额=(原值-残值)\div 总行驶里程(总工作小时)$$

(15) 无形资产的税务处理。

无形资产是指在生产经营过程中长期使用但没有实物形态的资产，包括专利权、非专利技术、商标权、商誉、著作权、场地使用权等。

① 无形资产的计价。无形资产的计价应当按照取得的实际成本为准。具体是：作为投资的无形资产，以协议合同规定的合理价格为原价；购入的无形资产，按实际支付的价款为原价；接受捐赠的无形资产，按所附单据或参照同类无形资产市场价格确定原价；非专利技术和商誉的计价，应经法定评估机构评估后确认。

② 无形资产的摊销。无形资产从开始使用之日起，在有效使用期内分期均额扣除。作为投资或受让的无形资产，在法律、合同或协议中规定了使用年限的，可按该使用年限分期扣除；没有规定使用年限或是自行开发的无形资产，扣除期限不得少于10年。

(16) 流动资产的税务处理及存货计价。

流动资产是指可以在1年内或者超过1年的一个营业周期内变现或者运用的资产，包括现金、应收及预付款项和存货。所谓存货,是指在生产经营过程中为销售或者耗用而储备的物资,包括各种原材料、辅助材料、燃料、低值易耗品、包装物、在产品、外购商品、自制半成品、产成品等。存货应按实际成本计价,领用或发出存货的核算,原则上采用加权平均法。

(17) 应纳税额的计算方法。

个体工商户的生产、经营所得适用五级超额累进税率,以其应纳税所得额按适用税率计算应纳税额。其计算公式为:

应纳税额=应纳税所得额×适用税率-速算扣除数

由于个体工商户生产经营所得的应纳税额实行按年计算、分月或分季预缴、年终汇算清缴、多退少补的方法,因此,在实际工作中,需要分别计算按月预缴税额和年终汇算清缴税额。其计算公式为:

本月应预缴税额=本月累计应纳税所得额×适用税率-速算扣除数-上月累计已预缴税额

全年应纳税额=全年应纳税所得额×适用税率-速算扣除数

汇算清缴税额=全年应纳税额-全年累计已预缴税额

【例6-3】 长沙市大华酒家系个体经营户,账证比较健全,2023年12月取得营业额为120 000元,购进菜、肉、蛋、面粉、大米等原料费为60 000元,缴纳电费、水费、房租煤气费等为15 000元,缴纳税前允许扣除的税费合计为6 600元。当月支付给2名雇员工资共6 000元,业主个人费用扣除标准为5 000元。1~11月累计应纳税所得额为55 600元,1~11月累计已预缴个人所得税为3 600元。请依照现行税法规定计算该个体业户12月应缴纳的个人所得税。

(1) 12月应纳税所得额=120 000-60 000-15 000-6 600-6 000-5 000=27 400(元)

(2) 全年累计应纳税所得额=55 600+27 400=83 000(元)

(3) 12月应缴纳个人所得税=83 000×10%-1 500-3 600=3 200(元)

(二) 个人独资企业和合伙企业投资者征收个人所得税的相关规定

根据国务院的决定,自2000年1月1日起,个人独资企业和合伙企业不再缴纳企业所得税,只对投资者个人取得的生产经营所得征收个人所得税;根据《关于个人独资企业和合伙企业征收所得税问题的通知》(国发〔2000〕16号)、《财政部、国家税务总局关于个人所得税若干政策问题的通知》(财税字〔1994〕20号)和《财政部、国家税务总局关于农村税费改革试点地区有关个人所得税问题的通知》(财税〔2004〕30号)等文件有关规定,对个人独资企业和合伙企业投资者取得种植业、养殖业、饲养业、捕捞业"四业"所得暂不征收个人所得税。

1. 个人独资企业、合伙企业及纳税人

按照《财政部、国家税务总局关于印发〈关于个人独资企业和合伙企业投资者征收个人所得税的法规〉的通知》(财税〔2000〕91号)的规定,个人独资企业和合伙企业为:

（1）依照《中华人民共和国个人独资企业法》和《中华人民共和国合伙企业法》登记成立的个人独资企业、合伙企业。

（2）依照《中华人民共和国私营企业暂行条例》登记成立的独资合伙性质的私营企业。

（3）依照《中华人民共和国律师法》登记成立的合伙制律师事务所。

（4）经政府有关部门依照法律法规批准成立的负无限责任和无限连带责任的其他个人独资、个人合伙性质的机构或组织。

个人独资企业以投资者为纳税义务人，合伙企业以每一个合伙人为纳税义务人（以下简称投资者）。

2. 个人独资企业、合伙企业税率

凡实行查账征税办法的，其税率比照"个体工商户的生产、经营所得"应税项目，适用5%～35%的五级超额累进税率，计算征收个人所得税；实行核定应税所得率征收方式的，按照应税所得率计算其应纳税所得额，再按其应纳税所得额的大小，适用5%～35%的五级超额累进税率计算征收个人所得税。

投资者兴办两个或两个以上企业的（包括参与兴办），年度终了时，应汇总从所有企业取得的应纳税所得额，据此确定适用税率并计算缴纳个人所得税。

3. 个人独资企业、合伙企业应纳税所得额的确定原则

个人独资企业和合伙企业的应纳税所得额，等于每一纳税年度的收入总额减除成本、费用以及损失后的余额。收入总额是指企业从事生产经营以及与生产经营有关的活动所取得的各项收入，包括商品（产品）销售收入、营运收入、劳务服务收入、工程价款收入、财产出租或转让收入、利息收入、其他业务收入和营业外收入。

自2008年1月1日起，合伙企业的合伙人应纳税所得额的确认原则如下。

（1）合伙企业的合伙人以合伙企业的生产经营所得和其他所得，按照合伙协议约定的分配比例确定应纳税所得额。

（2）合伙协议未约定或者约定不明确的，以全部生产经营所得和其他所得，按照合伙人协商决定的分配比例确定应纳税所得额。

（3）协商不成的，以全部生产经营所得和其他所得，按照合伙人实缴出资比例确定应纳税所得额。

（4）无法确定出资比例的，以全部生产经营所得和其他所得，按照合伙人数量平均计算每个合伙人的应纳税所得额。

（5）合伙协议不得约定将全部利润分配给部分合伙人。

合伙人是法人和其他组织的，缴纳企业所得税。合伙企业的合伙人是法人和其他组织的，合伙人在计算其缴纳企业所得税时，不得用合伙企业的亏损抵减其盈利。

4. 个人独资企业、合伙企业扣除项目

扣除项目比照个体工商户相关规定执行。但下列项目的扣除例外。

（1）投资者的费用扣除标准，由各省、自治区、直辖市税务局参照《个人所得税法》"工资、薪金所得"项目的费用扣除标准确定。投资者的工资不得在税前直接扣除，但可按规定的标准扣除费用。自2018年10月1日起，投资者费用扣除标准为5 000元/月，具体计算方法比照个体工商户全年应纳税额的计算方法。

需要注意的是，投资者兴办两个或两个以上企业的，其费用扣除标准由投资者选择在

其中一个企业的生产经营所得中扣除。

(2) 投资者及其家庭发生的生活费用不允许在税前扣除。投资者及其家庭发生的生活费用与企业生产经营费用混合在一起,并且难以划分的,全部视为投资者个人及其家庭发生的生活费用,不允许在税前扣除。

(3) 企业生产经营和投资者及其家庭生活共用的固定资产,难以划分的,由主管税务机关根据企业的生产经营类型、规模等具体情况,核定准予在税前扣除的折旧费用的数额或比例。

(4) 计提的各种准备金不得扣除。

(5) 企业与其关联企业之间的业务往来,应当按照独立企业之间的业务往来收取或者支付价款、费用。不按照独立企业之间的业务往来收取或者支付价款、费用,而减少其应纳税所得额的,主管税务机关有权进行合理调整。

关联企业认定条件及税务机关调整其价款、费用的方法,按照《中华人民共和国税收征收管理法》(以下简称《税收征管法》)及其实施细则的有关规定执行。

5. 应纳税额的计算

(1) 投资者兴办两个或两个以上企业应纳税额的计算方法。

应纳税额的具体计算方法为:汇总其投资兴办的所有企业的经营所得作为应纳税所得额,以此确定适用税率,计算出全年经营所得的应纳税额,再根据每个企业的经营所得占所有企业经营所得的比例,分别计算出每个企业的应纳税额和应补缴税额。计算公式如下:

$$应纳税所得额 = \sum 各个企业的经营所得$$

$$应纳税额 = 应纳税所得额 \times 税率 - 速算扣除数$$

$$本企业应纳税额 = 应纳税额 \times 本企业的经营所得 \div \sum 各个企业的经营所得$$

$$本企业应补缴的税额 = 本企业应纳税额 - 本企业预缴的税额$$

(2) 个人独资企业和合伙企业核定征收应纳税额的计算。

核定征收的范围,有下列情形之一的主管税务机关应采取核定征收方式征收个人所得税:

① 企业依照国家有关规定应当设置但未设置账簿的。

② 企业虽设置账簿,但账目混乱或者成本资料收入凭证、费用凭证残缺不全、难以查账的。

③ 纳税人发生纳税义务,未按照规定的期限办理纳税申报,经税务机关责令限期申报,逾期仍不申报的。

核定征收方式,核定征收方式,包括定额征收、核定应税所得率征收以及其他合理的征收方式。实行核定应税所得率征收方式的,应纳所得税额的计算公式如下:

$$应纳所得税额 = 应纳税所得额 \times 适用税率$$

$$应纳税所得额 = 收入总额 \times 应税所得率$$

或

$$= 成本费用支出额 \div (1 - 应税所得率) \times 应税所得率$$

各行业的应税所得率见表 6-8。

表 6-8 各个行业应税所得率

行业	应税所得率
工业、商业、交通运输业	5%～20%
建筑业房地产开发业	7%～20%
饮食服务业	7%～25%
娱乐业	20%～40%
其他行业	10%～30%

企业经营多业的,无论其经营项目是否单独核算,均应根据其主营项目确定其适用的应税所得率。

(3) 个人独资企业和合伙企业的亏损弥补。

① 企业的年度亏损,允许用本企业下一年度的生产经营所得弥补,下一年度所得不足弥补的,允许逐年延续弥补,但最长不得超过 5 年。

② 投资者兴办两个或两个以上企业的,企业的年度经营亏损不能跨企业弥补。

③ 实行查账征税方式的个人独资企业和合伙企业改为核定征税方式后,在查账征税方式下认定的年度经营亏损未弥补完的部分,不得再继续弥补。

(4) 个人独资企业和合伙企业境外所得和清算所得。

① 投资者来源于中国境外的生产经营所得,已在境外缴纳所得税的,可以按照《个人所得税法》的有关规定计算扣除已在境外缴纳的所得税。

② 企业进行清算时,投资者应当在注销工商登记之前,向主管税务机关结清有关税务事宜。企业的清算所得应当视为年度生产经营所得,由投资者依法缴纳个人所得税。

清算所得是指企业清算时的全部资产或者财产的公允价值扣除各项清算费用、损失、负债、以前年度留存的利润后,超过实缴资本的部分。

(5) 对外投资分回的利息或者股息、红利。

个人独资企业对外投资分回的利息或者股息红利,不并入企业的收入,而应单独作为投资者个人取得的利息、股息、红利所得,按"利息、股息、红利所得"应税项目计算缴纳个人所得税。以合伙企业名义对外投资分回利息或者股息、红利的,应按比例确定各个投资者的利息、股息、红利所得,分别按"利息、股息、红利所得"应税项目计算缴纳个人所得税。

6. 税收优惠

残疾人员投资兴办或参与投资兴办个人独资企业和合伙企业的,残疾人员取得的生产经营所得,符合各省、自治区、直辖市人民政府规定的减征个人所得税条件的,经本人申请、主管税务机关审核批准,可按各省、自治区、直辖市人民政府规定减征的范围和幅度,减征个人所得税。

但实行核定征税的投资者不能享受个人所得税的优惠政策。

四、财产租赁所得的应纳税额的计算

1. 应纳税所得额

财产租赁所得一般以个人每次取得的收入,定额或定率减除规定费用后的余额为应纳税所得额。每次收入不超过4 000元,定额减除费用800元;每次收入在4 000元以上,定率减除20%的费用。财产租赁所得以一个月内取得的收入为一次。

在确定财产租赁的应纳税所得额时,纳税人在出租财产过程中缴纳的税金和教育费附加,可持完税(缴款)凭证,从其财产租赁收入中扣除。准予扣除的项目除了规定费用和有关税、费外,还准予扣除能够提供有效准确凭证,证明由纳税人负担的该出租财产实际开支的修缮费用。允许扣除的修缮费用,以每次800元为限。一次扣除不完的准予在下一次继续扣除,直到扣完为止。

个人将承租房屋转租取得的租金收入,属于个人所得税应税所得,应按"财产租赁所得"项目计算缴纳个人所得税。取得转租收入的个人向房屋出租方支付的租金,凭房屋租赁合同和合法支付凭据允许从该项转租收入中税前扣除。

个人出租财产取得的财产租赁收入,在计算缴纳个人所得税时,应依次扣除以下费用:

(1) 财产租赁过程中缴纳的税费。
(2) 向出租方支付租金。
(3) 由纳税人负担的该出租财产实际开支的修缮费用。
(4) 税法规定的费用扣除标准。

应纳税所得额的计算公式为:

每次(月)收入不超过4 000元:

$$应纳税所得额=每次(月)收入额-准予扣除项目-修缮费用(800元为限)-800元$$

每次(月)收入超过4 000元:

$$应纳税所得额=[每次(月)收入额-准予扣除项目-修缮费用(800元为限)]×(1-20\%)$$

2. 应纳税额的计算方法

财产租赁所得适用20%的比例税率。但对个人按市场价格出租的居民住房取得的所得,自2001年1月1日起暂减按10%的税率征收个人所得税。其应纳税额的计算公式为:

$$应纳税额=应纳税所得额×适用税率$$

【例6-4】 2023年年初李杨自有商铺对外出租,租金7 000元/月。在不考虑其他税费的情况下,李杨每月租金应缴纳个人所得税是多少?

【解析】 个人所得税=7 000×(1-20%)×20%=1 120(元)

五、财产转让所得的应纳税额的计算

(一) 应纳税所得额

财产转让所得以个人每次转让财产取得的收入额减除财产原值和相关税、费后的余额为应纳税所得额。其中,"每次"是指以一件财产的所有权一次转让取得的收入为一次。

财产转让所得中允许减除的财产原值是指：

1. 有价证券

其原值为买入价以及买入时按规定缴纳的有关费用。一般地，转让债权采用"加权平均法"确定其应予减除的财产原值和合理费用，计算公式如下。

一次卖出某一种类的债券允许扣除的买价和费用＝购进该种债券买入价和买进过程中缴纳的税费总和÷购进该种类债券总数量×一次卖出的该种类债券数量＋卖出的该种类债券过程中缴纳的税费

每次卖出债券应纳个人所得税额＝(该次卖出该类债券收入－该次卖出该类债券允许扣除的买价和费用)×20%

【例6-5】 李望本期购入债券1 000份，每份买入价10元，支付购进买入债券的税费共计150元。本期内将买入的债券一次卖出600份，每份卖出价12元，支付卖出债券的税费共计110元。请依照现行税法规定计算李望售出债券应缴纳的个人所得税。

(1) 一次卖出债券应扣除的买价及费用＝(10 000＋150)÷1 000×600＋110＝6 200(元)

(2) 应缴纳的个人所得税＝(600×12－6 200)×20%＝200(元)

2. 建筑物

其原值为建造费或者购进价格以及其他有关税费。

3. 土地使用权

其原值为取得土地使用权所支付的金额、开发土地的费用以及其他有关税费。

4. 机器设备、车船

其原值为购进价格、运输费、安装费，以及其他有关费用。

5. 其他财产

其原值参照以上方法确定。如果纳税人未提供完整、准确的财产原值凭证，不能正确计算财产原值，由主管税务机关核定其财产原值。

财产转让所得中允许减除的合理费用，是指卖出财产时按照规定支付的有关费用。财产转让所得应纳税所得额的计算公式为：

应纳税所得额＝每次收入额－财产原值－合理税费

6. 个人因购买和处置债权取得所得征收个人所得税

(1) 根据《个人所得税法》及有关规定，个人通过招标竞拍或其他方式购置债权以后，通过相关司法或行政程序主张债权而取得的所得，应按照"财产转让所得"项目缴纳个人所得税。

(2) 个人通过上述方式取得"打包"债权，只处置部分债权的，其应纳税所得额按以下方式确定：

① 以每次处置部分债权的所得，作为一次财产转让所得征税。

② 其应税收入按照个人取得的货币资产和非货币资产的评估价值或市场价值的合计数确定。

③ 所处置债权成本费用(即财产原值)，按下列公式计算：

当次处置债权成本费用＝个人购置"打包"债权实际支出×当次处置债权账面价值(或拍卖机构公布价值)÷"打包"债权账面价值(或拍卖机构公布价值)

④ 个人购买和处置债权过程中发生的拍卖招标手续费、诉讼费、审计评估费以及缴纳的税金等合理税费，在计算个人所得税时允许扣除。

(二) 应纳税额的计算方法

财产转让所得适用20%的比例税率。其应纳税额的计算公式为：

$$应纳税额＝应纳税所得额×适用税率$$

【例6-6】 刘星于2023年2月将其在长沙地的两套房中的一套转让给叶文，取得转让收入2 200 000元。该套住房购进时的原价为1 800 000元，转让时支付有关税费120 000元。请依照现行税法规定计算刘星转让私房应缴纳的个人所得税。

(1) 应纳税所得额＝2 200 000－1 800 000－120 000＝280 000(元)

(2) 应纳税额＝280 000×20%＝56 000(元)

六、利息、股息、红利所得和偶然所得应纳税额的计算

利息、股息、红利所得和偶然所得额的应纳税额计算公式为：

$$应纳税额＝应纳税额所得额×适用税率＝每次收入额×20\%$$

【例6-7】 王可2023年取得偶然所得80 000元，将其中30 000元通过当地政府机关捐赠给某贫困山区。请依照现行税法规定计算王可取得偶然所得应缴纳的个人所得税。

(1) 捐赠扣除限额＝80 000×30%＝24 000(元)，由于实际捐赠额大于扣除限额，税前只能按扣除限额扣除。

(2) 应缴纳的个人所得税＝(80 000－24 000)×20%＝1 120(元)

【例6-8】 江海大学教授汪敏，其2023年个人取得的有关税前收入情况如下：

(1) 2023年1~12月每月工资20 000元，每月扣缴的"三险一金"4 000元(基本养老保险1 600元，基本医疗保险300元，失业保险100元，住房公积金2 000元)，专项附加扣除3 000元，依法确定的其他扣除项目1 000元(职业年金800元，商业健康保险200元)。

(2) 2023年8月外出讲课一次，取得讲课费6 000元，计算其应预扣的个人所得税额。

(3) 2023年3月出版一本专著取得稿酬30 000元。

(4) 2023年12月取得一次性年终奖金收入66 000元。(奖金不计入综合所得计算个人所得税额。)

(5) 2023年12月出租居民住房一套,月租金收入5 000元,当月发生房屋修缮费用2 000元,不考虑其他税费,计算该月其应交纳的个人所得税额。

(6) 2023年初,将自有商铺对外出租,租金8 000元/月。

(7) 6月从持有三个月的宁德时代上市公司股票分得股息1 500元,从银行取得银行存款利息3 000元,从未上市仁业投资公司分得股息2 000元。

根据以上资料,回答下列问题:

(1) 计算2023年度工资薪金所得应预扣预缴的个人所得税。

(2) 计算劳务报酬应预扣预缴的个人所得税额。

(3) 计算稿酬应预扣预缴的个人所得税额。

(4) 计算全年一次性奖金应缴纳的个人所得税。

(5) 计算2023年度综合所得应纳税额,年度汇算清缴时应补(退)税额。

(6) 计算12月住房租金应缴纳的个人所得税。

(7) 计算2023年商铺对外出租应缴纳的个人所得税。

(8) 计算股息利息应缴纳的个人所得税。

【解析】

(1) 工资薪金所得全年应预扣预缴个人所得税=[20 000×12-(4 000+3 000+1 000)×12-60 000]×10%-2 520=84 000×10%-2 520=5 880(元)。

(2) 劳务报酬(讲课费)预扣预缴个人所得税额=6 000×(1-20%)×20%=960(元)。

(3) 稿酬所得预扣预缴个人所得税额=30 000×(1-20%)×(1-30%)×20%=3 360(元)。

(4) 以全年一次性奖金收入除以12得到的商数,根据个人所得税税率表,确定适用的税率和速算扣除数,单独计算纳税。

66 000÷12=5 500(元),由此根据个人所得税税率表6-5确定适用税率10%,速算扣除数为210。

全年一次性奖金应缴纳的个人所得税=66 000×10%-210=6 390(元)

(5) 2023年全年综合所得应纳税所得额=84 000+30 000×(1-20%)×(1-30%)+6 000×(1-20%)=84 000+16 800+4 800=105 600(元)。

2023年综合所得应纳个人所得税额=105 600×10%-2 520-5 880-960-3 360=-2 160(元),税务局退还个人所得税额2 160元。

(6) 12月住房租金应纳个人所得税额=(5 000-800)×(1-20%)×10%=336元。

(7) 2023年商铺对外出租应缴纳的个人所得税=8 000×(1-20%)×20%×12=15 360(元)。

(8) 从持有三个月的宁德时代上市公司股票分得股息1 500元,因持有时间超过1个月但未超过1个,减半征收个人所得税;个人银行存款利息免缴个人所得税;从未上市仁业投资公司分得股息按20%缴纳个人所得税。

股息利息应缴纳个人所得税=1 500×50%×20%+2 000×20%=550(元)

模块四　个人所得税纳税申报

个人所得税的纳税办法,全国通用实行的有自行申报纳税和全员全额扣缴申报纳税两种。此外,《税收征管法》还对无法查账征收的纳税人规定了核定征收的方式,但由于核定征收由各地税务局依据自身情况制定当地的细则,因此以上就此部分内容不作详述。

一、自行申报纳税

自行申报纳税,是由纳税人自行在税法规定的纳税期限内,向税务机关申报取得的应税所得项目和数额,如实填写个人所得税纳税申报表,并按照税法规定计算应纳税额,据此缴纳个人所得税的一种方法。

(一) 有下列情形之一的,纳税人应当依法办理纳税申报

(1) 取得综合所得需要办理汇算清缴。
(2) 取得应税所得没有扣缴义务人。
(3) 取得应税所得,扣缴义务人未扣缴税款。
(4) 取得境外所得。
(5) 因移居境外注销中国户籍。
(6) 非居民个人在中国境内从两处以上取得工资、薪金所得。
(7) 国务院规定的其他情形。

(二) 取得综合所得需要办理汇算清缴的纳税申报

取得综合所得且符合下列情形之一的纳税人,应当依法办理汇算清缴。
(1) 从两处以上取得综合所得,且综合所得年收入额或专项扣除后的余额超过6万元。
(2) 取得劳务报酬所得、稿酬所得、特许权使用费所得中一项或者多项所得,且综合所得年收入额减除专项扣除的余额超过6万元。
(3) 纳税年度内预缴税额低于应纳税额。
(4) 纳税人申请退税。

需要办理汇算清缴的纳税人,应当在取得所得的次年3月1日至6月30日内,向任职、受雇单位所在地主管税务机关办理纳税申报,并报送《个人所得税年度自行纳税申报表》。纳税人有两处以上任职、受雇单位的,选择向其中一处任职、受雇单位所在地主管税务机关办理纳税申报;纳税人没有任职、受雇单位的,向户籍所在地或经常居住地主管税务机关办

理纳税申报。

纳税人办理综合所得汇算清缴,应当准备与收入、专项扣除、专项附加扣除、依法确定的其他扣除.捐赠、享受税收优惠等相关的资料,并按规定留存备查或报送。

纳税人办理汇算清缴退税或者扣缴义务人为纳税人办理汇算清缴退税的,税务机关审核后,按照国库管理的有关规定办理退税。纳税人申请退税时提供的汇算清缴信息有错误的,税务机关应当告知其更正;纳税人更正的,税务机关应当及时办理退税。纳税人申请退税,应当提供其在中国境内开设的银行账户,并在汇算清缴地就地办理税款退库。

(三) 取得经营所得的纳税申报

个体工商户业主、个人独资企业投资者、合伙企业个人合伙人、承包承租经营者个人以及其他从事生产、经营活动的个人取得经营所得,包括以下情形。

(1) 个体工商户从事生产、经营活动取得的所得,个人独资企业投资人、合伙企业的个人合伙人来源于境内注册的个人独资企业、合伙企业生产、经营的所得。

(2) 个人依法从事办学、医疗、咨询以及其他有偿服务活动取得的所得。

(3) 个人对企业、事业单位承包经营、承租经营以及转包、转租取得的所得。

(4) 个人从事其他生产、经营活动取得的所得。

纳税人取得经营所得,按年计算个人所得税,由纳税人在月度或季度终了后15日内,向经营管理所在地主管税务机关办理预缴纳税申报,并报送《个人所得税经营所得纳税申报表(A表)》。在取得所得的次年3月31日前,向经营管理所在地主管税务机关办理汇算清缴,并报送《个人所得税经营所得纳税申报表(B表)》;从两处以上取得经营所得的,选择向其中一处经营管理所在地主管税务机关办理年度汇总申报,并报送《个人所得税经营所得纳税申报表(C表)》。

(四) 取得应税所得,扣缴义务人未扣缴税款的纳税申报

纳税人收到应税所得,扣缴义务人未扣缴税款的,应当区别以下情形办理纳税申报:

(1) 居民个人取得综合所得的,且符合前述第(一)项所述情形的,应当依法办理汇算清缴。

(2) 非居民个人取得工资、薪金所得,劳务报酬所得,稿酬所得,特许权使用费所得的,当在取得所得的次年6月30日前,向扣缴义务人所在地主管税务机关办理纳税申报并报送《个人所得税自行纳税申报表(A表)》。有两个以上扣缴义务人均未扣缴税款的,选择向其中一处扣缴义务人所在地主管税务机关办理

非居民个人在次年6月30日前离境(临时离境除外)的应当在离境前办理纳税申报。

(3) 纳税人取得利息、股息、红利所得,财产租赁所得,财产转让所得和偶然所得的,应当在取得所得的次年6月30日前按相关规定向主管税务机关办理纳税申报,并报送《个人所得税自行纳税申报表(A表)》。

税务机关通知限期缴纳的,纳税人应当按照期限缴纳税款。

纳税人取得应税所得没有扣缴义务人的,应当在取得所得的次月15日内向税务机关报送纳税申报表,并缴纳税款。

(五)取得境外所得的纳税申报

居民个人从中国境外取得所得的,应当在取得所得的次年3月1日至6月30日内,向中国境内任职、受雇单位所在地主管税务机关办理纳税申报;在中国境内没有任职、受雇单位的,向户籍所在地或中国境内经常居住地主管税务机关办理纳税申报;户籍所在地与中国境内经常居住地不一致的,选择其中一地主管税务机关办理纳税申报;在中国境内没有户籍的,向中国境内经常居住地主管税务机关办理纳税申报。

(六)因移居境外注销中国户籍的纳税申报

纳税人因移居境外注销中国户籍的,应当在申请注销中国户籍前,向户籍所在地主管税务机关办理纳税申报,进行税款清算。

(1)纳税人在注销户籍年度取得综合所得的,应当在注销户籍前,办理当年综合所得的汇算清缴,并报送《个人所得税年度自行纳税申报表》。尚未办理上一年度综合所得汇算清缴的,应当在办理注销户籍纳税申报时一并办理。

(2)纳税人在注销户籍年度取得经营所得的,应当在注销户籍前,办理当年经营所得的汇算清缴,并报送《个人所得税经营所得纳税申报表(B表)》。从两处以上取得经营所得的,还应当一并报送《个人所得税经营所得纳税申报表(C表)》。尚未办理上一年度经营所得汇算清缴的,应当在办理注销户籍纳税申报时一并办理。

(3)纳税人在注销户籍当年取得利息、股息、红利所得,财产租赁所得,财产转让所得和偶然所得的,应当在注销户籍前,申报当年上述所得的完税情况,并报送《个人所得税自行纳税申报表(A表)》。

(4)纳税人有未缴或者少缴税款的,应当在注销户籍前,结清欠缴或未缴的税款。纳税人存在分期缴税且未缴纳完毕的,应当在注销户籍前,结清尚未缴纳的税款。

(5)纳税人办理注销户籍纳税申报时,需要办理专项附加扣除、依法确定的其他扣除的,应当向税务机关报送《个人所得税专项附加扣除信息表》《商业健康保险税前扣除情况明细表》《个人税收递延型商业养老保险税前加除情况明细表》等。

(七)非居民个人在中国境内从两处以上取得工资、薪金所得的纳税申报

非居民个人在中国境内从两处以上取得工资、薪金所得的,应当在取得所得的次月15日内向其中一处任职、受雇单位所在地主管税务机关办理纳税申报,并报送《个人所得税自行纳税申报表(A表)》。

(八)纳税申报方式

纳税人可以采用远程办税端、邮寄等方式申报,也可以直接到主管税务机关申报。

(九)其他有关问题

(1)纳税人办理自行纳税申报时,应当一并报送税务机关要求报送的其他有关资料。首次申报或者个人基础信息发生变化的,还应报送服务《个人所得税基础信息表(B表)》。

(2)纳税人在办理纳税申报时需要享受税收协定待遇的,按照享受税收协定待遇有关

办法办理。

二、全员全额扣缴申报纳税

税法规定:扣缴义务人向个人支付应税款项时,应当依照个人所得税法规定预扣或者代扣税款,按时缴库,并专项记载备查。

全员全额扣缴申报,是指扣缴义务人应当在代扣税款的次月15日内,向主管税务机关报送其支付所得的所有个人的有关信息、支付所得数额、扣除事项和数额、扣缴税款的具体数额和总额以及其他相关涉税信息资料。这种方法,有利于控制税源、防止漏税和逃税。

根据《个人所得税法》及其实施条例、《税收征收管理法》及其实施细则的有规定国家税务总局制定下发了《个人所得税扣缴申报管理办法(试行)》(以下简称管理办法)。自2019年1月1日起执行的《管理办法》,对扣缴义务人和代扣预扣税款的范围、不同项目所得扣缴方法、扣缴义务人的义务及应承担的责任等内容做了明确规定。

(一) 扣缴义务人和代扣预扣税款的范围

(1) 扣缴义务人,是指向个人支付所得的单位或者个人。

所称支付,包括现金支付、汇拨支付、转账支付和以有价证券、实物以及其他形式的支付。

(2) 实行个人所得税全员全额扣缴申报的应税所得包括如下几项。

① 工资、薪金所得。

② 劳务报酬所得。

③ 稿酬所得。

④ 特许权使用费所得。

⑤ 利息、股息、红利所得。

⑥ 财产租赁所得。

⑦ 财产转让所得。

⑧ 偶然所得。

扣缴义务人应当依法办理全员全额扣缴申报。

(二) 不同项目所得扣缴方法

(1) 扣缴义务人向居民个人支付工资、薪金所得时,应当按照累计预扣法计算预扣税款,并按月办理扣缴申报。

累计预扣法,是指扣缴义务人在一个纳税年度内预扣预缴税款时,以纳税人在本单位截至当前月份工资、薪金所得累计收入减除累计免税收入、累计减除费用,累计专项扣除、累计专项附加扣除和累计依法确定的其他扣除后的余额为累计预扣预缴应纳税所得额,适用居民个人工资、薪金所得预扣预缴率表(表6-3),计算累计应预扣预缴税,再减除累计减免税额和累计已预扣预缴税额,其余额为本期应预扣预缴税额。余额为负债时,暂不退税。纳税年度终了后余额仍为负值时,由纳税人通过办理综合所得年度汇算清缴,税款多退少补。

具体计算公式如下：

$$本期应预扣预缴税额 = (累计预扣预缴应纳税所得额 \times 预扣率 - 速算扣除数) - 累计减免税额 - 累计已预扣预缴税额$$

$$累计预扣预缴应纳税所得额 = 累计收入 - 累计免税收入 - 累计减除费用 - 累计专项扣除 - 累计专项附加扣除 - 累计依法确定的其他扣除$$

其中：累计减除费用，按照5 000元/月乘以纳税人当年截至本月在本单位的任职受雇月份数计算。

居民个人向扣缴义务人提供有关信息并依法要求办理专项附加扣除的，扣缴义务人应当按照规定在工资、薪金所得按月预扣预缴税款时予以扣除，不得拒绝。

年度预扣预缴税与年度应纳税额不一致的，由居民个人于次年3月1日至6月30日向主管税务机关办理综合所得年度汇算清缴，税款多退少补。

（2）扣缴义务人向居民个人支付劳务报酬所得、稿酬所得、特许权使用费所得时，应当按照以下方法按次或者按月预扣预缴税款：

① 劳务报酬所得、稿酬所得、特许权使用费所得以收入减除费用后的余额为收入额；其中，稿酬所得的收入额减按70%计算。

② 减除费用：预扣预缴税款时，劳务报酬所得、稿酬所得、特许权使用费所得每次收入不超过4 000元的，减除费用按800元计算；每次收入4 000元以上的，减除费用按收入的20%计算。

③ 应纳税所得额：劳务报酬所得、稿酬所得、特许权使用费所得，以每次收入额为预扣预缴应纳税所得额，计算应预扣预缴税额。劳务报酬所得适用居民个人劳务报酬所得预扣预缴率（见表6-5），稿酬所得、特许权使用费所得适用20%的比例预扣率。

④ 预扣预缴税额计算公式：

$$劳务报酬所得应预扣预缴税额 = 预扣预缴应纳税所得额 \times 预扣率 - 速算扣除数$$

$$稿酬所得、特许权使用费所得应预扣预缴税额 = 预扣预缴应纳税所得额 \times 20\%$$

居民个人办理年度综合所得汇算清缴时，应当依法计算劳务报酬所得，稿酬所得，特许权使用费所得的收入额，并入年度综合所得计算应纳税额，税款多退少补。

（3）非居民个人取得工资、薪金所得，劳务报酬所得，稿酬所得和特许权使用费所得，有扣缴义务人的，由扣缴义务人按月或者按次代扣代缴税款，不办理汇算清缴。扣缴义务人向非居民个人支付工资、薪金所得，劳务报酬所得，稿酬所得和特许权使用费所得时，应当按照以下方法按月或者按次代扣代缴税款。

① 非居民个人的工资、薪金所得，以每月收入额减除费用五千元后的余额为应纳税所得额。

② 劳务报酬所得、稿酬所得、特许权使用费所得，以每次收入额为应纳税所得额，适用非居民个人工资薪金所得、劳务报酬所得、稿酬所得特许权使用费所得适用税率表计算应纳税额。劳务报酬所得、稿酬所得、特许权使用费所得以收入减除20%的费用后的余额为收入额；其中，稿酬所得的收入额减发70%计算。

③ 税款扣缴计算公式：

$$所得应纳税非居民个人工资、薪金所得，劳务报酬所得，稿酬所得，特许权使用费所得应纳税额 = 应纳税所得额 \times 税率 - 速算扣除数$$

非居民个人在一个纳税年度内税款扣缴方法保持不变,达到居民个人条件时,告知扣缴义务人基础信息变化情况,年度终了后按照居民个人有关规定办理汇算清缴;

(4) 扣缴义务人支付利息、股息、红利所得,财产租赁所得,财产转让所得或者偶然所得时,应当依法按次或者按月代扣代缴税款。

(5) 劳务报酬所得、稿酬所得、特许权使用费所得,属于一次性收入的,以取得该次收入为一次;属于同一项目连续性收入的,以一个月内取得的收入为一次。

财产租赁所得,以一个月内取得的收入为一次。

利息、股息、红利所得,以支付利息、股息、红利时取得的收入为一次。偶然所得,以每次取得该项收入为一次。

(6) 纳税人需要享受税收协定待遇的,应当在取得应税所得时主动向扣缴义务人提出,并提交相关信息、资料,扣缴义务人代扣代缴税款时按照享受税收协定待遇有关办法办理。

(7) 扣缴义务人未将扣缴的税款解缴入库的,不影响纳税人按照规定申请退税,税务机关应当凭纳税人提供的有关资料办理退税。

(三) 扣缴义务人责任与义务

(1) 支付工资、薪金所得的扣缴义务人应当于年度终了后2个月内,向纳税人提供其个人所得和已扣缴税款等信息。纳税人年度中间需要提供上述信息的,扣缴义务人应当提供。

纳税人取得除工资、薪金所得以外的其他所得,扣缴义务人应当在扣缴税款后,及时向纳税人提供其个人所得和已扣缴税款等信息。

(2) 扣缴义务人应当按照纳税人提供的信息计算税款、办理扣缴申报,不得擅自更改纳税人提供的信息。

扣缴义务人发现纳税人提供的信息与实际情况不符的,可以要求纳税人修改。纳税人拒绝修改的,扣缴义务人应当报告税务机关,税务机关应当及时处理。

纳税人发现扣缴义务人提供或者扣缴申报的个人信息、支付所得、扣缴税款等信息与实际情况不符的,有权要求扣缴义务人修改。扣缴义务人拒绝修改的,纳税人应当报告税务机关,税务机关应当及时处理。

(3) 扣缴义务人对纳税人提供的《个人所得税专项附加扣除信息表》,应当按照规定妥善保存备查。

(4) 扣缴义务人应当依法对纳税人报送的专项附加扣除等相关涉税信息和资料保密。

(5) 对扣缴义务人按照规定扣缴的税款,按年付给2%的手续费。不包括税务机关、司法机关等查补或者责令补扣的税款。

扣缴义务人领取的扣缴手续费可用于提升办税能力、奖励办税人员。

(6) 扣缴义务人依法履行代扣代缴义务,纳税人不得拒绝。纳税人拒绝的,扣缴义务人应当及时报告税务机关。

(7) 扣缴义务人有未按照规定向税务机关报送资料和信息、未按照纳税人提供信息虚报虚扣项附加扣除、应扣未扣税款、不缴或少缴已扣税款、借用或冒用他人身份等行为的,依照《中华人民共和国税收征收管理法》等相关法律、行政法规处理。

(四)代扣代缴期限

扣缴义务人每月或者每次预扣、代扣的税款,应当在次月15日内缴入国库,并向税务机关报送《个人所得税扣缴申报表》。

扣缴义务人首次向纳税人支付所得时,应当按照纳税人提供的纳税人识别号等基础信息,写《个人所得税基础信息表(A表)》,并于次月扣缴申报时向税务机关报送。

扣缴义务人对纳税人向其报告的相关基础信息变化情况,应当于次月扣缴申报时向税务机关报送。

个人所得税相关申报表如表6-9至表6-12所示。

项目六 个人所得税的计算与申报

表6-9-A 个人所得税基础信息表（A表）
（适用于扣缴义务人填报）

扣缴义务人名称：
扣缴义务人纳税人识别号（统一社会信用代码）：□□□□□□□□□□□□□□□□□□

序号	纳税人基本信息（带*必填）						任职受雇从业信息				联系方式				银行账户		投资信息		其他信息		华侨、港澳台、外籍个人信息（带*必填）				备注
	纳税人识别号	*纳税人姓名	*身份证件类型	*身份证件号码	*出生日期	*国籍/地区	类型	职务	学历	任职受雇从业日期	离职日期	手机号码	户籍所在地	经常居住地	联系地址	电子邮箱	开户银行	银行账号	投资额（元）	投资比例	是否残疾/孤老/烈属	残疾/烈属证号	*出生地	*性别	*首次入境时间	*预计离境时间	*涉税事由	
	1	2	3	4	5	6	7	8	9	10	11	12	13	14	15	16	17	18	19	20	21	22	23	24	25	26	27	28	29
1																												

谨声明：本表是根据国家税收法律法规及相关规定填报的，是真实的、可靠的、完整的。

经办人签字：
经办人身份证件号码：
代理机构签章：
代理机构统一社会信用代码：

受理人：
受理税务机关（章）： 受理日期： 年 月 日

扣缴义务人（签章）：
年 月 日

国家税务总局监制

适用范围

本表由扣缴义务人填报。适用于扣缴义务人办理全员全额扣缴申报时，填报其支付所得的纳税人的基础信息。

表 6-9-B 个人所得税基础信息表（B 表）

（适用于自然人填报）

纳税人识别号：□□□□□□□□□□□□□□□□□□

基本信息（带 * 必填）					
基本信息	*纳税人姓名	中文名		英文名	
	*身份证件	证件类型一		证件号码	
		证件类型二		证件号码	
	*国籍/地区			*出生日期	年　月　日
联系方式	户籍所在地	省（区、市）　　市		区（县）　　街道（乡、镇）___	
	经常居住地	省（区、市）　　市		区（县）　　街道（乡、镇）___	
	联系地址	省（区、市）　　市		区（县）　　街道（乡、镇）___	
	*手机号码			电子邮箱	
其他信息	开户银行			银行账号	
	学历	□研究生　　□大学本科　　□大学本科以下				
	特殊情形	□残疾　残疾证号____　　□烈属　烈属证号____　　□孤老				
任职、受雇、从业信息					
任职受雇从业单位一	名称		国家/地区			
	纳税人识别号（统一社会信用代码）		任职受雇从业日期	年　月	离职日期	年　月
	类型	□雇员　□保险营销员　□证券经纪人　□其他	职务	□高层　□其他		
任职受雇从业单位二	名称		国家/地区			
	纳税人识别号（统一社会信用代码）		任职受雇从业日期	年　月	离职日期	年　月
	类型	□雇员　□保险营销员　□证券经纪人　□其他	职务	□高层　□其他		
该栏仅由投资者纳税人填写					
被投资单位一	名称		国家/地区			
	纳税人识别号（统一社会信用代码）		投资额（元）		投资比例	
被投资单位二	名称		国家/地区			
	纳税人识别号（统一社会信用代码）		投资额（元）		投资比例	
该栏仅由华侨、港澳台、外籍个人填写（带 * 必填）					
	*出生地		*首次入境时间	年　月　日		
	*性别		*预计离境时间	年　月　日		
	*涉税事由	□任职受雇　□提供临时劳务　□转让财产　□从事投资和经营活动　□其他				
谨声明：本表是根据国家税收法律法规及相关规定填报的，是真实的、可靠的、完整的。 　　　　　　　　　　　纳税人（签字）：　　　　　年　月　日					
经办人签字： 经办人身份证件号码： 代理机构签章： 代理机构统一社会信用代码：			受理人： 受理税务机关（章）： 受理日期：　　　年　月　日		

国家税务总局监制

适用范围

本表适用于自然人纳税人基础信息的填报。

项目六　个人所得税的计算与申报

表 6-10-A　个人所得税经营所得纳税申报表（A 表）

税款所属期：　　年　月　日至　　年　月　日
纳税人姓名：
纳税人识别号：□□□□□□□□□□□□□□□□□□　　　金额单位：人民币元（列至角分）

被投资单位信息	名称		纳税人识别号 （统一社会信用代码）	
征收方式	□查账征收（据实预缴）　　　　□查账征收（按上年应纳税所得额预缴） □核定应税所得率征收　　　　□核定应纳税所得额征收 □税务机关认可的其他方式 _____			
项目			行次	金额/比例
一、收入总额			1	
二、成本费用			2	
三、利润总额(3＝1－2)			3	
四、弥补以前年度亏损			4	
五、应税所得率(%)			5	
六、合伙企业个人合伙人分配比例(%)			6	
七、允许扣除的个人费用及其他扣除(7＝8＋9＋14)			7	
（一）投资者减除费用			8	
（二）专项扣除(9＝10＋11＋12＋13)			9	
1. 基本养老保险费			10	
2. 基本医疗保险费			11	
3. 失业保险费			12	
4. 住房公积金			13	
（三）依法确定的其他扣除(14＝15＋16＋17)			14	
1.			15	
2.			16	
3.			17	
八、应纳税所得额			18	
九、税率(%)			19	
十、速算扣除数			20	
十一、应纳税额(21＝18×19－20)			21	
十二、减免税额（附报《个人所得税减免税事项报告表》）			22	
十三、已缴税额			23	
十四、应补/退税额(24＝21－22－23)			24	
谨声明：本表是根据国家税收法律法规及相关规定填报的，是真实的、可靠的、完整的。 　　　　　　　　　　　　　　　　　　　　　纳税人签字：　　　　　　年　月　日				
经办人： 经办人身份证件号码： 代理机构签章： 代理机构统一社会信用代码：		受理人： 受理税务机关(章)： 受理日期：　　年　月　日		

国家税务总局监制

本表适用于查账征收和核定征收的个体工商户业主、个人独资企业投资人、合伙企业个人合伙人、承包承租经营者个人以及其他从事生产、经营活动的个人在中国境内取得经营所得，办理个人所得税预缴纳税申报时，向税务机关报送。

合伙企业有两个或者两个以上个人合伙人的，应分别填报本表。

表 6-10-B 个人所得税经营所得纳税申报表(B 表)

税款所属期：　　年　月　日至　　年　月　日

纳税人姓名：

纳税人识别号：□□□□□□□□□□□□□□□□□□　　　金额单位：人民币元(列至角分)

被投资单位信息	名称		纳税人识别号 (统一社会信用代码)		
		项目		行次	金额/比例
一、收入总额				1	
其中：国债利息收入				2	
二、成本费用(3＝4＋5＋6＋7＋8＋9＋10)				3	
(一)营业成本				4	
(二)营业费用				5	
(三)管理费用				6	
(四)财务费用				7	
(五)税金				8	
(六)损失				9	
(七)其他支出				10	
三、利润总额(11＝1－2－3)				11	
四、纳税调整增加额(12＝13＋27)				12	
(一)超过规定标准的扣除项目金额(13＝14＋15＋16＋17＋18＋19＋20＋21＋22＋23＋24＋25＋26)				13	
1. 职工福利费				14	
2. 职工教育经费				15	
3. 工会经费				16	
4. 利息支出				17	
5. 业务招待费				18	
6. 广告费和业务宣传费				19	
7. 教育和公益事业捐赠				20	
8. 住房公积金				21	
9. 社会保险费				22	
10. 折旧费用				23	
11. 无形资产摊销				24	
12. 资产损失				25	
13. 其他				26	
(二)不允许扣除的项目金额(27＝28＋29＋30＋31＋32＋33＋34＋35＋36)				27	
1. 个人所得税税款				28	
2. 税收滞纳金				29	
3. 罚金、罚款和被没收财物的损失				30	
4. 不符合扣除规定的捐赠支出				31	
5. 赞助支出				32	
6. 用于个人和家庭的支出				33	
7. 与取得生产经营收入无关的其他支出				34	
8. 投资者工资薪金支出				35	
9. 其他不允许扣除的支出				36	
五、纳税调整减少额				37	

(续表)

项目	行次	金额/比例
六、纳税调整后所得(38＝11＋12－37)	38	
七、弥补以前年度亏损	39	
八、合伙企业个人合伙人分配比例(%)	40	
九、允许扣除的个人费用及其他扣除(41＝42＋43＋48＋55)	41	
（一）投资者减除费用	42	
（二）专项扣除(43＝44＋45＋46＋47)	43	
1．基本养老保险费	44	
2．基本医疗保险费	45	
3．失业保险费	46	
4．住房公积金	47	
（三）专项附加扣除(48＝49＋50＋51＋52＋53＋54)	48	
1．子女教育	49	
2．继续教育	50	
3．大病医疗	51	
4．住房贷款利息	52	
5．住房租金	53	
6．赡养老人	54	
（四）依法确定的其他扣除(55＝56＋57＋58＋59)	55	
1．商业健康保险	56	
2．税延养老保险	57	
3．	58	
4．	59	
十、投资抵扣	60	
十一、准予扣除的个人捐赠支出	61	
十二、应纳税所得额(62＝38－39－41－60－61)或[62＝(38－39)×40－41－60－61]	62	
十三、税率(%)	63	
十四、速算扣除数	64	
十五、应纳税额(65＝62×63－64)	65	
十六、减免税额(附报《个人所得税减免税事项报告表》)	66	
十七、已缴税额	67	
十八、应补/退税额(68＝65－66－67)	68	

谨声明：本表是根据国家税收法律法规及相关规定填报的，是真实的、可靠的、完整的。		
	纳税人签字：	年　月　日
经办人： 经办人身份证件号码： 代理机构签章： 代理机构统一社会信用代码：	受理人： 受理税务机关(章)： 受理日期：　　年　月　日	

国家税务总局监制

适用范围

本表适用于个体工商户业主、个人独资企业投资人、合伙企业个人合伙人、承包承租经营者个人以及其他从事生产、经营活动的个人在中国境内取得经营所得，且实行查账征收的，在办理个人所得税汇算清缴纳税申报时，向税务机关报送。

合伙企业有两个或者两个以上个人合伙人的，应分别填报本表。

表 6-10-C 个人所得税经营所得纳税申报表(C表)

税款所属期： 年 月 日至 年 月 日

纳税人姓名：

纳税人识别号：□□□□□□□□□□□□□□□□□□ 金额单位：人民币元(列至角分)

被投资单位信息	单位名称		纳税人识别号(统一社会信用代码)	投资者应纳税所得额
	汇总地			
	非汇总地	1		
		2		
		3		
		4		
		5		

项目	行次	金额/比例
一、投资者应纳税所得额合计	1	
二、应调整的个人费用及其他扣除(2＝3＋4＋5＋6)	2	
(一)投资者减除费用	3	
(二)专项扣除	4	
(三)专项附加扣除	5	
(四)依法确定的其他扣除	6	
三、应调整的其他项目	7	
四、调整后应纳税所得额(8＝1＋2＋7)	8	
五、税率(%)	9	
六、速算扣除数	10	
七、应纳税额(11＝8×9－10)	11	
八、减免税额(附报《个人所得税减免税事项报告表》)	12	
九、已缴税额	13	
十、应补/退税额(14＝11－12－13)	14	

谨声明：本表是根据国家税收法律法规及相关规定填报的，是真实的、可靠的、完整的。

纳税人签字： 年 月 日

经办人： 经办人身份证件号码： 代理机构签章： 代理机构统一社会信用代码：	受理人： 受理税务机关(章)： 受理日期： 年 月 日

国家税务总局监制

适用范围

本表适用于个体工商户业主、个人独资企业投资人、合伙企业个人合伙人、承包承租经营者个人以及其他从事生产、经营活动的个人在中国境内两处以上取得经营所得，办理合并计算个人所得税的年度汇总纳税申报时，向税务机关报送。

项目六 个人所得税的计算与申报

表6-11 个人所得税年度自行纳税申报表

税款所属期： 年 月 日至 年 月 日
纳税人姓名：
纳税人识别号：□□□□□□□□□□□□□□□□□□ 金额单位：人民币元（列至角分）

项目	行次	金额
一、收入合计（1＝2＋3＋4＋5）	1	
（一）工资、薪金所得	2	
（二）劳务报酬所得	3	
（三）稿酬所得	4	
（四）特许权使用费所得	5	
二、费用合计	6	
三、免税收入合计	7	
四、减除费用	8	
五、专项扣除合计（9＝10＋11＋12＋13）	9	
（一）基本养老保险费	10	
（二）基本医疗保险费	11	
（三）失业保险费	12	
（四）住房公积金	13	
六、专项附加扣除合计（14＝15＋16＋17＋18＋19＋20）	14	
（一）子女教育	15	
（二）继续教育	16	
（三）大病医疗	17	
（四）住房贷款利息	18	
（五）住房租金	19	
（六）赡养老人	20	
七、其他扣除合计（21＝22＋23＋24＋25＋26）	21	
（一）年金	22	
（二）商业健康保险	23	
（三）税延养老保险	24	
（四）允许扣除的税费	25	
（五）其他	26	
八、准予扣除的捐赠额	27	
九、应纳税所得额（28＝1－6－7－8－9－14－21－27）	28	
十、税率（％）	29	
十一、速算扣除数	30	
十二、应纳税额（31＝28×29－30）	31	
十三、减免税额	32	
十四、已缴税额	33	
十五、应补/退税额（34＝31－32－33）	34	
无住所个人附报信息		
在华停留天数	已在华停留年数	

谨声明：本表是根据国家税收法律法规及相关规定填报的，是真实的、可靠的、完整的。

纳税人签字： 年 月 日

经办人签字：	受理人：
经办人身份证件号码：	
代理机构签章：	受理税务机关（章）：
代理机构统一社会信用代码：	受理日期： 年 月 日

国家税务总局监制

适用范围

本表适用于居民个人取得境内综合所得，按税法规定进行个人所得税汇算清缴。纳税人取得境外所得的，不适用本表。

表6-12 个人所得税扣缴申报表

税款所属期：　年　月　日至　年　月　日

扣缴义务人名称：

扣缴义务人纳税人识别号（统一社会信用代码）：□□□□□□□□□□□□□□□□□□

金额单位：人民币元（列至角分）

序号	姓名	身份证件类型	身份证件号码	纳税人识别号	是否为非居民个人	所得项目	收入额计算情况				专项扣除			本月（次）情况 其他扣除					累计收入额	累计减除费用	累计专项扣除	累计情况 累计专项附加扣除					累计其他扣除	减按计税比例	准予扣除的捐赠额	税款计算						备注
							收入	费用	免税收入	减除费用	基本养老保险费	基本医疗保险费	失业保险费	住房公积金	年金	商业健康保险	税延养老保险	财产原值	允许扣除的税费	其他				子女教育	赡养老人	住房贷款利息	住房租金	继续教育				应纳税所得额	税率/预扣率	速算扣除数	应纳税额	减免税额	已缴税额	应补/退税额	
1	2	3	4	5	6	7	8	9	10	11	12	13	14	15	16	17	18	19	20	21	22	23	24	25	26	27	28	29	30	31	32	33	34	35	36	37	38	39	40
合计合计																																							

谨声明：本表是根据国家税收法律法规及相关规定填报的，是真实的、可靠的、完整的。

经办人签字：　　　　　　　　　　　　　　扣缴义务人：

经办人身份证件号码：

代理机构签章：　　　　　　　　　　　　　受理税务机关（章）：

代理机构统一社会信用代码：　　　　　　　受理日期：　年　月　日

国家税务总局监制

适用范围

本表适用于扣缴义务人向居民个人支付工资、薪金所得，劳务报酬所得，稿酬所得和特许权使用费所得的个人所得税全员全额预扣预缴申报；向非居民个人支付工资、薪金所得，劳务报酬所得，稿酬所得和特许权使用费所得的个人所得税全员全额扣缴申报；以及向纳税人（居民个人和非居民个人）支付利息、股息、红利所得，财产租赁所得，财产转让所得和偶然所得的个人所得税全员全额扣缴申报。

习　题

一、单选题（每题只有一个正确答案，请将正确答案填在括号内）

1. 神龙公司2023年10月向李敏购买一项非专利技术，合同约定应支付非专利技术使用费60 000元（含税），则神龙公司应预（代）扣预（代）缴个人所得税额为（　　）元。
   A. 12 000　　　　B. 9 600　　　　C. 11 840　　　　D. 8 400

2. 王明2023年11月取得设计费收入3 000元，同时还取得讲课费收入2 000元，则其当月上述所得应预扣预缴纳的个人所得税额为（　　）元。
   A. 1 000　　　　B. 800　　　　C. 680　　　　D. 840

3. 杨新利2023年7月1日出租一套居民住房，租期一年，每月租金收入3 000元（免增值税），计算其该月应缴纳的个人所得税是（　　）元（不考虑房产税等其他税费）。
   A. 600　　　　B. 440　　　　C. 300　　　　D. 220

4. 下列各项专项附加扣除项目只能在年度汇算清缴时才可扣除的是（　　）。
   A. 子女教育　　B. 大病医疗　　C. 住房租金　　D. 赡养老人

5. 赡养老人专项附加扣除项目中所称的老人是指年满（　　）周岁以上。
   A. 50　　　　B. 55　　　　C. 60　　　　D. 65

6. 下列各项中，不适用代扣代缴方式的是（　　）。
   A. 工资薪金所得　　　　　　B. 稿酬所得
   C. 经营所得　　　　　　　　D. 利息、股息、红利所得

7. 下列各项中，不允许扣除任何费用的是（　　）。
   A. 财产租赁所得　B. 劳务报酬所得　C. 稿酬所得　D. 偶然所得

8. 现行政策规定，个人转让自用（　　）年以上，且是家庭唯一居住用房所取得的所得，暂免征收个人所得税。
   A. 1　　　　B. 3　　　　C. 5　　　　D. 10

9. 纳税人接受技能人员职业资格继续教育、专业技术人员职业资格继续教育支出，在取得相关证书的当年，按照每年（　　）扣除。
   A. 4 800元　　B. 3 600元　　C. 5 000元　　D. 实际发生的金额

10. 在一个纳税年度内，纳税人发生的与基本医疗相关的医药费用支出，扣除医保报销后个人负担（指医保目录范围内的自付部分）累计超过（　　）元的部分，由纳税人在办理年度汇算清缴时，在80 000元限额内据实扣除。
    A. 10 000　　B. 15 000　　C. 20 000　　D. 25 000

11. 纳税人或配偶，单独或共同使用商业银行或住房公积金个人住房贷款，为本人或其配偶购买中国境内住房，发生的首套住房贷款利息支出，在实际发生贷款利息的年度，按照每月1 000元（每年12 000元）的标准定额扣除，扣除期限最长不超过（　　）个月。

A. 120　　　　B. 200　　　　C. 240　　　　D. 300

12. 姚丽主要工作城市是广州市,其在广州没有自有住房,则其发生的住房租金支出每月可以扣除(　　)元。

A. 800　　　　B. 1 000　　　　C. 1 100　　　　D. 1 500

13. 下列各项在计算个人所得税应纳税所得额时可以减按70%计算的是(　　)。

A. 工资薪金所得　　　　　　　　B. 劳务报酬所得
C. 稿酬所得　　　　　　　　　　D. 特许权使用费所得

14. 下列各项不属于特许权使用费所得项目的是(　　)。

A. 拍卖作品所得
B. 出版作品的稿酬
C. 专利权转让所得
D. 编剧从电视剧的制作单位取得的剧本使用费

15. 下列各项适用个人所得税20%比例税率的项目是(　　)。

A. 工资薪金所得　　　　　　　　B. 经营所得
C. 国债利息收入所得　　　　　　D. 偶然所得

二、多选题(每题至少有两个及以上正确答案,请将正确答案填在括号内)

1. 下列各项所得中,属于综合所得的有(　　)。

A. 工资薪金所得　　B. 劳务报酬所得　　C. 稿酬所得　　D. 财产租赁所得

4. 下列各项在计算个人所得税时可以免予纳税的有(　　)。

A. 省级人民政府颁发的科学技术奖　　B. 单位发给职工的困难补助
C. 个人购买国债取得的利息收入　　　D. 居民个人取得的储蓄存款利息收入

3. 李艳属于我国居民个人,其有2个子女,则其专项附加扣除中子女教育可以扣除的金额为(　　)。

A. 1 500元/月　　B. 3 000元/月　　C. 18 000元/年　　D. 36 000元/年

4. 赵伟有兄弟姐妹4人,现有父母均在60岁以上,则其每月可以在税前扣除的赡养老人支出为(　　)。

A. 750元/月　　B. 1 000元/月　　C. 9 000元/年　　D. 12 000元/年

5. 依法确定的其他扣除,包括个人缴付或购买符合国家规定的(　　)的支出,以及国务院规定可以扣除的其他项目。

A. 企业年金　　　　　　　　　　B. 职业年金
C. 商业健康保险　　　　　　　　D. 税收递延型商业养老保险

6. 纳税人取得综合所得且符合下列情形之一的,应当依法办理汇算清缴(　　)。

A. 从两处以上取得综合所得,且综合所得年收入额减除专项扣除后的余额超过6万元
B. 取得劳务报酬所得、稿酬所得、特许权使用费所得中一项或多项所得,且综合所得年收入额减除专项扣除的余额超过6万元
C. 纳税年度内预缴税额高于应纳税额
D. 纳税人申请退税

7. 下列各项专项附加扣除项目中不可同时享受的有(　　)。

264

A. 子女教育　　　　B. 继续教育　　　　C. 住房贷款利息　　D. 住房租金

8. 下列各项说法正确的有(　　)。
  A. 纳税人享受子女教育专项附加扣除,应当填报配偶及子女的姓名、身份证件类型及号码、子女当前受教育阶段及起止时间、子女就读学校以及本人与配偶之间扣除分配比例等信息
  B. 纳税人享受继续教育专项附加扣除,接受学历(学位)继续教育的,应当填报教育起止时间、教育阶段等信息;接受技能人员或者专业技术人员职业资格继续教育的,应当填报证书名称、证书编号、发证机关、发证(批准)时间等信息
  C. 纳税人享受住房贷款利息专项附加扣除,应当填报住房权属信息、住房坐落地址、贷款方式、贷款银行、贷款合同编号、贷款期限、首次还款日期等信息;纳税人有配偶的,填写配偶姓名、身份证件类型及号码
  D. 纳税人享受赡养老人专项附加扣除,应当填报纳税人是否为独生子女、月扣除金额、被赡养人姓名及身份证件类型和号码、与纳税人关系;有共同赡养人的,需填报分摊方式、共同赡养人姓名及身份证件类型和号码等信息

9. 我国个人所得税税率形式包括(　　)。
  A. 全额累进税率　　B. 超额累进税率　　C. 比例税率　　　　D. 定额税率

10. 根据个人所得税法律制度的规定,下列说法中正确的有(　　)。
  A. 个人所得税的纳税人按住所和居住时间两个标准划分为居民个人和非居民个人
  B. 居民纳税人负有无限纳税义务
  C. 非居民纳税人负有无限纳税义务
  D. 非居民纳税人负有有限纳税义务

11. 根据个人所得税法律制度的规定,下列各项中,属于个人所得税纳税人的有(　　)。
  A. 个人独资企业的投资者个人　　　B. 在境内任职受雇的中国公民李某
  C. 合伙企业的法人合伙人　　　　　D. 股份制公司

12. 下列各项中,计(预)征个人所得税时,允许从总额中扣除800元的有(　　)。
  A. 稿费收入3 500元　　　　　　　B. 在商场有奖销售中中奖1 000元
  C. 每月房租收入2 800元　　　　　D. 提供咨询服务收入5 000元

13. 个人取得的财产转让所得计算过程中允许扣除的项目有(　　)。
  A. 房屋原值　　　　　　　　　　　B. 转让住房过程中缴纳的税金
  C. 合理费用　　　　　　　　　　　D. 增值个人所得税

14. 财产租赁所得计算过程中允许扣除的项目有(　　)。
  A. 财产租赁过程中缴纳的税金　　　B. 出租财产实际开支的修缮费用
  C. 国家能源交通重点建设基金　　　D. 教育费附加

15. 下列所得,应按偶然所得征收个人所得税的是(　　)。
  A. 个人购买福利彩票中奖20 000元
  B. 个人获得父母无偿赠送的房产
  C. 个人购买商品中奖奖金
  D. 个人参加有奖竞答活动取得的奖金

E. 个人因购物达到一定数量而获得抽奖机会的中奖所得

三、判断题（正确的在括号内打"√"，错误的打"×"）

1. 财产租赁所得以一个月的收入为一次计征个人所得税。（　）
2. 专项附加扣除包括子女教育、继续教育、大病医疗、住房贷款利息、住房租金、赡养老人等支出，纳税人如有上述支出项目，均可在当期计算个人所得税时予以扣除。（　）
3. 专项扣除项目包括居民个人按照国家规定的范围和标准缴纳的基本养老保险、基本医疗保险、失业保险等社会保险费和住房公积金等，即"三险一金"。（　）
4. 专项扣除、专项附加扣除和依法确定的其他扣除，以居民个人一个纳税年度的应纳税所得额为限额；一个纳税年度扣除不完的，可以结转以后年度扣除。（　）
5. 纳税人在两处或两处以上出版、发表或再版同一作品而取得稿酬所得的，则应将各处取得的所得或再版所得合并为一次计征个人所得税。（　）
6. 个人将其所得对教育、扶贫、济困等公益慈善事业进行捐赠，捐赠额未超过纳税人申报的应纳税所得额30%的部分，可以从其应纳税所得额中扣除。（　）
7. 居民个人从中国境外取得的所得，可以从其应纳税额中抵免已在境外缴纳的个人所得税税额，但抵免额不得超过其境外所得依照我国税法规定计算的应纳税额。（　）
8. 非居民个人的工资薪金所得，以每月收入额减除费用5 000元后的余额为应纳税所得额，如有专项附加扣除和其他依法确定的扣除项目也可在税前扣除。（　）
9. 扣缴义务人向居民个人支付劳务报酬所得、稿酬所得、特许权使用费所得时，应当按次或按月预扣预缴税款。（　）
10. 非居民个人取得工资薪金所得、劳务报酬所得、稿酬所得、特许权使用费所得，有扣缴义务人的，由扣缴义务人按月或按次代扣代缴税款，年终办理汇算清缴。（　）
11. 纳税人可以采用远程办税端、邮寄等方式申报个人所得税，也可以直接到主管税务机关申报。（　）
12. 财产租赁所得以一个月的收入为一次计征个人所得税。（　）
13. 专项附加扣除包括子女教育、继续教育、大病医疗、住房贷款利息、住房租金、赡养老人等支出，纳税人如有上述支出项目，均可在当期计算个人所得税时予以扣除。（　）

四、综合练习题

1. 中国公民郑某2023年全年取得工资、薪金收入190 000元。当地规定的社会保险和住房公积金个人缴付比例为：基本养老保险8%，基本医疗保险2%，失业保险0.5%，住房公积金12%。郑某每月缴纳社会保险费核定的缴费工资基数为10 000元。郑某正在偿还首套住房贷款及贷款利息；郑某为独生子女，其独生子正就读大学三年级；郑某父母均已经年过60岁。郑某夫妇约定由郑某扣除贷款和子女教育费。

要求：计算郑某2023年度应缴纳的个人所得税税额。

2. 中国公民郑某2023年1月取得工资、薪金收入90 000元。当地规定的社会保险和住房公积金个人缴付比例为：基本养老保险8%，基本医疗保险2%，失业保险0.5%，住房公积金12%。郑某每月缴纳社会保险费核定的缴费工资基数为10 000元。郑某正在偿还首套住房贷款及贷款利息；郑某为独生子女，其独生子正就读大学三年级；郑某父母均已经年过60岁。郑某夫妇约定由郑某扣除贷款和子女教育费。

要求：

(1) 计算郑某2023年1月应预缴的个人所得税税额。

(2) 2月份郑某工资为20 000元，其他情况不变，计算2月份郑某预缴个人所得税。

(3) 3月份郑某工资为40 000元，其他情况不变，计算3月份郑某预缴个人所得税。

3. 工程师李某2023年12月在一次招标中取得为市政服务设施设计电脑操作程序的资格。他利用几个月业余时间完成了设计，并调试成功，取得市政府发给的5 000元报酬。

要求：计算其应预扣预缴的个人所得税。

4. 2023年10月，歌星刘某一次取得表演收入60 000元。

要求：计算其应预缴个人所得税税额。

5. 在中国境内某高校任职的居民李教授2023年1~3月的收入如下：每月应发工资均为10 000元；1月份为甲公司请李教授新进职员进行入职培训，应发劳务报酬收入3 000元；2月份出版一部教材，出版社应发稿酬20 000元；3月份为乙公司提供一项专利技术使用权，应发特许权使用费5 000元。已知：李教授"三险一金"等专项扣除为1 500元/月，从1月起享受子女教育专项附加扣除1 000元，没有减免收入及减免税额等情况。

要求：请计算高校、甲公司、出版社及乙公司为李教授预扣预缴的个人所得税税额。

6. 某职员2015年入职，2023年每月应发工资均为30 000元，每月减除费用5 000元，"三险一金"等专项扣除为4 500元，享受子女教育、赡养老人两项专项附加扣除共计2 000元，没有减免收入及减免税额等情况。

要求：试计算1~8月应预扣预缴税额。

7. 赵玉华(有兄弟姐妹4人)系某国有建筑公司总经理，2023年1月工资薪金收入为30 000元，其拥有2个子女(因妻子无工作，子女教育支出均由其承担)，一个在读高中(年实际支出费用10 000元)，一个在读大学本科(年实际支出费用30 000元)，家里还有一个62岁的老母亲和一个65岁的老父亲，父母亲的养老费用约定由其与其弟弟2人承担，其工资薪金按政策规定计算每月扣除的"三险一金"金额为4 500元，另外还有按规定计算的职业年金每月为500元，无其他扣除项目。

要求：计算2023年1月应纳税所得额。

8. 假定李某从2023年4月1日出租用于居住的住房，每月取得出租住房的租金收入为3 000元；7月发生房屋的维修费1 600元，不考虑其他税费。

要求：计算李某2023年出租房屋应缴纳的个人所得税税额。

9. 王某2023年2月1日将一套居住了3年的普通住房出售，原值12万元，售价30万元，售房中发生费用1万元。

要求：计算王某出售房屋应缴纳的个人所得税税额。

10. 张先生为自由职业者，2023年2月取得如下所得：从A上市公司取得1年期股息所得16 000元，从B非上市公司取得股息所得7 000元，兑现2月10日到期的一年期银行储蓄存款利息所得1 500元。

要求：计算张先生上述所得应缴纳的个人所得税税额。

11. 王先生在参加商场的有奖销售过程中，中奖所得共计价值20 000元。王先生领奖时告知商场，从中奖收入中拿出4 000元通过教育部门向希望小学捐赠。

要求:计算商场代扣代缴个人所得税和王先生实际可得中奖金额。

12. 某酒楼是个体饭店,账证齐全,2023年12月取得营业额124 500元,购进米面等原材料50 000元,缴纳水电等各项费用15 000元,缴纳其他各项税费合计5 000元。该饭店共有4名雇工,当月共支付工资费用6 000元;业主自己月工资6 000元。该饭店2023年1~11月累计应纳税所得额480 000元,已累计预缴个人所得税120 000元。

要求:计算该业主12月份应缴纳的个人所得税。

13. 李先生在甲企业任职,2023年1~12月每月在甲企业取得工资薪金收入16 000元,无免税收入;每月缴纳三险一金2 500元,从1月份开始享受子女教育和赡养老人专项附加扣除共计为3 000元,无其他扣除。另外,2023年3月取得劳务报酬收入3 000元,稿酬收入2 000元,6月取得劳务报酬收入30 000元,特许权使用费收入2 000元。

要求:计算张先生2023年年度汇算清缴个人所得税税额。

14. 2023年,小曹在上海工作每个月工资为40 000元,公司每个月缴纳社保公积金扣除5 000元,作为独生子的张先生家里父母已经过了60周岁,儿子还在上大学,小曹因在上海无房目前租住,年底公司要给她发全年一次性奖金600 000元。

要求:试规划小曹年终资金以何种计算方法可以少缴税。

项目七
其他税费的计算与申报

【引言】

其他税费主要包括房产税、城镇土地使用税、土地增值税、车船税、印花税、城市维护建设税、教育费附加等。2022—2024年,我国实行"六税两费"减免优惠政策,即对增值税小规模纳税人、小型微利企业和个体工商户可以在50%的税额幅度内减征资源税、城市维护建设税、房产税、城镇土地使用税、印花税(不含证券交易印花税)、耕地占用税和教育费附加、地方教育附加。

【课程思政】

房产税、车船税、城镇土地使用税有利于促进税负公平和缓解财富分配不均的现象,有利于发展生产、限制不合理消费和合理利用资源;城市维护建设税、教育费附加、印花税、土地增值税征税的选择性较为明显,并有着较强的时效性。

【重点难点内容】

本章的重点难点在于其他税种的计算,如表7-1所示。

表7-1 其他税种的类别及其计算

税 种		计 算 方 法
房产税	从价计征	年应纳税额=应税房产原值×(1-扣除比例)×1.2%
	从租计征	年应纳税额=租金收入×12%(或4%)
城镇土地使用税		年应纳税额=实际占用应税土地面积(平方米)×适用税额
土地增值税	四级超率累进税率	计算土地增值税过程分为五个步骤: (1) 计算转让房地产取得的收入(货币收入、实物收入) (2) 计算扣除项目 　① 取得土地使用权支付的金额 　② 开发土地的成本、费用 　③ 新建房及配套设施的成本、费用或者旧房及建筑物的评估价格 　④ 与转让房地产有关的税金 　　与转让房地产有关的税金包括:城市维护建设税、印花税、教育费附加。 (3) 计算增值额=转让房地产的收入-扣除项目 (4) 计算增值额÷扣除项目的比率 (5) 计算土地增值税的应纳税额
城市维护建设税		(实际缴纳的增值税+实际缴纳的消费税)×适用税率
教育费附加		(实际缴纳的增值税+实际缴纳的消费税)×适用税率

模块一　房产税的计算与申报

一、房产税的法律制度

(一) 概念及纳税人

1. 房产税的概念

房产税是以城市、县城、建制镇和工矿区的房产为征税对象,按照房产价格或房产租金收入向房产所有人或经营人征收的一种税。

2. 房产税的纳税人

房产税的纳税人是房屋的产权所有人,即拥有房产的单位和个人。

(1) 产权属于国家所有的,由经营管理单位纳税;产权属于集体和个人所有的,由集体单位和个人纳税。

(2) 产权出典的,由承典人纳税。所谓产权出典,是指产权所有人将房屋、生产资料等的产权,在一定期限内典当给他人使用,而取得资金的一种融资业务。由于在房屋出典期间,产权所有人已无权支配房屋,因此,税法规定由对房屋具有支配权的承典人为纳税人。

(3) 产权所有人、承典人不在房地产所在地的,由房产代管人或者使用人纳税。

(4) 产权未确定及租典纠纷未解决的,由房产代管人或者使用人纳税。

(5) 无租使用其他房产的问题。纳税单位和个人无租使用房产管理部门、免税单位及纳税单位的房产,应由使用人代为缴纳房产税。

(6) 2009年1月1日,外商投资企业、外国企业和组织以及外籍个人,也纳入了房产税的征收管理范围。

综上所述,房地产的纳税义务人包括产权所有人、经营管理单位、承典人、房产代管人或者使用人。

(二) 征税对象、征税范围和税率

1. 征税对象

房产税以房产为征税对象。所谓房产,是指有屋面和围护结构(有墙或两边有柱),能够遮风避雨,可供人们在其中生产、学习、工作、娱乐、居住或贮藏物资的场所。房地产开发企业建造的商品房,在出售前,不征收房产税;但对出售前房地产开发企业已使用或出租、出借的商品房应按规定征收房产税。

2. 征税范围

房产税的具体征税范围为:位于城市、县城、建制镇和工矿区的房屋。

(1) 城市是指国务院批准设立的市。

(2) 县城是指县人民政府所在的地区。

(3) 建制镇是指经省、自治区、直辖市人民政府批准设立的建制镇。

(4) 工矿区是指工商业比较发达、人口比较集中、符合国务院规定的建制镇标准但尚未设立建制镇的大中型工矿企业所在地。开征房产税的工矿区须经省、自治区、直辖市人民政府批准。

房产税的征税范围不包括农村,坐落在农村的房屋不征收房产税。

房地产开发企业建造的商品房,在出售前,不征收房产税;但对出售前房地产开发企业已使用或出租、出借的商品房应按规定征收房产税。

3. 税率

我国现行房产税采用的是比例税率。由于房产税的计税依据分为从价计征和从租计征两种形式,所以房产税的税率也有两种:

(1) 以房产原值一次减除10%~30%后的余值计征的,税率为1.2%。

(2) 以房产租金收入计征的,税率为12%。从2001年1月1日起,对个人按市场价格出租的居民住房,用于居住的,可暂减按4%的税率计征房产税。

(3) 从2019年1月1日起,对个人按市场价格出租的居民住房,用于居住的,可暂减按2%的税率征收房产税。归纳如表7-2所示。

表7-2 房产税税率表

税率	适用情况
1.2%的规定税率	自有房产用于生产经营
12%的规定税率	出租非居住的房产取得租金收入
2%的优惠税率	个人出租住房(不分出租后用途)

(三) 税收优惠

第一,目前房产税的税收优惠政策主要有:国家机关、人民团体、军队自用的房产免征房产税。但上述免税单位的出租房产以及非自身业务使用的生产、经营用房,不属于免税范围。

对于其所属的附属工厂、商店、招待所等不属于单位公务、业务的用房,应照章纳税。

第二,由国家财政部门拨付事业经费的单位,如学校、医疗卫生单位、托儿所、幼儿园、敬老院、文化、体育、艺术这些实行全额或差额预算管理的事业单位所有的,本身业务范围内使用的房产免征房产税。

上述单位所属的附属工厂、商店、招待所等不属于单位公务、业务的用房,应照章纳税。

第三,宗教寺庙、公园、名胜古迹自用的房产免征房产税。但宗教寺庙、公园、名胜古迹中附设的营业单位,如影剧院、饮食部、茶社、照相馆等使用的房产及出租的房产,不属于免税范围,应照章纳税。

第四,个人所有非营业用的房产免征房产税。但个人拥有的营业用房或者出租的房产,不属于免税房产,应照章纳税。

第五,经财政部批准免税的其他房产。

(1)非营利性医疗机构、疾病控制机构和妇幼保健机构等卫生机构自用房产,免征房产税。

(2)按政府规定价格出租的公有住房和廉租住房,包括企业和自收自支事业单位向职工出租的单位自有住房,房管部门向居民出租的公有住房等,暂免征收房产税。

(3)经营公租房的租金收入,免征房产税。

(4)损坏不堪使用的房屋和危险房屋,经有关部门鉴定,在停止使用后,可免征房产税。

(5)纳税人因房屋大修导致连续停用半年以上的,在房屋大修期间免征房产税。

(6)在基建工地为基建工地服务的各种工棚、材料棚、休息棚和办公室、食堂、茶炉房、汽车房等临时性房屋,在施工期间,一律免征房产税。但工程结束后,施工企业将这种临时性房屋交还或估价给基建单位的,应从基建单位接收的次月起,照章纳税。

(7)为鼓励利用地下人防设施,暂不征收房产税。

(8)对高校后勤实体免征房产税。

(9)老年服务机构自用的房产,免征房产税。

(10)向居民供热并向居民收取采暖费的供热企业暂免征收房产税。

二、房产税的计算及会计处理

(一)计税依据

房产税的计税依据是房产的计税价值或房产的租金收入。

一是从价计征。它是指以房产原值一次减除10%～30%后的余值为计税依据。各地扣除比例由当地省、自治区、直辖市人民政府确定。房产原值是指纳税人会计账簿中记录的原始价值,若没有记载原始价值的,可参照同类房屋确定房产原值。对原有房产进行改扩建的,应相应增加房产原值。同时应注意以下两个问题:

(1)对投资联营的房产,在计征房产税时应予以区别对待。对于以房产投资联营,投资者参与投资利润分红,共担风险的,按房产余值作为计税依据计征房产税;对以房产投资,收取固定收入,不承担联营风险的,实际是以联营名义取得房产租金,应由出租方按租金收入计缴房产税。

(2)对融资租赁的房产,其实际是一种变相的分期付款购买房产的形式,所以应纳房产余值计算征收房产税,至于租赁期内的纳税人,由当地税务机关根据实际情况确定。

二是从租计征。它是指以房屋出租取得的租金收入为计税依据。所谓房产租金收入是指房屋产权所有人出租房产使用权取得的报酬,包括货币收入和实物收入。如果以劳务或者其他形式为报酬抵付房产租金收入的,应根据当地同类房产的租金水平,确定一个标准租金额从租计征。

(二)应纳税额的计算及会计处理

1. 从价计税

从价计征是按房产的原值减除一定比例后的余值计征,其计算公式为:

应纳税额＝应税房产原值×(1－扣除比例)×1.2%

【例7-1】 大地置业房地产公司2023年自有生产用房原值为1 000万元,已计提折旧200万元,已知房产税税率为1.2%,当地政府规定计算房产余值的扣除比例为30%。计算该公司2023年度应缴纳的房产税额。

【解】应缴纳的房产税＝1 000×(1－30%)×1.2%＝8.4(万元)

计算出应纳税额后的会计处理为：

借：税金及附加　　　　　　　　　　　　　　　　　　　　8.4
　　贷：应交税费——应交房产税　　　　　　　　　　　　　　8.4

2. 从租计税

从租计征是按房产租金的收入计征,其计算公式为：

应纳税额＝租金收入×12%(或4%)

【例7-2】 长房集团公司2023年9月1日将自有的办公楼出租,年租金收入为120万元,适用税率为12%,计算2023年9月应纳房产税额。

应纳房产税＝120÷12×12%＝1.2(万元)

计算出2023年应纳房产税额后的会计处理为：

借：税金及附加　　　　　　　　　　　　　　　　　　　　1.2
　　贷：应交税费——应交房产税　　　　　　　　　　　　　　1.2

三、房产税的纳税与申报

(一)纳税义务发生时间

纳税人将原有房产用于生产经营,从生产经营之月起,缴纳房产税。

纳税人自行新建房屋用于生产经营,从建成之次月起,缴纳房产税。

纳税人委托施工企业建设的房屋,从办理验收手续的次月起,缴纳房产税。

纳税人购置新建商品房,自房屋交付使用之次月起,缴纳房产税。

纳税人购置存量房,自办理房屋权属转移、变更登记手续,房地产权属登记机关签发房屋权属证书之次月起,缴纳房产税。

纳税人出租、出借房产,自交付出租出借房产之次月起,缴纳房产税。

房地产开发企业自用、出租、出借本企业建造的商品房,自房屋使用或交付之次月起,缴纳房产税。

自2009年1月1日起,纳税人因房产的实物或权利状态发生变化而依法终止房产税的纳税义务的,其应纳税款的计算应截止到房产的实物或权利发生变化的当月末。

(二) 纳税期限和纳税地点

纳税期限：房产税实行按年计征，分期缴纳的征收方法，具体期限由省、自治区、直辖市人民政府确定。

纳税地点：房产税在房产所在地缴纳。房产不在同一地方的纳税人，应按房产的坐落地点分别向房产所在地的税务机关纳税。

(三) 纳税申报

房产税纳税人应按照条例的有关规定，及时办理纳税申报，并如实填写《房产税纳税申报表》，如表7-3所示。

(四) 房产税的缴纳

纳税人按规定期限缴纳房产税后，取得完税凭证作如下会计处理：

借：应交税费——应交房产税
　　贷：银行存款

项目七　其他税费的计算与申报

表 7-3　房产税纳税申报表

填表日期　年　月　日

金额单位:元(列至分)

纳税人识别号														税款所属时间	年　月　月		
纳税人名称																	
房产坐落地点										建筑面积(m²)				房屋结构			
上期申报房产原值(评估值)	本期增减	本期实际房产原值	其　中			扣除率	以房产余值计征房产税			以租金收入计征房产税			全年应纳税额	缴纳次数	本　期		
			从价计税房产原值	从租计税房产原值	规定免税房产原值		房产余值	适用税率1.2%	应纳税额	租金收入	适用税率12%	应纳税额			应纳税额	已纳税额	应补(退)税额
1	2	3=1+2	4=3-5-6	5=3-4-6	6	7	8=4×7	9	10=8×9	11	12	13=11×12	14=10+13	15	16=14÷15	17	18=16-17
合计																	

如纳税人填报,由纳税人填写以下各栏		如委托代理人填报,由代理人填写以下各栏		备注
会计主管(签章)	纳税人(公章)	代理人名称	代理人(签章)	
		代理人地址		
		经办人姓名	电话	
以下由税务机关填写				
收到申报表日期			接收人	

275

模块二　城镇土地使用税的计算与申报

一、城镇土地使用税的法律制度

(一) 概念、纳税人及征税范围

1. 城镇土地使用税的概念

城镇土地使用税是以国有土地或集体土地为征税对象,对拥有土地使用权的单位和个人征收的一种税。

2. 城镇土地使用税纳税义务人

在城市、县城、建制镇和工矿区范围内使用土地的单位和个人,为城镇土地使用税的纳税义务人。

这里所称的单位包括国有企业、集体企业、私营企业、股份制企业、外商投资企业、外国企业以及其他企业和事业单位、社会团体、国家机关、军队以及其他单位;所称个人包括个体工商户以及其他个人。具体来说,通常包括以下几类:

(1) 拥有土地使用权的单位和个人,为纳税义务人。

(2) 拥有土地使用权的单位和个人不在土地所在地的,其土地的实际使用人和代管人为纳税人。

(3) 土地使用权未确定或权属纠纷未解决的,其实际使用人为纳税人。

土地使用权共有的,共有各方都是纳税人,由共有各方分别纳税。

3. 城镇土地使用税的征税范围

城镇土地使用税的征税范围包括在城市、县城、建制镇和工矿区内的国家所有和集体所有的土地。

对建立在城市、县城、建制镇和工矿区以外的工矿企业则不需要缴纳城镇土地使用税。

(二) 计税依据和税率

1. 城镇土地使用税的计税依据

城镇土地使用税的征税对象是土地。以纳税人实际占用的土地面积为计税依据,计税单位为平方米。

纳税人实际占用的土地面积按下列办法确定。

(1) 由省、自治区、直辖市人民政府确定的单位组织测定土地面积的,以测定的面积为准。

(2) 尚未组织测量,但纳税人持有政府部门核发的土地使用证书的,以证书确认的土地面积为准。

(3) 尚未核发土地使用证书的,应由纳税人申报土地面积,据以纳税,待核发土地使用证后再作调整。

(4) 对在城镇土地使用税征税范围内单独建造的地下建筑用地,按规定征收城镇土地使用税。其中,已取得地下土地使用权证的,按土地使用权证确认的土地面积计算应征税款;未取得地下土地使用权证或地下土地使用权证上未标明土地面积的,按地下建筑垂直投影面积计算应征税款。对上述地下建筑用地暂按应征税款的50%征收城镇土地使用税。

2. 城镇土地使用税的税率

城镇土地使用税采用定额税率,即采用有幅度的差别税额,按大、中、小城市和县城、建制镇、工矿区分别规定每平方米土地使用税年应纳税额。具体标准如表7-4所示。

表 7-4 城镇土地使用税税率表

级　别	人口(人)	每平方米税额(元)
大城市	50万以上	1.5～30
中等城市	20万～50万	1.2～24
小城市	20万以下	0.9～18
县城、建制镇、工矿区		0.6～12

各省、自治区、直辖市人民政府可根据市政建设情况和经济繁荣程度在规定税额幅度内,确定所辖地区的适用税额幅度。经济落后地区,土地使用税的适用标准可适当降低,但降低额不得超过上述规定最低税额的30%。经济发达地区的适用税额标准可适当提高,但须报财政部批准。

(三) 税收优惠

1. 法定免缴土地使用税的优惠

(1) 国家机关、人民团体、军队自用的土地。

(2) 由国家财政部门拨付事业经费的单位自用的土地。

(3) 宗教寺庙、公园、名胜古迹自用的土地。

(4) 市政街道、广场、绿化地带等公共用地。

(5) 直接用于农、林、牧、渔业的生产用地。

(6) 经批准开山填海整治的土地和改造的废弃土地,从使用的月份免缴土地使用税5～10年。

(7) 对非营利性医疗机构、疾病控制机构和妇幼保健机构等卫生机构自用的土地,免税。

(8) 企业办的学校、医院、托儿所、幼儿园,其用地能与企业其他用地明确区分的,免税。

(9) 免税单位无偿使用纳税单位的土地(如公安、海关等单位使用铁路、民航等单位的土地),免税。纳税单位无偿使用免税单位的土地,纳税单位应照章纳税。纳税单位与免税单位共同使用、共有使用权土地的多层建筑,对纳税单位可按其占用的建筑面积占建筑总面积的比例计税。

(10) 对行使国家行政管理机关职能的中国人民银行总行(含国家外汇管理局)所属分

支机构自用的土地,免税。

(11) 为了体现国家的产业政策,支持重点产业的发展,对石油、电力、煤炭等能源用地,民用港口、铁路等交通用地和水利设施用地,三线调整企业、盐业、采石场、邮电等一些特殊用地划分了征免税界限和给予政策性减免税照顾。

(12) 自2019年1月1日至2027年12月31日,对农产品批发市场、农贸市场(包括自有和承租,下同)专门用于经营农产品的土地,暂免征收城镇土地使用税。对同时经营其他产品的农产品批发市场和农贸市场使用的土地,按其他产品与农产品交易场地面积的比例确定免征城镇土地使用税。

2. 省、自治区、直辖市地方税务局确定减免土地使用税的优惠
(1) 个人所有的居住房屋及院落用地。
(2) 房产管理部门在房租调整改革前经租的居民住房用地。
(3) 免税单位职工家属的宿舍用地。
(4) 集体和个人办的各类学校、医院、托儿所、幼儿园用地。

二、城镇土地使用税的计算及会计处理

城镇土地使用税按纳税人实际占用的土地面积和规定的税额按年计算,分期纳税。

全年应纳税额＝应税土地实际占用面积(平方米)×适用单位税额
月(或季、半年)度应纳税额＝年度应纳税额÷12(或4、2)

【例7-3】 金浩置业公司2023年实际占地面积为30 000平方米,经税务机关核定,公司所在地适用城镇土地使用税税率为4元/平方米。计算该企业全年应缴纳的城镇土地使用税税额。

城镇土地使用税＝30 000×4＝120 000(万元)

借：税金及附加　　　　　　　　　　　　　　　　　　　120 000
　　贷：应交税费——应交城镇土地使用税　　　　　　　　　120 000

【例7-4】 香颂实业公司2023年实际占用的土地面积为20 000平方米,经税务机关核定,其中企业医院用地1 000平方米,幼儿园用地1 000平方米,消防部门无偿占该企业土地800平方米,且这些用地能与企业其他用地明确区分,当地政府规定单位税额为10元/平方米,计算2023年应纳城镇土地使用税额。

应纳城镇土地使用税＝(20 000－1 000－1 000－800)×10＝172 000(元)

会计处理为：
借：税金及附加　　　　　　　　　　　　　　　　　　　172 000
　　贷：应交税费——应交城镇土地使用税　　　　　　　　　172 000

三、纳税申报与缴纳

（一）纳税期限

城镇土地使用税实行按年计算，分期缴纳的征收办法，一般按月，季或半年征收一次，具体纳税期限由省、自治区直辖市人民政府确定。

（二）纳税义务发生时间

纳税人购置新建商品房，自房屋交付使用之次月起纳税。

纳税人购置存量房，自办理房屋权属转移、变更登记手续，房地产权属登记机关签发房屋权属证书之次月起纳税。

纳税人出租、出借房产，自交付出租、出借房产之次月起纳税。

以出让或转让方式有偿取得土地使用权的，应由受让方从合同约定交付土地时间的次月起纳税；合同未约定交付时间的，由受让方从合同签订的次月起纳税。

纳税人新征用的耕地，自批准征用之日起满1年时开始纳税。

纳税人新征用的非耕地，自批准征用次月起纳税。

（三）纳税地点和征收机构

城镇土地使用在土地所在地缴纳。

纳税人使用的土地不属于同一省、自治区、直辖市管辖的，由纳税人分别向所在地的税务机关纳税；在同一省、自治区、直辖市管辖范围内，纳税人跨地区使用的土地，其纳税地点由各省、自治区、直辖市地方税务局确定。土地使用税由土地所在地的地方税务机关征收，其收入纳入地方财政预算管理。

（四）纳税申报

城镇土地使用税的纳税人应按照条例的有关规定及时办理纳税申报，并如实填写《城镇土地使用税纳税申报表》（如表7-5所示）。

（五）城镇土地使用税缴纳

纳税人按规定期限缴纳城镇土地使用税后，取得完税凭证作如下会计处理：

借：应交税费——应交城镇土地使用税
　　贷：银行存款

表 7-5 城镇土地使用税纳税申报表

填表日期　年　月　日

金额单位：元（列至分）

纳税人识别号															
纳税人名称									税款所属时间						
房产坐落地点															
坐落地点	上期占地面积	本期增减	本期实际占地面积	法定免税面积	应税面积	土地等级			适用税额		全年应缴税额	缴纳次数	本　期		
						Ⅰ	Ⅱ		Ⅰ	Ⅱ			每次应纳税额	已纳税额	应补（退）税额
	1	2	3	4=3＋2	5	6=4＋5	7	8		9	10	11=6×9 或 10	12	13=11÷12	14	15=11－14
合计															

如纳税人填报，由纳税人填写以下各栏		如委托代理人填报，由代理人填写以下各栏	
纳税人（公章）		代理人名称	
		代理人地址	
会计主管（签章）	会计（签章）	经办人姓名	代理人（签章）
			电话

以下由税务机关填写

| 收到申报表日期 | | 接收人 | | 备注 | |

项目七 其他税费的计算与申报

模块三 土地增值税的计算与申报

一、土地增值税的法律制度

(一) 概念及纳税人

土地增值税是对转让国有土地使用权、地上建筑物及其附着物并取得收入的单位和个人,就其转让房地产所取得的增值额征收的一种税。

土地增值税的纳税义务人为转让国有土地使用权、地上的建筑物及其附着物(以下简称转让房地产)并取得收入的单位和个人。单位包括各类企业、事业单位、国家机关和社会团体及其他组织;个人是指个体经营者。

土地价格增值额是指转让房地产取得的收入减除规定的房地产开发成本、费用等支出后的余额。土地增值税实行四级超率累进税率。

与其他税种相比,土地增值税具有以下四个特点:

以转让房地产的增值税为计税依据。土地增值税的增值额是以征税对象的全部销售对收入额扣除与其相关的成本、费用、税金及其他项目金额后的余额,与增值税的增值额有所不同。

征税面比较广。凡在我国境内转让房地产并取得收入的单位和个人,除税法规定免税的外,均应依照土地增值税条例规定缴纳土地增值税,换言之,凡发生应税行为的单位和个人,不论其经济性质,也不分内、外资企业或中、外籍人员,无论专营或兼营房地产业务,均有缴纳增值税的义务。

实行超率累进税率。土地增值税的税率是以转让房地产增值率的高低位依据来确认,按照累进原则设计,实行分级计税,增值率高的,税率高,多纳税;增值率低的,税率低,少纳税。

实行按次征收。土地增值税在房地产发生转让环节,实行按次征收,每发生一次转让行为,就应根据每次取得的增值额征一次税。

(二) 征税范围

凡转让国有土地使用权、地上的建筑物及其附着物并取得收入的行为,都属于土地增值税的征税范围。

1. 征税范围的一般规定

(1) 土地增值税只对转让国有土地使用权的行为征税,对出让国有土地权的行为不征税。

(2) 土地增值税既对转让土地使用权的行为征税,也对转让地上建筑物及其他附着物产权的行为征税。这里所说的"地上建筑物",是指建于土地上的一切建筑物,包括地上地下的各种附属设施。这里所说的"附着物"是指附着于土地上的不能移动或一经移动即遭损坏的物品。

(3) 土地增值税只对有有偿转让的房地产征税,以继承、赠予方式转让房地产的,由于没有取得相应的收入,不纳税,具体包括如下两项。

① 房地产的继承。

② 房地产的赠予。

这里的"赠予"仅指以下情况:

第一,房产所有人、土地使用权所有人将房屋产权、土地使用权赠予直系亲属或承担直接赡养义务人的;

第二,房产所有人、土地使用权所有人通过中国境内非营利的社会团体、国家机关将房屋产权、土地使用权赠予教育、民政和其他社会福利、公益事业的。

2. 征税范围的特殊规定

(1) 以房地产进行投资、联营。以房地产进行投资、联营的,投资、联营一方以土地(房地产)作价入股进行投资或者作为联营条件,将房地产转入到所投资、联营的企业中,暂免征收土地增值税。对投资、联营企业将上述房地产再转让的,应征收土地增值税。

(2) 房地产开发企业将开发的部分房地产转为企业自用或者用于出租等商业用途,如果产权没有发生转移,不征收土地增值税。

(3) 房地产的互换。由于发生了房产产权、土地使用权的转移,交换双方又取得了实物形态的收入,由此属于土地增值税的征税范围。但是对于个人之间互换自有居住用房的行为,经过当地税务机关审核,可以免征土地增值税。

(4) 合作建房。对于一方出地,另一方出资金,双方合作建房,建成后按比例分房自用的,暂免征收土地增值税;但建成后转让的,应征收土地增值税。

(5) 房地产的出租。由于没有发生房产产权、土地使用权的转让,不纳税。

(6) 房地产抵押,在抵押期间没有发生产权转让的,不纳税,抵押期满后若以房地产抵债而发生房地产权属转让的,应纳入征税范围。

(7) 企业兼并转让房地产的暂免征收土地增值税。

(8) 房地产的代建行为不属于征税范围。

(9) 房地产的重新评估不属于征税范围。

(三) 税率

土地增值税实行四级超率累进税率,具体如表7-6所示。

表7-6 土地增值税税率表

级 数	增值额与扣除项目金额的比率	税率	速算扣除率
1	不超过50%的部分	30%	0
2	超过50%至100%的部分	40%	5%
3	超过100%至200%的部分	50%	15%
4	超过200%的部分	60%	35%

（四）税收优惠

纳税人建造普通标准住宅出售，增值额未超过扣除项目金额20%的，免征土地增值税。

企事业单位、社团及组织转让旧房作为公租房房源，增值额未超过扣除项目金额20%的。

因国家建设需要依法征用、收回的房地产，免征土地增值税。

城市规划、国家建设需要而搬迁，由纳税人自行转让原房地产的，免征土地增值税。

二、应纳税额的计算及其会计处理

（一）应税收入与扣除项目的确定

1. 应税收入的确定

纳税人转让房地产取得的应税收入，应包括转让房地产的全部价款及有关的经济收益。从收入的形式来看，包括货币收入、实物收入和其他收入。

2. 扣除项目的确定

由于土地增值税是转让房地产的增值额征税，增值额是将转让收入减除国家规定的各项扣除项目金额后的余额。因此，要计算增值额，首先要确定扣除项目。税法准予纳税人从转让收入中减除的扣除项目包括如下几项。

（1）取得土地使用权所支付的金额。具体包括：①纳税人为取得土地使用权所支付的土地价款（如土地出让金、买价）；②纳税人取得土地使用权时按国家统一规定缴纳的有关费用（如登记过户手续费等）。

（2）房地产开发成本。房地产开发成本是指纳税人房地产开发项目实际发生的成本，包括土地征用及拆迁补偿费、前期工程费、建筑安装工程费、基础设施费、公共配套设施费、开发间接费用等。

（3）房地产开发费用。房地产开发费用是指与房地产开发项目有关的销售费用、管理费用、财务费用。但作为土地增值税扣除项目的房地产开发费用，不按纳税人房地产开发项目实际发生的费用进行扣除，而按《土地增值税暂行条例实施细则》（以下简称《实施细则》）的标准进行扣除。

《实施细则》规定，财务费用中的利息支出，凡能够按转让房地产项目计算分摊并提供金融机构证明的，允许据实扣除，但最高不得超过按商业银行同类同期贷款利率计算的金额。其他房地产开发费用，按上述（1）（2）项规定（即取得土地使用权所支付的金额和房地产开发成本，下同）计算的金额之和的5%以内计算扣除。即允许扣除的房地产开发费用为：利息＋（取得土地使用权所支付的金额＋房地产开发成本）×5%以内（注：利息最高不能超过按商业银行同类同期贷款利率计算的金额）。

凡不能按转让房地产项目计算分摊利息支出或不能提供金融机构证明的，房地产开发费用按上述第（1）（2）项金额之和的10%以内计算扣除。即允许扣除的房地产开发费用为：（取得土地使用权所支付的金额＋房地产开发成本）×10%以内。

上述计算扣除的具体比例，由各省、自治区、直辖市人民政府规定。

(4) 与转让房地产有关的税金。

与转让房地产有关的税金是指在转让房地产时缴纳的城市维护建设税、教育费附加、印花税等。

(5) 其他扣除项目。

对从事房地产开发的纳税人可按《实施细则》中第(1)(2)项之和加计扣除20%的费用。此项仅适用于房地产开发企业。

(6) 旧房及建筑物的评估价格。

纳税人转让旧房的,应按房屋及建筑物的评估价格、取得土地使用权所支付的地价款和按国家统一规定缴纳的有关费用及在转让环节缴纳的税金作为扣除项目金额计征土地增值税。对取得土地使用权时未支付地价款或不能提供已支付的地价款凭证的,在计征土地增值税时不允许扣除。

旧房及建筑物的评估价格是指在转让已使用的房屋及建筑物时,由政府批准设立的房地产评估机构评定的重置成本价乘以成新度折扣率后的价格。评估价格须经当地税务机关确认。

$$评估价格=重置成本价\times成新度折扣率$$

重置成本价,是指对旧房及建筑物,按转让时价格及人工费用计算,建筑同样面积同样层次、同样结构、同样建筑标准的新房及建筑物所需花费的成本费用。

纳税人转让旧房及建筑物,凡不能取得评估价格,但能提供购房发票的,经当地税务部门确认,可按发票所载金额并从购买年度起至转让年度止每年加计5%计算扣除。计算扣除项目时"每年"按购房发票所载日期起至售房发票开具之日止,每满12个月计1年;超过1年,未满12个月但超过6个月的,可以视同为1年。

对纳税人购房时缴纳的契税,凡能提供契税完税凭证的,准予作为"与转让房地产有关的税金"予以扣除,但不作为加计5%的基数。

对于转让旧房及建筑物,既没有评估价格,又不能提供购房发票的,地方税务机关可以根据《税收征收管理法》第35条的规定,实行核定征收。

(二) 应纳税额的计算及其会计处理

1. 增值额的确定

$$土地增值额=转让房地产收入-规定扣除项目金额$$

纳税人有下列情形之一的,按照房地产评估价格计算征收:

(1) 隐瞒、虚报房地产成交价格的。

(2) 提供扣除项目金额不实的。

(3) 转让房地产的成交价格低于房地产评估价格,又无正当理由的。

这里所说的"房地产评估价格",是指由政府批准设立的房地产评估机构根据相同地段、同类房地产进行综合评定的价格。

这里所说的"隐瞒、虚报房地产成交价格",是指纳税人不报或者有意低报转让土地使用权、地上建筑物及其附着物价款的行为。

这里所说的"提供扣除项目金额不实的",是指纳税人在纳税申报时不据实提供扣除项目金额的行为。

这里所说的"转让房地产的成交价格低于房地产评估价格,又无正当理由的",是指纳税人申报的转让房地产的实际成交价格低于房地产评估机构评定的交易价,纳税人又不能提供凭据或无正当理由的行为。

2. 应纳税额的计算及其会计处理

$$应纳税额 = \sum(每级距的土地增值额 \times 适用税率)$$
$$= 增值额 \times 税率 - 扣除项目金额 \times 速算扣除系数$$

计算土地增值税的步骤和公式:

第一步,计算收入总额;

第二步,计算扣除项目金额;

第三步,用收入总额减除扣除项目金额计算增值额;

$$土地增值额 = 转让房地产收入 - 规定扣除项目金额$$

第四步,计算增值额与扣除项目之间的比例,以确定使用税率的档次和速算扣除系数;

第五步,套用公式计算税额。

【例7-5】 仁和房地产开发公司2023年8月转让房地产取得收入5 000万元,其扣除项目金额为3 000万元,计算其应纳土地增值税额。

$$增值额 = 5\ 000 - 3\ 000 = 2\ 000(万元)$$
$$增值率 = 2\ 000 \div 300 = 67\%$$
$$应纳土地增值税 = 2\ 000 \times 40\% - 3\ 000 \times 5\% = 650(万元)$$

会计处理为:

借:税金及附加   6 500 000

 贷:应交税费——应交土地增值税   6 500 000

【例7-6】 鼎力公司不是房地产开发企业,2023年8月将取得的一块土地使用权以1 000万元的价格转让给通达公司,取得土地使用权所支付的金额为20万元,发生开发成本300万元,发生开发费用8万元(其中支付金融机构利息费用3万元,有中国建设银行开具的利息单),计算的税金及附加等为4万元,其他费用1万元(以存款支付),计算其应纳土地增值税额。

$$扣除项目金额 = 200 + 300 + 3 + (200 + 300) \times 5\% + 5 = 533(万元)$$
$$增值额 = 1\ 000 - 533 = 467(万元)$$
$$增值率 = 467 \div 533 = 87.61\%$$
$$应纳土地增值税额 = 467 \times 40\% - 533 \times 5\% = 160.15(万元)$$

会计处理为:

借:税金及附加   1 601 500

 贷:应交税费——应交土地增值税   1 601 500

三、纳税申报与缴纳

(一) 纳税期限与纳税地点

土地增值税纳税人应当自转让房地产合同签订之日起 7 日内,向房地产所在地主管税务机关办理纳税申报,并在税务机关核定的期限内缴纳土地增值税。这里所说的"房地产所在地"是指房地产坐落地。纳税人转让的房地产坐落在两个或两个以上地区的,应按房地产所在地分别申报纳税。在实际工作中,纳税地点的确定又可分为以下两种情况:

纳税人是法人的。当转让的房地产坐落地与其机构所在地或经营所在地一致时,则在办理税务登记的原管辖税务机关申报纳税即可;如转让的房地产坐落地与其机构所在地或经营所在地不一致时,则应在房地产坐落地所辖的税务机关申报纳税。

纳税人是自然人的。当转让的房地产坐落地与其居住所在地一致时,则在住所所在地税务机关申报纳税;如转让的房地产坐落地与其居住所在地不一致时,则在办理过户手续所在地的税务机关申报纳税。

(二) 纳税申报

土地增值税纳税人向主管税务机关申报纳税时,应同时提交房屋及建筑物产权、土地使用权证书,土地转让、房产买卖合同,房地产评估报告及其他与转让房地产有关的资料。纳税人因经常发生房地产转让而难以在每次转让后申报的,经税务机关审核同意后,可以定期进行纳税申报,具体期限由税务机关根据实际情况确定。

此外,根据《中华人民共和国土地增值税暂行条例实施细则》关于"纳税人在项目全部竣工结算前转让房地产取得的收入……可以预征土地增值税……具体办法由各省、自治区、直辖市地方税务局根据当地情况制定"的规定,对于纳税人预售房地产所取得的收入,凡当地税务机关规定预征土地增值税的,纳税人应当到主管税务机关办理纳税申报,并按规定比例预交,待办理决算后,多退少补;凡当地税务机关规定不预征土地增值税的,也应当在取得收入时先到税务机关登记或备案。

土地增值税纳税申报表按适用纳税人不同分两种,一种是适用房地产开发企业纳税申报表,一种是适用非房地产开发企业纳税申报表,具体格式如表 7-7 和表 7-8 所示。

表 7-7 土地增值税纳税申报表(一)
(从事房地产开发的纳税人适用)
填表日期　　年　　月　　日

纳税人识别号									金额单位:元(列至角分)	
纳税人名称							税款所属时期			
项　目							行　次		金　额	
一、转让房地产收入总额　1=2+3							1			
其中	货币收入						2			
	实物收入及其他收入						3			

(续表)

项　　目	行　次	金　额
二、扣除项目金额合计 4＝5＋6＋13＋20	4	
1. 取得土地使用权所支付的金额	5	
2. 房地产开发成本 6＝7＋8＋9＋10＋11＋12	6	
其中　土地征用及拆迁补偿费	7	
其中　前期工程费	8	
其中　建筑安装工程费	9	
其中　基础设施费	10	
其中　公共配套设施费	11	
其中　开发间接费用	12	
3. 房地产开发费用 13＝14＋15	13	
其中　利息支出	14	
其中　其他房地产开发费用	15	
4. 与转让房地产有关的税金等 16＝17＋18＋19	16	
其中　营业税	17	
其中　城市维护建设税	18	
其中　教育费附加	19	
5. 财政部规定的其他扣除项目	20	
三、增值额 21＝1－4	21	
四、增值额与扣除项目金额之比（%）22＝21÷4	22	
五、适用税率（%）	23	
六、速算扣除系数（%）	24	
七、应缴土地增值税税额 25＝21×23－4×24	25	
八、已缴土地增值税税额	26	
九、应补（退）土地增值税税额 27＝25－26	27	

如纳税人填报，由纳税人填写以下各栏		如委托代理人填报，由代理人填写以下各栏				备注
会计主管（签章）	纳税人（公章）	代理人名称		代理人（公章）		
		代理人地址				
		经办人姓名		电话		
以下由税务机关填写						
收到申报表日期			接收人			

表 7-8　土地增值税纳税申报表（二）

（非从事房地产开发的纳税人适用）

填表日期　　年　　月　　日

纳税人识别号												金额单位：元（列至角分）
纳税人名称							税款所属时期					

项　目		行　次	金　额
一、转让房地产收入总额 1＝2＋3		1	
其中	货币收入	2	
	实物收入及其他收入	3	
二、扣除项目金额合计 4＝5＋6＋9		4	
1. 取得土地使用权所支付的金额		5	
2. 旧房及建筑物的评估价格 6＝7×8		6	
其中	旧房及建筑物的重置成本价	7	
	成新度折扣率	8	
3. 与转让房地产有关的税金等 9＝10＋11＋12＋13		9	
其中	营业税	10	
	城市维护建设税	11	
	印花税	12	
	教育费附加	13	
三、增值额 14＝1－4		14	
四、增值额与扣除项目金额之比(％) 15＝14÷4		15	
五、适用税率(％)		16	
六、速算扣除系数(％)		17	
七、应缴土地增值税税额 18＝14×16－4×17		18	

如纳税人填报，由纳税人填写以下各栏		如委托代理人填报，由代理人填写以下各栏			备注
会计主管 （签章）	纳税人 （公章）	代理人名称		代理人 （公章）	
		代理人地址			
		经办人姓名		电话	
以下由税务机关填写					
收到申报表日期			接收人		

（三）土地增值税的缴纳

纳税人按规定期限缴纳土地增值税后，取得相应完税凭证，做如下会计处理：

借：应交税费——应交土地增值税
　　贷：银行存款

模块四　车船税的计算与申报

一、车船税的法律制度

(一) 概念及纳税人

1. 车船税的概念

车船税是指在中华人民共和国境内的车辆、船舶的所有人或者管理人按照中华人民共和国车船税暂行条例应缴纳的一种税。

2. 车船税的纳税人及扣缴义务人

车船税的纳税人是指在中华人民共和国境内,车辆、船舶(以下简称车船)的所有人或管理人。

从事机动车交通事故责任强制保险业务的保险机构为机动车车船税的扣缴义务人,在销售机动车交通事故责任强制保险时代扣代缴车船税。

(二) 征税范围、税目、税率

1. 征税范围

征收范围是车船税法所附《车船税税目税额表》规定的车辆和船舶。

车船税的征税范围包括：

依法应当在车船管理部门登记的机动车辆和船舶。

依法不需要在车船管理部门登记的、在单位内部场所行驶或者作业的机动车辆和船舶。

境内单位和个人租入外国籍船舶的,不征收车船税。境内单位将船舶出租到境外的,应依法征收车船税。

2. 税目、税率

车船税实行定额税率,国务院财政部门、税务主管部门可以根据实际情况,在《车船税税目税额表》规定的税目范围和税额幅度内,划分子税目,并明确车辆的子税目税额幅度和船舶的具体适用税额。车辆的具体适用税额由省、自治区、直辖市人民政府在规定的子税目税额幅度内确定。车船税税目税额如表 7-9 所示。

(1) 机动船舶,具体适用税额为：

① 净吨位小于或者等于 200 吨的,每吨 3 元。

② 净吨位 201～2 000 吨的,每吨 4 元。

③ 净吨位 2 001～10 000 吨的,每吨 5 元。

表 7-9 车船税税目税额表

车船税的税目		计税单位	年基准税	备注
乘用车 [按发动机 汽缸容量]	1.0 升(含)以下的	每辆	60 元至 360 元	核定载客人数 9 人(含)以下
	1.0 升以上至 1.6 升(含)的	每辆	300 元至 540 元	
	1.6 升以上至 2.0 升(含)的	每辆	360 元至 660 元	
	2.0 升以上至 2.5 升(含)的	每辆	660 元至 1 200 元	
	2.5 升以上至 3.0 升(含)的	每辆	1 200 元至 2 400 元	
	3.0 升以上至 4.0 升(含)的	每辆	2 400 元至 3 600 元	
	4.0 升以上的	每辆	3 600 元至 5 400 元	
商用车	商用车客车	每辆	480 元至 1 440 元	核定载客人数 9 人以上,包括电车
	商用车货车	整备质量每吨	16 元至 120 元	包括半挂牵引车、三轮汽车和低速载货汽车等
	挂车	整备质量每吨	按照货车税额的 50%计算	
其他车辆	专用作业车	整备质量每吨	16 元至 120 元	不包括拖拉机
	轮式专用机械车	整备质量每吨	16 元至 120 元	不包括拖拉机
摩托车		每辆	36 元至 180 元	
船舶	机动船舶	净吨位每吨	3 元至 6 元	拖船、非机动驳船分别按照机动船舶税额的 50%计算
	游艇	艇身长度每米	600 元至 2 000 元	另行计算

④ 净吨位 10 001 吨及其以上的,每吨 6 元。

拖船按照发动机功率每 1 千瓦折合净吨位 0.67 吨计算征收车船税。

(2) 游艇,具体适用税额为:

① 艇身长度不超过 10 米的,每米 600 元。

② 艇身长度超过 10 米但不超过 18 米的,每米 900 元。

③ 艇身长度超过 18 米但不超过 30 米的,每米 1 300 元。

④ 艇身长度超过 30 米的,每米 2 000 元。

⑤ 辅助动力帆艇,每米 600 元。

(三) 税收优惠

1. 法定减免

(1) 非机动车船(不包括非机动驳船)。非机动车是指以人力或者畜力驱动的车辆,以及符合国家有关标准的残疾人机动轮椅车、电动自行车等车辆;非机动车船是指自身没有动力装置,依靠外力驱动的船舶;非机动驳船是指在船舶管理部门登记为驳船的非机动船。

(2) 拖拉机。拖拉机是指在农业(农业机械)管理部门登记为拖拉机的车辆。

(3) 捕捞、养殖渔船。捕捞、养殖渔船是指在渔业船舶管理部门登记为捕捞船或者养殖船的渔业船舶。不包括在渔业船舶管理部门登记为捕捞船或者养殖船以外类型的渔业船舶。

(4) 军队、武警专用的车船。军队、武警专用的车船是指按照规定在军队、武警车船管理部门登记,并领取军用牌照、武警牌照的车船。

(5) 警用车船。警用车船是指公安机关、国家安全机关、监狱、劳动教养管理机关和人民法院、人民检察院领取警用牌照的车辆和执行警务的专用船舶。

(6) 依照法律规定应当予以免税的外国驻华使馆、领事馆和国际组织驻华机构及其有关人员的车船。

(7) 对节约能源的车船,减半征收车船税;对使用新能源的车船,免征车船税;对受严重自然灾害影响纳税困难以及有其他特殊原因确需减税、免税的,可以减征或者免征车船税。

2. 特定减免

(1) 省、自治区、直辖市人民政府根据当地实际情况,可以对公共交通车船,农村居民拥有并主要在农村地区使用的摩托车、三轮汽车和低速载货汽车定期减征或者免征车船税。

(2) 经批准临时入境的外国车船和香港特别行政区、澳门特别行政区、台湾地区的车船,不征收车船税。

二、车船税的应纳税额的计算及会计处理

(一) 计税依据

车船税的计税依据按车船种类和性能,分别确定辆、整备质量每吨、净吨位和艇长四种。具体规定如下:

(1) 载客汽车、摩托车按辆计税。

(2) 载货汽车、专业作业车、三轮汽车、低速货车按整备质量每吨计税。

(3) 船舶按净吨位计税。

(4) 游艇是按照艇身长度计算。

需要说明的是:

第一,拖船按照发动机功率每 1 千瓦折合净吨位 0.67 吨计税;

第二,这里所涉及的核定排气量、载客人数、整备质量、净吨位、功率等计税标准,以车船管理部门核发的车船登记证书或者行驶证书相应项目所载数额为准。纳税人未按照规定到车船管理部门办理登记手续的,上述计税标准以车船出厂合格证明或者进口凭证相应

项目所载数额为准;不能提供车船出厂合格证明或者进口凭证的,由主管地方税务机关根据车船自身状况并参照同类车船核定;

车辆自重尾数在0.5吨以下(含0.5吨)的,按照0.5吨计算;超过0.5吨的,按照1吨计算。船舶净吨位尾数在0.5吨以下(含0.5吨)的不予计算,超过0.5吨的按照1吨计算。1吨以下的小型车船,一律按照1吨计算。

(二) 应纳税额的计算及会计处理

车船税的计算按照计税依据不同,其计算方法有以下几种。
(1) 载客汽车、摩托车应纳税额=车辆数×适用单位税额。
(2) 载货汽车、专业作业车、三轮汽车和低速货车应纳税额=自重吨位×适用单位税额。
(3) 机动船应纳税额=净吨位×适用单位税额。
(4) 拖船、非机动驳船应纳税额=净吨位×适用单位税额×50%。

新购置的车船自购之使用当月起按月计算。

【例7-7】 德邦物流运输公司2023年拥有载货汽车10辆,货车的整备质量均为10吨,大客车15辆,小客车20辆,计算该公司应纳车船税。

(注:载货汽车每吨年税额为90元、大客车和小客车的每辆年税额分别为800元与700元)

计算如下:

应纳车船税额=10×10×90+15×800+20×700=3.5(万元)

会计处理如下:

借:税金及附加　　　　　　　　　　　　　　　　　　　　　　35 000
　　贷:应交税费——应交车船税　　　　　　　　　　　　　　　　35 000

【例7-8】 新邦物流运输公司2023年拥有载客人数9人以下的小汽车20辆,载客人数9人以上的客车30辆,载货汽车15辆(每辆整备质量8吨),另有纯电动汽车8辆。小汽车适用的车船税年税额为每辆800元,客车适用的车船税年税额为每辆1 200元,货车适用的车船税年税额为整备质量每吨60元。拥有捕捞渔船5艘,每艘净吨位21.4吨;非机动驳船2艘,每艘净吨位10吨;机动补给船1艘,净吨位15吨,机动运输船10艘,每艘净吨位7.3吨。机动船舶净吨位小于等于200吨的,车船税适用年税额为每吨3元,计算该公司当年应缴纳车船税。

计算如下:
(1) 车辆应纳税额=800×20+1 200×30+8×60×15=59 200(元)
(2) 船舶应纳税额=2×10×3×50%+(15+10×7)×3=285(元)

合计应纳税额=59 200+285=59 485(元)

会计处理如下:

```
借：税金及附件                          59 485
    贷：应交税费——应交车船税              59 485
```

三、纳税申报与缴纳

(一) 纳税期限与纳税地点

1. 纳税期限

车船税的纳税义务发生时间为车船管理部门核发的车船登记证书或者行驶证书所记载日期的当月。纳税人未按照规定到车船管理部门办理应税车船登记手续的，以车船购置发票开具时间的当月作为车船税的纳税义务发生时间。对未办理车船登记手续且无法提供车船购置发票的，由主管地方税务机关核定纳税义务发生时间。

车船税按年申报缴纳。纳税年度是指自公历 1 月 1 日起至 12 月 31 日止，具体申报纳税期限由省、自治区、直辖市人民政府确定。

2. 纳税地点

车船税由地方税务机关征收。纳税地点由省、自治区、直辖市人民政府根据当地实际情况确定。跨省、自治区、直辖市使用的车船，纳税地点为车船的登记地。

(二) 纳税申报

车船税的所有人或者管理人未缴纳车船税的，使用人应当代为缴纳车船税。

从事机动车交通事故责任强制险业务的保险机构为机动车车船税的扣缴义务人，应依法代收代缴车船税。

机动车车船税的扣缴义务人依法代收代缴车船税时，纳税人不得拒绝。由扣缴义务人代收代缴机动车车船税的，纳税人应当在购买机动车交通事故责任强制保险的同时缴纳车船税。

纳税人对扣缴义务人代收代缴税款有异议的，可以向纳税所在地的主管税务机关提出。

纳税人在购买机动车交通事故责任强制保险时缴纳车船税的，不再向地方税务机关申报纳税。

扣缴义务人在代收车船税时，应当在机动车交通事故责任强制保险的保险单上注明已收税款的信息，作为纳税人完税的证明。除另有规定外，扣缴义务人不再给纳税人开具代扣代缴税款凭证。纳税人如有需要，可以持注明已收税款信息的保险单，到主管地方税务机关开具完税凭证。

扣缴义务人应及时解缴代收代缴的税款，并向地方税务机关申报。解缴税款的具体期限由各省、自治区、直辖市地方税务机关依法律、行政法规的规定确定。

地方税务机关应按照规定及时支付扣缴义务人代收代缴车船税的手续费。手续费标准由国务院财政部门、税务主管部门制定。

其他有关规定如下。

(1) 各级车管管理部门应在提供车船管理信息等方面，协助地方税务机关加强对车船税的征收管理。纳税人应向主管地方税务机关和扣缴义务人提供车船的相关信息。拒绝提供的,按照《中华人民共和国税收征收管理法》有关规定处理。

(2) 车船税的征收管理,依照《中华人民共和国税收征收管理法》及本暂行条例的规定执行。在一个纳税年度内,已完税的车船被盗抢、报废、灭失的,纳税人可以凭有关管理机关出具的证明和完税证明,向纳税所在地的主管地方税务机关申请退还自被盗抢、报废、失窃月份起至该纳税年度终了期间的税款。已办理退税的被盗抢车船失而复得的,纳税人应当从公安机关出具相关证明的当月起纳税。

(3) 车船税的纳税人应按照条例的有关规定及时办理纳税申报,并如实填写《车船税纳税申报表》,如表 7-10 所示。

(三) 车船税的缴纳

纳税人按规定期限缴纳车船税后,取得完税凭证做如下会计处理:

借:应交税费——应交车船税
  贷:银行存款

表 7-10 车船税纳税申报表

填表日期　　年　　月　　日

纳税人识别号								金额单位:元(列至分)	
纳税人名称					税款所属时期				
车船类别	计税标准	数量	单位税额	全年应纳税额	年缴纳次数	本　期			
						应纳税额	已纳税额	应补(退)税额	
1	2	3	4	5=3×4	6	7=5+6	8	9=7-8	
合计									
如纳税人填报,由纳税人填写以下各栏				如委托代理人填报,由代理人填写以下各栏					备注
会计主管(签章)	纳税人(公章)	代理人名称				代理人(签章)			
		代理人地址							
		经办人姓名				电话			
以下由税务机关填写									
收到申报表日期					接收人				

模块五　印花税的计算与申报

一、印花税的法律制度

(一) 概念及纳税人

1. 印花税概念

印花税是对经济活动和经济交往中书立、使用、领受具有法律效力的凭证的单位和个人征收的一种税。

印花税是一种具有行为税性质的凭证税,凡发生书立、使用、领受应税凭证的行为,就必须依照印花税法有关规定履行纳税义务。

印花税具有覆盖面广,税率低、税负轻,纳税人自行完税等特点。

2. 纳税人

印花税的纳税人是在中国境内书立,使用、领受印花税法所列举的凭证并应依法履行纳税义务的单位和个人。

所称单位和个人,是指国内各类企业、事业、机关、团体、部队以及中外合资企业、合作企业、外资企业、外国公司和其他经济组织及其在华机构等单位和个人。

根据书立、使用、领受应税凭证的不同,印花税纳税人分别为立合同人、立据人、立账簿人、领受人和使用人五种。

(1) 立合同人。指合同当事人,即对凭证有直接权利义务关系的单位和个人,但不包括合同的担保人、证人、鉴定人。各类合同包括购销、加工承揽、建设工程承包、财产租赁、货物运输、仓储保管、借款、财产保险、技术合同或具有合同性质的凭证。

(2) 立据人。产权转移数据的纳税人是立据人。

(3) 立账簿人。营业账簿的纳税人是立账簿人,即设立并使用营业账簿的单位和个人。

(4) 领受人。权利、许可证照的纳税人是领受人,即领取或接受并持有该项凭证的单位和个人。

(5) 使用人。在国外书立、领受,但在国内使用的应税凭证,其纳税人是使用人。

(6) 各类电子应税凭证的签订人。即以电子形式签订的各类应税凭证的当事人。

值得注意的是,对应税凭证,凡由两方或两方以上当事人共同书立的,其当事人都是印花税的纳税人,应各就其所持凭证的计税金额履行纳税义务。

(二) 计税依据与税率

1. 计税依据

《印花税暂行条例》按照应税凭证的种类,对计税依据分别规定如下。

(1) 合同类：以凭证所载金额作为计税依据，详如表 7-11 所示。

表 7-11 合同凭证印花是计税依据

合同类凭证	计税依据
购销合同	合同记载购销金额
加工承揽合同	加工或承揽收入
建设工程勘察设计合同	收取的费用
建筑安装工程承包合同	承包金额
财产租赁合同	租赁金额
货物运输合同	运输费用，但不包括装卸费用和保险费
仓储保管合同	报关费
借款合同	借款金额
财产保险合同	支付（收取）的保险费
技术合同	价款、报酬和使用费

(2) 营业账簿中记载资金的账簿：以"实收资本"和"资本公积"两项的合计金额作为计税依据。

(3) 不记载金额的营业账簿、权利许可证照（房屋产权证、营业执照、专利证）和辅助性账簿（企业的日记账簿、各种明细分类账簿）：以件数作为计税依据。

2. 税率

印花税的设计遵循"税负从轻，共同负担"的原则，采用比例税率和定额税率两种形式。印花税税目税率，如表 7-12 所示。

表 7-12 印花税税目税率表

税目	范围	税率	纳税人	说明
1. 购销合同	包括供应、预购、采购、购销结合及协作、调剂、补偿、贸易等合同	按购销金额 0.3‰ 贴花	立合同人	
2. 加工承揽合同	包括加工、定做、修缮、修理、印刷、广告、测绘、测试等合同	按加工或承揽收入 0.5‰ 贴花	立合同人	
3. 建设工程勘察设计合同	包括勘察、设计合同	按收取费用 0.5‰ 贴花	立合同人	
4. 建筑安装工程承包合同	包括建筑、安装工程承包合同	按承包金额 0.3‰ 贴花	立合同人	
5. 财产租赁合同	包括租赁房屋、船舶、飞机、机动车辆、机械、器具、设备等合同	按租赁金额 1‰ 贴花。税额不足 1 元，按 1 元贴花	立合同人	

(续表)

税目	范围	税率	纳税人	说明
6. 货物运输合同	包括民用航空、铁路运输、海上运输、公路运输和联运合同	按运输收取的费用 0.5‰贴花	立合同人	单据作为合同使用的按合同贴花
7. 仓储保管合同	包括仓储、保管合同	按仓储收取的保管费用 1‰贴花	立合同人	单据作为合同使用的按合同贴花
8. 借款合同	银行及其他金融组织与借款人（不包括银行同业拆借）所签订的合同	按借款金额 0.05‰贴花	立合同人	单据作为合同使用的按合同贴花
9. 财产保险合同	包括财产、责任、保证、信用社保险合同	按收取的保险费收入 1‰贴花	立合同人	单据作为合同使用的按合同贴花
10. 技术合同	包括技术开发、转让、咨询、服务合同	按所记载金额 0.3‰贴花	立合同人	
11. 产权转移书据	包括财产所有权和版权、商标专用权、专利权、专有技术使用权等转移书据和土地使用权出让合同、土地使用权转让合同、商品房销售合同	按所记载金额 0.5‰贴花	立据人	
12. 营业账簿	生产经营用账册	记载资金账簿，按实收资本和资本公积合计金额 0.5‰减半贴花	立账簿人	
13. 权利、许可证照	包括政府部门发给的房屋产权证，工商营业执照、商标注册证、土地使用权证、专利证	按件贴花 5 元	领受人	

比例税率。在印花税的 13 个税目中，各类合同以及具有合同性质的凭证（含以电子式签订的各类应税凭证）、产权转移凭证、营业账簿中记载资金的账簿，适用比例税率。

印花税的比例税率分为 4 个档次，分别是 0.05‰、0.3‰、0.5‰、1‰。

① 适用 0.05‰税率的为"借款合同"。

② 适用 0.3‰税率的为"购销合同""建筑安装工程承包合同""技术合同"。

③ 适用 0.5‰税率的为"加工承揽合同""建筑工程勘察设计合同""货物运输合同""产权转移书据""营业账簿"税目中记载资金的账簿。

④ 适用 1‰税率的为"财产租赁合同""仓储保管合同""财产保险合同"。

⑤ "股权转让书据"适用 1‰税率，且为单向征收，即卖出时征收，买入时不征收。

定额税率。在印花税的 13 个税目中，"权利、许可证照"，适用定额税率，均为按件贴花，税额为 5 元。

自 2018 年 5 月 1 日起，对按万分之五税率贴花的资金账簿减半征收印花税，对按件贴花五元的其他账簿免征印花税。

(三) 税收优惠

(1) 对已缴纳印花税凭证的副本或者抄本免税,但以副本或者抄本视同正本使用的,则应另贴印花。

(2) 对财产所有人将财产赠给政府、社会福利单位、学校所立的书据免税。这里所说的"社会福利单位"是指扶养孤老伤残的社会福利单位。

(3) 对国家指定的收购部门与村民委员会、农民个人书立的农副产品收购合同免税。

(4) 对无息、贴息贷款合同免税。

(5) 对外国政府或者国际金融组织向我国政府及国家金融机构提供优惠贷款所书立的合同免税。

(6) 对房地产管理部门与个人签订的用于生活居住的租赁合同免税。

(7) 对农牧业保险合同免税。

(8) 房地产管理部门与个人签订的用于生活居住的租赁合同免税。

(9) 对与高校学生签订的高校学生公寓租赁合同免征印花税。

(10) 为贯彻落实《国务院关于加快棚户区改造工程意见》,对改造安置住房经营管理单位、开发商与改造安置住房相关的印花税及购买安置住房的个人涉及的印花税自 2013 年 7 月 4 日起予以免征。

(11) 从 2018 年 5 月 1 日起,针对小微企业,其设立的资金账簿按实收资本和资本公积合计金额征收的印花税减半,对按件征收的其他账簿免征印花税。

二、应纳税额的计算及会计处理

(一) 计税依据

1. 一般规定

印花税的计税依据为各种应税凭证上所记载的计税金额。具体规定如下。

(1) 购销合同的计税依据为合同记载的购销金额。

(2) 加工承揽合同的计税依据是加工或承揽收入的金额。具体规定如下。

① 对于由受托方提供原材料的加工、定做合同,凡在合同中分别记载加工费金额和原材料金额的,应分别按"加工承揽合同""购销合同"计税,两项税额相加数,即为合同应贴印花;若合同中未分别记载,则应就全部金额依照加工承揽合同计税贴花。

② 对于由委托方提供主要材料或原料,受托方只提供辅助材料的加工合同,无论加工费和辅助材料金额是否分别记载,均以辅助材料与加工费的合计数,依照加工承揽合同计税贴花。对委托方提供的主要材料或原料金额不计税贴花。

(3) 建设工程勘察设计合同的计税依据为收取的费用。

(4) 建筑安装工程承包合同的计税依据为承包金额。

(5) 财产租赁合同的计税依据为租赁金额;经计算,税额不足 1 元的,按 1 元贴花。

(6) 货物运输合同的计税依据为取得的运输费金额(即运费收入),不包括所运货物的金额、装卸费和保险费等。

(7) 仓储保管合同的计税依据为收取的仓储保管费用。

(8) 借款合同的计税依据为借款金额。针对实际借贷活动中不同的借款形式,税法规定了不同的计税方法。

① 凡是一项信贷业务既签订借款合同,又一次或分次填开借据的,只以借款合同所载金额为计税依据计税贴花;凡是只填开借据并作为合同使用的,应以借据所载金额为计税依据计税贴花。

② 借贷双方签订的流动资金周转性借款合同,一般按年(期)签订,规定最高限额,借款人在规定的期限和最高限额内随借随还。为避免加重借贷双方的负担,对这类合同只以其规定的最高额为计税依据,在签订时贴花一次,在限额内随借随还不签订合同的,不再另贴印花。

③ 对借款方以财产作抵押,从贷款方取得一定数量抵押贷款的合同,应按借款合同贴花;在借款方因无力偿还借款而将抵押财产转移给贷款方时,应再就双方书立的产权书据,按产权转移书据的有关规定计税贴花。

④ 对银行及其他金融组织的融资租赁业务签订的融资租赁合同,应按合同所载租金总额,暂按借款合同计税。

⑤ 在贷款业务中,如果贷方系由若干银行组成的银团,银团各方均承担一定的贷款数额。借款合同由借款方与银团各方共同书立,各执一份合同正本。对这类合同借款方与贷款银团各方应分别在所执的合同正本上,按各自的借款金额计税贴花。

⑥ 在基本建设贷款中,如果按年度用款计划分年签订借款合同,在最后一年按总概算签订借款总合同,且总合同的借款金额包括各个分合同的借款合同金额的,对这类基建借款合同,应按分合同分别贴花,最后签订的总合同,只就借款总额扣除分合同借款金额后的余额计税贴花。

(9) 财产保险合同的计税依据为支付(收取)的保险费,不包括所担保财产的金额。

(10) 技术合同的计税依据为合同所载的价款、报酬或使用费。为了鼓励技术研究开发,对技术开发合同,只就合同所载的报酬金额计税,研究开发经费不作为计税依据。单对合同约定按研究开发经费一定比例作为报酬的,应按一定比例的报酬金额计税贴花。

(11) 产权转移书据的计税依据为所载金额。

(12) 营业账簿税目中记载资金的账簿的计税依据为"实收资本"与"资本公积"两项的合计金额。实收资本,包括现金、实物、无形资产和材料物资。现金按实际收到或存入纳税人开户银行的金额确定。实物,指房屋、机器等,按评估确认的价值或者合同、协议约定的价格确定。无形资产和材料物资,按评估确认的价值确定。

资本公积,包括接受捐赠、法定财产重估增值、资本折算差额、资本溢价等,如果是实物捐赠,则按同类资产的市场价格或者有关凭证确定。

其他账簿的计税依据为应税凭证件数。

(13) 权利、许可证照的计税依据为应税凭证件数。

2. 特殊规定

(1) 上述凭证以"金额""收入""费用"作为计税依据的,应当全额计税,不得做任何扣除。

(2) 同一凭证,载有两个或两个以上经济事项而适用不同税目税率,如分别记载金额的,应分别计算应纳税额,相加后按合计税额贴花;如未分别记载金额的,按税率高的计税贴花。

(3) 按金额比例贴花的应税凭证,未标明金额的,应按照凭证所载数量及国家牌价计算金额;没有国家牌价的,按市场价格计算金额,然后按规定税率计算应纳税额。

(4) 应税凭证所载金额为外币的,应按照凭证书立当日国家外汇管理局公布的外汇牌价折合成人民币,然后计算应纳税额。

(5) 应纳税额不足1角的,免纳印花税;1角以上的,其税额尾数不满5分的不计,满5分的按1角计算。

(6) 有些合同,在签订时无法确定计税金额,如技术转让合同中的转让收入,是按销售收入的一定比例收取或是按实现利润分成的;财产租赁合同,只是规定来月(天)租金标准而无租赁期限的。对这类合同,可在签订时先按定额5元贴花,以后结算时再按实际金额计税,补贴印花。

(7) 应税合同在签订时纳税义务即已产生,应计算应纳税额并贴花。所以,不论合同是否兑现或是否按期兑现,均应贴花。

对已履行并贴花的合同,所载金额与合同履行后实际结算金额不一致的,只要双方未修改合同金额,一般不再办理完税手续。

(8) 对有经营收入的事业单位,凡属由国家财政拨付事业经费,实行差额预算管理的单位,其记载经营业务的账簿,按其他账簿定额贴花,不记载经营业务的账簿不贴花;凡属经费来源实行自收自支的单位,其营业账簿,应对记载资金的账簿和其他账簿分别计算应纳税额。

跨地区经营的分支机构使用的营业账簿,应由分支机构于其所在地计算贴花。对上级单位核拨资金的分支机构,其记载资金的账簿按核拨的账面资金额计税贴花,其他账簿按定额贴花;对上级单位不核拨资金的分支机构,只就其他账簿按件定额贴花。为避免对同一资金重复计税贴花,上级单位记载资金的账簿,应纳扣除拨给下属机构资金数额后的其余部分计税贴花。

(9) 商品购销活动中,采用以货换货方式进行商品交易签订的合同,是反映既购又销双重经济行为的合同。对此,应按合同所载的购、销合计金额计税贴花。合同未列明金额的,应按合同所载购、销数量依照国家牌价或者市场价格计算应纳税额。

(10) 施工单位将自己承包的建设项目,分包或转包给其他施工单位所签订的分包合同或转包合同,应按新的分包合同或转包合同所载金额计算应纳税额。

(11) 对股票交易征收印花税,目前实行单向征收,由卖出方在出售时纳税,买入方不纳税。

(12) 对国内各种形式的货物联运,凡在起运地统一结算全程运费的,应以全程运费作为计税依据,由起运地运费结算双方缴纳印花税;凡分程结算运费的,应以分程的运费作为计税依据,分别由办理运费结算的各方纳税。

对国际货运,凡由我国运输企业运输的,不论在我国境内、境外起运或中转分程运输,我国运输企业所持的一份运费结算凭证,均按本程运费计税;托运方所持的一份运费结算凭证,按全程运费计税。由国外运输企业运输进出口货物的,外国运输企业所持的一份运费结算凭证免税;托远方所持的一份运费结算凭证应纳税。国际货运运费结算凭证在国外办理的,应在凭证转回我国境内时按规定纳税。

必须明确的是,印花税票为有价证券,其票面金额以人民币为单位,分为1角、2角、

5角、1元、2元、5元、10元、50元、100元九种。

（二）应纳税额的计算及会计处理

$$应纳税额＝应税凭证计税金额（或应税凭证件数）×适用税率$$

【例7-9】 德高公司不是小微企业，2023年8月份开业，2023年发生业务如下：领受房屋产权证、工商营业执照、土地使用证、商标注册证各1份；与其他企业签订转移技术使用权书据1份，所载金额为100万元；货物购销合同3份，所载金额为400万元；与银行签订借款合同1份所载金额为500万元；与另一企业签订仓储保管合同1份，所载保管费金额为5万元；企业记载资金的账簿，"实收资本""资本公积"为800万元；其他营业账簿10本。计算当年应纳印花税额。

（1）企业记载资金的账簿应纳税额：

$$应纳税额＝8\,000\,000×0.5‰÷2＝2\,000(元)$$

（2）企业其他营业账簿免征印花税，领受权利、许可证照应纳税额：

$$应纳税额＝4×5＝20(元)$$

（3）企业签订转移技术使用权书据应纳税额：

$$应纳税额＝1\,000\,000×0.5‰＝500(元)$$

（4）企业签订购销合同应纳税额：

$$应纳税额＝4\,000\,000×0.3‰＝1\,200(元)$$

（5）企业签订借款合同应纳税额：

$$应纳税额＝5\,000\,000×0.05‰＝250(元)$$

（6）企业签订仓储保管合同应纳税额：

$$应纳税额＝50\,000×1‰＝50(元)$$

当月应纳税额合计＝2 000＋20＋500＋1 200＋250＋50＝4 020(元)

（7）会计处理如下：

借：税金及附加　　　　　　　　　　　　　　　　　　　　　　4 020
　　贷：应交税费——应交印花税　　　　　　　　　　　　　　　　　4 020

三、印花税的贴花

（一）纳税方法

印花税按照应纳税额大小，纳税次数多少以及税源控管需要，分别采用自行贴花、汇贴或汇缴、委托代征三种征收办法。

1. 自行贴花办法

这种办法，一般适用于应税凭证较少或者贴花次数较少的纳税人。纳税人书立、领受或者使用印花税法列举的应税凭证同时,纳税义务即已产生,应当根据应纳税凭证的性质和适用的税目税率,自行计算应纳税额,自行购买印花税票,自行一次贴足印花税票并加以注销或划销,纳税义务才算全部完成。这也就是通常所说的"三自"纳税办法。

对已贴花的凭证,修改后所载金额增加的,其增加部分应当补贴印花税票。凡多贴印花税票者,不得申请退税或者抵用。

2. 汇贴或汇缴办法

这种办法,一般适用于应纳税额较大或者贴花次数频繁的纳税人。

一份凭证应纳税额超过500元的,应向当地税务机关申请填写缴款书或者完税证,将其中一联粘贴在凭证上或者由税务机关在凭证上加注完税标记代替贴花。这就是通常所说的"汇贴"办法。

同一类应税凭证,需频繁贴花的,纳税人可以根据实际情况自行决定是否采取按期汇总缴纳印花税的方式,汇总纳税的期限为1个月。采用按期汇总缴纳方式的纳税人应事先告知主管税务机关。缴纳方式一经选定,1年内不得改变。

实行印花税按期汇总缴纳的单位,对应税凭证和免税凭证汇总时,凡分别汇总的,按本期征税凭证的汇总金额计算缴纳印花税;凡确属不能分别汇总的,应按本期全部凭证的实际汇总金额计算缴纳印花税。

凡汇总缴纳印花税的凭证,应加注税务机关指定的汇缴戳记、编号并装订成册后,将已贴印花或者缴款书的一联粘贴附册后,盖章注销,保存备查。

3. 委托代征办法

这一办法主要是通过税务机关的委托,经由发放或者办理应纳税凭证的单位代为征收印花税税款。税务机关应与代征单位签订代征委托书。所谓发放或者办理应纳税凭证的单位,是指发放权利、许可证照的单位和办理凭证的鉴证、公证及其他有关事项的单位。如:工商行政管理机关。税务机关委托工商行政管理机关代售印花税票,按代收金额5%的比例支付代售手续费。

(二) 法律责任

印花税纳税人有下列行为之一的,由税务机关根据情节轻重予以处罚。

(1) 在应税凭证上未贴或者少贴印花税票的或者已粘贴在应税凭证上的印花税票未注销或者未划销的,由税务机关追缴其不缴或者少缴的税款、滞纳金,并处不缴或者少缴税款的50%以上5倍以下的罚款。

(2) 已贴用的印花税票揭下重用造成未缴或少缴印花税的,由税务机关追缴其不缴或者少缴的税款、滞纳金,并处不缴或者少缴税款的50%以上5倍以下的罚款;构成犯罪的,依法追究刑事责任。

(3) 伪造印花税票的,由税务机关责令改正,处以2 000元以上1万元以下的罚款;情节严重的,处以1万元以上5万元以下的罚款;构成犯罪的,依法追究刑事责任。

(4) 按期汇总缴纳印花税的纳税人,超过税务机关核定的纳税期限,未缴或少缴印花税款的,由税务机关追缴其不缴或者少缴的税款、滞纳金,并处不缴或者少缴税款的50%以上5倍以下的罚款;情节严重的,同时撤销其汇缴许可证;构成犯罪的,依法追究刑事责任。

(5) 纳税人违反以下规定的,由税务机关责令改正,处以2 000元以下的罚款;情节严重的,处以 2 000 元以上 1 万元以下的罚款。

① 凡汇总缴纳印花税的凭证,应加注税务机关指定的汇缴戳记,编号并装订成册后,将已贴印花或者缴款书的一联粘贴附册后,盖章注销,保存备查。

② 纳税人对纳税凭证应妥善保存。凭证的保存期限,凡国家已有明确规定的,按规定办;没有明确规定的其余凭证均应在履行完毕后保存 1 年。

(6) 代售户对取得的税款逾期不缴或者挪作他用,或者违反合同将所领印花税票转托他人代售或者转至其他地区销售,或者未按规定详细提供领、售印花税票情况的,税务机关可视其情节轻重,给予警告或者取消其代售资格的处罚。

(三) 纳税环节

印花税应当在书立或领受时贴花。具体是指在合同签订时、账簿启用时和证照领受时贴花。如果合同是在国外签订,并且不便在国外贴花的,应在将合同带入境时办理贴花纳税手续。

(四) 纳税地点

印花税一般实行就地纳税。对于全国性商品物资订货会(包括展销会、交易会等)上所签订合同应纳的印花税,由纳税人回其所在地后及时办理贴花完税手续;对地方主办、不涉及省际关系的订货会、展销会上所签合同的印花税,其纳税地点由各省、自治区、直辖市人民政府自行确定。

(五) 纳税申报

印花税的纳税人应按照条例的有关规定及时办理纳税申报,并如实填写《印花税纳税申报表》,如表 7-13 所示。

(六) 印花税的缴纳

纳税人按规定期限缴纳印花税后,取得完税凭证做如下会计处理:

借:应交税费——应交印花税
  贷:银行存款

表 7-13 印花税纳税申报表

填表日期　　年　　月　　日

纳税人识别号									金额单位:元(列至分)		
纳税人名称						税款所属时期					
应税凭证名称	件数	计税金额	适用税率	应纳税额	已纳税额	应补(退)税额	购花贴花情况				
							上期结存	本期购进	本期贴花	本期结存	
1	2	3	4	5=2×4 或 5=3×4	6	7=5-6	8	9	10	11=8+9-10	

(续表)

应税凭证名称	件数	计税金额	适用税率	应纳税额	已纳税额	应补(退)税额	购花贴花情况			
							上期结存	本期购进	本期贴花	本期结存
合计										

如纳税人填报,由纳税人填写以下各栏			如委托代理人填报,由代理人填写以下各栏				备注
会计主管(签章)	纳税人(公章)	代理人名称		代理人(签章)			
		代理人地址					
		经办人姓名		电话			
以下由税务机关填写							
收到申报表日期			接收人				

模块六　城市维护建设税、教育费附加、地方教育附加的计算与申报

一、城市维护建设税

(一) 城市维护建设税的法律制度

1. 概念及纳税人

(1) 概念及特征。城市维护建设税一般简称城建税,是对从事经营活动,缴纳增值税、消费税的单位和个人征收的一种税。

城建税属于特定目的税,是国家为加强城市的维护建设,扩大和稳定城市维护建设资金的来源而采取的一项税收措施。因此,城建税具有两大特征。

① 具有附加税性质,即城建税以纳税人实际缴纳的"两税"税额为计税依据,附加于"两税"税额,本身没有特定的、独立的征税对象。

② 具有特定目的,城建税款专门用于城市的公用事业和公共设施的维护建设。

(2) 纳税人。城建税的纳税人,是指负有缴纳"两税"的单位和个人。包括国有企业、集体企业、私营企业、股份制企业、其他企业和行政单位、事业单位、军事单位、社会团体、其他单位,以及个体工商户及其他个人。但对外商投资企业和外国企业不征收城建税。

城市维护建设税的代扣代缴、代收代缴,一律比照增值税、消费税的有关规定办理。增值税、消费税的代扣代缴、代收代缴义务人同时也是城市维护建设税的代扣代缴、代收代缴义务人。

2. 税率

城建税按纳税人所在地不同,设置三档差别比例税率,即:

(1) 纳税人所在地为城市市区,税率为7%。

(2) 纳税人所在地为县城建制镇的,税率为5%。

(3) 纳税人所在地不在市区、县城或镇的,税率为1%。

另外,对下列两种情况可按缴纳"两税"所在地的规定税率就地缴纳城建税:

第一种情况,由受托方代扣代缴、代收代缴"两税"的单位和个人,其代扣代缴、代收代缴的城建税按受托方所在地适用税率执行;

第二种情况,流动经营等无固定纳税地点的单位和个人,在经营地缴纳"两税"的,其城建税的缴纳按经营地适用税率执行。

3. 税收优惠

城建税原则上不单独减免,但因城建税具有附加税性质,当主税发生减免时。城建税

相应发生减免。具体来说有以下几种情况。

（1）城建税按减免后实际缴纳的"两税"税额计征，即随"两税"的减免而减免。

（2）对于因减免税而需进行"两税"退库的，城建税也同时退库。

（3）海关对进出口产品代征的增值税、消费税，不征收城建税。

（4）对"两税"实行先征后返、先征后退、即征即退办法的，除另有规定外，对随"两税"附征的城建税和教育费附加，一律不予退（返）还。

（5）为支持国家重大水利工程建设，对国家重大水利工程建设基金免征城建税。

（二）应纳税额的计算及会计处理

1. 计税依据

计税依据是纳税人实际缴纳的"两税"税额。纳税人违反"两税"有关税法而加收的滞纳金和罚款，不作为城建税的计税依据，但纳税人在被查补"两税"和被处以罚款时，应同时对其偷漏的城建税进行补税、征收滞纳金和罚款。

城建税以"两税"税额为计税依据并同时征收，两税减免则该税也减免。但对出口产品退还的增值税、消费税，不退还已纳的城建税。

2. 应纳税额的计算和会计处理

城建税的计算公式如下：

$$应纳税额 = (实际缴纳的增值税 + 实际缴纳的消费税) \times 适用税率$$

【例7-10】 湖南省长沙市雨花区明和实业公司2023年8月份实际缴纳增值税330 000元，消费税80 000元，计算其当月应纳城建税额。

$$应纳城建税 = (330\,000 + 80\,000) \times 7\% = 287\,000(元)$$

会计处理为：

借：税金及附加　　　　　　　　　　　　　　　　　287 000
　　贷：应交税费——应交城建税　　　　　　　　　　　287 000

需要说明的是，如果企业是销售固定资产而发生的城建税应通过"固定资产清理"账户核算。

（三）纳税申报与缴纳

1. 纳税环节

城建税的纳税环节实际就是纳税人缴纳"两税"的环节，纳税人只要发生"两税"的纳税义务，就要在同样的环节分别计算缴纳城建税。

2. 纳税地点

城建税以纳税人实际缴纳的增值税、消费税为计税依据，分别与"两税"同时缴纳。所以，纳税人缴纳"两税"地点就是该纳税人缴纳城建税的地点。但下列情况其纳税地点为：

(1) 代扣代缴、代收代缴"两税"的单位和个人,同时也是城建税的代扣代缴、代收代缴义务人,其城建税的纳税地点在代扣代收地。

(2) 跨省开采的油田,下属生产单位与核算单位不在一个省内的,其生产的原油,在油井所在地缴纳增值税,其应纳税额由核算单位按照各油井的产量和规定税率,计算汇拨各油井缴纳。所以,各油井应纳的城建税,应由核算单位计算,随同增值税一并汇拨油井所在地,由油井在缴纳增值税的同时,一并缴纳城建税。

(3) 对管道局输油部分的收入,由取得收入的各管道局于所在地缴纳营业税。所以,其应纳的城建税,也应由取得收入的各管道局于所在地缴纳营业税时一并缴纳城建税。

(4) 对流动经营等无固定纳税地点的单位和个人,应随同"两税"在经营地按适用税率缴纳。

3. 纳税期限

城建税的纳税期限与"两税"的纳税期限一致,对增值税和消费税而言,分别为1日、3日、5日、10日、15日或者1个月。具体由税务机关根据纳税人应纳税额的大小分别核定;不能按期纳税的,可以按次纳税。需要说明的是,由于增值税和消费税是由国家税务局征收,而城建税由地方税务局征收,因此,在缴税入库的时间上不一定完全一致。

4. 纳税申报

"城市维护建设税纳税申报表"如表7-14所示。

5. 城建税的缴纳

纳税人按规定时间缴纳城建税后,取得相应完税凭证,做如下会计处理:

借:应交税费——应交城建税
　　贷:银行存款

表7-14 城市维护建设税纳税申报表

填表日期:　　年　　月　　日

纳税人识别号						金额单位:元(列至分)	
纳税人名称				税款所属时间			
纳税人开户行				账号			
计税依据	计税金额		税率	应纳税额		已纳税额	应补(退)税额
1	2		3	4=2×3		5	6=4−5
合计							
如纳税人填报,由纳税人填写以下各栏			如委托代理人填报,由代理人填写以下各栏				备注

(续表)

会计主管（签章）	纳税人（公章）	代理人名称		代理人（签章）	
		代理人地址			
		经办人		电话	
以下由税务机关填写					
收到申报表日期			接收人		

二、教育费附加

（一）教育费附加概述

教育费附加是对缴纳增值税、消费税的纳税人，就其实际缴纳的税额为计算依据征收的一种附加费。教育费附加是为加快地方教育事业，扩大地方教育经费的资金而征收的一项专项基金。

（二）征收范围及计税依据

教育费附加对缴纳增值税、消费税、的单位和个人征收，以其实际缴纳的增值税、消费税为计税依据，分别与增值税、消费税同时缴纳。

（三）计征比例

现行教育费附加征收比例为3％，另地方税务局还征收地方教育费附加2％。

（四）计算及其会计处理

教育费附加计算公式为：

应交教育费附加＝（实际缴纳的增值税＋实际缴纳的消费税）×适用税率

【例7-11】 长沙市雨花区锦军公司2023年8月份实际缴纳增值税150 000元，缴纳消费税70 000元。计算公司2023年8月应缴纳的教育费附加和地方教育附加。

应纳教育费附加＝（150 000＋70 000）×3％＝6 600(元)
应纳地方教育附加＝（150 000＋70 000）×2％＝4 400(元)

账务处理：

借：税金及附加　　　　　　　　　　　　　　　　　　　　　110 000
　　贷：应交税费——应交教育费附加　　　　　　　　　　　　　6 600
　　　　　　　——应交地方教育附加　　　　　　　　　　　　　4 400

(五)减免规定

(1) 对海关进口的商品征收的增值税、消费税,不征收教育费附加。

(2) 对由于减免增值税、消费税而发生退税的,可同时退还已征收的教育费附加。但对出口产品退还的增值税、消费税的,不退还已征的教育费附加。

(3) 对国家重大水利工程建设基金免征教育费附加。

模块七　环境保护税的计算与申报

一、环境保护税的法律制度

(一) 概念

环境保护税是对在中华人民共和国领域和中华人民共和国管辖的其他海域,直接向环境排放应税污染物的企业事业单位和其他生产经营者征收的一种税。

(二) 立法

2016年12月25日,走过6年立法之路、历经两次审议,《中华人民共和国环境保护税法》在十二届全国人大常委会第二十五次会议上获表决通过,并自2018年1月1日起施行。2018年10月26日第十三届全国人民代表大会常务委员会第六次会议审议通过《中华人民共和国环境保护税法》修订内容。

(三) 特点

为了保护和改善环境,减少污染物排放,推进生态文明建设,开征环境保护税。

与其他税种相比,环境保护税具有以下几个特点。

1. 征税项目为四种重点污染源

环境保护税开征是根据排污费项目设置税目,对大气污染物、水污染物、固体废物、噪声等四种重点污染源征税。

2. 纳税人主要是企事业单位和其他生产经营者

根据环境保护税法,直接向环境排放应税污染物的企业事业单位和其他生产经营者为环境保护税的纳税人,而家庭和个人即便有排放污染物的行为,也不属于环境保护税的纳税人。

3. 直接排放应税污染物是必要条件

直接排放应税污染物是必要条件,如果企业事业单位和其他生产经营者是将污染物集中或排放到污染物处理场所,或者企事业单位和其他生产经营者将废弃物进行综合利用和无害化处理,则不需要按照环境保护税法缴税。

4. 税额为统一定额税和浮动定额税结合

目前环境保护税额实行统一定额税和浮动定额税相结合的方法。对于固体废弃物和噪声污染实行的是全国统一的定额税制,对于大气和水污染物实行各省浮动定额税制,既有上限,又有下限。大气和水污染物的税额下限沿用排污费最低标准,即每污染物当量

1.2元和1.4元,税额上限则设定为下限的10倍,分别为每污染物当量12元和14元。各省、自治区、直辖市可以在此幅度范围内自行选择定额税的金额。

5. 税收收入全部归地方

纳税人应当向应税污染物排放地的税务机关申报缴纳环境保护税。为鼓励地方做好污染防治的积极性,环境保护税收入中央不再参加收入分成,税收收入全部归地方,用于地方治理环境污染。

6. 采用税务、环保部门紧密配合的征收方式

环境保护税采用"纳税人自行申报,税务征收,环保检测,信息共享"的征管方式,税务机关负责征收管理,环境保护主管部门负责对污染物监测管理,高度依赖税务、环保的部门配合与协作。

(四)纳税人

环境保护税的纳税人是指在中华人民共和国领域和中华人民共和国管辖的其他海域,直接向环境排放应税污染物的企业事业单位和其他生产经营者。

依法设立的城乡污水集中处理、生活垃圾集中处理场所超过国家和地方规定的排放标准向环境排放应税污染物的,应当缴纳环境保护税。城乡污水集中处理场所,是指为社会公众提供生活污水处理服务的场所,不包括为工业园区、开发区等工业聚集区域内的企业事业单位和其他生产经营者提供污水处理服务的场所,以及企业事业单位和其他生产经营者自建自用的污水处理场所。

企业事业单位和其他生产经营者贮存或者处置固体废物不符合国家和地方环境保护标准的,应当缴纳环境保护税。

达到省级人民政府确定的规模标准并且有污染物排放口的畜禽养殖场,应当依法缴纳环境保护税;但是依法对畜禽养殖废弃物进行综合利用和无害化处理的,不属于直接向环境排放污染物,不缴纳环境保护税。

有下列情形之一的,不属于直接向环境排放污染物,不缴纳相应污染物的环境保护税:

(1) 企业事业单位和其他生产经营者向依法设立的污水集中处理生活垃圾集中处理场所排放应税污染物的;

(2) 企业事业单位和其他生产经营者在符合国家和地方环境保护标准的设施、场所贮存或者处置固体废物的。

(五)征税对象

环境保护税的征税对象为应税污染物,是环境保护税法所附"环境保护税税目税额表""应税污染物和当量值表"规定的四类重点污染源,即大气污染物、水污染物、固体废物和噪声。

(六)税目

1. 大气污染物

应税大气污染物包括二氧化硫、氮氧化物、一氧化碳、氯气、氯化氢、氧化物、氟化氢、硫酸雾、铬酸雾、汞及其化合物、一般性粉尘、石棉尘、玻璃棉尘、碳黑尘、铅及其化

合物、镉及其化合物、铍及其化合物、镍及其化合物、锡及其化合物烟尘苯、烟尘、笨、甲苯、二甲苯、苯并(a)芘、甲醛、乙醛、丙烯醛、甲醇、酚类、沥青烟、苯胺类、氯苯类、硝基苯、丙烯腈、氯乙烯、光气、硫化氢、氨、三甲胺、甲硫醇、甲硫醚、二甲二硫、苯乙烯、二硫化碳共44项。

2. 水污染物

水污染物共61项,分为两类:第一类应税水污染物包括总汞、总镉、总铬、六价铬、总砷、总铅、总镍、苯并(a)芘、总铍、总银共10项;第二类应税水污染物包括悬浮物(SS)、生化需氧量(BOD5)、化学需氧量(CODcr)、总有机碳(TOC)、石油类、动植物油、挥发酚、总氰化物、硫化物、氨氮、氯化物、甲醛、苯胺类、硝基苯类、阴离子表面活性剂(LAS)、总铜、总锌、总锰、彩色显影剂(CD-2)、总磷、单质磷(以P计)、有机磷农药(以P计)、乐果、甲基对硫磷、马拉硫磷、对硫磷、五氯酚及五氯酚钠(以五氯酚计)、三氯甲烷、可吸附有机卤化物(AOX)(以CI计)、四氧化碳、三氯乙烯、四氯乙烯、苯、甲苯、乙苯、邻-二甲苯、对-二甲苯、间-二甲苯、氯苯、邻二氯苯、对二氯苯、对硝基氯苯、2.4-二硝基氯苯、苯酚、间—甲酚、2.4-二氧酚、2.4.6-三氧酚、邻苯二甲酸二丁酯、邻苯二甲酸二辛酯、丙烯腈、总硒等共51项。

3. 固体废物

固体废物包括煤矸石、尾矿、危险废物、冶炼渣、粉煤灰、炉渣、其他固体废物(含半固态、液态废物)。

4. 噪声

应税噪声污染目前只包括工业噪声。

(七) 税率

环境保护税对应税污染物的适用税率是定额税率,具体有两种。

(1) 全国统一定额税:适用固体废物和噪声。

(2) 各省浮动定额税:适用大气污染物和水污染物。既有上限也有下限,税额上限则设定为下限的10倍。各省、自治区、直辖市可以在此幅度范围内自行选择定额税的金额。具体详见表7-15。

表 7-15 环境保护税税目税率表

税目		计税单位	税额	备注
大气污染物		每污染当量	1.2元至12元	
水污染物		每污染当量	1.4元至14元	
固体废物	煤矸石	每吨	5元	
	尾矿	每吨	15元	
	危险废物	每吨	1 000元	
	冶炼渣、粉煤灰、炉渣、其他固体废物(含半固态、液态废物)	每吨	25元	

项目七　其他税费的计算与申报

(续表)

税目		计税单位	税额	备注
噪声	工业噪声	超标1~3分贝	每月350元	1.一个单位边界上有多处噪声超标,根据最高一处超标声级计算应纳税额;当沿边界长度超过100米有两处以上噪声超标,按照两个单位计算应纳税额。 2.一个单位有不同地点作业场所的,应当分别计算应纳税额。合并计征。 3.昼、夜均超标的环境噪声,昼、夜分别计算应纳税额,累计计征。 4.声源一个月内超标不足15天的,减半计算应纳税额。 5.夜间频繁突发和夜间偶然突发厂界超标噪声,按等效声级和峰值噪声两种指标中超标分贝值高的一项计算应纳税额
		超标4~6分贝	每月700元	
		超标7~9分贝	每月1 400元	
		超标10~12分贝	每月2 800元	
		超标13~15分贝	每月5 600元	
		超标16分贝以上	每月11 200元	

应税大气污染物和水污染物的具体适用税额的确定和调整,由省、自治区、直辖市人民政府统筹考虑本地区环境承载能力、污染物排放现状和经济社会生态发展目标要求,在"环境保护税税目税额表"规定的税额幅度内提出,报同级人民代表大会常务委员会决定,并报全国人民代表大会常务委员会和国务院备案。

(八) 税收减免

1. 免征规定

下列情形,暂免征收环境保护税。

(1) 农业生产(不包括规模化养殖)排放应税污染物的。

(2) 机动车、铁路机车、非道路移动机械、船舶和航空器等流动污染源排放应税污染物的。

(3) 依法设立的城乡污水集中处理、生活垃圾集中处理场所排放相应应税污染物,不超过国家和地方规定的排放标准的。

(4) 纳税人综合利用的固体废物,符合国家和地方环境保护标准的。

(5) 国务院批准免税的其他情形。

第5项免税规定,由国务院报全国人民代表大会常务委员会备案。

2. 减征规定

下列项目,减征环境保护税。

(1) 纳税人排放应税大气污染物或者水污染物的浓度值低于国家和地方规定的污染物排放标准30%的,减按75%征收环境保护税。

(2) 纳税人排放应税大气污染物或者水污染物的浓度值低于国家和地方规定的污染物排放标准50%的,减按50%征收环境保护税。

应税大气污染物或者水污染物的浓度值,是指纳税人安装使用的污染物自动监测设备当月自动监测的应税大气污染物浓度值的小时平均值再平均所得数值,或者应税水污染物浓度值的日平均值再平均所得数值,或者监测机构当月监测的应税大气污染物、水污染物浓度值的平均值。

依照《环境保护税法》减征环境保护税的,应当对每一排放口排放的不同应税污染物分别计算。同时,其应税大气污染物浓度值的小时平均值或者应税水污染物浓度值的日平均值,以及监测机构当月每次监测的应税大气污染物、水污染物的浓度值,均不得超过国家和地方规定的污染物排放标准。

二、环境保护税的计税依据

应税污染物的计税依据按照表 7-16 列示方法来确定。

表 7-16　环保税纳税对象计税依据

纳税对象	计税依据
应税大气污染物	污染物排放量折合的污染当量数
应税水污染物	污染物排放量折合的污染当量数
应税固体废物	固体废物的排放量
应税噪声	超过国家规定标准的分贝数

污染当量,是指根据污染物或者污染排放活动对环境的有害程度以及处理的技术经济性,衡量不同污染物对环境污染的综合性指标或者计量单位。

同介质相同污染当量的不同污染物,其污染程度基本相当。

1. 应税大气污染物按照污染物排放折合的污染当数确定

应税大气污染物计税依据,以该污染物的排放量除以该污染物的污染当量值计算。

应税大气污染物和应税水污染物污染当量值＝该污染物的排放量/该污染物的污染当量值

每种应税大气污染物具体污染当量值依照表 7-17 应税污染物和当量值表执行。

每一排放口或者没有排放口的应税大气污染物,按照污染当量数从大到小排序,对前三项污染物征收环境保护税。

2. 应税水污染物按照污染物排放量折合的污染当量数确定

应税水污染物的污染当量数,以该污染物的排放量除以该污染物的污染当量值计算。

其中,色度的污染当量数,以污水排放量乘以色度超标倍数再除以适用的污染当量值计算。畜禽养殖业水污染物的污染当量数,以该畜禽养殖场的月均存栏量除以适用的污染当量值计算。畜禽养殖场的月均存栏量按照月初存栏量和月末存栏量的平均数计算。

每一排放口的应税水污染物,按照表 7-17《应税污染物和当量值表》,区分第一类水污染物和其他类水污染物,按照污染当量数从大到小排序,对第一类水污染物按照前五项征收环境保护税,对其他类水污染物按照前三项征收环境保护税。

应税污染物和当量值表见表 7-17 至表 7-21。

项目七 其他税费的计算与申报

表 7-17 第一类水污染物污染当量值

污染物	污染当量值（千克）
1. 总汞	0.000 5
2. 总镉	0.005
3. 总铬	0.04
4. 六价铬	0.02
5. 总砷	0.02
6. 总铅	0.025
7. 总镍	0.025
8. 苯并芘	0.000 000 3
9. 总铍	0.01
10. 总银	0.02

表 7-18 第二类水污染物污染当量值

污染物	污染当量值（千克）	备注
11. 悬浮物（SS）	4	
12. 生化需氧量（BODs）	0.5	同意排放口中的化学需氧量、生化需氧量和总有机碳只征收一项
13. 化学需氧量（CODer）	1	
14. 总有机碳（TOC）	0.49	
15. 石油类	0.1	
16. 动植物油	0.16	
17. 挥发酚	0.08	
18. 总氰化物	0.05	
19. 硫化物	0.125	
20. 氨氮	0.8	
21. 氟化物	0.5	
22. 甲醛	0.125	
23. 苯胺类	0.2	
24. 硝基苯类	0.2	
25. 阴离子表面活性剂（LAS）	0.2	
26. 总铜	0.1	

(续表)

污染物	污染当量值(千克)	备注
27. 总锌	0.2	
28. 总锰	0.2	
29. 彩色显影剂(CD-2)	0.2	
30. 总磷	0.25	
31. 单质磷(以P计)	0.05	
32. 有机磷农药(以P计)	0.05	
33. 乐果	0.05	
34. 甲基对硫磷	0.05	
35. 马拉硫磷	0.05	
36. 对硫磷	0.05	
37. 五氯酚及五氯酚钠(以五氯酚计)	0.25	
38. 三氯甲烷	0.04	
39. 可吸附有机卤化物(AOC)(以CL计)	0.25	
40. 四氯化碳	0.04	
41. 三氯乙烯	0.04	
42. 四氯乙烯	0.04	
43. 苯	0.02	
44. 甲苯	0.02	
45. 乙苯	0.02	
46. 邻-二甲苯	0.02	
47. 对-二甲苯	0.02	
48. 间-二甲苯	0.02	
49. 氯苯	0.02	
50. 邻二氯苯	0.02	
51. 对二氯苯	0.02	
52. 对硝基氯苯	0.02	
53. 2.4-二硝基氯苯	0.02	
54. 苯酚	0.02	
55. 间-甲酚	0.02	
56. 2.4-二氯酚	0.02	

项目七　其他税费的计算与申报

表 7-19　pH 值、色度、大肠菌群数、余氯量污染物污染当量值

污染物		污染当量值	备注
1. PH 值	(1) 0-1,13-14	0.06 吨污水	PH 值 5-6 指大于等于 5，小于 6； PH 值 9-10 指大于等于 9，小于 10；其余类推
	(2) 1-2,12-13	0.125 吨污水	
	(3) 2-3,11-12	0.25 吨污水	
	(4) 3-4,10-11	0.5 吨污水	
	(5) 4-5,9-10	1 吨污水	
	(6) 5-6	5 吨污水	
2. 色度		5 吨水·倍	
3. 大肠菌群数（超标）		3.3 吨污水	大肠菌群数和余氯量只征收一项
4. 余氯量（用氯消毒的医院废水）		3.3 吨污水	

表 7-20　禽畜养殖业、小型企业、第三产业水污染物污染当量值

（本表仅适用于计算无法进行实际检测或物料衡算的禽畜养殖业、小型企业和第三产业等小型排污者的水污染物污染当量值）

类型		污染当量值	备注
禽畜养殖场	1. 牛	0.1 头	仅对存栏规模大于 50 头牛、500 头猪、5 000 羽鸡鸭等禽畜养殖场征收
	2. 猪	1 头	
	3. 鸡鸭等家禽	30 羽	
4. 小型企业		1.8 吨污水	
5. 饮食娱乐服务业		0.5 吨污水	
6. 医院	消毒	0.14 床	医院病床数大于 20 张的按照本表计算污染当量数
		2.8 吨污水	
	不消毒	0.07 床	
		1.4 吨污水	

表 7-21　大气污染物污染当量值

污染物	污染当量值
1. 二氧化硫	0.95
2. 氮氧化物	0.95
3. 一氧化碳	16.7
4. 氧气	0.34
5. 氯化氢	10.75
6. 氯化物	0.87
7. 氰化氢	0.005

(续表)

污染物	污染当量值
8. 硫酸雾	0.6
9. 铬酸雾	0.000 7
10. 汞及其化合物	0.000 1
11. 一般性粉尘	4
12. 石棉尘	0.53
13. 玻璃棉尘	2.13
14. 碳黑尘	0.59
15. 铅及其化合物	0.02
16. 镉及其化合物	0.03
17. 铍及其化合物	0.000 4
18. 镍及其化合物	0.13
19. 锡及其化合物	0.27
20. 烟尘	2.18
21. 苯	0.05
22. 甲苯	0.18
23. 二甲苯	0.27
24. 苯并(a)芘	0.000 002
25. 甲醛	0.09
26. 乙醛	0.45
27. 丙烯醛	0.06
28. 甲醇	0.67
29. 酚类	0.35
30. 沥青烟	0.19
31. 苯胺类	0.21
32. 氯苯类	0.72
33. 硝基苯	0.17
34. 丙烯腈	0.22
35. 氯乙烯	0.55
36. 光气	0.04
37. 硫化氢	0.29
38. 氨	9.09
39. 三甲胺	0.32

(续表)

污染物	污染当量值
40. 甲硫醇	0.04
41. 甲硫醚	0.28
42. 二甲二硫	0.28
43. 苯乙烯	25
44. 二硫化碳	20

纳税人委托监测机构对应税大气污染物和水污染物排放量进行监测时,其当月同一个排放口排放的同一种污染物有多个监测数据的,应税大气污染物按照监测数据的平均值计算应税污染物的排放量;应税水污染物按照监测数据以流量为权的加权平均值计算应税污染物的排放量。在环境保护主管部门规定的监测时限内当月无监测数据的,可以跨月沿用最近一次的监测数据计算应税污染物排放量。纳入排污许可管理行业的纳税人,其应税污染物排放量的监测计算方法按照排污许可管理要求执行。

因排放污染物种类多等原因不具备监测条件的,纳税人应当按照《环境保护部关于发布计算污染物排放量的排污系数和物料衡算方法的公告》(环境保护部公告2017年第81号)的规定计算应税污染物排放量。其中,相关行业适用的排污系数方法中产排污系数为区间值的,纳税人结合实际情况确定具体适用的产排污系数值;纳入排污许可管理行业的纳税人按照排污许可证的规定确定。生态环境部尚未规定适用排污系数、物料衡算方法的,暂由纳税人参照缴纳排污费时依据的排污系数物料衡算方法及抽样测算方法计算应税污染物的排放量。

纳税人有下列情形之一的,以其当期应税大气污染物、水污染物的产生量作为污染物的排放量。

(1) 未依法安装使用污染物自动监测设备或者未将污染物自动监测设备与环境保护主管部门的监控设备联网。

(2) 损毁或者擅自移动、改变污染物自动监测设备。

(3) 篡改、伪造污染物监测数据。

(4) 通过暗管渗井、渗坑、灌注或者稀释排放以及不正常运行防治污染设施等方式违法排放应税污染物。

(5) 进行虚假纳税申报。

【例7-12】 湖南第三化工厂地处长沙市望城区,2023年3月直接向水体排放第一类水污染物总汞30千克,根据第一类水污染物污染当量值表,总汞的污染当量值为0.000 5(千克),则水污染物总汞的污染当量值=30/0.000 5=60 000。

3. 应税固体废物按照固体废物的排放量确定

$$\text{应税固体废物的排放量} = \text{当期应税固体废物的产生量} - \text{当期应税固体废物贮存量、处置量综合利用量的余额}$$

固体废物的贮存量、处置量,是指在符合国家和地方环境保护标准的设施、场所贮存或者处的固体废物数量;固体废物的综合利用量,是指按照国务院发展改革、工业和信息化主管部关于资源综合利用要求以及国家和地方环境保护标准进行综合利用的固体废物数量。纳税人应当准确计量应税固体废物的贮存量、处置量和综合利用量,未准确计量准确的,不得从其应税固体废物的产生量中减去。

纳税人依法将应税固体废物转移至其他单位和个人进行贮存处置或者综合利用的,固体废物的转移量相成计入其当期应税固体废物的贮存量、处置量或者综合利用量;纳税人接收的应税固体废物转移量,不计入其当期应税固体废物的产生量。纳税人对应税固体废物进行综合利用的,应当符合工业和信息化部制定的工业固体废物综合利用评价管理规范。

纳税人有下列情形之一的,以其当期应税固体废物的产生量作为固体废物的排放量。

(1) 非法倾倒应税固体废物。

(2) 进行虚假纳税申报。

纳税人申报纳税时,应当向税务机关报送应税固体废物的产生量贮存量处置量和综合利用量,同时报送能够证明固体废物流向和数量的纳税资料,包括固体废物处置利用委托合同受委托方资质证明、固体废物转移联单、危险废物管理台账复印件等。有关纳税资料已在环境保护税基础信息采集表中采集且未发生变化的,纳税人不再报送。纳税人应当参照危险废物台账管理要求,建立其他应税固体废物管理台账,如实记录产生固体废物的种类数量、流向以及贮存、处置综合利用、接收转入等信息,并将应税固体废物管理台账和相关资料留存备查。

4. 应税噪声按照超过国家规定标准的分贝数确定

应税噪声的应纳税额为超过国家规定标准分贝数对应的具体适用税额。

噪声超标分贝数不是整数值的,按四舍五入取整。

一个单位的同一监测点当月有多个监测数据超标的,以最高一次超标声级计算应纳税额。另根据《财政部税务总局生态环境部关于环境保护税有关问题的通知》(财税[2018]23号)补充规定,声源一个月内累计星间超标不足15夜或者累计夜间超标不足15夜的,分别减半计算应纳税额。

省、自治区直辖市人民政府根据本地区污染物减排的特殊需要,可以增加同一排放口征收环境保护税的应税污染物项目数,报同级人民代表大会常务委员会决定,并报全国人民代表大会常务委员会和国务院备案。

三、环境保护税计税依据确定时遵循的方法和顺序

应税大气污染物、水污染物、固体废物的排放量和噪声的分贝数,按照下列方法和顺序计算。

(1) 纳税人安装使用符合国家规定和监测规范的污染物自动监测设备的,按照污染物自动监测数据计算。

(2) 纳税人未安装使用污染物自动监测设备的按照监测机构出具的符合国家有关规定和监测规范的监测数据计算。

项目七　其他税费的计算与申报

（3）因排放污染物种类多等原因不具备监测条件的，按照国务院环境保护主管部门规定的排污系数、物料衡算方法计算。

（4）不能按照第（1）项至第（3）项规定的方法计算的，按照省、自治区、直辖市人民政府环境保护主管部门规定的抽样测算的方法核定计算。

对于纳税人从两个以上排放口排放应税污染物的，对每一排放口排放的应税污染物分别计算征收环境保护税，纳税人持有排污许可证的，其污染物排放口按照排污许可证载明的污染物排放口确定。

对于纳税人未安装使用污染物自动监测设备的，自行对污染物进行监测所获取的监测等数据符合国家有关规定和监测规范的，视同监测机构出具的监测数据。

四、环境保护税应纳税额的计算及会计处理

环境保护税应纳税额按照表 7-22 列示的方法计算。

表 7-22　环境保护税应纳税额计算方法

征税对象	应纳税额
应税大气污染物	污染当量数×适用税额
应税水污染物	污染当量数×适用税额
应税固体废物	固体废物排放量×适用税额
应税噪声	超过国家规定标准的分贝数对应的具体适用税额

【例 7-13】　星城生物制造有限公司地处湖南省长沙市芙蓉区，2023 年 9 月向大气直接排放二氧化硫 160 吨、氮氧化物 228 吨、烟尘 45 吨、一氧化碳 20 吨，湖南省长沙市芙蓉区大气污染物的税额标准为 1.2 元/污染当量，星城生物制造有限公司只有一个排放口。已知二氧化硫、氮氧化物的污染当量值为 0.95，烟尘污染当量值为 2.18，一氧化碳污染当量值为 16.7。请计算公司 2023 年 9 月大气污染物应缴纳的环境保护税（结果保留两位小数），并编制相关会计分录。

第 1 步：计算各污染物的污染当量数。

二氧化硫污染当量数＝160×1 000÷0.95＝168 421.05

氮氧化物污染当量数＝228×1 000÷0.95＝240 000

烟尘污染当量数＝45×1 000÷2.18＝20 642.20

一氧化碳污染当量数＝20×1 000÷16.7＝1 197.60

第 2 步：按污染物的污染当量数排序。

氮氧化物（240 000）＞二氧化硫（168 421.05）＞烟尘（20 642.20）＞一氧化碳（1 197.60）

第 3 步：选取前三项污染物计算应纳税额。

企业纳税实务

氮氧化物应纳税额=240 000×1.2=288 000(元)
二氧化硫应纳税额=168 421.05×1.2=202 105.26(元)
烟尘应纳税额=20 642.20×1.2=24 770.64(元)
公司2023年9月应纳环境保护税=288 000+202 105.26+24 770.64=514 875.90(元)
会计分录为：

借：税金及附加　　　　　　　　　　　　　　　　　　　　　　　514 875.90
　　贷：应交税费——应交环境保护税　　　　　　　　　　　　　514 875.90

【例7-14】 湖南瓷器制造有限公司地处湖南省长沙市望城坡，2023年9月向水体直接排放第一类水污染物总汞、总镉、总铬、总砷、总铅、总银各20千克。排放第二类水污染物悬浮物(SS)、总有机碳(TOC)、挥发酚、氨氮各20千克。已知水污染物污染当量值分别为总汞0.000 5,总镉0.005,总铬0.04,总砷0.02,总铅0.025,总银0.02,悬浮物(SS)4,总有机碳(TOC)0.49,挥发酚0.08,氨氮0.8。公司所在地区水污染物税额标准统一为1.4元/污染当量,请计算公司2023年9月水污染物应缴纳的环境保护税(结果保留两位小数),并编制相关会计分录。

第1步：计算第一类水污染物的污染当量数。

总汞污染当量数=20÷0.000 5=40 000
总镉污染当量数=20÷0.005=4 000
总铬污染当量数=20÷0.04=500
总砷污染当量数=20÷0.02=1 000
总铅污染当量数=20÷0.025=800
总银污染当量数=20÷0.02=1 000

第2步：对第一类水污染物污染当量数排序。

总汞(40 000)＞总镉(4 000)＞总砷(1 000)=总银(1 000)＞总铅(800)＞总铬(500)

第3步：选取前五项污染物计算第一类水污染物应纳税额。

总汞应纳税额=40 000×1.4=56 000(元)
总镉应纳税额=4 000×1.4=5 600(元)
总砷应纳税额=1 000×1.4=1 400(元)
总银应纳税额=1 000×1.4=1 400(元)
总铅应纳税额=800×1.4=1 120(元)

第4步：计算第二类水污染物的污染当量数。

悬浮物(SS)污染当量数=20÷4=5
总有机碳(TOC)污染当量数=20÷0.49=40.82
挥发酚污染当量数=20÷0.08=250

```
氨氮污染当量数=20÷0.8=25
第5步：对第二类水污染物污染当量数排序。
挥发酚(250)>总有机碳(40.82)>氨氮(25)>悬浮物(5)
第6步：选取前三项污染物计算第二类水污染物应纳税额。
挥发酚应纳税额=250×1.4=350(元)
总有机碳应纳税额=40.82×1.4=57.15(元)
氨氮应纳税额=25×1.4=35(元)
公司9月应纳环境保护税=56 000+5 600+1 400+1 400+1 120+350+57.15+35
                =65 962.15(元)
会计分录为：
  借：税金及附加                              65 962.15
    贷：应交税费——应交环境保护税                      65 962.15
```

【例7-15】 星城红砖制造有限公司地处湖南省长沙市雨花区黎托村，2023年9月产生煤矸石35吨，煤矸石每吨应纳环保税5元，经过环保局监测，工业噪声超过8分贝，每月工业噪声要纳环保税1 400元，请计算公司2023年9月固体废物和工业噪声应缴纳的环境保护税（结果保留两位小数），并编制相关会计分录。

```
煤矸石应纳税额=35×5=175(元)
工业噪声应纳税额=1 400(元)
公司9月应纳环境保护税=175+1 400=1 575(元)
会计分录为：
  借：税金及附加                                  1 575
    贷：应交税费——应交环境保护税                          1 575
```

五、环境保护税的征收管理

（一）纳税义务发生时间

环境保护税纳税义务发生时间为纳税人排放应税污染物的当日。

（二）纳税地点

纳税人应当向应税污染物排放地的税务机关申报缴纳环境保护税，应税污染物排放地如下。

(1) 应税大气污染物、水污染物排放口所在地。
(2) 应税固体废物产生地。

(3) 应税噪声产生地。

纳税人跨区域排放应税污染物,税务机关对税收征收管辖有争议的,由争议各方按照有利于征收管理的原则协商解决,不能协商一致的,报请共同的上级税务机关决定。

(三) 纳税期限

环境保护税按月计算,按季申报缴纳。

不能按固定期限计算缴纳的,可以按次申报缴纳。

纳税人申报缴纳时,应当向税务机关报送所排放应税污染物的种类、数量,大气污染物、水污染物的浓度值,以及税务机关根据实际需要要求纳税人报送的其他纳税资料。

纳税人按季申报缴纳的,应当自季度终了之日起15日内,向税务机关办理纳税申报并缴纳税款。

纳税人按次申报缴纳的,应当自纳税义务发生之日起15日内,向税务机关办理纳税申报并缴纳税款。

(四) 税务机关与生态环境主管部门职责分工

生态环境主管部门和税务机关应当建立涉税信息共享平台和工作配合机制。

环境保护主管部门应当将排污单位的排污许可、污染物排放数据、环境违法和受行政处罚情况等环境保护相关信息,定期交送税务机关。

税务机关应当将纳税人的纳税申报、税款入库、减免税额、欠缴税款以及风险疑点等环境保护税涉税信息定期交送生态环境主管部门。

1. 税务机关职责

税务机关依法履行环境保护税纳税申报受理、涉税信息比对、组织税款入库等职责。

同时还需做好以下工作。

(1) 纳税人识别。税务机关应当依据生态环境主管部门交送的排污单位信息进行纳税人识别。在生态环境主管部门交送的排污单位信息中没有对应信息的纳税人,由税务机关在纳税人首次办理环境保护税纳税申报时进行纳税人识别并将相关信息交送生态环境主管部门。

(2) 信息比对。税务机关应当将纳税人的纳税申报数据资料与环境保护主管部门交送的相关数据资料进行比对。纳税人申报的污染物排放数据与生态环境主管部门交送的相关数据不一致的,按照生态环境主管部门交送的数据确定应税污染物的计税依据。

税务机关发现纳税人的纳税申报数据资料异常或者纳税人未按照规定期限办理纳税申报的,可以提请生态环境主管部门进行复核,生态环境主管部门应当自收到税务机关的数据资料之日起15日内向税务机关出具复核意见。税务机关应当按照生态环境主管部门复核的数据资料调整纳税人的应纳税额。

纳税人的纳税申报数据资料异常,包括但不限于下列情形:①纳税人当期申报的应税污染物排放量与上一年同期相比明显偏低,且无正当理由;②纳税人单位产品污染物排放量与同类型纳税人相比明显偏低,且无正当理由。

(3) 涉税信息提交。税务机关应当通过涉税信息共享平台向生态环境主管部门交送下列环境保护税涉税信息。纳税人基本信息、纳税申报信息、税款入库、减免税额、欠缴税款以及风险疑点等信息、纳税人涉税违法和受行政处罚情况、纳税人的纳税申报数据资料异常或者纳税人未按照规定期限办理纳税申报的信息、与生态环境主管部门商定交送的其他信息。

2. 生态环境主管部门职责

生态环境主管部门依法负责应税污染物监测管理,制定和完善污染物监测规范。

同时还需做好以下工作。

(1) 污染物排放信息纠正。生态环境主管部门发现纳税人申报的应税污染物排放信息或者适用的排污系数物料衡算方法有误的,应当通知税务机关处理。

(2) 涉税信息提交。生态环境主管部门应当通过涉税信息共享平台向税务机关交送在环境保护监督管理中获取的下列信息。①排污单位的名称、统一社会信用代码以及污染物排放口、排放污染物种类等基本信息;②排污单位的污染物排放数据(包括污染物排放量以及大气污染物、水污染物的浓度值等数据);③排污单位环境违法和受行政处罚情况;④对税务机关提请复核的纳税人的纳税申报数据资料异常或者纳税人未按照规定期限办理纳税申报的复核意见;⑤与税务机关商定交送的其他信息。

3. 其他管理职责

(1) 纳税人跨区域排放应税污染物,税务机关对税收征收管辖有争议的,由争议各方按照有利于征收管理的原则协商解决,不能协商一致的,报请共同的上级税务机关决定。

(2) 税务机关依法实施环境保护税的税务检查,生态环境主管部门予以配合。

(3) 税务机关生态环境主管部门应当无偿为纳税人提供与缴纳环境保护税有关的辅导、培训和咨询服务。

环境保护税纳税申报表如表 7-23 所示。

表 7-23-A 环境保护税纳税申报表（A表）

税款所属期：自 年 月 日至 年 月 日　　填表日期：年 月 日　　金额单位：元至角分

纳税人名称		（公章）		统一社会信用代码（纳税人识别号）			开户银行及账号		
税源编号	排放口名称或噪声源名称	税目	污染物名称	计税依据	单位税额	本期应纳税额	本期减免税额	本期已缴税额	本期应补（退）税额
(1)	(2)	(3)	(4)	(5)	(6)	(7)=(5)×(6)	(8)	(9)	(10)=(7)-(8)-(9)
—									
—									
—									
—									
合计	—	—	—						

填报人声明：本纳税申报表是根据国家税收法律法规及相关规定填写的，我确定它是真实的、可靠的、完整的。

填报人签字或盖章：

经办人：　　　　主管税务机关：　　　　受理人：　　　　受理日期：　　　　填报人 年 月 日

本表一式两份，一份纳税人留存，一份税务机关留存。

项目七 其他税费的计算与申报

表7-23-B 环境保护税纳税申报表（B表）

税款所属期：自 年 月 日至 年 月 日　　填表日期： 年 月 日　　金额单位：元至角分
纳税人名称：　　统一社会信用代码（纳税人识别号）：

*月份	*税目	污染物名称或特征值类型	特征指标	单位	特征指标值	污染当量值	污染当量数或计税依据	*单位税额	*本期应纳税额	减免性质代码（减免税名称）	本期减免税额	本期已缴税额	*本期应补（退）税额
(1)	(2)	(3)	(4)	(5)	(6)	(7)	(8)	(9)	(10)＝(8)×(9)	(11)	(12)	(13)	(14)＝(10)－(12)－(13)
合计	—	—	—	—	—	—				—			
填报人声明	本纳税申报表是根据国家税收法律法规及相关规定填写的，我确定它是真实的、可靠的、完整的。									填报人签字或盖章：　　　年　月　日			

经办人：　　　　　　主管税务机关：　　　　　受理人：　　　　　受理日期：
本表一式两份，一份纳税人留存，一份税务机关留存。

327

习 题

一、单选题(每题有一个正确答案,请将正确答案填在括号内)

1. 按房产出租的租金收入计征房产税的税率为( )。
   A. 11% B. 12% C. 13% D. 14%

2. 从2010年1月1日起,对个人按市场价格出租的居民住房,用于居住的,可暂减按( )的税率征收房产税。
   A. 1% B. 2% C. 3% D. 4%

3. 下列房屋及建筑物中,属于房产税征税范围的是( )。
   A. 农村的居住用房
   B. 建在室外的露天游泳池
   C. 个人拥有的市区经营性用房
   D. 尚未使用或出租而待售的商品房

4. 下列各项中,符合房产税纳税人规定的是( )。
   A. 房屋出典的由出典人纳税
   B. 房屋出租的由承租人纳税
   C. 房屋产权未确定的由代管人或使用人纳税
   D. 个人无租使用纳税单位的房产,由纳税单位缴纳房产税

5. 下列关于房产税纳税义务发生时间的表述中,正确的是( )。
   A. 纳税人出租房产,自交付房产之月起缴纳房产税
   B. 纳税人自行新建房屋用于生产经营,从建成之月起缴纳房产税
   C. 纳税人将原有房产用于生产经营,从生产经营之月起缴纳房产税
   D. 房地产开发企业自用本企业建造的商品房,自房屋使用之月起缴纳房产税

6. 新征用的耕地,自批准征用之日起满( )年时开始缴纳土地使用税。
   A. 1 B. 2 C. 3 D. 4

7. 城镇土地使用税由( )负责征收管理。
   A. 国税机关 B. 地税机关 C. 土地管理部门 D. 财政机关

8. 城镇土地使用税征税方式是( )。
   A. 按年计征,分期缴纳   B. 按次计征
   C. 按年计征,分期预缴   D. 按期缴纳

9. 城镇土地使用税适用的税率属于( )。
   A. 差别比例税率   B. 幅度比例税率
   C. 定额税率   D. 地区差别比例税率

10. 城镇土地使用税的计税依据应为( )。

A. 纳税人使用土地而支付的使用费金额　　B. 纳税人实际占用的土地面积

C. 纳税人转让土地使用权的转让收入　　D. 纳税人租用土地而每年支付的租金

11. 甲企业将货物卖给乙企业，双方订立了购销合同，丙企业作为该合同的担保人，丁先生作为证人，戊单位作为鉴定人，则该合同印花税的纳税人为（　　）。

A. 甲企业和乙企业

B. 甲企业、乙企业和戊单位

C. 甲企业、乙企业和丙企业

D. 甲企业、乙企业、丙企业、丁先生、戊单位

12. 某中学委托一服装厂加工校服，合同约定布料由学校提供，价值50万元，学校另支付加工费10万元，下列各项关于计算印花税的表述中，正确的是（　　）。

A. 学校应以50万元为计税依据，按销售合同的税率计算印花税

B. 服装厂应以50万元为计税依据，按加工承揽合同的税率计算印花税

C. 服装厂应以10万元加工费为计税依据，按加工承揽合同的税率计算印花税

D. 服装厂和学校均以60万元为计税依据，按照加工承揽合同的税率计算印花税

13. 某学校委托一服装加工企业定做一批校服，合同载明原材料金额80万元由服装加工企业提供，学校另支付加工费40万元。服装加工企业的该项业务应缴纳印花税（　　）元。

A. 240　　　　B. 360　　　　C. 440　　　　D. 600

14. 某公司受托加工制作广告牌，双方签订的加工承揽合同中分别注明加工费40 000元，委托方提供价值60 000元的主要材料，受托方提供价值2 000元的辅助材料。该公司此项合同应缴纳印花税（　　）元。

A. 20　　　　B. 21　　　　C. 38　　　　D. 39

15. 下列关于印花税计税依据的表述中，正确的是（　　）。

A. 技术合同的计税依据包括研究开发经费

B. 财产保险合同的计税依据包括所保财产的金额

C. 货物运输合同的计税依据包括货物装卸费和保险费

D. 记载资金账簿的计税依据为"实收资本"和"资本公积"的合计金额

二、多选题（每题至少有两个正确答案，请将正确答案填在括号内）

1. 下列有关房产税税率的表述，符合现行规定的有（　　）。

A. 工厂拥有并使用的车间适用1.2%的房产税税率

B. 个体户房屋用于自办小卖部的适用1.2%的房产税税率

C. 个人出租住房用于美容机构开设连锁店的适用12%的房产税税率

D. 个人出租住房，不区分用途，按照4%的房产税优惠税率计税

2. 下列情形中，应由房产代管人或者使用人缴纳房产税的有（　　）。

A. 房屋产权未确定的　　　　B. 房屋产权所有人不在房屋所在地的

C. 房屋租典纠纷未解决的　　　　D. 房屋承典人不在房屋所在地的

3. 下列各项中，应依照房产余值缴纳房产税的有（　　）。

A. 融资租赁的房产

B. 产权出典的房产

C. 无租使用其他单位的房产
D. 用于自营的居民住宅区内业主共有的经营性房产

4. 下列各项中,符合房产税优惠政策规定的有( )。
   A. 个人所有的非营业用房产免征房产税
   B. 宗教寺庙、名胜古迹自用的房产免征房产税
   C. 国家机关附属招待所使用的房产免征房产税
   D. 经营公租房的租金收入免征房产税

5. 以下关于我国车船税税目税率的表述正确的有( )。
   A. 车船税实行定额税率
   B. 客货两用汽车按照货车征税
   C. 半挂牵引车和挂车属于货车的税目
   D. 拖船和非机动驳船分别按机动船舶税额的70%计算

6. 某船运公司2022年拥有机动船4艘,每艘净吨位为3 000吨;拖船1艘,发动机功率为1 500千瓦。机动船舶车船税年单位税额为:净吨位201吨至2 000吨的,每吨4元;净吨位2 001吨至10 000吨的,每吨5元。该船运公司2022年应缴纳车船税( )元。
   A. 61 800   B. 62 010   C. 63 000   D. 64 020

7. 以下不属于车船税征税范围的有( )。
   A. 自行车   B. 残疾人专用摩托车
   C. 燃料电池乘用车   D. 纯电动乘用车

8. 下列凭证中,属于印花税征税范围的有( )。
   A. 银行设置的现金收付登记簿
   B. 个人出租门店签订的租赁合同
   C. 电网与用户之间签订的供用电合同
   D. 出版单位与发行单位之间订立的图书订购单

9. 下列证照中,应按"权利、许可证照"税目征收印花税的有( )。
   A. 专利证书   B. 卫生许可证
   C. 土地使用证   D. 工商营业执照

10. 下列各项中,应按"产权转移书据"税目征收印花税的有( )。
    A. 商品房销售合同   B. 土地使用权转让合同
    C. 专利申请权转让合同 D. 个人无偿赠与不动产登记表

三、判断题(正确的在括号内打"√",错误的打"×")

1. 对于学校、医院等非营利性单位,其自用房屋的房产税依照房产原值一次减除10%~30%后的余值计算缴纳。   （   ）
2. 一个坐落在房产税开征地区范围之内的工厂,其仓库设在房产税开征地区范围之外,那么,这个仓库不应该征收房产税。   （   ）
3. 纳税人购置房屋,应自办理房屋权属转移、变更登记手续,房地产权属登记机关签发房屋权属证书之次月起,缴纳房产税。   （   ）
4. 房产税实行按年征税、分期缴纳的方法,具体纳税期限由省、自治区、直辖市地方税

务局确定。	（　　）

5. 城镇土地使用税的征收范围是城市、县城、建制镇、工矿区范围的国家所有的土地。	（　　）

6. 纳税人实际占用的土地面积尚未核发土地使用证书的，应由纳税人申报土地面积，并以此计税依据计算征收城镇土地使用税。	（　　）

7. 由扣缴义务人代收代缴的机动车车船税的，纳税人应当在购买机动车交通事故责任强制保险的同时缴纳车船税。	（　　）

8. 已办理退税的被盗抢车船，失而复得的，纳税人应当从公安机关出具相关证明的当月起计算缴纳车船税。	（　　）

9. 一般情况下，拥有并且管理车船的单位和个人是同一的，纳税人既是车船的管理人，又是车船的拥有人，但是如车船的拥有人或管理人未缴纳车船税，由使用人缴纳。	（　　）

10. 甲公司与乙公司签订一份加工合同，甲公司提供价值30万元的辅助材料并收取加工费25万元，乙公司提供价值100万元的原材料。甲公司应纳印花税275元。	（　　）

11. 对于由委托方提供原材料的加工承揽合同，凡是合同中分别加再加工费金额和原材料金额的，应分别按"加工承揽合同"和"购销合同"计税贴花；若合同中未分别记载，则应就全部金额依照"加工承揽合同"计税贴花。	（　　）

12. 立合同人是指合同的当事人，既指对凭证有直接权利义务关系的单位和个人，但不包括合同的担保人、证人、鉴定人。	（　　）

13. 加工承揽合同中，如由受托方提供原材料和辅助材料金额的，可将辅助材料金额剔除后计征印花税。	（　　）

14. 某施工单位将自己承包建设项目中的安装工程部分，又转包给了其他单位，其转包部分在总承包合同中已缴过印花税，因为不必再次贴花纳税。	（　　）

15. 技术合同中的技术咨询合同，不包括一般的法律、会计、审计等方面的咨询合同，其所立合同不贴印花税。	（　　）

16. 减免增值税、营业税的同时也减免了城市维护建设税和教育费附加。	（　　）

四、综合练习题

1. 某企业2023年1月1日的房产原值为5 000万元，4月1日将其中原值为1 500万元的临街房出租给某连锁商店，月租金10万元，7月份将另外的原值100万元的房屋出租给个人居住，月租金1万元。当地政府规定允许按房产原值或减除30%后的余值计税。

要求：计算该企业2023年应缴纳的房产税。

2. A公司为某地区一国有企业，与城镇土地使用税相关的资料如下。

A公司提供的政府部门核发的土地使用证书显示，A公司实际占地面积50 000平方米，其中：企业内学校和医院共占地1 000平方米；厂区以外的公用绿化用地5 000平方米，厂区内生活小区的绿化用地500平方米，其余土地均为A公司生产经营用地。2020年3月31日，将一块900平方米的土地对外无偿出租给军队作训练基地；2020年4月30日，将一块900平方米的土地无偿借给某国家机关作公务使用。

另外，该公司与某外商投资企业还共同拥有一块面积为3 000平方米的土地，其中A公司实际使用2 000平方米，其余归外商投资企业使用。假设当地的城镇土地使用税每半年征收一次,该地每平方米土地年税额 8 元。

要求:请根据上述资料,分析计算 A 公司 2022 年应缴纳多少城镇土地使用税。

3. 某企业拥有的房产原值 2 000 万元。将一幢闲置库房对外出租,每年取得租金 12 万元。经核定可按 30% 扣除损耗。

要求:计算该企业全年应缴纳房产税。

4. 某公司与政府机关共同使用一栋共有土地使用权的建筑物。该建筑物占用土地面积 2 000 平方米,建筑物面积 10 000 平方米(公司与机关的占用比例为 4∶1),该公司所在市城镇土地使用税单位税额每平方米 5 元。

要求:计算该公司应纳城镇土地使用税。

5. 某企业购置自重为 5 吨位的货运汽车 2 辆,2020 年 2 月购置乘 8 人面包车 2 辆。当地政府规定机动车税额为 60 元,10 座以下面包车每辆税额 420 元。计算该企业该年度应纳车船税。

6. 某企业 2023 年度有关资料如下。

(1) 实收资本比 2022 年增加 100 万元。

(2) 与银行签订一年期借款合同,借款金额 300 万元,年利率 5%。

(3) 与甲公司签订以货换货合同,本企业的货物价值 350 万元,甲公司的货物价值 450 万元。

(4) 与乙公司签订受托加工合同,乙公司提供价值 80 万元的原材料,本企业提供价值 15 万元的辅助材料并加收加工费 20 万元。

(5) 与丙公司签订转让技术合同,转让收入由丙公司按 2022 年至 2024 年实现利润的 30% 支付。

(6) 与货运公司签订运输合同,载明运输费用 8 万元(其中含装卸费 0.5 万元)。

(7) 与铁路部门签订运输合同,载明运输费及保管费共计 20 万元。

要求:逐项计算该企业 2023 年应缴纳的印花税。

7. 某房地产开发企业 2023 年 1 月将其开发的写字楼一幢出售,共取得收入 3 800 万元。企业为开发该项目支付土地出让金 600 万元,房地产开发本为 1 400 万元,专门为开发该项目支付的贷款利息 120 万元。为转让该项目应当缴纳营业税、城市维护建设税、教育费附加及印花税共计 210.9 万元。当地政府规定,企业可以按土地使用权出让费、房地产开发成本之和的 5% 计算扣除其他房地产开发费用。另外,税法规定,从事房地产开发的企业可以按土地出让费和房地产开发成本之和的 20% 加计扣除。

要求:计算该企业应纳税额并做相应的会计处理。

8. 某房地产开发企业开发某住宅小区,从 2022 年 6 月开始向外预售,2023 年 10 月底全部销完,共取得销售收入 18 600 万元,为开发该小区企业共支出土地出让金 2 700 万元,开发成本 5 600 万元,实际缴纳营业税、城市建设维护税、教育费附加及印花税等 957.9 万元,当地政府规定可按土地出让费和开发成本的 10% 扣除房地产开发费用。

要求:计算该企业应纳税额。

9. 某房地产开发公司与某单位于 2023 年 3 月正式签订一写字楼转让合同,取得转让收入 15 000 万元,公司即按税法规定缴纳了有关税金(城建税税率 5%,教育费附加征收率 3%,地方教育附加 2%,印花税税率为 0.5‰)。已知该公司为取得土地使用权而支付的地价款和按国家统一规定缴纳的有关费用为3 000万元;投入房地产开发成本为4 000万元;房地产开发费用中的利息支出为1 200万元(不能按转让房地产项目计算分摊利息支出,也不能提供金融机构证明)。另知该公司所在省人民政府规定的房地产开发费用的计算扣除比例为10%。

要求:请计算该公司转让此楼应纳的土地增值税税额。

参考文献

[1] 全国税务师职业资格考试教材编写组.税法（Ⅰ）[M].北京:中国税务出版社,2023.
[2] 全国税务师职业资格考试教材编写组.税法（Ⅱ）[M].北京:中国税务出版社,2023.
[3] 刘颖.2023年注册会计师考试应试指导及全真模拟测试——税法（上）（下）[M].北京:北京科学技术出版社,2023.
[4] 中国注册会计师协会.税法[M].北京:中国财政经济出版社,2023.
[5] 杨军.税法（Ⅱ）应试指南[M].北京:人民出版社,2022.
[6] 梁伟样.税务会计[M].北京:高等教育出版社,2017.
[7] 张流柱.企业纳税实务[M].南京:江苏教育出版社,2015.